辽宁省"十二五"普通高等教育本科省级规划教材

全国优秀畅销书

东北财经大学会计学系列教材

U0648627

国家重点学科
国家级特色专业 / 国家级一流本科专业

8th Edition

第8版

Accounting

会计学

刘永泽　陈文铭　主编

东北财经大学出版社
Dongbei University of Finance & Economics Press
大连

图书在版编目（CIP）数据

会计学 / 刘永泽，陈文铭主编. — 8 版. — 大连：东北财经大学出版社，2024.5（2025.7重印）

（东北财经大学会计学系列教材）

ISBN 978-7-5654-5235-2

Ⅰ. 会…　Ⅱ.①刘…②陈…　Ⅲ. 会计学-高等学校-教材　Ⅳ.F230

中国国家版本馆 CIP 数据核字（2024）第 073113 号

东北财经大学出版社出版

（大连市黑石礁尖山街 217 号　邮政编码　116025）

网　　址：http://www.dufep.cn

读者信箱：dufep@dufe.edu.cn

大连金华光彩色印刷有限公司印刷　　东北财经大学出版社发行

幅面尺寸：185mm×260mm　　字数：445千字　　印张：19　　插页：1

2024 年 5 月第 8 版　　　　　　　　　2025 年 7 月第 2 次印刷

责任编辑：李　彬　王　丽　吴　茜　　责任校对：何　群
　　　　　高　铭　周　慧

封面设计：张智波　　　　　　　　　　版式设计：原　皓

定价：48.00 元

卷首语

谁都不能否认，经济与会计的关系越来越密切，尤其是经济全球化的趋势让全世界的会计准则制定机构都走上了会计准则的国际趋同和等效之路；谁也不能否认，中国的会计改革紧跟了国家和世界经济发展的步伐，尤其是20世纪90年代初至今，会计改革经历了与国际接轨、趋同和等效的阶段；谁都必须承认，会计人才的培养要适应经济与社会的发展变化，尤其要适应社会主义市场经济建设的需要。另外，一整套优秀的系列教材对于培养会计人才的重要性是显而易见的，尤为重要的是教材必须紧跟时代进步的节奏，把握好经济与会计发展的脉搏。

纵观"东北财经大学会计学系列教材"的生命线会发现，她之所以能常青，正是上述认识指引的硕果。

20世纪90年代初，我们编写了东北财经大学第1套会计学系列教材，其奉行的理念是：积数十年教材编写之经验，融十几位教授之心血，编系列精品教材。我们一直坚持这样的原则，前后共出版过4套系列教材，每一套系列教材都修订过若干次，总销量近千万册，其"足迹"遍布祖国的大江南北。在30多年中，东北财经大学会计学系列教材伴随着一批又一批的大学生成长，并且以教材编写为契机，在高等学府中培养了一代又一代的教师精英。

从时间上来推算，本套会计学系列教材是30多年中的第5套。本套会计学系列教材的第1版诞生于2007年1月，正好踏着2006年财政部发布"企业会计准则"体系的节拍。在此期间，我们又理解和掌握了更新的会计准则与规范，积累和运用了更多的专业知识，尤其是对新商科建设和数智人才培养对会计教材提出的新要求有了更深刻的认识。鉴于此，我们才有了这一次的修订，并以新版的形式呈现在读者面前。

东北财经大学会计学系列教材坚持以习近平新时代中国特色社会主义思想为指导，深入贯彻党的二十大精神，全面贯彻党的教育方针，落实立德树人根本任务。本次修订的主要依据是财政部最近几年来修订或发布的企业会计、行政事业会计、税收、财务管理、管理会计等方面的法规：

• 就企业会计准则而言，2017年以来，财政部发布修订后的《企业会计准则第22号——金融工具确认和计量》《企业会计准则第23号——金融资产转移》《企业会计准则第14号——收入》《企业会计准则第7号——非货币性资产交换》等8项准则，印发了《企业会计准则解释第13号》《企业会计准则解释第14号》，这些准则及其解释公告对财务会计类教材影响比较大；同时，我们根据2019年度一般企业财务报表格式对相关内容进行了调整。

• 从管理会计来看，财政部发布了《管理会计基本指引》，分3批发布了34项《管理会计应用指引》，不仅有利于加强管理会计指引体系建设，还将对制定案例示范起统领作用。

• 从成本会计来看，继《企业产品成本核算制度（试行）》发布后，财政部又发布了《企业产品成本核算制度——石油石化行业》《企业产品成本核算制度——钢铁行业》《企业产品成本核算制度——电网经营行业》等，对大中型石油化工企业等的成本核算业务进行规范。

• 从审计来看，中国会计准则、审计准则与国际会计准则和审计准则持续趋同；内部控制审计指引出台；会计师事务所组织形式不断创新；会计师事务所做大做强战略实施和注册会计师执业领域不断拓展；风险导向审计模式进一步推广等；中国注册会计师协会借鉴国际审计准则研究的最新成果，修订并增加了审计报告相关准则。

• 财政部和国家档案局联合发布的新《会计档案管理办法》自2016年1月1日起施行。

• 财政部和国家税务总局发布《关于调整增值税税率的通知》，自2018年5月1日起执行。

这些对会计学系列教材建设都提出了新的挑战。同时，数智经济时代的到来，也对会计学教材建设提出了新要求。

在修订的过程中，我们更加注重提升教材配套平台建设的质量：

• 关于习题与案例。按照修订后的教材内容更新习题与案例。一是加大习题量，适当提高习题的难度。二是更换部分案例，使案例与实践更加贴近，学生通过案例的学习得到进一步启发。三是配置阶段性综合习题，根据内容模块设置习题，便于学生综合性地理解和掌握相关章节的知识，循序渐进，达到深入学习的效果。

• 关于电子课件。电子课件的制作摒弃了复制主教材各级标题的简单做法，由各主教材的作者亲自主持制作，这样能更好地把握授课内容，对各章节的内容进行更深入的讲解和逻辑勾勒，真正起到辅助和深化的作用。

• 关于教学大纲。本套教材配有电子版教学大纲，为教师提供课时分配、重难点提示、教学结构等参考信息，进一步方便教师教学。

• 关于慕课资源。《基础会计》《中级财务会计》《高级财务会计》《管理会计》等书的配套慕课在中国大学MOOC平台上播放。其中，《管理会计》配套慕课获评"首批国家级线上线下混合式一流本科课程"。

• 关于在线组卷。东北财经大学出版社网站的"会员中心"提供"在线组卷"功能，本套书所有教材都可以在线组卷，所有题目都来自教材的配套习题。

• 关于课程思政。为了适应新时代会计教学改革的需要，本版教材尝试融入课程思政教学等相关知识，这既是对教材知识体系的必要补充，也进一步体现了教材应担负的立德树人使命，更是为人工智能环境下会计教学形式的创新创造条件。

为保证质量，我们陆续推出新版东北财经大学会计学系列教材，分别有：《基础会计》《中级财务会计》《高级财务会计》《成本会计》《管理会计》《财务管理》《会计信息系统》《内部控制》《财务分析》《财务分析（数智版）》《会计学》《审计》《审计（精编版）》，共计13种。值得一提的是，截至目前：

• 入选"十二五"普通高等教育本科国家级规划教材的有7种，普通高等教育"十一五"国家级规划教材的有4种，"十二五"普通高等教育本科省级规划教材的有9种；

- 入选普通高等教育精品教材的有 1 种；
- 荣获全国优秀畅销书奖的有 6 种，省级优秀畅销书奖的有 6 种；
- 所支撑的课程获得国家级精品课程称号的有 5 种，所支撑的课程获得省级精品课程称号的有 6 种；
- 获得国家级精品资源共享课称号的有 5 种，获得省级精品资源共享课称号的有 2 种；
- 荣获 2020 年辽宁省普通高等教育本科优秀教材奖的有 4 种；
- 荣获 2021 年首届全国教材建设奖的有 1 种。

由于我们的时间和精力有限，教材中难免存在缺点乃至谬误，我们恳请广大读者批评指正。

每次修订仅仅是一个新的起点，而不是终点，我们将随着经济的发展与会计环境的变化不断修订，使东北财经大学会计学系列教材紧随时代步伐，及时反映学科的最新进展。

东北财经大学会计学系列教材编委会

第八版前言

随着我国社会主义市场经济体制的逐步完善，会计在经济管理中的地位越来越重要，会计信息对经济管理决策和控制的作用日益显著，不懂会计知识、不理解和不善于利用会计信息的人，很难做好经济管理工作。经济管理类专业的学生更应该认识到，会计知识在今后工作中的重要作用。要想做好经济管理工作，就必须掌握会计的基本理论、基本方法和基本技能。因此，我国大多数高等院校经济管理类专业的教学计划中将"会计学"作为核心课程，这也说明了会计在管理中的重要作用。

党的二十大报告提出："教育是国之大计、党之大计。培养什么人、怎样培养人、为谁培养人是教育的根本问题。育人的根本在于立德。全面贯彻党的教育方针，落实立德树人根本任务，培养德智体美劳全面发展的社会主义建设者和接班人。"在会计领域中，如何培养出符合国家教育战略需要、具有正确价值观、充满正能量、诚实守信的合格会计学生，也是会计教育必须关注的重要话题，正是基于这样的考虑，我们再次修订《会计学》一书。本书是专门为我国高等院校非会计学专业，如经济类或其他管理类专业的学生编写的教材。它不仅可以作为非会计学专业学生学习用书，而且可以作为从事经济管理工作的非会计人员的培训用书。本书是非会计学专业学生学习会计课程的入门教材，它涵盖了《基础会计》和《中级财务会计》的大部分内容，前三章是基础会计的内容，后十章是中级财务会计的内容，但又并非是两本书的简单叠加。

根据非会计学专业学生的培养目标要求，本书与会计学专业的教材有着重要的区别。非会计学专业的学生学习会计的角度与会计学专业的学生是不同的，会计学专业的学生学习会计是为了将来从事会计工作，而非会计学专业的学生学习会计是利用所学的会计知识去从事经济管理工作，是站在管理的角度去学会计，主要是让学生掌握会计的基本原理和基本方法，让学生了解会计信息的加工过程，理解各项会计指标的经济含义，并能了解各项会计政策和阅读财务报表，以便更好地理解和利用会计信息从事管理工作。基于这一目的，本书在编写、修订时，只注重讲解会计的基本原理、会计处理中各项政策与方法的选择，不求细而全，但愿少而精，力争由浅入深、通俗易懂。

会计始终是处于发展与变化之中的，而教材也应该紧跟这种发展与变化。为了不断适应会计规范的变化和会计新业务的出现对会计教学提出的新要求，在前7版的基础上，本书全体作者又结合2021年以后财政部、国家税务总局等最新颁布的会计规范对会计业务的影响，再一次对教材内容进行了全面的修订，形成第8版的《会计学》教材。

本书曾获辽宁省"十二五"普通高等教育本科省级规划教材、全国优秀畅销书。

本书配套资源丰富：会计学是一门技术性很强的学科，具有很强的操作性，为了帮助学生更好地掌握会计学课程中的重要知识点，在各章后配有相应的复习思考题、自测题，帮助同学们自主检查本章的学习效果；本书另配有与其同步出版的《会计学习题与案例》，供学习主教材时参考使用；本书配有线上课程资源包，包括电子教案、教学大纲、教学日历、考评方式与标准、知识点及问题、重点与难点、模拟试题等。

本书按照教育部 2020 年 5 月发布的《高等学校课程思政建设指导纲要》的精神，结合"会计学"课程教育特点，凝练思政，"教""育"并重：教育的根本任务就在于立德树人，要将专业知识传授与价值观引导紧密结合，帮助同学们塑造正确的世界观、人生观、价值观，让同学们充分认识到实现个人价值与国家发展、民族复兴、人类福祉紧密相连的重要性。正如党的二十大报告中所指出的：教育、科技、人才是全面建设社会主义现代化国家的基础性、战略性支撑。必须坚持科技是第一生产力、人才是第一资源、创新是第一动力，深入实施科教兴国战略、人才强国战略、创新驱动发展战略，开辟发展新领域新赛道，不断塑造发展新动能新优势。我们要坚持教育优先发展、科技自立自强、人才引领驱动，加快建设教育强国、科技强国、人才强国，坚持为党育人、为国育才，全面提高人才自主培养质量，着力造就拔尖创新人才，聚天下英才而用之。为此，本书的作者团队在本版修订过程中进行了有益的改革，围绕会计学课程中的思政元素进行了积极的探索和全面的梳理，将思政融入教材、进入课堂，从思政目标、思政元素和思政内容等方面着手，系统阐述全书课程思政的逻辑脉络，将"立德树人"切切实实落实到教材的具体内容中，进而使得专业学习与思政培养同向同行，形成协同效应。

本书由刘永泽教授、陈文铭教授任主编，负责全书写作大纲的拟定和编写的组织工作，并对全书进行了总纂。具体的写作分工如下：第一、二章由刘永泽教授编写；第三、四、五章由陈文铭教授编写；第六、十一章由崔凤鸣副教授编写；第七、十章由张娆教授编写；第八、九章由迟旭升教授编写；第十二、十三章由陈艳教授编写。

本书在内容和编写思路方面都是一次尝试，加之编者水平有限，书中错误和疏漏之处在所难免，欢迎广大读者和同行专家批评指正，以便下次修订时再加以完善。

编　者

2024 年 3 月

课程思政与专业教育融合路线图

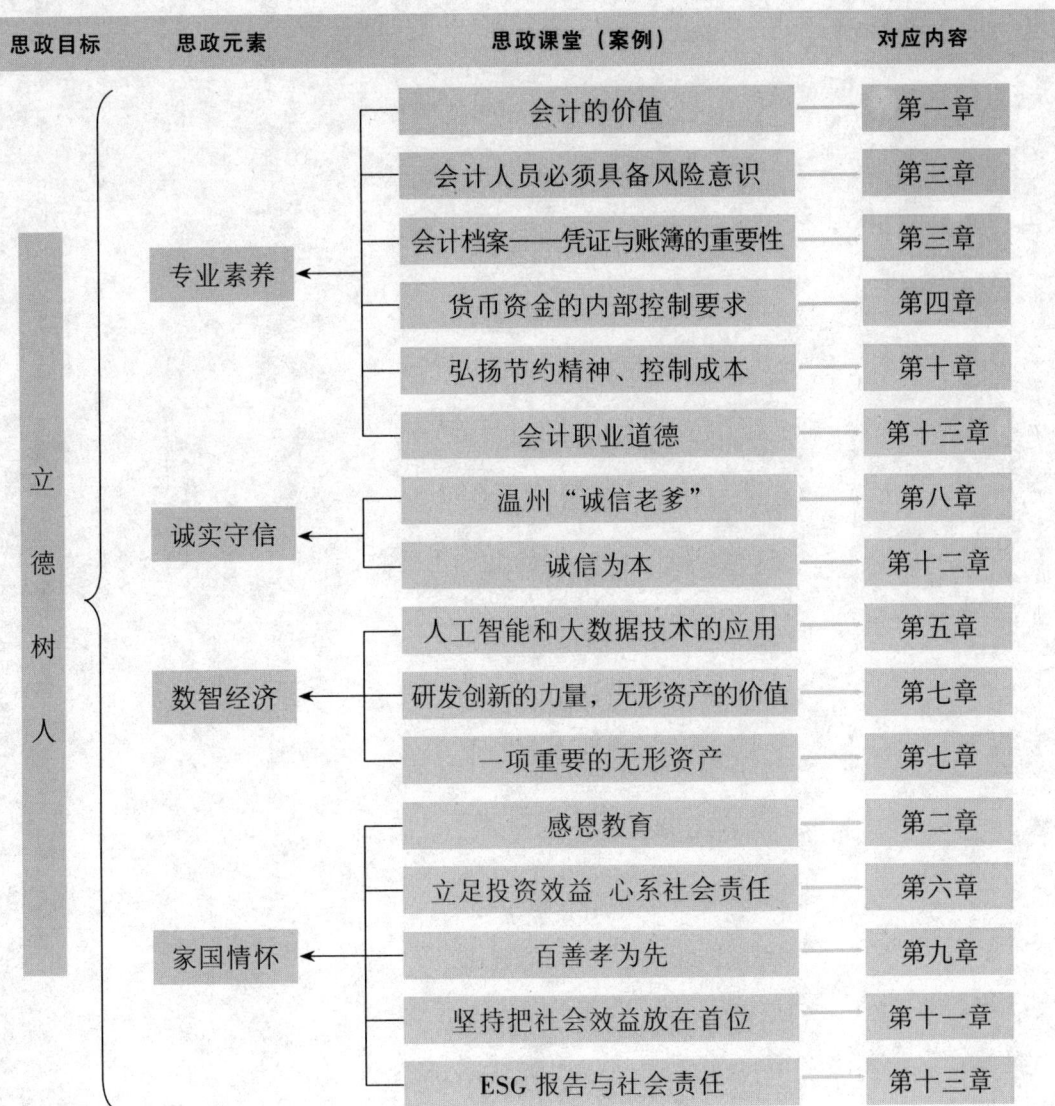

思政目标	思政元素	思政课堂（案例）	对应内容
立德树人	专业素养	会计的价值	第一章
		会计人员必须具备风险意识	第三章
		会计档案——凭证与账簿的重要性	第三章
		货币资金的内部控制要求	第四章
		弘扬节约精神、控制成本	第十章
		会计职业道德	第十三章
	诚实守信	温州"诚信老爹"	第八章
		诚信为本	第十二章
	数智经济	人工智能和大数据技术的应用	第五章
		研发创新的力量，无形资产的价值	第七章
		一项重要的无形资产	第七章
	家国情怀	感恩教育	第二章
		立足投资效益 心系社会责任	第六章
		百善孝为先	第九章
		坚持把社会效益放在首位	第十一章
		ESG 报告与社会责任	第十三章

本书二维码资源导图

第一章	延伸阅读1-1	会计的作用：从一个社会事件谈起
第二章	延伸阅读2-1	关于会计基本假设的专家评说
	延伸阅读2-2	关于借贷记账符号的再理解
第三章	延伸阅读3-1	电子发票的具体样式
	延伸阅读3-2	总分类账与明细分类账的平行登记
	延伸阅读3-3	"会计学"课程中的发生额及余额试算平衡表的内容
第四章	延伸阅读4-1	银行各种结算方式简介
	延伸阅读4-2	企业坏账损失核算过程举例图解
第五章	延伸阅读5-1	存货的期末计量
	延伸阅读5-2	存货的内部控制
第六章	延伸阅读6-1	业务模式与现金流量特征
	延伸阅读6-2	控制和重大影响
	延伸阅读6-3	被投资方净损益的调整
第七章	延伸阅读7-1	城市轨道交通企业固定资产折旧体系优化探析
	延伸阅读7-2	基于财务软件应用的固定资产管理技术实现
	延伸阅读7-3	研发费用问题梳理及审计应对
	延伸阅读7-4	无形资产会计准则面临的重大挑战与改革方案展望
第八章	延伸阅读8-1	增值税税率
	延伸阅读8-2	或有赔偿会计处理
第九章	延伸阅读9-1	宾馆开业条件讨论
	延伸阅读9-2	公司创建与扩股出资讨论
第十章	延伸阅读10-1	完工产品成本的确定
	延伸阅读10-2	方大炭素设备部精细操作降本4.4万元
	延伸阅读10-3	2022年A股行业销售费用简析
	案例10-1	期间费用的处理
	案例10-2	装备制造业营业收入利润率提高，主要源于期间费用的下降
第十一章	延伸阅读11-1	收入的范围
	延伸阅读11-2	其他收益释义
	延伸阅读11-3	所得税会计概述
第十二章	案例12-1	财务报表暴露的问题一
	案例12-2	财务报表暴露的问题二
第十三章	延伸阅读13-1	外部投资者：如何从财务分析过渡到经营分析？

目　录

第十三章　财务报表的分析与利用 / 263

第一章　总　论

第一节　会计的意义

一、会计的产生与发展

在人类社会中，生产是人们赖以生存和发展的最基本的实践活动。人们的衣、食、住、行都需要消费一定的物质资料，而要取得这些物质资料，就要进行生产。人们在生产实践中，一方面要创造财富，另一方面要耗费物化劳动和活劳动。为了合理地安排劳动时间，以尽可能少的劳动耗费生产出尽可能多的物质财富，来满足生产和生活的需要。为此，就必须建立专门的职能，履行对物质财富生产过程占用、消耗及成果的记录、计算、分析和考核，实现以最少的占用、最小的消耗取得最满意的成果，这一专门职能就是会计。

由上可见，会计的产生是人类社会在其生存发展中对物质财富的生产过程占用、消耗的关系和管理的必然要求，是社会生产实践的需要。但是，并非人类一有生产实践活动就产生了会计思想和会计行为。在人类生产、生活水平还极端低下、人类生存受到严重威胁的情况下，根本不可能产生会计思想和会计行为。"结绳记事""刻竹为书""垒石计数"都是最初的会计手段。这些原始的计量方式，适应了当时社会生产力的发展水平，较好地满足了早期人类社会狩猎、捕鱼、采集、牧养、取种、物物交换以及论功行赏的需要。但是，在当时的原始社会里，会计只是"生产职能的附带部分"，没有成为一项专门的工作。只有当社会生产力发展到一定阶段，会计才逐渐从生产职能中分离出来，形成特殊的、专门的独立职能，成为专职人员从事的一项经济管理工作。

经过会计学家的考证，人类社会只有在奴隶社会的晚期，随着社会剩余产品的增多，在劳动者之外，才出现了一些专门的阶层，他们为生产劳动提供一些辅助工作。在这些专门阶层中，有专门用来记录、报告劳动的过程和结果的人员。这一阶层的出现，标志着会计萌芽的产生。

进入封建社会后，社会制度的发展呈现出一定的差异。在中国是以皇帝为统治者的高度中央集权的社会体制，整个社会是一个封建大家庭。同一时期的欧洲封建社会，则是以各封建主为中心，形成了大大小小的庄园。各庄园主在自己的庄园内，拥有至高无上的权力。这样就出现了两种不同的社会结构：一种是中央高度集权的社会体制；另一种则是各庄园主相对独立的社会体制。由于社会制度的这种发展，从而产生了两种侧重点不同的会计，即以服务于奴隶主和后来封建王朝的财产记录与保管为主的官厅会计，以及中世纪服务于庄园主的、以最初报告委托与受托责任为目的的庄园会计。这一阶段的会计总体水平较低，不存在专门的记账方法，也不存在统一的货币计价。对财富和经济活动的记录，是通过文字叙述的方式进行的，这一时期的会计基本上属于单式簿记。而单式簿记对经济活动采取序时流水登记的方法，仅仅起到"账房管家"的作用。

随着资本主义的产生，各种商业活动开始活跃起来，商人们在大量的商业交易中，经常发生贷入和借出资金业务，此时，不仅会计知识得到空前普及，而且单式簿记也已很难满足商业经营管理对会计的基本要求。为适应经营管理的需要，较为成熟的复式簿记方法开始产生，并运用于地中海沿岸的威尼斯、热那亚和佛罗伦萨。1494年，修道士卢卡·帕乔利（Luca Pacioli）出版了《算术·几何·比与比例概要》一书。在这本书中，以"计算与记录样论"为题，系统地介绍了流行在意大利威尼斯一带的复式簿记方法。这标志着会计从单式簿记时期进入复式簿记时期，成为会计发展史上的第一个里程碑。

股份有限公司这种经营形式的出现，使资产的所有权与经营权分离。投资者和债权人迫切要求公司公开财务报表，政府相应公布了有关法规，会计职业界为此制定了公开会计信息的基本规范——会计原则，于是形成了以提供对外财务信息为主要任务的财务会计。与此同时催生了服务于社会的执业会计师制度。随着现代经济的不断发展，现代会计分化为财务会计和管理会计，会计方法不断创新，会计信息的处理手段从手工操作逐渐向电算化过渡，会计理论也空前繁荣。会计发展到现在，在"大、智、移、云、物"的环境下，会计信息的处理手段已经逐渐实现智能化，如财务共享、财务机器人正在替代传统的会计方法，会计理论也在不断创新和发展。

会计的产生和发展的历史证明，会计是应人类生产实践和经济管理的客观要求而产生与发展的。社会越发展，管理就越重要。管理越重要，就越需要信息的支持，尤其是在数智经济时代，数据是管理的基础，管理永远离不开信息。会计是为管理提供信息的，这是永恒的。因此，会计永远不会消失，但必须适应环境的变化，不断创新和发展。

【思政课堂】　　　　　　　会计的价值

"腓尼基人创造字母，就是为了会计。"按照这一逻辑，早期原始人类的刻木记事、结绳记事，就是会计的滥觞，会计已经存在数千年；"物竞天择，适者生存"不仅适用于自然界的物种选择，也同样适用于人类社会的选择与发展。"适者生存"的一个逻辑推论是：凡是已经存活下来的物种或者承袭已久的社会制度，一定有其独特的价值。我们不禁要问：已经存在数千年的会计，究竟有什么独到、不可替代的价值？

从社会与职业发展的角度看，会计是这个社会应用最为普遍的职业之一。任何组织，只要存在经济活动，就一定会设置相应的会计岗位，大到国家，甚至超国家的组织如联合国，小到家庭，概莫能外。在大学里，不仅管理机构设立了相应的会计部门或岗位，而且会计学也是大学普遍设立的专业。如果会计没有不可替代的价值，就不会出现在每个组织中。

经济越发展，会计越重要！会计要想在国家经济发展过程中发挥更重要的作用，就必须与时俱进，创新会计学科内容。世界潮流浩浩荡荡，时逢中华民族伟大复兴的战略全局和世界百年未有之大变局，会计职业人要想在经济发展的大潮中勇立潮头当弄潮儿，就要有敢于创新、敢于担当的精神，勇于实践，才能将可为变有为！

资料来源：刘峰. 会计学［M］. 北京：清华大学出版社，2019.（经本书作者整理）

二、会计的含义和特点

(一) 会计的含义

我国"会计"一词的含义，根据清代焦循在《孟子正义》一书中解释为"零星算之为计，总合算之为会"。由"会"与"计"组成"会计"一词，其狭义是指计算、记录，与现在所说的记账、算账近似。其广义，除了包括计算、记录等核算与理财等经济内容外，还包括管理与考核的内容。会计在其漫长、曲折的发展过程中，其内涵与外延不断丰富。美国会计学会（1966年）对会计所下的定义是："确认、计量和传达经济信息的过程，以使信息使用者作出明智的判断和决策。"我国会计理论界对会计的定义有不同的理解，具有代表性的观点有"管理工具论"、"管理活动论"和"信息系统论"。管理工具论认为，会计是一种经营管理工具。它是为管理服务的，会计本身只侧重于会计的核算或反映。管理活动论认为，会计不仅是管理经济的工具，它本身就具有管理的职能，是人们从事管理的一种活动。信息系统论认为，会计是旨在提高企业和各单位生产经营活动的经济效益、加强经济管理而建立的一个以提供财务信息为主的经济信息系统。

(二) 会计的特点

会计作为一门独立的学科，有其固有的特点，主要表现在：

1. 以货币为主要计量单位

会计为了核算和监督各单位错综复杂的经济活动，必然要运用货币作为主要计量单位，同时还要运用非货币计量单位，如实物量、劳动量等。在数智经济时代，会计同时运用大数据和人工智能等现代信息技术进行计量，将不能用货币计量的非财务的非结构化数据等原来无法直接量化的信息转化为数据。但企业对外报告时，如财务会计报告，就必须运用货币计量。货币计量是为了运用统一量度综合核算各种经济活动而采用的，它对综合性质相同或不同的物质消耗和劳动消耗，提供经营管理所需要的资金、成本、利润等综合性指标所具有的特殊作用，是其他量度方式所难以具备的。因为货币是商品交换的一般等价物，具有价值尺度的功能。只有这样，会计才能全面、综合地反映企业财产物资的实有数额及其增减变动，费用的发生和成本的形成，各种营业收入的取得和财务成果的形成与分配等情况。充分利用综合性的价值指标，对于全面反映企业生产经营过程，评价经营成果，正确指导生产经营活动，都是十分必要的。

2. 对经济活动的核算和监督具有完整性、连续性、系统性和综合性

会计在核算经济活动时，必须符合完整、连续、系统、综合的要求。完整，是指对会计对象的全部经济活动都必须加以记录，不得遗漏。连续，是指对各种经济活动要按其发生的时间顺序不间断地计量和记录。系统，是指对各项经济活动既要相互联系，又要按照科学的方法进行分类和整理。综合，是指对各项经济活动均以货币量度进行综合汇总，求得经营管理所需要的总括性价值指标。会计核算只有符合上述基本要求，才能综合核算和监督经济活动的过程和结果，正确考核和评价经济活动的效益。

3. 具有一整套系统、完整的专门方法

观察、计量和记录是所有核算活动取得核算资料的共同手段，但会计核算在运用这些手段时，却有其自己的特点。它观察的是生产经营活动过程的每一项经济业务，并对其进行综合计价；然后在逐项作出记录的基础上，逐步系统归类，综合汇总，以取得各项会计

指标，形成一系列专门方法。会计方法包括会计核算方法、会计分析方法和会计检查方法。其中，会计核算方法包括设置账户、复式记账、填制和审核凭证、登记账簿、成本计算、财产清查和编制财务报表等。这些专门方法的互相配合与综合利用，就构成了计量和记录、控制和监督经济活动的一整套完整的会计核算方法体系。

会计不仅是一个信息系统，而且其本身也是一种管理活动，它既为管理提供信息，本身又履行管理职能。在阶级社会里，管理总是具有二重性的。马克思曾经指出："资本主义的管理就其内容来说是二重的，因为它所管理的生产过程本身具有二重性：一方面是创造产品的社会劳动过程，另一方面是资本的价值增值过程。"①这就是说，管理一方面具有与生产力相联系的自然属性，即技术性；另一方面又具有与生产关系相联系的社会属性，即阶级性。在这里马克思所讲的虽然是资本主义的管理，其道理同样适用于社会主义的管理。因为社会主义管理的生产过程同样具有二重性。既然管理具有二重性，那么作为一种管理活动的会计，也必然具有二重性。会计为了核算和监督再生产过程，一方面会计的某些内容和方法要符合生产力本身的发展规律，反映生产技术与生产组织的客观要求，具有技术性；另一方面作为会计原则、会计制度和会计任务等又要与生产关系（社会制度）相联系，体现一定阶级的经济利益和政治要求，具有阶级性。在社会主义的商品生产过程中，除了创造使用价值的社会劳动过程外，仍然有价值的形成与分配过程。而社会主义的会计，既要正确核算和科学管理生产力，又要正确核算和严格监督一定生产关系下价值的耗费、形成与分配，这就决定了会计必然具有二重性。

三、会计信息的质量要求

有用的会计信息都存在一个质量问题，对决策有用的会计信息在质量上必须达到一定的质量要求。高质量的会计信息应具备相关性、可靠性、可理解性和可比性四大基本特征。

（一）相关性

相关性是指会计信息与信息使用者所要解决的问题相关联，即与使用者进行的决策有关，并具有影响决策的能力。相关性的核心是对决策有用。一项信息是否具有相关性取决于三个因素，即预测价值、反馈价值和及时性。

1.预测价值

如果一项信息能帮助决策者对过去、现在及未来事项的可能结果进行预测，则此项信息具有预测价值。决策者可根据预测的可能结果作出其认为最佳的选择，从而影响其决策。因此，预测价值是相关性的重要因素，具有影响决策者决策的作用。

2.反馈价值

一项信息如能有助于决策者验证或修正过去的决策和实施方案，即具有反馈价值。把过去决策所产生的实际结果反馈给决策者，使之与当初预期的结果相比较，验证过去的决策是否有误，总结经验防止今后决策时再犯同样的错误。因此，反馈价值有助于未来

① 马克思，恩格斯．马克思恩格斯全集：第23卷［M］．中共中央马克思恩格斯列宁斯大林著作编译局，译．北京：人民出版社，1972：368-369．

决策。

信息反馈价值与信息预测价值并存，二者相互影响。验证过去才有助于预测未来。不明白过去，预测就缺乏基础。

3.及时性

及时性是指信息在对用户失效之前就提供给用户。任何信息如果要影响决策，就必须在决策之前提供，相关信息如果不能及时提供，相关也就变成不相关了，成为无用的信息。当然，及时提供的信息如不相关，也是无用的信息。

（二）可靠性

可靠性是指会计信息必须是客观的和可验证的。信息如果不可靠，不但对决策无帮助，而且会造成决策失误。因此，可靠性也是会计信息的重要质量特征。一项信息是否可靠则取决于以下三个因素，即真实性、可核性和中立性。

1.真实性

真实性就是要如实表达，即会计核算应以实际发生的经济业务为依据，内容真实、数字准确、资料可靠，会计的记录和报告不加任何掩饰。

2.可核性

可核性是指信息经得住复核和验证，即由独立的、专业和文化素养基本相同的人员，分别采用同一计量方法，对同一事项加以计量，能得出相同的结果。

3.中立性

中立性是指会计信息应不偏不倚，不带主观成分。将真相如实地和盘托出，结论让用户自己去判断。会计人员不能为了某种特定利益者的意愿或偏好而对会计信息作特殊安排，故意选用不适当的计量和计算方法，隐瞒或歪曲部分事实，来诱使特定的行为反应。

会计信息的可靠性一方面取决于会计人员的工作质量，但又不完全为会计人员所左右，有时会计人员受环境和会计方法本身的局限，对提高会计信息的可靠性会力不从心。

（三）可理解性

可理解性是指会计信息必须能够被使用者所理解，即会计信息必须清晰易懂。信息若不能被使用者所理解，即使质量再好，也没有任何用途。信息是否被使用者所理解，既取决于信息本身是否易懂，也取决于使用者理解信息的能力。可理解性是决策者与决策有用性的联结点。如果信息不能被决策者理解，那么这种信息则毫无用处。因此，可理解性不仅是信息的一种质量标准，也是一个与使用者有关的质量标准。会计人员应尽可能传递表达易被人理解的会计信息，而使用者也应设法提高理解信息的能力。

（四）可比性

可比性是指一个企业的会计信息与其他企业的同类会计信息尽量做到口径一致，相互可比。不同企业的会计信息或同一企业不同时期的会计信息如能相互可比，就会大大增强信息的有用性。一家企业的会计信息如能与其他企业类似的会计信息相比较，以及与本企业以前年度同日期或其他时点的类似会计信息相比较，就不难发现它们之间相似相异之处，发现本企业当前生产经营管理上的问题。

为保证会计信息的可比性，就必须有统一的会计准则来保证不同企业的信息共性，这就是会计信息的统一性。没有这种统一性就无法保证会计指标口径一致，相互可比。为了使同一企业不同时期的会计信息具有可比性，会计人员在处理会计事项时，所采用的会计方法和会计程序前后各期应具有连贯性，前后一致。这就要求企业对会计方法或原则的选用应慎重，一旦选用，除非有正当理由，不得随意变动，以确保会计信息的可比性。

统一性和一贯性是构成可比性的两个因素，作为会计信息的质量要求，它们从属于可比性。

四、会计的分类

会计的种类很多，按不同的标准可以划分为不同的种类。

（一）按会计信息的使用者分类

1.财务会计

财务会计是当代企业会计的一个重要组成部分。它是运用簿记系统的专门方法，以通用的会计原则为指导，对企业的生产经营过程进行反映和控制，旨在为所有者、债权人及其他利益相关者提供会计信息的对外报告会计。

财务会计的目标主要是向会计信息的外部使用者，包括投资人、债权人、社会公众和政府部门等提供会计信息。使会计信息的使用者利用其了解企业的财务状况和经营成果。

财务会计作为一个会计信息系统，以复式簿记作为数据处理和信息加工的基本方法，以公认会计原则作为组织会计工作，处理会计业务的基本规范，最终向会计信息的使用者提供财务报告。

2.管理会计

管理会计是企业为了加强内部经营管理，提高企业经济效益，在企业经营管理过程中直接发挥作用的会计。管理会计的目标是通过运用管理会计工具方法，参与单位规划、决策、控制、评价活动并为之提供有用的信息，推动单位实现战略规划。因此，也有人称其为内部会计。

管理会计与财务会计不同，它并不要求运用复式记账方法，也不要求遵循公认会计原则，它通过对财务会计信息的深加工和再利用，实现对经营过程的预测、决策、规划、控制和责任考评。为促进企业和行政事业单位加强管理会计工作，提升内部管理水平，促进经济转型升级，财政部于2016年6月22日发布《管理会计基本指引》，该指引在管理会计指引体系中起统领作用，要求各单位在开展管理会计工作中参照执行。管理会计指引体系包括基本指引、应用指引和案例库，用以指导单位管理会计实践。

（二）按会计所服务的领域分类

1.企业会计

企业会计是指服务于企业单位的会计。因为企业是以营利为目的的营利组织，因此也将企业会计称为经营会计。企业会计主要反映企业的财务状况和经营者的经营业绩。它有其特定的会计对象和专门的会计方法。财务会计和成本会计等都属于企业会计的范围。

2.非营利组织会计

非营利组织会计是指服务于非营利组织的会计。所谓非营利组织，一般是指民间非营利组织，包括社会团体、基金会、民办非企业单位等民间组织，但不包括公立非营利组织。公立非营利组织一般是依靠国有资产运营的国有事业单位。这类非营利组织与政府公共部门比较接近，往往适用预算会计制度。

3.政府会计

政府会计是指将会计学的基本原理应用于政府公共部门中的一门专业会计，主要用来反映政府公共部门的财务状况和财务活动成果，以及政府公共管理部门的成本费用。目前，我国政府部门执行的仍然是包括财政总预算会计、行政单位会计和事业单位会计在内的预算会计。预算会计是核算、反映和监督政府及行政事业单位以预算执行为中心的各项财政资金收支活动的专业会计，其目标主要是为了满足国家宏观经济管理和预算管理的需要。我国政府会计正在改革中，根据《政府会计准则——基本准则》，将建立政府财务会计与预算会计既适度分离又相互衔接的新的政府会计体系。

第二节 会计与企业

在市场经济中，企业是主体和基础。企业会计是应用最广，也是最有代表性的专业会计。因此，本书主要介绍企业会计的基本原理和方法。要学好企业会计，必须对企业的性质和企业的组织形式有所了解。

一、企业的性质

企业是指从事生产、运输、贸易等经济活动，以营利为目的，进行自主经营、独立核算的经济组织，如工厂、商店、农场、矿山和运输公司等。

企业首先是一种经济组织，它区别于行政组织和其他社会组织。它不像政府的行政部门，其经费开支主要靠财政拨款；也不像一些社团组织，其活动经费主要来自会员的会费和社会的赞助。企业要自负盈亏，用自己的收入弥补自己的支出。

企业是一种营利性的经济组织，它以营利为目的，讲求经济效益。营利性是企业区别于非企业的一个最根本的标志，凡是不具备这一根本标志的经济组织就不是企业。

企业作为独立的商品生产者和经营者，要有自己的资金，要进行独立的经济核算，它是一个独立的会计主体。

二、企业的组织形式

企业有不同的组织形式，一般可以分为独资型企业、合伙型企业和公司型企业三种。

（一）独资型企业

独资型企业也称私人独资企业。它是企业的最简单、最原始的组织形式。企业的全部资产归出资者一人所有，企业的经营也由出资者个人承担，因此，企业的所有权与经营权是统一的。独资型企业不具有法人资格，企业的所有者对企业的债务负有无限的清偿责任。这种类型的企业，一般规模比较小，资金来源有限，适用于生产条件和生产过程比较简单、财产经营规模比较小的生产经营活动，具有较大的局限性。

（二）合伙型企业

合伙型企业是两个或两个以上的合伙人按照协议共同出资，共同承担企业经营风险，并且对企业债务承担连带责任的企业。其最大的特点是，合伙人对债务承担无限连带责任。一旦发生债务，债权人可以向任何一个合伙人请求清偿全部债务。企业的事务通常由合伙人共同决定，然后再委托一个或部分合伙人去执行。合伙型企业由于吸收了其他私人的投资，为扩大企业生产经营规模提供了一定的条件，因而是一种比私人独资企业先进的企业组织形式，但是，合伙型企业也有很大的局限性，主要是权力分散，决策缓慢，筹资也比较困难，并且由于合伙型企业不具有法人资格，合伙人对企业的债务要负无限责任，风险也比较大。

（三）公司型企业

公司是依据一定的法律程序申请登记设立，并以营利为目的的具有法人资格的经济组织。它有自己独立的财产，独立地承担经济责任，同时享有相应的民事权利。公司具有法人资格，这是区别于非法人企业如独资型企业和合伙型企业的一个重要标志。法人是具有民事权利能力和民事行为能力，依法独立享有民事权利和承担民事义务的组织。因此，它必须具有独立的法人财产，自主经营、自负盈亏。公司是随着资本主义制度的发展，伴随着资本集中的过程而兴起的。这种企业组织形式比较适合规模比较大的生产经营企业。公司按照不同的标准可以分为不同的类型，通常将公司分为无限责任公司、有限责任公司、股份有限公司和两合公司。

1.无限责任公司

它是由两人以上对公司的债务承担无限连带责任的股东所组成的公司企业。无限责任公司的股东必须是自然人，一般情况下，公司的股东都有权管理公司的事务。公司的股东不得随意转让股份，如需转让，必须征得其他全体股东的同意。这种公司的股东人数较少，但责任重大，股东个人的风险较大。相应地，其筹资规模十分有限，不适于从事大规模的生产经营活动。

2.有限责任公司

它是由一定数量的股东共同出资组成，股东仅就自己的出资额对公司的债务承担有限责任的公司。有限责任公司的股东不限于自然人，也可以是法人和政府。但其股东的数量既有最低下限，也有最高上限。大部分国家规定，有限责任公司的股东应在2人以上、50人以下。有限责任公司对公司的资本不分为等额股份，不对外公开募集股份，不能发行股票。股东以其出资比例，享受公司权利，承担公司义务。公司股东以其出资额为限承担有限责任，并享受相应的权益。公司股份的转让有严格的限制，如需转让，应在其他股东同意的条件下方可进行。

3.股份有限公司

它是由一定人数出资设立，全部资本由等额股份构成，并通过发行股票筹集资本的公司。股份有限公司的股东人数不能少于法律规定人数，大多数国家规定不能少于7人。它与有限责任公司的重要区别就是，公司的资本总额被划分为金额相等的股份，并通过公开发行股票向社会筹集资金。同时，公司的股份可以自由转让，股票可以在社会上公开交易、转让，但不能退股。股份有限公司彻底实现了所有权与经营权的分离。因此，股份有限公司具有筹资便利、风险分散、资本具有充分的流动性等优点。由于股份有限公司资本雄厚，实力强大，所以在发达国家整个国民经济中占统治地位。它适合从事较大规模的生产经营活动。

4.两合公司

它是指既有有限责任股东，又有无限责任股东，有限责任股东对公司的债务仅就自己对公司的出资额承担有限责任，无限责任股东则要对公司的债务承担无限连带责任的法人企业。

两合公司一般由一个以上的无限责任股东和一个以上的有限责任股东组成。公司的资本不划分为等额的股份。无限责任股东代表公司主持业务，有限责任股东仅仅提供资本，分享红利，对于公司的业务一般不加过问。两合公司是介于有限责任公司和无限责任公司之间的公司组织形式。实质上是无限责任公司的变种，是一种较早的公司形式，其历史比股份有限公司和有限责任公司都要久远得多。但现代以来，这种公司在世界上已经很少存在了。

在我国，法定的公司形式只有两种，即有限责任公司和股份有限公司。无限责任公司和两合公司实际上已经不存在了。

三、会计信息的使用者

一个公司必须发布各种各样的会计信息，以满足信息使用者的需要，这些会计信息需求因企业的规模、是否由公众持股以及管理政策等的不同而有所不同。有些会计信息的需求可能是由法律规定的，例如，所得税法规要求每个企业的会计系统能够计量该公司的应税收入并对公司所得税申报单中每个项目的性质和来源进行解释。证券法律要求股份公司依照规定编制财务报表，报送证监会，并提供给公众；有些会计信息需求是由于实际需要而产生的，例如，每个企业需要知道应向每个客户收取的金额和欠每个债权人的金额。

总体来说，会计信息需求来自企业外部和内部两方面，它们分别是会计信息的外部使用者和内部使用者。

（一）会计信息的外部使用者

会计信息的外部使用者是与企业具有利益关系的个人和其他企业，但他们不参与企业的日常管理。具体包括：

1.股东

公司的股东最关心公司的经营，他们需要评价过去和预测未来。有关年度财务报告是满足这些需要的最重要的手段，季度财务报告、半年度财务报告也是管理部门向股东报告的重要形式。向股东提供这些报告是会计信息系统的传统职责，股东借助于财务报告反映的常规信息，获得有关股票交易和股利支付的情况，从而作出决策。

2.债权人

公司债权人对公司的信誉、偿债能力及企业的未来展望是非常关心的。公司的财务报告是这些信息的一个重要来源。债权人需要的有关借贷业务的常规信息，是通过与借款单位的会计信息交换得来的。

3.政府机关

政府的许多不同的部门需要有关企业的信息。税务机关需要有关公司利润和向国家缴纳税额的信息；社会保障机关需要有关企业缴纳各项社会保障基金的信息；国有企业还必须向国资委、国家财政、审计机关等部门提供财务报告，以便接受经济监督；很多外国政府需要经营国际业务的公司报告在它们国家所从事的经济活动的信息。

4.职工

作为一个利益集团，职工个人期望定期收到工资和薪金，并同时得到有关企业为个人提供社会保障的各类基金方面的信息和企业的某些综合性的信息，诸如工资平均水平、福利金和利润等。职工代表大会、工会也会代表职工要求得到这些信息，这些信息的大部分是由会计信息系统提供的。

5.供应商

企业往往有很多的原材料、产成品或可供销售的商品。采取赊销方式的供应商需要了解客户的有关经营稳定性、信用状况以及支付能力等方面的信息。

6.顾客

在市场经济体制下，企业的顾客可以说是最重要的外部利益集团。顾客对于信息的需要，包括有关企业及其产品的信息，如价格、性能、企业信誉、企业商业信用方面的政策、可得到的折扣额、支付的到期日以及所欠金额等。这些常规的信息一般也是由会计提供的。

以上列举了企业外部需要会计信息的主要利益集团，除这些集团以外尚有许多其他机构需要这种信息。它们包括：（1）信用代理人，这种机构专门公布有关公司信用的信息；（2）工商业协会，这种机构公布某一种行业的有关信息，需要利用会计信息进行行业管理；（3）竞争者，它们对公司的价格政策和获利能力感兴趣；（4）企业组织所在的社区；（5）财务分析家，他们向委托人提出投资建议；（6）关心公司某个方面经济活动的公民等。

向企业外部的使用者所提供的会计信息，绝大部分是属于"强制性的"或是"必需的"。例如，向政府部门所报送的应税收益和代扣税款的报表，以及向股东所报送的财务报告，均属于强制性的信息。又比如，向顾客所提供的有关产品的信息和账单，向贷款人所提供的信用能力信息是属于必需的信息，会计报告这些信息具有一定程度的强制性。需要指出的是，企业向外界提供的决策性信息是由管理当局提供的，但管理当局并不是提供会计信息的唯一渠道，外界作决策所依据的会计信息的公允性和准确性，最后必须而且只能由企业管理最高当局负责。

但仅提供一套单一的会计信息来满足如此众多的使用者的需求即使有可能，也是相当困难的。因此，对外财务报告主要面向两个团体——投资者和债权人，包括当前的与潜在的投资者和债权人，他们是主要的财务信息外部使用者。会计通过提供满足投资者和债权人需求的会计信息，也提供了对会计信息的其他很多使用者有用的信息。另外，某些财务信息的外部使用者，比如政府机构，能够得到公众通常无法取得的信息。因此，它们不像投资者和债权人那样依赖于公开的信息。

（二）会计信息的内部使用者

一个企业组织的各级管理部门为了完成职责都需要信息，不论是负责完成全公司目标的最高级管理部门，还是负责完成一项具体目标的某一个经营管理部门，都是如此。目前，会计是为大多数企业和组织提供"正式"会计信息的主要信息系统。所谓正式的信息系统，是指其对指定信息的生成和报告负有明确的职责。会计信息系统根据搜集到的全部数据进行加工，将信息报送给企业管理部门；管理部门收到并利用这些信息作出有关决策，管理部门的决策又反过来影响企业组织内部的经营管理，包括对会计信息系统的影响，同时也影响企业组织与其外部环境的关系。

会计信息内部使用者包括董事会，首席执行官（CEO），首席财务官（CFO），副董事长（主管信息系统、人力资源、财务等），经营部门经理，分厂经理，分部经理，生产线主管等。

企业内部各部门使用会计信息的具体目标不同，但这些目标的宗旨是一样的，都是帮助企业实现其总体的战略和任务。所有企业都遵循与它们的会计信息系统设计有关的规则，以确保会计信息的规范性并保护企业的资产，但是关于报告的类型或能产生的会计信息的种类并没有什么规则。在决策过程中产生和使用的会计信息往往是多样的。

与外部的信息需要相比，向内部报送的会计信息显然具有较多的"自由性"。因此，设计满足企业经营管理需要的会计信息系统，比设计外部报表面临更大的困难。

四、会计的作用

会计具有核算和监督两大基本职能。会计的作用是运用会计的职能在会计实践中所产生的客观效果，它是会计职能的外在表现。会计在经济管理工作中发挥着重要作用，归纳起来有如下几个方面：

（一）帮助投资者和债权人作出合理的决策

财务会计的最主要目标就是帮助投资者和债权人作出合理的投资与信贷决策。一般认为，最为关注企业会计信息的莫过于投资者和债权人，而这类使用者的决策对于资源的分配具有重大影响。此外，满足投资者和债权人需要的信息，一般对其他使用者也是有用的。因此，财务会计把服务于投资者和债权人作为其主要目标。

投资者和债权人所需要的会计信息包括企业某一时日的财务状况、某一期间的经营绩效和财务状况的变动；但从决策有用性的观点看，不论是投资者还是债权人甚至企业职工，其经济利益都同企业未来的现金流动密切相关，例如，投资者应分得的股利、债权人应得到的贷款本金及利息、职工应得的工资和奖金等，都需要预期现金流量的信息。

（二）考评企业管理当局管理资源的责任和绩效

企业的经济资源均为投资者及债权人所提供，委托企业经营者保管和经营，投资者与经营者之间存在着一种委托和代理关系。投资者和债权人要随时了解与掌握企业经营者管理及运用其资源的情况，以便考评经营者的经营绩效，适时改变投资方向或更换经营者。这就要求企业财务报告提供这方面的信息，说明企业的经营者怎样管理和使用资源，向所有者报告其经营管理情况，以便明确其经营责任。

（三）为国家提供宏观调控所需要的特殊信息

国家是国民经济的组织者与管理者，为达到这一目标，国家还要求从一切企业编报的会计报表中，获取进行宏观调控所需要的特殊信息。国家不仅是通用报表的使用者，而且是特殊报表的使用者，尤其是在社会主义国家更是如此。

（四）为企业经营者提供经营管理所需要的各种信息

企业管理人员也要利用企业的会计信息对企业的生产经营进行管理。通过对企业财务状况、收入与成本费用的分析，可以发现企业在生产经营上存在的问题，以便采取措施，改善经营状况。

会计信息系统应怎样处理数据和加工信息，最后将提供什么样的财务报表，在很大程度上取决于会计目标，目标指引着财务会计信息系统的运行方向。

延伸阅读 1-1

会计的作用：
从一个社会
事件谈起

第三节　财务报告及其要素

企业的会计信息系统所形成的会计信息，最终体现在企业的财务报告中。企业的财务报告是财务会计信息的最终体现。因此，掌握了财务报告的要素，就等于掌握了财务会计的要素。

一、财务报告及其种类

财务报告是指企业对外提供的反映企业某一特定日期财务状况和某一会计期间经营成果、现金流量的书面文件。财务报告由会计报表、会计报表附注和财务情况说明书构成。其中，会计报表是财务报告的主体和核心，主要包括资产负债表、利润表、现金流量表、所有者权益变动表及相关附表；会计报表附注是指为便于会计报表使用者理解会计报表的内容而对会计报表的编制基础、编制依据、编制原则和方法及主要项目等所作的解释。

由于本书中有专门章节介绍财务报告，本章只是通过介绍资产负债表和利润表的基本内容，来掌握会计要素的各项内容。

（一）资产负债表

资产负债表是反映企业在某一特定日期财务状况的报表。它反映企业在某一特定日期所拥有或控制的经济资源、所承担的现时义务和所有者对净资产的要求权。资产负债表左方的资产各项目，反映全部资产的分布及存在形态；右方的负债和所有者权益各项目，反映全部负债和所有者权益的内容及构成情况。资产各项目按其流动性由强到弱顺序排列，即按资产变现速度的快慢排序；负债各项目，按其到期日的远近顺序排列。资产负债表左右双方平衡，即资产总计等于负债和所有者权益总计。其格式见表1-1。

【例1-1】2×23年1月1日，张平和王成文各出资200 000元，共同注册了一家网吧，取名为"环球网络"公司。为了经营需要，向银行借款330 000元，作为公司的流动资金。1月2日，购买了200平方米的房屋作为机房，价值400 000元，购买了80台电脑、1台打印机、1台复印机，价值300 000元；又购入了各种材料，价值8 000元。剩余资金除留下2 000元作为零用现金外，其余资金全部存入银行。根据上述资料，环球网络公司编制了1月份的资产负债表（简表）（见表1-1）。

表1-1
资产负债表（简表）

编制单位：环球网络公司 　　　　　　2×23年1月31日 　　　　　　　　　单位：元

资　产	金　额	负债和所有者权益	金　额
流动资产：		负债：	
库存现金	2 000	银行借款	330 000
银行存款	20 000	应付账款	
应收账款			
存货	8 000	负债合计	330 000
流动资产合计	30 000		
固定资产：		所有者权益：	
房屋	400 000	实收资本	400 000
设备	300 000	留存收益	
减：累计折旧			
固定资产合计	700 000		
无形资产：		所有者权益合计	400 000
专利权			
无形资产合计			
资产总计	730 000	负债和所有者权益总计	730 000

（二）利润表

利润表是反映企业一定会计期间经营成果的报表。该表是按照各项收入、费用，以及构成利润的各个项目分类分项编制而成的。大多数企业是以谋取利润为目的而进行各种经营活动的。利润是收入超过费用的数额；反之，就是亏损。利润多少是判断一个企业经营成果和获利能力的主要依据。

常见的利润表格式分为单步式和多步式两种。我国企业会计制度规定，企业的利润表采用多步式。

【例1-2】承例1-1，以下是环球网络公司2×23年度具体发生的收入和支出情况：

1.收入

上机收入：300 000元；

打印、复印收入：50 000元。

2.费用

水电费：40 000元；

消费税：22 500元；

房屋及设备折旧：80 000元；

人员工资：40 000元；

消耗各种材料：30 000元；

发生其他杂费：5 000元。

该公司按25%的税率缴纳企业所得税。

根据上述资料，编制环球网络公司2×23年度的利润表，见表1-2。

表1-2 利润表（简表）

编制单位：环球网络公司　　　　　　　　2×23年度　　　　　　　　单位：元

项　目	金　额
营业收入	
上机收入	300 000
其他收入	50 000
营业收入合计	350 000
减：营业成本	
水电费	40 000
消费税	22 500
折旧费	80 000
人工费	40 000
消耗材料	30 000
其他	5 000
营业成本合计	217 500
利润总额	132 500
减：所得税（税率25%）	33 125
所得税后利润	99 375

年末编制环球网络公司2×23年12月31日比较资产负债表，见表1-3。

表1-3　　　　　　　　　　　　　　　　比较资产负债表

编制单位：环球网络公司　　　　　　　　2×23年12月31日　　　　　　　　　　　　单位：元

资　产	年初数	年末数	负债和所有者权益	年初数	年末数
流动资产：			负债：		
库存现金	2 000	18 625	银行借款	330 000	330 000
银行存款	20 000	172 750	应付账款		
应收账款					
存货	8 000	18 000	负债合计	330 000	330 000
流动资产合计	30 000	209 375			
固定资产：			所有者权益：		
房屋	400 000	400 000	实收资本	400 000	400 000
设备	300 000	300 000	留存收益		99 375
减：累计折旧		80 000			
固定资产合计	700 000	620 000			
无形资产：					
专利权					
无形资产合计			所有者权益合计	400 000	499 375
资产总计	730 000	829 375	负债和所有者权益总计	730 000	829 375

二、财务报告要素

财务报告要素也称会计要素，是指会计核算和监督的具体对象，也是财务报告的具体内容。会计要素分为反映财务状况的要素和反映经营成果的要素。

（一）反映财务状况的要素

财务状况要素是反映企业在某一日期经营资金的来源和分布情况的各项要素，一般通过资产负债表反映。财务状况要素由资产、负债和所有者权益三个要素构成。从环球网络公司2×23年的资产负债表中可以看到，资产负债表的左方所列示的库存现金、银行存款、存货、房屋和设备都属于资产要素。资产负债表的右方所列示的银行借款就属于负债；而实收资本和留存收益就属于所有者权益。

下面对资产负债表的各要素作进一步的说明。

1.资产

资产是指企业过去的交易或者事项形成的、由企业拥有或者控制的、预期会给企业带来经济利益的资源。其包括各种财产、债权和其他权利。这个定义强调了资产的三个特征：

（1）资产是由过去的交易、事项所形成的。也就是说，资产必须是现时资产，而不是预期的资产，是由过去已经发生的交易或事项所产生的结果。至于未来交易或事项以及未发生的交易或事项可能产生的结果，则不属于现在的资产，不得作为资产确认。

（2）资产是企业拥有或控制的。一般来说，一项资源要作为企业的资产予以确认，对于企业来说，要拥有其所有权，可以按照自己的意愿使用或处置。对于一些特殊方式形成的资产，企业虽然对其不拥有所有权，但能够实际控制的，也应将其作为企业的资产予以确认。

（3）资产预期会给企业带来经济利益，即资产是可望给企业带来现金流入的经济资源。资产必须具有交换价值和使用价值，可以可靠地计量，即可以用货币进行计量。

资产按其流动性一般分为流动资产和非流动资产。

流动资产是指预计能够在一个正常营业周期内变现、出售或耗用的资产，或主要为交易目的而持有的资产，包括库存现金、银行存款、交易性金融资产、应收票据、应收账款、预付账款及存货等。

非流动资产是指流动资产以外的资产，包括债权投资、其他债权投资、其他权益工具投资、长期股权投资、固定资产、无形资产、其他资产等。

数智经济时代，数据成为新的关键生产要素。会计要素发生了很大的变化，数据资源作为资产入账，即数字资产已成为会计要素之一。数字资产（digital assets）是指企业或个人拥有或控制的，以电子数据形式存在的，在日常活动中持有以备出售或处于生产过程中的非货币性资产。如全国ETC车辆高速通行数据、上海合合信息科技股份有限公司旗下全资子公司上海生腾的数据产品启信宝。

根据数据资源的持有目的、形成方式、业务模式，以及与数据资源有关的经济利益的预期消耗方式等分别计入无形资产和存货。

2.负债

负债是指企业过去的交易或事项形成的、预期会导致经济利益流出企业的现时义务。负债具有如下基本特点：

（1）负债是企业的现时义务。负债作为企业承担的一种义务，是由企业过去的交易或事项形成的、现已承担的义务。如银行借款是因为企业接受了银行贷款而形成的，如果没有接受贷款就不会发生银行借款这项负债。应付账款是因为赊购商品或接受劳务而形成的，在这种购买未发生之前，相应的应付账款并不存在。

（2）负债的清偿预期会导致经济利益流出企业。无论负债以何种形式出现，其作为一种现时义务，最终的履行预期均会导致经济利益流出企业，具体表现为交付资产、提供劳务、将一部分股权转让给债权人等。对此，企业不能或很少可以回避。从这个意义上讲，企业能够回避的义务，不能确认为一项负债。

负债按偿还期长短可分为流动负债和非流动负债。流动负债是指预计在一个正常营业周期内可合理地预计、需要动用流动资产或者承担其他流动负债加以清偿的短期负债。流动负债一般包括短期借款、应付票据、应付账款、预收账款、应付职工薪酬、应交税费、应付利息、应付股利、一年内到期的非流动负债等。非流动负债是指需在下一年或下一个营业周期内动用流动资产或承担新的流动负债加以清偿的负债，包括长期借款、应付债券、长期应付款等。

3.所有者权益

所有者权益是指企业资产扣除负债后由所有者享有的剩余权益，是投资人对企业净资产的所有权。所有者权益是企业的主要资金来源，它等于全部资产减全部负债后的净额。企业所有者拥有的权益最初以投入企业资产的形式取得，形成投入资本。随着企业生产经营活动的开展，投入资本本身增值，增值部分形成盈余公积和未分配利润，这部分资金归所有者所有，与投入资本一起构成企业的所有者权益，具体包括实收资本、资本公积、直接计入所有者权益的利得和损失，以及盈余公积和未分配利润等。

利得是指由企业非日常活动所形成的、会导致所有者权益增加的、与所有者投入资本无关的经济利益的流入。

损失是指由企业非日常活动所发生的、会导致所有者权益减少的、与向所有者分配利润无关的经济利益的流出。它是企业除了费用或分配给所有者之外的一些边缘性或偶发性支出。

一般来说，利得和损失与收入和费用不同，它们之间不存在配比关系。按照我国会计准则的规定，利得和损失分为直接计入所有者权益的利得和损失与直接计入当期损益的利得和损失。一般来说，未实现的利得和损失计入所有者权益，已实现的利得和损失计入当期损益。

（二）反映经营成果的要素

经营成果是指企业在一定时期内生产经营活动的结果，具体地说，它是指企业生产经营过程中取得的收入与耗费相比较的差额。经营成果要素一般通过利润表来反映，由收入、费用和利润三个要素构成。从环球网络公司2×23年度的利润表中可以看到，上机收入和其他收入都属于收入要素；而水电费、消费税、折旧费、人工费、消耗材料、其他杂费和所得税都属于费用要素；所得税后利润则属于利润要素。

1.收入

收入是指企业在日常活动中形成的、会导致所有者权益增加的、与所有者投入资本无关的经济利益的总流入。对于某一会计主体来说，收入表现为一定期间现金的流入或其他资产的增加或负债的清偿，但不是所有的现金流入都是企业的收入，因为有些现金收入并不是由于企业销售商品、提供劳务及提供他人使用本企业的资产而引起的，如股东投资、企业借债而增加的现金流入就不是收入。收入有广义和狭义两种理解。广义收入把所有的经营和非经营活动的所得都看成收入，包括主营业务收入、其他业务收入、投资收益、营业外收入等。狭义收入仅仅把经常性的、主体性的经营业务中取得的收入作为收入，包括主营业务收入、其他业务收入、投资收益等。会计上通常所指的收入是狭义收入。

2.费用

费用是指企业在日常活动中发生的、会导致所有者权益减少的、与向所有者分配利润无关的经济利益的总流出。它是企业在获得收入过程中的必要支出。费用是相对于收入而言的，没有收入就没有费用。因此，费用必须按照一定的期间与收入相配比。如一定期间销售产品获得的主营业务收入必须与当期销售产品的主营业务成本相配比。费用也有广义和狭义之分。广义费用包括各种费用和损失，如主营业务成本、其他业务成本、税金及附加、管理费用、销售费用、财务费用、投资损失、资产减值损失、所得税费用、营业外支出等。而狭义费用只包括为获取营业收入提供商品或劳务而发生的耗费。也就是说，凡是同提供商品或劳务相联系的耗费才作为费用。狭义费用不包括损失（营业外支出）。狭义费用和损失有一点是相同的，即它们都会导致业主权益即资本的减少。所不同的是，狭义费用仅仅指与商品或劳务的提供相联系的耗费，但损失只是一种对收益的纯扣除。

3.利润

利润是指企业在一定会计期间的经营成果，也就是收入与费用配比相抵后的差额。收入大于费用，其净额为盈利；如收入小于费用，其净额则为亏损。

以上六大会计要素相互影响，密切联系，全面、综合地反映了企业的经济活动。

三、会计等式

各项会计要素之间存在着本质联系，会计要素内在联系的表达式称为会计等式，也称会计方程式、会计恒等式。会计等式反映了企业会计要素之间的内在联系，反映了企业财务状况和经营成果，是建立复式记账、编制财务报表的理论基础。

企业的价值总是表现为两个方面：一方面以一定的物质形态存在，这是企业价值自然属性的体现，即企业的资产；另一方面表现为相应的要求权，表明资产归谁所有，这是价值社会属性的体现，即企业的权益。权益表明了资产的来源。由于资产与权益是同一价值的不同表现，因而两者在数量上是相等的。资产与权益的这种相互依存关系，决定了资产总额必然等于权益总额。在会计上将两者之间的这种平衡关系用公式来表示，就是会计等式，表示为：

资产＝权益　　　　　　①

企业的资产一部分是由投资者投入的，一部分是从企业外部借入的。前者称为所有者权益；后者称为负债。因此，企业的权益还可分为两个方面的内容：一是企业的债权人对企业资产的求偿权益，即企业的负债；二是企业的投资人对企业净资产享有的权益，即企业的所有者权益。为了进一步表示权益的内容，等式①也可以具体表示为：

资产＝负债＋所有者权益　　　　　　②

上式也可以转换为：

资产－负债＝所有者权益

等式②称为存量会计等式，它提示了在会计等式②中，资产负债表三要素的内在联系和数量上的函数关系，概括地反映了企业在某一时点（期初、期末）上的财务状况，是企业拥有价值的静态表达式，是建立资产负债表的理论基础。

企业是以营利为经营目的的，在其持续经营的过程中所产生的收入、费用、利润三项要素，称为利润表三要素，其关系可以表示为：

收入－费用＝利润　　　　　　③

等式③称为增量会计等式，它揭示企业利润表中收入、费用、利润三要素之间内在联系与数量上的函数关系，反映出企业在会计期间内的财务状况和经营成果。它是企业价值的动态表达式，是建立利润表的理论基础。

□ 复习思考题

1.为什么说生产越发展，会计越重要？

2.哪些人要使用会计信息，对他们有何用途？

3. 何谓财务报告要素？财务报告要素包括哪些内容？

4. 简述财务报告要素之间的关系。

5. 具体说明利得与收入、损失与费用之间的区别。

6. 存量会计等式与增量会计等式之间存在哪些联系？

本章自测题

第二章 会计核算基础

第一节 会计核算的基本前提

会计核算的基本前提，又称为会计假设，是对会计核算所处的时间、空间范围所作的合理设定。因为这些设定都是以合理推断或人为的规定而作出的，所以也称为会计假设。

会计假设不是毫无根据的虚构设想，而是在长期的会计实践中，人们逐步认识和总结形成的，是对客观情况合乎事理的推断。会计假设规定了会计核算工作赖以存在的一些基本前提条件，是企业设计和选择会计方法的重要依据。只有规定了这些会计假设，会计核算才得以正常地进行下去。因此，会计假设既是会计核算的基本依据，也是制定会计准则和会计核算制度的重要指导思想。

会计假设通常包括四个假设：

一、会计主体

会计主体是指会计工作为之服务的特定单位或组织，它确定了会计核算的空间范围，即在会计核算中，会计确认、计量和记录所加工整理的会计数据均被界定在一个独立核算的经济实体之内。基于这一假设，会计所反映的只能是它所在的特定单位的经济活动，而不包括企业所有者的经济活动和其他单位的经济活动。

一般来讲，凡是独立核算的单位，在会计上都设定为一个会计主体，它包括独立核算的企业以及企业内部的独立核算单位。会计只记录本主体的账，只核算和监督本主体所发生的经济业务。只有明确会计主体这一基本前提，才能使会计的核算范围得以清楚，才能够使企业的财务状况、经营成果独立地反映出来，企业的所有者及债权人，以及企业的管理人员和企业财务报表的其他使用者，才有可能从会计记录和财务报表中获得有价值的会计信息，从而作出是否对企业进行投资或改进企业经营管理的决策。

会计主体作为一个经济实体与企业法人主体是不完全相同的。法人是指在政府部门注册登记，有独立的财产、能够承担民事责任的法律实体，它强调企业与各方面的经济法律关系；而会计主体则是按照正确处理所有者与企业的关系，以及正确处理企业内部关系的要求而设立的。尽管所有经营法人都是会计主体，但有些会计主体就不一定是法人。例如，一些企业集团下属很多子公司，这些子公司也都是法人，但出于经营管理的需要，为全面考核和反映集团公司的经营活动和财务成果，就必须将所有的子公司连同母公司作为一个会计主体，编制合并财务报表，以便全面分析和评价整个集团公司的经营情况。

二、持续经营

持续经营是指在可以预见的未来企业按照既定的经营方针和目标继续经营下去，不会停业，也不会大规模削减业务。会计核算应当以企业持续、正常的生产经营活动为前提。每一个企业从开始营业起，从主观愿望上看，都希望能永远正常经营下去，但是在市场经济条件下，竞争非常激烈，每个企业都有被淘汰的危险，这是不以人们的意志为转移的。在此种情况下，会计应如何进行核算和监督呢？应立足于持续经营还是立足于即将停业清理呢？两者的会计处理方法完全不同。在一般情况下，持续经营的可能性总比停业清理大得多，尤其是现代化大生产和经营客观上要求持续，所以，会计应立足于持续经营。

会计正是在持续经营这一前提条件下，才可能建立起会计确认和计量的原则，使会计方法和程序建立在非清算的基础之上，解决了很多财产计价和收益确认的问题，保持了会计信息处理的一致性和稳定性。

三、会计分期

持续经营的假定，意味着企业经济活动在时间的长河中无休止地运行。那么，在会计实践活动中，会计人员提供的会计信息应从何时开始，又在何时终止？显然，要等到企业的经营活动全部结束时再进行盈亏核算和编制财务报表是不可能的。因此，会计核算应当划分会计期间，即人为地将持续不断的企业生产经营活动划分为一个个首尾相接、等间距的会计期间，通常为一年，可以是日历年，也可以是营业年。由于会计分期，才产生了当期与其他期间的差别。我国规定以日历年作为企业的会计年度，即以公历1月1日至12月31日止为一个会计年度。此外，企业还需按半年、季、月份编制财务报表，即把半年、季度、月份也作为一种会计期间。

在数智经济时代，现代信息技术使得会计数据可实时取得，每一天都可以取得资产、负债和盈亏数据，不用等到月末和年末才能输出资产负债表和利润表。会计分期只是适应外部需求者的习惯性要求，如税务部门、统计部门、证监会等。

四、货币计量

货币计量是指企业在会计核算过程中采用货币为计量单位，记录、反映企业的经营情况。企业在日常的经营活动中，有大量错综复杂的经济业务。在企业的整个生产经营活动中所涉及的业务又表现为一定的实物形态，如厂房、机器设备、库存现金、各种存货等。由于它们的实物形态不同，因此可采用的计量方式也多种多样。为了全面反映企业的生产经营活动，会计核算客观上需要一种统一的计量单位作为会计核算的计量尺度。因此，会计核算就必然选择货币作为会计核算上的计量单位，以货币形式来反映企业的生产经营活动的全过程。这就产生了货币计量这一会计核算前提。

但在数智经济时代，会计不仅以货币为计量单位，同时运用大数据和人工智能等现代信息技术，将不能用货币计量的非财务的非结构化数据等原来无法直接量化的信息转化为数据，如将各种业务数据、文档、图片、视频、音频等信息转化为数据并进行运算。

在货币计量前提下，企业的会计核算以人民币为记账本位币。业务收支以人民币以外的货币为主的企业，可以选定其中一种货币作为记账本位币，但是编报的财务会计报告应当折算为人民币。在境外设立的中国企业向国内报送的财务会计报告，应当折算为人民币。

货币本身也有价值，它是通过货币的购买力或物价水平表现出来的。在市场经济条件下，物价水平总在不断变动，说明币值很不稳定，那么就不可能准确地计量。因此，必须同时确立币值稳定的前提条件，假设币值在今后基本上是稳定的，不会有大的波动，才能用以计量。

延伸阅读2-1
关于会计基本假设的专家评说

第二节　财务报告要素确认、计量的原则

财务报告要素确认、计量的原则主要包括资产、收入、费用与利润的确认与计量原则，即历史成本原则、配比原则、划分收益性支出与资产性支出原则、谨慎性原则、重要性原则和实质重于形式原则。

一、历史成本原则

历史成本原则也称原始成本原则，是指企业的各项财产物资应当按照取得或购建时发生的实际成本核算，而不考虑随后市场价格变动的影响。市价变动时，除国家另有规定外，一律不得调整其账面价值。例如，企业2×21年购入一台电子计算机，作为企业的固定资产。当时的购买价格为6 000元。2×24年这种计算机的市场价格下降到3 000元，按照历史成本原则，2×24年这台电子计算机的账面原价仍然为6 000元，而不按当时的市价进行调整。

按照历史成本原则计价有助于对各项资产和负债项目的确认、计量结果进行验证与控制；同时按照历史成本原则核算，也使收入与费用的配比建立在实际交易的基础上，防止企业随意改动资产价格造成经营成果虚假或任意操纵企业的经营收益。

但是，历史成本原则也有其局限性，历史成本原则是在币值基本稳定的前提下采用的，因此，当货币购买力变动和物价上涨时，按历史成本计价就不能准确地反映企业资产的真实价值。在这种情况下，会计信息的有用性就会被削弱。所以，在物价变动较大的情况下，可按照国家规定对资产的账面价值进行调整。在一般情况下，当市价明显低于资产的账面价值时，可以通过计提资产减值准备的方法进行调整。

二、配比原则

配比原则是指企业一个会计期间内的各项营业收入和与其相关的成本、费用，应当在同一个会计期间内入账，以正确确定各个会计期间的损益。

配比原则包括收入和费用在因果关系上的配比，也包括收入和费用在时间意义上的配比，即一定会计期间内的收入与费用的配比。因果关系上的配比说明有因果关系的收入项目和费用项目在经济内容上具有必然的因果关系，收入是由于一定费用耗费而产生的，不同收入的取得是由于发生了与之相应的不同费用。如某商店购进液晶电视120台，每台进价6 000元，支付价款720 000元，当月售出液晶电视100台，每台售价8 000元，收到价款800 000元。液晶电视的销售成本与销售收入之间就存在着因果关系。按照配比原则，应按100台的销售成本600 000元与100台的销售收入800 000元相配比。其余20台的进货成本，不应作为当期的销售成本。

时间意义上的配比关系说明，某一期间的费用必须与相同受益期的收入相配比，应归本期实现的收入应与本期发生的费用相对应。如果收入要等到未来会计期间才能实现，相关的费用或成本就要分配于未来的实际受益期间。如该商店当月还发生了一些销售费用，包括水电费、营业员工资、办公费等，共计10 000元。这些费用也是为取得800 000元的收入而必须支付的。它与当期的销售收入之间就存在着一种时间上的配比关系。不管当期销售多少台液晶电视，当期发生的销售费用都应作为当期的费用，与当期的销售收入相配比。

配比原则与权责发生制原则存在内在联系，并且最终要受持续经营与会计分期前提的制约。

三、划分收益性支出与资本性支出原则

划分收益性支出与资本性支出原则要求企业会计在进行支出的确认时，必须将两类性质不同的支出区别开来，以正确计算当期损益。所谓收益性支出，是指该项支出的发生是为了取得本期收益，即仅与本期收益的取得有关，必须反映于本期的损益之中。如企业支付的水电费、管理人员的工资、招待费、办公用品费、差旅费等都属于收益性支出。资本性支出则是指该项支出的发生，不是仅仅为了本期收益，而是与本期和以后几期的收益有关系。因此，应当在以后逐步分配计入各期的费用。例如，企业购买的机器设备、房屋等，一方面它们的单位价值都比较高，另一方面它们的使用期限也都比较长。这些资产可以在多个会计期间使用，不仅在本期受益，以后各期也同样受益。对这类支出就不能在购入当期全部作为当期费用，而应通过折旧的方式分期计入以后各期。

四、谨慎性原则

谨慎性原则，又称稳健性原则，是指在处理不确定性经济业务时，应持谨慎态度，当一项经济业务有多种处理方法可供选择时，应选择不导致夸大资产、虚增利润的方法。在进行会计核算时，应当合理预计可能发生的损失和费用，而不应预计可能发生的收入和过高估计资产的价值。

谨慎性原则的要求体现于会计核算的全过程，在会计上的应用是多方面的。例如，对应收账款提取坏账准备，就是对预计不能收回的货款先行作为本期费用，计入当期损益，以后确实无法收回时冲销坏账准备；又如，对固定资产采用加速折旧法等。

遵循谨慎性原则，对于企业存在的经营风险加以合理估计，对防范风险起到预警作用，有利于企业作出正确的经营决策，有利于保护投资者和债权人的利益，有利于提高企业在市场上的竞争力，但是，企业在运用谨慎性原则时，不能滥用，不能以谨慎性原则为由任意计提各种准备，即秘密准备。例如，按照有关规定，企业应当计提坏账准备、存货

跌价准备等减值准备，但是，在实际执行时，有些企业滥用会计准则给予的会计政策，在前一年度大量计提减值准备，待后一年度再予以转回。这种行为属于滥用谨慎性原则计提秘密准备，是会计准则所不允许的。

五、重要性原则

重要性原则是指财务报告在全面反映企业的财务状况和经营成果的同时，应当区分经济业务的重要程度，采用不同的会计处理程序和方法。具体来说，对于重要的经济业务，应单独核算、分项反映，力求准确，并在财务报告中作出重点说明；对于不重要的经济业务，在不影响会计信息真实性的情况下，可适当简化会计核算或合并反映，以便集中精力抓好关键。

重要性原则的意义在于：对会计信息使用者来说，对经营决策有重要影响的会计信息是最需要的，如果会计信息不分主次，反而会有损于使用，甚至影响决策，而且对不重要的经济业务简化核算或合并反映，可以节省人力、物力和财力，符合成本效益原则。

需要明确的是，重要性具有相对性，并不是同样的业务对不同的企业都是重要的或不重要的事项。对某项会计事项判断其重要性，在很大程度上取决于会计人员的职业判断。一般来说，重要性可以从质和量两个方面进行判断。从性质方面来说，如果某会计事项的发生可能对决策产生重大影响，则该事项属于具有重要性的事项；从数量方面来说，如果某会计事项的发生达到一定数量或比例可能对决策产生重大影响，则该事项属于具有重要性的事项。

六、实质重于形式原则

实质重于形式原则要求"企业应当按照交易或事项的经济实质进行会计确认、计量，而不应当仅仅按照它们的法律形式作为会计确认、计量的依据"。交易或事项的实质，并非与它们的法律形式的外在面貌相一致。实质重于形式原则就是要求在对会计要素进行确认和计量时，应重视交易的实质，而不管其采用何种形式。

例如，"合并财务报表"中合并范围的确定。从法律角度来说，只有当投资额占被投资方股权的份额在50%以上时，被投资方才是投资方的子公司，才能纳入合并范围。但根据"实质重于形式"原则的要求，即使投资额占被投资方股权的份额不足50%，只要实质上投资方对被投资方具有控制、共同控制，被投资方即为投资方的子公司，就应纳入投资方的合并范围；而即使投资额占被投资方股权的份额在50%以上，但因某些原因（如被投资方所在国有严格的外汇管制）投资方实质上并不能控制被投资方，此时则不能纳入投资方的合并范围。

再如，某企业将一项资产处理给另一单位时，可以在文件中声称将法律所有权转让给该单位。然而，还可能存在协议，可以保证本企业继续享有该项资产所包含的未来经济利益。在这种情况下，报告一项销售收入就不可能真实地反映所达成的交易。

第三节　复式记账与借贷记账法

一、账户及其结构

企业日常发生的经济业务十分频繁、复杂，而每发生一项经济业务都会引起会计要素的增减变动。为了便于提供日常管理所需要的会计信息，就要对企业发生的经济业务进行整理分类，为此，在会计上就要设置账户。所谓账户，是根据会计科目的名称设立，具有一定结构，用来分类、连续地记录经济业务，反映会计要素增减变动及其结果的一种工具。例如，"库存现金"账户、"库存商品"账户、"固定资产"账户等。账户与会计科目既有联系也有区别，会计科目是账户的名称，账户是根据会计科目设置的，但账户与会计科目反映的经济内容是相同的。

账户之所以能够反映和记录经济业务的发生引起的会计要素的增减变动，是由于账户具有一定的结构。随着企业单位经济业务的不断发生，会计要素就必然随之发生变化，而且这种变化不管多么错综复杂，从数量上看不外乎增加和减少两种情况。因此，用来记录企业在某一会计期间内各种有关数据的账户，在结构上就应分为两方，即左方和右方。一方登记增加数，另一方登记减少数，至于哪一方登记增加，哪一方登记减少，则由所采用的记账方法和所记录的经济内容而决定。这就是账户的基本结构。这一基本结构，不论企业在实际中所使用的账户的具体格式如何，总是一样的。当然对于一个完整的账户而言，除了必须反映增加数和减少数两项外，还应该包括其他栏目和内容，一个完整的账户结构应包括以下内容：

（1）账户名称；

（2）登记会计事项的日期；

（3）凭证编号；

（4）摘要；

（5）增减金额及余额。

为了方便学习，一般采用简化的"T"形账户格式，格式如下：

借方	账户名称	贷方

一个账户一般具有期初余额、本期增加发生额、本期减少发生额和期末余额四项金额。一定时期（如一个会计期间）的增加额合计，称为本期增加发生额；一定时期（如一个会计期间）的减少额合计，称为本期减少发生额；本期增加发生额与本期减少发生额相抵后的差额，称为期末余额；本期的期末余额转入下期，便是下期的期初余额。这四项金额的关系可以用下列等式表示：

期末余额=期初余额+本期增加发生额−本期减少发生额

账户如有期初余额，首先应当在记录增加额的一方登记，会计事项发生后，要将增减内容记录在相应的栏内。每个账户的本期发生额反映的是该类经济内容在本期内变动的情况，而期末余额则反映变动的结果。例如，某企业在某一期间"库存现金"账户的记录如下所示：

借方		库存现金	贷方
期初余额	1 500		
本期增加	500	本期减少	1 000
本期发生额	500	本期发生额	1 000
期末余额	1 000		

二、复式记账

复式记账法是对每一项经济业务发生时所引起的会计要素数量的增减变化，以相等的金额同时在两个或两个以上相联系的账户中进行全面登记的一种记账方法。其实质是通过两个或两个以上相互对应的账户反映一项经济业务。如企业用银行存款支付水电费1 000元，在复式记账法下，一方面要在"银行存款"账户中登记减少数1 000元，另一方面要在有关费用账户中登记增加1 000元。复式记账法可以全面、系统地反映企业的经济业务，可以更好地反映经济业务的来龙去脉，将账户之间的内在联系有机地联结起来。

复式记账法是由单式记账法演变而来的。所谓单式记账法，是指只对每一项经济业务，一般只在一个账户中进行记录的记账方法。该记账方法除对涉及应收、应付现金的收付业务要在两个或两个以上的账户中登记以外，对于其他经济业务，都只在一个账户中进行登记或不予登记。对以支付现金或赊购方式购买财物或支付费用的经济业务，只核算现金的减少或债务的增加，而对财物的取得或费用的发生一般不设置账户进行核算。至于财物结存数额，只能通过定期的实地盘存得到。经营损益则通过前后两期的财产结存数的比较求得，即期末资产结存大于期初资产结存的数额为利润；反之，则为亏损。随着社会生产力的发展及日趋复杂的经济活动，单式记账法本身存在的会计科目设置不完整、账户记录之间没有相互联系的缺陷便日渐显露，不能全面、系统地反映经济业务的来龙去脉，也不便于检查账户记录是否正确，因此，单式记账法逐渐被复式记账法所取代。

三、借贷记账法

借贷记账法是以借贷为记账符号来记录经济业务的一种复式记账方法。借贷记账法的特点可以归纳为以下几个方面：

（一）借贷记账法的记账符号

按照复式记账法，每一笔经济业务的增减变化都要在两个或两个以上的账户中进行登记，形成账户记录。但是如何将经济业务登记到账户中，采用不同的记账方法，其登记的方式和方法均不相同。复式记账的方法有很多种，比如我国采用过的收付记账法、增减记账法等，它们在账户中的记录方法不尽相同，但均属于复式记账法。借贷记账法也是一种复式记账法，它产生于13世纪的意大利，开始是单式记账，随着现代经济的发展，逐渐得到充实和完善，形成了具有区别于其他记账方法的显著特征的一种复式记账方法，迄今为止在世界各国被广泛采用。我国于1993年实施的企业会计准则也规定了境内所有企业在进行会计核算时，必须统一采用借贷记账法。

记账符号是一种标记，代表经济业务数量增减变化的方向。借贷记账法的借、贷两字的含义，最初是从借贷资本家的角度来解释的。借贷资本家把从债权人那里收进的存款记在贷主（creditor）的名下，表示自身的债务；借贷资本家支付给债务人的放款记在借主（debtor）的名下，表示自身的债权。此时，借、贷两字表示债权债务的变化。随着社会经济的发展、经济活动的日益复杂以及产业资本和商业资本对借贷记账法的使用，借、贷二字不再局限于货币资金借贷业务的增减变动情况，而逐渐扩展到财产物资和经营损益等经济业务的增减变动情况。这时，借、贷二字就逐渐失去原来的含义，而转化为纯粹的记账符号，用以标明账户记录经济业务数量增减变化的方向，即账户的借方和贷方。

在借贷记账法下，账户的基本结构是：左方为借方，右方为贷方。由于会计内容已经划分为会计要素，并按会计要素的进一步分类设置了会计科目和账户，借贷记账法在登记经济业务数据时，就按经济业务所属的会计要素及其发生的增加金额和减少金额，分别确定其在账户中的记录方向，即：

（1）属于资产要素的增加额记入借方，减少额记入贷方；

（2）属于负债要素的增加额记入贷方，减少额记入借方；

（3）属于所有者权益要素的增加额记入贷方，减少额记入借方。

由于资产在会计等式的左边，其增加额就记在借方，减少额就记在贷方。负债和所有者权益在会计等式的右边，它们的增加额就记在贷方，减少额就记在借方。按此种记录方法登记的结果，既保证了借方等于贷方，也保证了会计等式的平衡。

在扩展会计平衡等式中，收入和费用要素的变动会导致利润要素的变动，利润在未分配前属于所有者权益，收入使所有者权益增加，其增加额就记在贷方，减少额记在借方。费用会使所有者权益减少，其增加额记在借方，减少额就记在贷方。收入、费用和利润要素增减变动登记在账户中的方向是：

（1）属于收入要素的增加额记入贷方，减少额记入借方；

（2）属于费用要素的增加额记入借方，减少额记入贷方；

（3）属于利润要素的增加额记入贷方，减少额记入借方。

将上述会计要素增减变动在账户中的登记方向列示如下：

借方	账户名称（会计科目）	贷方
资产增加额		资产减少额
负债减少额		负债增加额
所有者权益减少额		所有者权益增加额
收入减少额		收入增加额
费用增加额		费用减少额
利润减少额		利润增加额

在借贷记账法下，账户的借方和贷方都可以登记经济业务发生时会计要素增加和减少的金额。记账时，账户的借贷两方必须作相反方向的记录，即对于每一个账户来说，如果借方用来登记增加额，则贷方就用来登记减少额；如果借方用来登记减少额，则贷方就用

来登记增加额。在一个会计期间内，借方登记的合计数称为借方发生额，贷方登记的合计数称为贷方发生额。那么，究竟用哪一方来登记增加额，用哪一方来登记减少额呢？这要根据各个账户所反映的经济内容，也就是它的性质来决定。

一般来说，资产类账户的借方登记资产的增加额，贷方登记资产的减少额；由于资产的减少额不可能大于它的期初余额与本期增加额之和，所以，这类账户期末如有余额，通常在借方。

负债及所有者权益类账户的贷方登记负债及所有者权益的增加额，借方登记负债及所有者权益的减少额，由于负债及所有者权益的增加额与期初余额之和一般情况下要大于本期减少额，所以，这类账户如有余额，通常在贷方。

收入类账户的结构与所有者权益类账户的结构基本相同，借方登记收入的减少额，贷方登记收入的增加额，由于本期实现的收入要于期末全部转出，以便与相配比的费用相抵来确定当期利润或亏损。因此，收入类账户在期末经转销后通常无余额。

费用类账户与资产类账户的结构基本相同，借方登记费用的增加额，贷方登记费用的减少额或称转销额，由于与收入相配比的支出要在期末全部转出，以便与收入相抵，因此，费用类账户在期末经转销后通常也无余额。

延伸阅读2-2

关于借贷记账
符号的再理解

利润类账户的贷方登记利润的增加额，借方登记利润的减少额，期末余额可能在贷方，也可能在借方。

通过以上的账户结构可以看出，各类账户的期末余额通常都在记录增加额的一方，即资产类账户的期末余额在借方，负债及所有者权益类账户的期末余额在贷方。

（二）借贷记账法的记账规则

前已述及，按照复式记账的原理，任何经济业务都要以相等的金额，在两个或两个以上相互联系的账户中进行记录。借贷记账法的记账规则，是指运用借贷记账法在账户上记录经济业务所引起的会计要素增减变化的规律。那么，如何记录经济业务呢？借贷记账法对于发生的每一笔经济业务，首先，要确定它所涉及的账户并判定其性质；其次，要分析所发生的经济业务使各有关账户的金额是增加还是减少；最后，根据账户的基本结构确定其金额应记入所涉及账户的方向。

由于收入类账户和利润类账户与所有者权益类账户的性质相同，而费用是资产的转化形式，费用类账户与资产类账户的性质相同，因此，会计上在划分经济业务的性质时，往往将收入和利润类归入所有者权益，将费用类归入资产。这样经济业务无论怎样复杂，均可概括为以下几种类型：

（1）资产与权益同时增加。如企业收到投资者投入的资本金300 000元，存入银行。这笔经济业务涉及"银行存款"和"实收资本"两个账户，一方面"银行存款"账户为资产类账户，该账户增加300 000元，应记入借方；另一方面"实收资本"账户为所有者权益类账户，该账户也增加300 000元，应记入贷方。

（2）资产与权益同时减少。如以银行存款500 000元归还银行短期借款。这笔经济业务涉及"银行存款"和"短期借款"两个账户，一方面"银行存款"账户为资产类账户，该账户减少500 000元，应记入贷方；另一方面"短期借款"账户为负债类账户，该账户减少500 000元，应记入借方。

（3）资产内部有增有减。如企业收回前欠的销货款 320 000 元，存入银行。这笔经济业务涉及"银行存款"和"应收账款"两个资产类账户，一方面"银行存款"账户增加 320 000 元，应记入该账户的借方；另一方面"应收账款"账户减少 320 000 元，应记入该账户的贷方。

（4）权益内部有增有减。如企业向银行借入短期借款 180 000 元直接偿还前欠远航公司的货款。这笔经济业务涉及"短期借款"和"应付账款"两个负债类账户，一方面"短期借款"账户增加 180 000 元，应记入该账户的贷方；另一方面"应付账款"账户减少 180 000 元，应记入该账户的借方。

从以上四种经济业务来看，在借贷记账法下，每笔经济业务都是在记入某一个账户的借方时，必然还要记入另一个账户的贷方，而且记入借方与记入贷方的金额总是相等的。这就形成了借贷记账法的记账规律或记账规则。我们可以将其概括为：有借必有贷，借贷必相等。

以上记账规则可用图 2-1 表示：

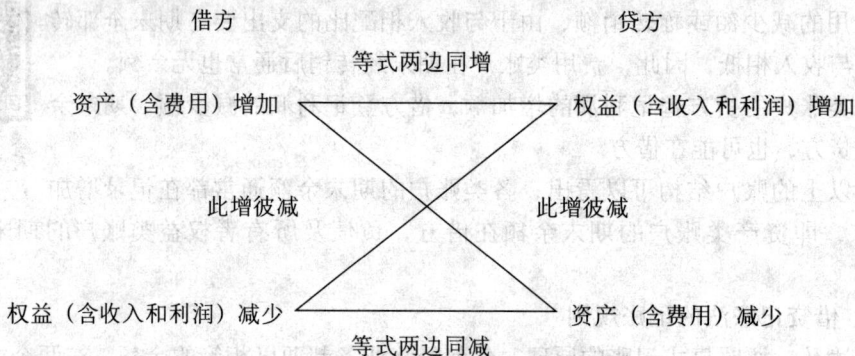

借方   贷方

等式两边同增

资产（含费用）增加   权益（含收入和利润）增加

此增彼减   此增彼减

权益（含收入和利润）减少   资产（含费用）减少

等式两边同减

图2-1 记账规则图

（三）借贷记账法的试算平衡

为了保证一定时期内所发生的经济业务在账户记录中的正确性，需要在期末对账户记录进行试算平衡。所谓借贷记账法的试算平衡，是指根据会计等式的平衡原理，按照记账规则的要求，通过汇总计算和比较，来检查账户记录的正确性、完整性。

采用借贷记账法，由于对任何经济业务都是按照"有借必有贷，借贷必相等"的记账规则记入各有关账户，所以不仅每一笔会计分录借贷发生额相等，而且当一定会计期间的全部经济业务都记入相关账户后，所有账户的借方发生额合计数必然等于贷方发生额合计数；同时，期末结账后，全部账户借方余额合计数也必然等于贷方余额合计数。其借贷平衡可用下列两个公式（发生额试算平衡和余额试算平衡）表示：

全部账户的借方发生额合计=全部账户的贷方发生额合计

全部账户期末借方余额合计=全部账户期末贷方余额合计

试算平衡工作一般是在月末结出各个账户的本月发生额和月末余额后，通过编制总分类账户发生额试算平衡表和总分类账户余额试算平衡表来进行的。现将以上所举的四笔经济业务记入有关总分类账户，并结出各账户本期发生额和期末余额，分别编制总分类账户发生额试算平衡表（见表2-1）和总分类账户余额试算平衡表（见表2-2）。

借方	银行存款		贷方
期初余额	430 000	（2）	500 000
（1）	300 000		
（3）	320 000		
本期发生额	620 000	本期发生额	500 000
期末余额	550 000		

借方	应收账款		贷方
期初余额	600 000	（3）	320 000
		本期发生额	320 000
期末余额	280 000		

借方	短期借款		贷方
（2）	500 000	期初余额	600 000
		（4）	180 000
本期发生额	500 000	本期发生额	180 000
		期末余额	280 000

借方	实收资本		贷方
		期初余额	250 000
		（1）	300 000
		本期发生额	300 000
		期末余额	550 000

借方	应付账款		贷方
（4）	180 000	期初余额	180 000
本期发生额	180 000		
		期末余额	0

表2-1　　　　　　　　　总分类账户发生额试算平衡表

2×23年1月31日　　　　　　　　　　　　　　　单位：元

账户名称	本期发生额	
	借　方	贷　方
银行存款	620 000	500 000
应收账款		320 000
短期借款	500 000	180 000
应付账款	180 000	
实收资本		300 000
合　计	1 300 000	1 300 000

表2-2
总分类账户余额试算平衡表

2×23年1月31日 单位：元

账户名称	期末余额	
	借　方	贷　方
银行存款	550 000	
应收账款	280 000	
短期借款		280 000
应付账款		0
实收资本		550 000
合　计	830 000	830 000

　　试算平衡只是通过借贷金额是否平衡来检查账户记录是否正确的一种方法，经过试算平衡，如果期初余额、本期发生额和期末余额各栏的借方合计与贷方合计分别相等，则说明账户的记录基本正确；如果借、贷方合计不相等，则说明账户记录有错误，应查明原因并予以更正。但必须指出的是，即使试算平衡表期末余额和本期发生额的借方合计与贷方合计分别相等，也不能说明账户记录是完全正确的。如果将某笔经济业务重记、漏记、多记或少记、借贷方向弄反、应借应贷科目写错，通过试算平衡是不能发现的，还必须辅以其他方法进行检查核对。

【思政课堂】 　　　　　　　　　　**感恩教育**

　　卢卡·帕乔利是意大利的数学家，他在意大利各处的教学活动和编写的教材都极大地影响着后来的数学教学与研究，特别是卢卡·帕乔利对复式记账法的阐述被认为是会计学的开端，因此卢卡·帕乔利被称为"会计学之父"。

　　复式簿记之借贷记账法最为精妙的地方就是"有借必有贷，借贷必相等"，会计在记账时是对所有的财产物资都采用一种货币量度进行计量以便于相加汇总，对所有引发单位财产物资或权利义务变化的交易，同时记入两个或两个以上的借贷账户，到了会计期末汇总所有的账户，借方余额等于贷方余额。复式簿记的这种自动平衡机制，极大地便利了对大规模企业和复杂商业活动的处理，很快被推广到全球，成为商人们的必需品。著名的德国诗人歌德赞颂道："人类智慧的绝妙创造，以致每一个精明的商人都必须在自己的经营事业中利用它。"

　　借贷记账法为人类带来了如此多的便利，作为会计专业的学生更要学好、用好这种方法，感恩前辈留下的智慧，习得其精髓，并运用到学习、工作和生活中。希望同学们在未来的学习、工作、生活之路上也能够贡献你们的能量、创造你们的辉煌！

　　资料来源：作者根据相关资料整理。

（四）借贷记账法举例

【例2-1】 企业从银行提取现金10 000元以备发放工资。

　　这项经济业务说明，一方面现金增加，应记入"库存现金"账户的借方；另一方面银行存款减少，应记入"银行存款"账户的贷方。其会计分录如下：

```
借：库存现金                                                10 000
    贷：银行存款                                                    10 000
```

【例2-2】企业收到国家200 000元的投资，款项已存入银行。

这项经济业务说明，企业收到了国家投资，一方面使企业的所有者权益增加，形成企业的资本金；另一方面款项存入银行使银行存款增加。这项经济业务涉及"银行存款"和"实收资本"两个账户，银行存款的增加是资产的增加，应记入"银行存款"账户的借方；国家对企业投资的增加是所有者权益中资本金的增加，应记入"实收资本"账户的贷方。其会计分录如下：

```
借：银行存款                                                200 000
    贷：实收资本                                                   200 000
```

【例2-3】企业取得半年期的银行借款300 000元存入银行账户。

该项经济业务说明，借款一方面使企业银行存款增加，另一方面使企业的短期借款增加，它涉及"银行存款"和"短期借款"两个账户。银行存款的增加是资产的增加，应记入"银行存款"账户的借方；短期借款的增加是流动负债的增加，应记入"短期借款"账户的贷方。其会计分录如下：

```
借：银行存款                                                300 000
    贷：短期借款                                                   300 000
```

【例2-4】企业购入不需要安装的机器设备1台，买价为160 000元，增值税税额为20 800元，全部款项已用银行存款支付。

这项经济业务说明，一方面固定资产增加，应记入"固定资产"账户的借方，因购买机器设备支付的增值税进项税额，应记入"应交税费"账户的借方；另一方面支付买价和增值税，使企业银行存款减少，应记入"银行存款"账户的贷方。其会计分录如下：

```
借：固定资产                                                160 000
    应交税费——应交增值税（进项税额）                             20 800
    贷：银行存款                                                   180 800
```

【例2-5】企业向明星工厂购买甲材料（材料已经验收入库），收到明星工厂开来的专用发票，价款为6 000元，增值税税额为780元，以银行存款支付。

这项经济业务说明，一方面买入原材料，构成物资采购成本，应记入"原材料"账户的借方，因购买原材料支付的增值税进项税额，应记入"应交税费"账户的借方；另一方面材料价款和增值税税款以银行存款支付，应记入"银行存款"账户的贷方。其会计分录如下：

```
借：原材料——甲材料                                          6 000
    应交税费——应交增值税（进项税额）                              780
    贷：银行存款                                                    6 780
```

【例2-6】企业以银行存款35 000元偿还前欠东方工厂货款。

这项经济业务说明，一方面偿还欠款负债减少，应记入"应付账款"账户的借方；另一方面以银行存款支付所欠货款，应记入"银行存款"账户的贷方。其会计分录如下：

```
借：应付账款——东方工厂                                      35 000
    贷：银行存款                                                   35 000
```

【例2-7】企业销售A产品，售价为200 000元，增值税销项税额为26 000元，价税合计226 000元已收到并存入银行。

这项经济业务说明，一方面因销售A产品获得收入，应记入"主营业务收入"账户的贷方，应交增值税销项税额，应记入"应交税费"账户的贷方；另一方面价税款已存入银行，银行存款增加，应记入"银行存款"账户的借方。其会计分录如下：

借：银行存款　　　　　　　　　　　　　　　　　　　　226 000
　　贷：主营业务收入　　　　　　　　　　　　　　　　　　200 000
　　　　应交税费——应交增值税（销项税额）　　　　　　　 26 000

□ 复习思考题

1. 什么是会计核算的基本前提？为什么要确定会计核算的基本前提？
2. 在会计上为什么要设定会计主体？会计主体与企业法人主体有何异同？
3. 我国会计准则中关于会计期间的划分是如何规定的？
4. 什么是账户结构？账户中各项要素之间是什么关系？
5. 什么是复式记账？其理论依据是什么？
6. 何谓借贷记账法？如何理解"借""贷"二字的含义？
7. 借贷记账法下各类账户的结构如何？
8. 借贷记账法下试算已平衡是否说明记账过程完全正确？为什么？

本章自测题

第三章　会计循环

第一节　会计循环概述

会计的内容学习至此，大家已经了解到会计是一个提供会计信息的系统，这个系统是由会计人员运用一定的方式，对企业在一定期间发生的经济业务进行收集、归类、记录，最终编制财务报表来完成的。其中，收集、归类、记录是会计人员"生产"会计信息的过程，财务报表则是会计人员"生产"的产品。企业为了取得真实可靠的会计信息数据，必须对日常所发生的各种经济业务，通过依次完成的一系列基本步骤，并借助于这些步骤，把数量繁多的日常经济业务归类整理和综合汇总，最终通过财务报表的形式向有关方面反映企业的财务状况、经营成果和现金流量等信息。

一、会计循环的含义

通过对上一章内容的学习，我们已经知道，复式记账的会计系统为处理企业单位的业务活动提供了可能，而处理的过程包括了确认①和计量②经济业务、编审原始凭证、编审记账凭证、登记会计账簿、对账簿记录进行对账与结账、编制财务报表等一系列会计核算程序，在这些会计核算程序中包括了依次完成的一系列基本步骤，这些步骤始于会计期初、终于会计期末，这就是我们所说的会计循环。简单来说，会计循环就是指会计信息系统周而复始地对会计信息进行加工处理的过程。

会计分期这一基本前提，把企业连续不断的经营过程划分为会计期间（年度、半年度、季度和月份），会计期间规定了会计工作的时间范围。如果一个单位以一年为一个会计期间，则会计循环历时一年，如果企业按月（或季）结账和编制财务报表，则会计循环历时一个月（或季）。之所以称之为会计循环，是因为企业在每一个会计期间都要重复这些步骤。

二、会计循环的基本程序

会计循环是会计信息产生的步骤，也可以说是会计核算的基本过程。在企业经营过程中，会计人员一开始接受的是大量的、零星的经济业务，如原材料的购买、入库、发出，产品的生产、入库、销售等。要在企业编制的财务报告中充分反映这些情况，就必须经过

---

① 确认是指对交易、事项中的一个项目应否和何时以及如何作为一个要素加以记录和记入财务报表内容与合计的过程。

② 计量是从数量的角度描述一个事物的过程，或者是根据特定的规则把数额分配给物体或事物的活动。

一系列有条不紊的工作程序，对这些原始的会计事项进行分类、汇总。由于每个企业单位的规模大小、经济业务的性质和繁简程度各有特点，在具体组织会计核算工作时，其具体要求也就有所不同，但会计处理的基本过程总体上是一致的。一般来说，所有的会计处理过程都需要经过证（会计凭证）、账（会计账簿）、表（财务报表）三个基本环节。完整的会计循环所涉及的基本步骤应该包括：

（1）确认、计量经济业务，填制、取得原始凭证：企业单位的经济业务发生之后，会计人员首先要填制、取得原始凭证，并审核其合法性、合规性。

（2）整理原始凭证，编制记账凭证（会计分录）：对每笔经济业务列示其应借记和应贷记的账户名称及金额，并填入记账凭证。

（3）根据记账凭证登记会计账簿：根据记账凭证所确定的会计分录，在有关的日记账和分类账中进行登记。

（4）会计期末对会计账簿记录进行对账与结账：会计期间终了，对各账簿中的有关账户记录进行核对，结清收入、费用类账户，以确定当期损益，并结出资产、负债、所有者权益类账户余额，以结转至下期连续记录。

（5）根据账簿记录编制财务报表：会计期间结束，要将本期所有经济业务的记录及其结果汇总编制出资产负债表和利润表等，以反映企业的财务状况和经营成果，并对其加以必要的注释和说明。

尽管目前会计电算化已得到长足的发展，财务软件得到普遍应用，会计人员通过计算机搜集、处理并最终生成会计信息，但是无论是手工操作还是电算化，会计处理过程中，相关的流程指令还是以复式记账原理和会计循环的基本程序为依据，因此，对会计循环的基本流程内容的了解、掌握仍有其必要性。会计循环的基本步骤可用图3-1表示如下：

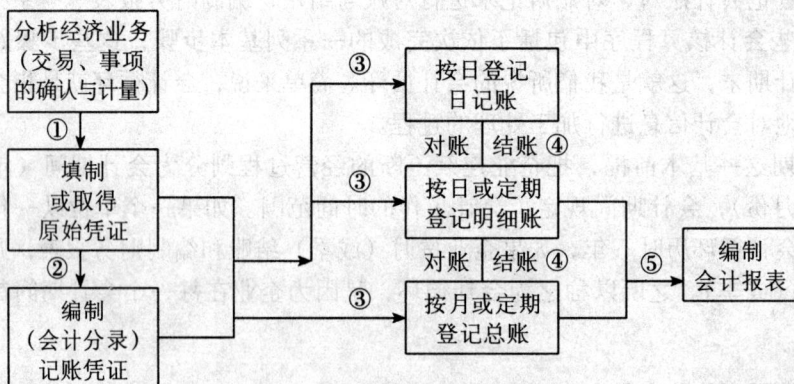

图3-1　会计循环基本步骤流程图

第二节　经济业务与会计凭证

一、经济业务

会计循环的第一步是遵循会计确认的基本标准对企业单位发生的各种经济活动进行分

析，即决定记录什么。

前已述及，企业单位在日常经营过程中，会进行各种各样的经济活动，但并不是所有的经济活动都能通过会计工作进行处理。其原因就在于计量的复杂性，一些不能计量或不能可靠计量的经济活动就不能被会计所处理，如达成的未来合作的意向、企业人事关系的变动等。在会计上，我们把能引起会计要素增减变化进而可以确认与计量的经济活动称为经济业务，或称会计事项。

虽然企业是一个经济上的独立个体，但其在生存与发展的漫长过程中避免不了要与企业内、外部的部门、单位或个人之间发生各种各样的交往活动。因此，我们可以将经济业务按照是否涉及企业自身以外的单位或个人分为对外经济业务和对内经济业务两类。

对外经济业务也称为交易，即"企业与外部主体（其他单位或个人）之间的价值交换行为"。交易可能是一种每个主体既接受价值也牺牲价值的互换行为，如购买商品、销售货物、提供劳务等，也可能是企业单方面权益的变动或向其他主体转移本企业资产的行为，如接受投资、上缴税款等。

对内经济业务也称为事项，即"企业主体内部有关部门之间发生的价值转移行为"，如企业在生产经营过程中为了生产产品领用原材料、使用继而磨损机器设备、产成品完工入库等。

结合前面所学过的会计要素与会计等式的内容，我们应该看到，企业单位发生的各项经济业务（包括交易和事项）不但都可以被会计等式的变化所表述，而且经济业务的发生都会影响企业的财务状况和经营成果。

二、会计凭证

在会计核算过程中，为了保证会计信息的可靠性和可稽核性，如实地反映各种经济业务对企业会计诸要素的影响情况，经过会计确认而进入复式记账系统的每一项经济业务在其发生的过程中所涉及的每一个原始数据都必须有根有据，这就要求企业对外或对内所发生的每一项经济业务，都应该在其发生时具有相关的书面文件来接受这些相关的数据，也就是一个由经办或完成该项业务的有关人员运用这些书面文件具体地记录每一项经济业务所涉及的业务内容、数量和金额。同时，为了对书面文件所反映的有关内容的合法性、合理性和真实性负责，还需要经办人员在这些书面文件上签字盖章。这些书面文件就是会计凭证。

所谓会计凭证就是用来记录经济业务、明确经济责任，并作为登记账簿依据的书面或电子证明文件，会计凭证是重要的会计档案资料。会计凭证分为传统的会计凭证和电子会计凭证，电子会计凭证是以电子形式生成、传输、存储的各类会计凭证，包括电子原始凭证和电子记账凭证。

填制和审核会计凭证是会计核算工作的第一步，也是会计核算的基础工作，因此，认真做好会计凭证的填制和审核工作，对于完成会计任务、发挥会计的作用，具有重要的意义。

由于各个单位的经济业务是复杂多样的，因而所使用的会计凭证种类繁多，其用途、性质、填制的程序乃至格式等都因经济业务的需要不同而具有多样性，因此，按照不同的标准可以对会计凭证进行不同的分类。按照会计凭证填制的程序和用途不同，在此将其分为原始凭证和记账凭证两大类。

（一）原始凭证

1.原始凭证的概念

所谓原始凭证，是指在经济业务发生时填制或取得的，用以证明经济业务已经发生或完成情况的原始证据，是会计核算的原始资料和编制记账凭证、登记账簿的重要依据。

一般而言，在会计核算过程中，凡是能够证明某项经济业务已经发生或完成情况的书面单据或以数据电文为载体的文件都可以作为原始凭证，如有关的纸质发票、电子发票①、收据、银行结算凭证、收料单、发料单等；凡是不能证明该项经济业务已经发生或完成情况的原始书面文件就不能作为原始凭证，如生产计划、购销合同、银行对账单、材料请购单等。

2.原始凭证的种类

由于企业在日常活动中会发生各种各样的经济业务，不同类型的经济业务所采用的原始凭证也各不相同，因此，原始凭证的种类很多。原始凭证按其取得的来源不同，可以分为自制原始凭证和外来原始凭证。

（1）自制原始凭证是指由本单位内部经办业务的部门或人员，在办理某项经济业务时自行填制的凭证。自制原始凭证按其填制的手续和完成情况的不同，可以分为一次凭证、累计凭证、汇总原始凭证、记账编制凭证四种。

一次凭证是指只反映一项经济业务，或同时反映若干项同类性质的经济业务，其填制手续是一次完成的凭证，如"领料单"等。

累计凭证是指在一定时期内连续记载若干项同类性质的经济业务，其填制手续是随着经济业务发生而分次（多次）完成的凭证，如"限额领料单"等。

汇总原始凭证亦称原始凭证汇总表，是指在会计核算工作中，为简化记账凭证的编制工作，将一定时期内若干份记录同类经济业务的原始凭证加以汇总，用以集中反映某项经济业务总括发生情况的会计凭证，如"收料凭证汇总表""发料凭证汇总表""工资结算汇总表"等。

记账编制凭证是根据账簿记录和经济业务的需要对账簿记录内容加以整理而编制的一种自制原始凭证，如"制造费用分配表"等。

延伸阅读3-1

电子发票的
具体样式

（2）外来原始凭证是指在同外单位发生经济业务往来时，从外单位取得的凭证，外来原始凭证一般均属于一次凭证。例如，从供应单位取得的购货纸质发票、电子发票、上缴税金的收据、乘坐有关交通工具的票据等。电子发票包括增值税电子普通发票、增值税电子专用发票、全面数字化的电子发票等，电子发票的法律效力、基本用途等与纸质发票相同。

---

① 电子发票是指符合《中华人民共和国发票管理办法》及相关规定，在购销商品、提供或者接受服务以及从事其他经营活动中，开具、收取的以数据电文为载体的收付款凭证。电子发票有版式文档格式和非版式文档格式，可供使用人下载储存在电子存储设备中并以数字电文形式进行流转。

3.原始凭证的填制（或取得）要求

各种原始凭证所反映的基本内容是进行会计信息加工处理过程中所涉及的最基本的原始资料，所以填制或取得原始凭证这个环节的工作正确与否是至关重要的。为了保证整个会计信息系统所产生的相关资料的真实性、正确性和及时性，必须按要求填制或取得原始凭证。由于原始凭证的具体内容、格式不同，产生的渠道也不同，因而其填制或取得的具体要求也有一定的区别，但从总体要求来看，按照《中华人民共和国会计法》（以下简称《会计法》）和《会计基础工作规范》的规定，应做到：原始凭证反映的具体内容要真实可靠；原始凭证反映的内容要完整、项目要齐全、手续要完备；原始凭证的书写要简洁、清楚，大小写要符合《会计基础工作规范》的要求；原始凭证要及时填制并按照规定的程序进行传递。

4.原始凭证的审核要求

《会计法》第十四条规定，会计机构、会计人员必须按照国家统一的会计制度的规定对原始凭证进行审核，对不真实、不合法的原始凭证有权不予接受，并向单位负责人报告；对记载不准确、不完整的原始凭证予以退回，并要求按照国家统一的会计制度的规定更正、补充。

（二）记账凭证

由于原始凭证种类繁多，格式不一，所记录的内容也比较零散，还不能直接依据其登记账簿，所以，必须将其转化为会计账簿所能接受的专门语言，即根据接收到的载有经济业务数据的原始凭证编制记账凭证，以便据以直接登记有关的会计账簿。

1.记账凭证的概念

所谓记账凭证，就是由会计人员根据审核无误的原始凭证编制的、用以确定会计分录、履行记账手续的会计凭证，它是登记账簿的直接依据。

原始凭证和记账凭证之间存在着密切的联系，原始凭证是记账凭证的基础，记账凭证是根据原始凭证编制的。原始凭证附在记账凭证后面作为记账凭证的附件，记账凭证是对原始凭证内容的概括和说明。记账凭证与原始凭证的本质区别就在于记账凭证上载有会计分录。

2.记账凭证的种类

记账凭证按其反映的经济业务内容的不同，可以分为专用记账凭证和通用记账凭证。

（1）专用记账凭证是专门用来记录某一特定种类经济业务的记账凭证，按其所记录的经济业务是否与货币资金收付有关又可以进一步分为收款凭证、付款凭证和转账凭证三种。

收款凭证是用来反映货币资金增加的经济业务而编制的记账凭证，也就是记录现金和银行存款收款业务的凭证。收款凭证的具体格式见本节举例中的表3-1。

付款凭证是用来反映货币资金减少的经济业务而编制的记账凭证，也就是记录现金和银行存款付款业务的凭证。付款凭证的具体格式见本节举例中的表3-2。

收、付款凭证既是登记库存现金、银行存款日记账和有关明细账的依据，也是出纳员办理收、付款项的依据。

转账凭证是用来反映不涉及货币资金增减变动的经济业务（即转账业务）而编制的记

账凭证，也就是记录与现金、银行存款的收、付款业务没有关系的转账业务的凭证。转账凭证的具体格式见本节举例中的表3-6。

（2）通用记账凭证是采用一种通用格式记录各种经济业务的记账凭证，这种通用记账凭证既可以反映收、付款业务，也可以反映转账业务。

记账凭证按其是否需要经过汇总，可以分为汇总记账凭证和非汇总记账凭证。

（1）汇总记账凭证是根据一定时期内单一的记账凭证按一定的方法加以汇总而重新填制的凭证，包括分类汇总记账凭证和全部汇总记账凭证。分类汇总记账凭证包括按照收款、付款和转账凭证分别加以汇总编制的汇总收款凭证、汇总付款凭证和汇总转账凭证三种；全部汇总记账凭证是根据平时编制的全部记账凭证按照相同科目归类汇总其借、贷方发生额而编制的，一般称为科目汇总表或记账凭证汇总表。无论是分类汇总记账凭证还是全部汇总记账凭证，其目的都是简化登记总账的工作。

（2）非汇总记账凭证是根据原始凭证编制的只反映某项经济业务会计分录而没有经过汇总的记账凭证。前面介绍的收款凭证、付款凭证、转账凭证以及通用记账凭证等均属于非汇总记账凭证。

3.记账凭证的填制要求

记账凭证是根据审核无误的原始凭证编制的，各种记账凭证可以根据一张原始凭证单独编制，也可以根据若干张原始凭证汇总编制。

在采用专用记账凭证的企业中，其收款凭证和付款凭证是根据有关现金和银行存款收付业务的原始凭证填制的。凡是引起现金、银行存款增加的经济业务，都要根据现金、银行存款增加的原始凭证，编制现金、银行存款的收款凭证；凡是引起现金、银行存款减少的业务，都要根据现金、银行存款减少的原始凭证，编制现金、银行存款的付款凭证。出纳人员对于已经收讫的收款凭证和已经付讫的付款凭证及其所附的各种原始凭证，都要加盖"收讫"和"付讫"的戳记，以免重收重付。转账凭证是根据有关转账业务的原始凭证填制的，作为登记有关账簿的直接依据。

如果企业采用的是专用记账凭证，对于从银行提取现金或将现金存入银行等货币资金内部相互划转的经济业务，为了避免重复记账，一般只编制付款凭证，不再编制收款凭证。

在采用通用记账凭证的企业里，对于各种类型的经济业务，都使用一种通用格式的记账凭证进行反映。通用记账凭证的填制方法与转账凭证的填制方法基本相同。

下面我们举例说明专用记账凭证的样式和具体的编制方法。

李达原在某商店任职，下岗后自谋职业，于2×24年1月1日从其个人积蓄中取出现金50 000元在某大学的校园内成立了校园文具店，按照国家行政管理机关的要求，李达办理了文具店注册手续，并以文具店的名义在商业银行校园分行开立存款账户。当然，由于李达的个人积蓄有限，所以，在文具店成立不久，李达还会向银行贷款。无论如何，校园文具店成立了，自成立之日起，第一个月发生了如下的经济业务。

【例3-1】1月1日，李达投资50 000元现金开办校园文具店。

分析　　　　资产（库存现金）增加　　　　所有者权益（实收资本）增加

该项经济业务应编制现金的收款凭证，见表3-1。

表 3-1 　　　　　　　　　　　　**收款记账凭证**　　　　　　　　　　　　凭证编号 1 ①

出纳编号＿＿＿＿

证 41—1A　　　　　　　　　　2×24 年 1 月 1 日　　　　　　　　　借方科目：库存现金

摘 要	结算方式	票 号	贷方科目		金 额	记账符号
			总账科目	明细科目		
李达投资	现金		实收资本	李达	50 000	
附单据		张	合 计		50 000	

会计主管人员：　　记账：　　稽核：　　制单：　　出纳：　　缴款人：

【例 3-2】 1 月 1 日，将投资款（现金）存入校园文具店的开户银行。

分析　　　资产（库存现金）减少　　　资产（银行存款）增加

该项经济业务应编制现金的付款凭证，见表 3-2。

表 3-2　　　　　　　　　　　　**付款记账凭证**　　　　　　　　　　　　凭证编号＿＿1＿

出纳编号＿＿＿＿

证 42—1A　　　　　　　　　　2×24 年 1 月 1 日　　　　　　　　　贷方科目：库存现金

摘 要	结算方式	票 号	借方科目		金 额	记账符号
			总账科目	明细科目		
现金存入银行			银行存款		50 000	
附单据		张	合 计		50 000	

会计主管人员：　　记账：　　稽核：　　制单：　　出纳：　　领款人：

【例 3-3】 1 月 1 日，因开展业务需要，李达向其开户银行申请借款 150 000 元，银行经审查同意其贷款要求，并将款项存至校园文具店的账户内。

分析　　　资产（银行存款）增加　　　负债（短期借款）增加

该项经济业务应编制银行存款的收款凭证，见表 3-3。

表 3-3　　　　　　　　　　　　**收款记账凭证**　　　　　　　　　　　　凭证编号＿＿2＿

出纳编号＿＿＿＿

证 41—1A　　　　　　　　　　2×24 年 1 月 1 日　　　　　　　　　借方科目：银行存款

摘 要	结算方式	票 号	贷方科目		金 额	记账符号
			总账科目	明细科目		
向银行借款			短期借款		150 000	
附单据		张	合 计		150 000	

会计主管人员：　　记账：　　稽核：　　制单：　　出纳：　　缴款人：

---

① 记账凭证的编号方法有三种，即字号编号法、双重编号法和分数编号法，假定校园文具店对记账凭证采用字号编号法。

【例3-4】1月2日，文具店从开户银行提取现金12 500元备用。

分析　　资产（库存现金）增加　　资产（银行存款）减少

该项经济业务应编制银行存款的付款凭证，见表3-4。

表3-4　　　　　　　　　　　　　付款记账凭证　　　　　　　　　　凭证编号__2__

出纳编号____

证42—1A			2×24年1月2日		贷方科目：银行存款	
摘　要	结算方式	票　号	借方科目		金　额	记账符号
			总账科目	明细科目		
提取现金备用			库存现金		12 500	
附单据　　　张			合　计		12 500	

会计主管人员：　　记账：　　稽核：　　制单：　　出纳：　　领款人：

【例3-5】1月5日，李达的文具店对租用的房屋进行装修，一次性支付装修费48 000元，预计本次装修后可以维持2年，于是李达授权会计开出48 000元的支票，一次性支付房屋装修费。

分析　　　资产（长期待摊费用）增加　　　资产（银行存款）减少

该项经济业务应编制银行存款的付款凭证，见表3-5。

表3-5　　　　　　　　　　　　　付款记账凭证　　　　　　　　　　凭证编号__3__

出纳编号____

证42—1A			2×24年1月5日		贷方科目：银行存款	
摘　要	结算方式	票　号	借方科目		金　额	记账符号
			总账科目	明细科目		
支付装修费			长期待摊费用		48 000	
附单据　　　张			合　计		48 000	

会计主管人员：　　记账：　　稽核：　　制单：　　出纳：　　领款人：

【例3-6】1月10日，李达从市内某批发市场购进45 000元的商品，并与批发商达成协议，货款于下个月支付（假设不考虑增值税）。

分析　　　资产（库存商品）增加　　　负债（应付账款）增加

该项经济业务应编制转账凭证，见表3-6。

表3-6   **转账记账凭证**

证 43—1A   2×24 年 1 月 10 日   凭证编号___1___

摘 要	借方科目		贷方科目		金 额	记账符号
	总账科目	明细科目	总账科目	明细科目		
赊购商品	库存商品	文具等	应付账款	批发商	45 000	
附单据　张			合　计		45 000	

会计主管人员: 记账: 稽核: 制单:

【例3-7】1月11日,校园文具店在销售文具用品的同时开展了图书租赁业务,对经常光顾本店的同学实行持卡租赁的方式。现有87名同学办理租书卡,每张卡50元,可以租书80本次,文具店收到同学交来的现金4 350元(假设不考虑增值税)。

分析   资产(库存现金)增加   负债(预收账款)增加

该项经济业务应编制现金的收款凭证,见表3-7。

表3-7   **收款记账凭证**   凭证编号___3___

                                          出纳编号_____

证 41—1A   2×24 年 1 月 11 日   借方科目:库存现金

摘 要	结算方式	票 号	贷方科目		金 额	记账符号
			总账科目	明细科目		
预收租书卡款			预收账款		4 350	
附单据		张	合　计		4 350	

会计主管人员: 记账: 稽核: 制单: 出纳: 缴款人:

【例3-8】1月12日,销售文具用品等,收回款项39 500元,存入银行(假设不考虑增值税)。

分析   资产(银行存款)增加   收入(主营业务收入)增加

该项经济业务应编制银行存款的收款凭证,见表3-8。

表3-8   **收款记账凭证**   凭证编号___4___

                                          出纳编号_____

证 41—1A   2×24 年 1 月 12 日   借方科目:银行存款

摘 要	结算方式	票 号	贷方科目		金 额	记账符号
			总账科目	明细科目		
销售商品			主营业务收入		39 500	
附单据　张			合　计		39 500	

会计主管人员: 记账: 稽核: 制单: 出纳: 缴款人:

【例3-9】1月20日，通过银行支付文具店本月的电费1 250元。

分析　　　资产（银行存款）减少　　　费用（管理费用）增加

该项经济业务应编制银行存款的付款凭证，见表3-9。

表3-9　　　　　　　　　　　　　　**付款记账凭证**　　　　　　　　　凭证编号＿＿4＿＿

出纳编号＿＿＿＿

证 42—1A　　　　　　　　2×24 年 1 月 20 日　　　　　　　贷方科目：银行存款

摘　要	结算方式	票　号	借方科目		金　额	记账符号
			总账科目	明细科目		
支付电费			管理费用		1 250	
附单据		张	合　计		1 250	

会计主管人员：　　　记账：　　　稽核：　　　制单：　　　出纳：　　　领款人：

【例3-10】1月26日，用库存现金3 000元购买办公用品。

分析　　　资产（库存现金）减少　　　费用（管理费用）增加

该项经济业务应编制现金的付款凭证，见表3-10。

表3-10　　　　　　　　　　　　　　**付款记账凭证**　　　　　　　　　凭证编号＿＿5＿＿

出纳编号＿＿＿＿

证 42—1A　　　　　　　　2×24 年 1 月 26 日　　　　　　　贷方科目：库存现金

摘　要	结算方式	票　号	借方科目		金　额	记账符号
			总账科目	明细科目		
购买办公用品			管理费用		3 000	
附单据		张	合　计		3 000	

会计主管人员：　　　记账：　　　稽核：　　　制单：　　　出纳：　　　领款人：

【例3-11】1月30日，结转本月销售文具用品及其他用品的成本20 500元。

分析　　　资产（库存商品）减少　　　费用（主营业务成本）增加

该项经济业务应编制转账凭证，见表3-11。

表3-11　　　　　　　　　　　　　　**转账记账凭证**

证 43—1A　　　　　　　　2×24 年 1 月 30 日　　　　　　　凭证编号＿＿2＿＿

摘　要	借方科目		贷方科目		金　额	记账符号
	总账科目	明细科目	总账科目	明细科目		
结转成本	主营业务成本		库存商品		20 500	
附单据　　张		合　计			20 500	

会计主管人员：　　　记账：　　　稽核：　　　制单：

【例3-12】1月30日，分配本月校园文具店雇员的工资费用3 000元。

分析　　　　负债（应付职工薪酬）增加　　　　费用（管理费用）增加

该项经济业务应编制转账凭证，见表3-12。

表3-12　　　　　　　　　　　　**转账记账凭证**

证 43—1A　　　　　　　　　　　2×24 年 1 月 30 日　　　　　　　　凭证编号＿3＿

摘　要	借方科目		贷方科目		金　额	记账符号
	总账科目	明细科目	总账科目	明细科目		
分配工资	管理费用		应付职工薪酬	雇员工资	3 000	
附单据　　张			合　　　计		3 000	

会计主管人员：　　　　　记账：　　　　　稽核：　　　　　制单：

【思政课堂】　　　　　　　　　**会计人员必须具备风险意识**

2019年3月14日修改公布的《会计基础工作规范》第七十四条规定：会计机构、会计人员应当对原始凭证进行审核和监督。因此，对不真实、不合法的原始凭证，不予受理；对弄虚作假、严重违法的原始凭证，在不予受理的同时，应当予以扣留，并及时向单位领导人报告，请求查明原因，追究当事人的责任。

会计核算反映经济业务的过程就是遵守财经法律审核业务单据、复核业务模式合规性的过程。日常工作中，会计人员要认真审核票据，对于不合法、不规范的票据勇于说不，要求退回、重换。

财务人要坚持底线思维、红线思维。法不容情，法不能向不法让步。不能因为受到外力就向其妥协，违背职业操守，做违规或违法的事情。要在准则内认真做好本职工作，对不法事项敢于说"不"，用制度、规范和法规维护自身合法权益。

企业要根据具体业务，找出阻挠业财深度融合的痛点，建立解决问题的路径，结合风险防控，制定符合企业发展的内部管控体系，完善相关制度，设定标准流程，把制度标准化、标准流程化，减少个性化、人为化的影响。不仅能解决现有问题，还能把权力关在制度的笼子里，在制度内、规范内完成财务工作，有效防范企业及财务人员的财务风险。围绕高质量发展，财务人员要转变思维，从传统核算型向管理型、价值创造型转变，通过管理提升创造增量价值，提升财务在决策层的影响力，为决策层做好参谋。

会计人要充分发挥全面预算管理的引领力和控制力，聚焦深化业财协同、贯彻公司战略、推进公司高质量发展等方面的功能作用，强化预算执行，切实做到无预算不开支、无预算不支付，形成以预算目标为中心的责任体系，加强全员、全方面、全过程管理，切实抓好预算工作内部协同，优化资源配置导向性，增强风险管控约束性。建立健全企业内部风险防控体系，以风险管理为导向、合规管理监督为重点，建立严格、规范、全面、有效的内控体系，实现"强内控、防风险、促合规"的管控目标。要强化财务核算风险防控，着力提升会计信息质量，防范财务风险。

随着经济行为快速迭代创新，会计准则与相关法规制度随之更新，且变得日趋复杂，这对会计人员提出了非常高的要求。如近年修订的准则中关于金融工具、租赁类型、收入时点的确认都大量依靠专业判断，这就要求会计人员一方面要持续提升专业水平，另一方面工作留痕，做到自圆其说，保护好企业、保护好自己。

资料来源：吴进. 会计人的"第二十条"[N]. 中国会计报，2024-03-01（16）.（经本书作者整理）

第三节　会计账簿的登记

企业单位在经营过程中，要发生各种各样的经济业务，对于这些经济业务，首先要由原始凭证作出最初的反映，然后由会计人员按照会计信息系统的要求，采用复式记账方法，编制记账凭证。由于会计凭证的数量繁多，比较分散，而且每张会计凭证只能记录单笔经济业务，提供的也只是个别的数据，不便于直接通过会计凭证观察会计主体在一定会计期间内所发生的全部经济业务内容，也就无法对会计主体的资产、负债和所有者权益等财务状况以及收入、费用和利润等经营成果有一个完整、系统的认识。因此，为了对经济业务进行连续、系统、全面的核算，从分散的数据中提取系统有用的会计信息，就必须采用登记会计账簿的方法，把分散在会计凭证上的零散的资料，加以集中和分类整理，在账簿这个重要的载体上得以综合，从而为企业的经营管理提供系统的会计信息资料。

总而言之，企业单位会计账簿的设置和记录的正确、完整与否，直接影响企业单位经济核算的质量，所以，更好地设置与使用会计账簿，对于提高企业单位的经营管理水平具有重要的意义。

一、会计账簿的概念与种类

编制记账凭证只是会计工作的第一步，尽管会计凭证在记录经济业务方面很详细、具体，但是很分散。为了连续、系统、综合地反映企业单位的经济活动，就需要把会计凭证中的具体资料分门别类地加以整理、归类，为此必须设置会计账簿。

（一）会计账簿的概念

所谓会计账簿，是由具有专门格式而又联结在一起的若干账页所组成，按照会计科目开设账户，以会计凭证为依据用来序时地、分类地记录和反映经济业务的簿籍。会计账簿是会计资料的主要载体之一。

会计账簿是一个由若干账页组成的整体，账簿中的各个账页就是账户的具体存在形式和载体；没有账簿，账户就无法存在，因此，账簿是一个外在形式，而账户是账簿的实质内容。

（二）会计账簿的种类

由于会计核算对象的复杂性和不同的会计信息使用者对会计信息需要的多重性，导致了反映会计信息的载体之一——账簿的多样化。不同的会计账簿可以提供不同的信息，满足不同的需要。为了更好地了解和使用会计账簿，就需要对会计账簿进行分类。会计账簿按照不同的标准可以分为不同的类别。

1.会计账簿按其用途不同可以分为序时账簿、分类账簿和备查账簿

（1）序时账簿也称日记账，是按照经济业务发生时间的先后顺序逐日、逐笔登记的账簿。序时账簿包括普通日记账和特种日记账。其中，普通日记账是对全部经济业务按其发生时间的先后顺序逐日、逐笔登记的账簿；特种日记账是只对某一特定种类的经济业务按其发生时间的先后顺序逐日、逐笔登记的账簿。目前，在实际工作中应用得比较广泛的是特种日记账，如"库存现金日记账""银行存款日记账"等。

（2）分类账簿是指对全部经济业务按照总分类账户和明细分类账户进行分类登记的账簿。分类账簿按其反映经济业务详细程度的不同，又可以分为总分类账簿（即按照总分类账户分类登记的账簿）和明细分类账簿（即按照明细分类账户分类登记的账簿）。

（3）备查账簿也称辅助账簿，是指对某些在序时账簿和分类账簿中未能记载或记载不全的事项进行补充登记的账簿。备查账簿只是对其他账簿记录的一种补充，与其他账簿之间不存在严密的依存和钩稽关系，备查账簿不是根据记账凭证登记的，它更加注重使用文字来记录各项内容，如"应收票据备查簿""应付票据备查簿"等。

2.会计账簿按其外表形式的不同可以分为订本式账簿、活页式账簿和卡片式账簿

（1）订本式账簿是在启用之前就已把顺序编号的账页装订成册的账簿。对于那些比较重要的内容一般采用订本式账簿，如序时账簿、联合账簿、总分类账簿等。

（2）活页式账簿是在启用时账页不固定装订成册，而将零散的账页放置在活页夹内，随时可以取放的账簿。活页账簿克服了订本账簿的缺点。明细分类账可根据需要采用活页式。

（3）卡片式账簿是由许多具有一定格式的硬纸卡片组成，存放在卡片箱内，根据需要随时取放的账簿。卡片账主要用于不经常变动的内容的登记，如"固定资产明细账"等。

活页式账簿和卡片式账簿的账页都需要连续编号使用，归档时应装订成册保存。

二、会计账簿的格式与登记方法

会计账簿从构造上看，一般由三大部分组成，即封面——标明账簿的名称；扉页——列示目录表和账簿使用登记表；账页——列示会计科目、记账日期、记账依据、内容摘要及金额等。不同的会计账簿由于反映的经济业务内容和详细程度不同，因而，其账页格式也有一定的区别。

（一）序时账簿的格式与登记方法

我们这里所说的序时账簿主要是指特种日记账。企业通常设置的特种日记账主要有库存现金日记账和银行存款日记账。

1.库存现金日记账的格式及登记方法

库存现金日记账的常用格式是三栏式，通常设置收入、支出、结余或借方、贷方、余额三个主要栏目，用来登记现金的增减变动及其结果。

三栏式库存现金日记账是由现金出纳员根据现金收款凭证、现金付款凭证以及银行存款的付款凭证（反映从银行提取现金业务），按照现金收、付款业务和银行存款付款业务发生时间的先后顺序逐日、逐笔登记。我们这里列举了校园文具店的库存现金日记账（三栏式）的格式及登记方法（见表3-13）。

表3-13 <center>**库存现金日记账**</center> 第 页

2×24年		凭证		摘 要	对方科目	借 方	贷 方	余 额
月	日	种	号					
1	1	现收	1	李达投资	实收资本	50 000		
	1	现付	1	现金存入银行	银行存款		50 000	
	2	银付	2	提取现金备用	银行存款	12 500		
	11	现收	3	预收租书卡款	预收账款	4 350		
	26	现付	5	购买办公用品	管理费用		3 000	
				本月合计		66 850	53 000	13 850

2.银行存款日记账的格式及登记方法

银行存款收付业务的结算方式有多种，为了反映具体的结算方式以及相关的单位，需要在三栏式库存现金日记账的基础上，通过增设栏目设置银行存款日记账，即在银行存款日记账中增设采用的结算方式和对方单位名称等具体的栏目。

银行存款日记账是由出纳员根据银行存款的收款凭证、付款凭证以及现金的付款凭证（反映将现金存入银行业务）序时登记的。总体来说，银行存款日记账的登记方法与库存现金日记账的登记方法基本相同，这里不再赘述。

（二）总分类账簿的格式与登记方法

总分类账是按照一级会计科目的编号顺序分类开设并登记全部经济业务的账簿。总分类账的格式有三栏式（即借方、贷方、余额三个主要栏目）和多栏式两种，其中三栏式又区分为不反映对应科目的三栏式和反映对应科目的三栏式。总分类账的登记依据和方法主要取决于所采用的会计核算组织程序。它可以直接根据记账凭证逐笔登记，也可以把记账凭证进行汇总，编制汇总记账凭证或科目汇总表，根据汇总记账凭证或科目汇总表定期登记。限于篇幅，我们这里仅以校园文具店的"库存商品"总账为例来说明总分类账的格式及其登记方法（见表3-14）。

表3-14 <center>**总 账**</center>

会计科目：库存商品 第1页

2×24年		凭证字号		摘 要	借 方	贷 方	借或贷	余 额
月	日	字	号					
1	10	转	1	赊购商品	45 000		借	45 000
1	30	转	2	结转成本		20 500	借	24 500

不论哪种格式的总分类账，每月都应将本月已完成的经济业务全部登记入账，并于月末结出总账中各总分类账户的本期发生额和期末余额，与其他有关账簿核对相符之后，作为编制财务报表的主要依据。

（三）明细分类账簿的格式与登记方法

根据管理上的要求和各种明细分类账所记录经济业务的特点，明细分类账的格式主要有以下三种：

1.三栏式明细分类账

三栏式明细分类账的格式和三栏式总分类账的格式相同，即账页设有借方金额栏、贷方金额栏和余额金额栏三个主要栏目。这种格式的明细账适用于只要求提供货币信息而不需要提供非货币信息（实物量指标等）的账户。一般适用于债权债务类明细账，如应付账款、应收账款、预付账款、预收账款、其他应收款、其他应付款等明细账的登记工作。

2.数量金额式明细分类账

数量金额式明细分类账要求在账页上对借方、贷方、余额栏下分别设置数量栏和金额栏，以便同时提供货币信息和实物量信息。这种格式的明细账适用于既要进行金额核算又要进行实物量核算的财产物资类明细账，如原材料、库存商品等明细账。

3.多栏式明细分类账

多栏式明细分类账是根据经济业务的特点和经营管理的需要，在一张账页内按有关明细科目或项目分设若干专栏的账簿。按照登记经济业务内容的不同又分为三种："借方多栏式"明细账，如"材料采购明细账""生产成本明细账""制造费用明细账"等；"贷方多栏式"明细账，如"主营业务收入明细账"等；"借方、贷方多栏式"明细账，如"本年利润明细账""应交增值税明细账"等。

延伸阅读3-2

总分类账与明细分类账的平行登记

（四）备查账簿的格式与登记方法

备查账簿是对主要账簿起补充说明作用的账簿，它没有固定的格式，一般是根据各单位会计核算和经营管理的实际需要而设置的。备查账簿的具体登记方法也没有固定的要求。

三、会计账簿的登记规则和错账的更正

企业单位的会计人员在登记有关账簿时，应遵循一定的规则，一旦发生了记账错误，要按照规定的方法进行更正。

（一）会计账簿的登记规则

《会计法》第十五条规定："会计账簿登记，必须以经过审核的会计凭证为依据，并符合有关法律、行政法规和国家统一的会计制度的规定。会计账簿包括总账、明细账、日记账和其他辅助性账簿。会计账簿应当按照连续编号的页码顺序登记。会计账簿记录发生错误或者隔页、缺号、跳行的，应当按照国家统一的会计制度规定的方法更正，并由会计人员和会计机构负责人（会计主管人员）在更正处盖章。使用电子计算机进行会计核算的，其会计账簿的登记、更正，应当符合国家统一的会计制度的规定。"

由于会计账簿是储存数据资料的重要会计档案，因而登记会计账簿应由专人负责。启用账簿时，应填列"账簿启用和经管人员一览表"，载明有关内容；平时登记账簿时必须用蓝黑墨水钢笔书写，不得用铅笔或圆珠笔记账，除"结账划线""改错""冲销账簿记录"等内容外，不得使用红色墨水钢笔记账；有关会计人员调动工作或离职时，应办理交接手续等。

（二）错账的更正方法

会计人员在记账过程中，难免会发生各种各样的错误。我们一般是通过编制试算平衡表来检查错误的存在情况。可能引起试算平衡表不平衡的错误一般包括编表过程的错误、编制记账凭证的错误、登记账簿的错误等。对于记账凭证本身的错误（账簿记录没有错误或没有登记账簿），不需要作具体的更正，只需要将错误的记账凭证撕掉然后再编一个正确的记账凭证即可；如果记账凭证没有错误但账簿记录有错误或记账凭证和账簿同时发生错误，则需要采用专门的方法进行更正。

如果账簿记录发生错误，不得任意使用刮擦、挖补、涂改等方法去更改字迹，而应该根据错误的具体情况，采用正确的方法予以更正。按照《会计基础工作规范》的要求，更正错账的方法一般有三种，即划线更正法、红字更正法、补充登记法。

1. 划线更正法

在结账前，如果发现账簿记录有错误，而记账凭证没有错误，即纯属账簿记录中的文字或数字的笔误，可用划线更正法予以更正。

更正的方法是：先在账页上错误的文字或数字上划一条红线，以表示予以注销，然后，将正确的文字或数字用蓝字写在被注销的文字或数字的上方，并由记账人员在更正处盖章。应当注意的是，更正时，必须将错误数字全部划销，而不能只划销、更正其中个别错误的数码，并应保持原有字迹仍可辨认，以备查考。

【例3-13】某公司用银行存款5 800元购买办公用品。会计人员在根据记账凭证（记账凭证正确）记账时，误将总账中银行存款账户贷方的5 800元写成8 500元。首先判断该项错误应该采用划线更正法进行更正。采用划线更正法更正的具体方法是：将总账中银行存款账户贷方的错误数字8 500元全部用一条红线划销，然后在其上方写出正确的数字5 800元，并在更正处盖章或签名，以明确责任。

2. 红字更正法

红字更正法又称红字冲销法，适用于以下的两种错误的更正：

（1）根据记账凭证所记录的内容登记账簿以后，发现记账凭证的应借、应贷会计科目或记账方向有错误，但金额正确，应采用红字更正法。更正的具体方法是：先用红字填制一张与错误记账凭证内容完全相同的记账凭证，并据以红字登记入账，冲销原有错误的账簿记录；然后，再用蓝字填制一张正确的记账凭证，据以用蓝字或黑字登记入账。

【例3-14】某公司的管理人员出差预借差旅费5 000元，付给现金。这项经济业务编制的会计分录应为借记"其他应收款"科目，贷记"库存现金"科目，但会计人员在填制记账凭证时，误将"其他应收款"记为"应收账款"并已登记入账。

这属于记账凭证中的会计科目错误，应采用红字更正法进行更正。更正时，先用红字（以下用▭表示红字）填制一张会计分录与原错误记账凭证中的会计分录相同的记账凭证，并据以用红字登记入账，冲销原有错误的账簿记录：

借：应收账款　　　　　　　　　　　　　　　　　　　　　　　　　5 000
　　贷：库存现金　　　　　　　　　　　　　　　　　　　　　　　　5 000

然后，用蓝字填制一张正确的记账凭证并据以登记入账：

借：其他应收款　　　　　　　　　　　　　　　　　　　　　　　　5 000
　　贷：库存现金　　　　　　　　　　　　　　　　　　　　　　　　5 000

（2）根据记账凭证所记录的内容记账以后，发现记账凭证中应借、应贷的会计科目、记账方向正确，只是金额发生错误，而且所记金额大于应记的正确金额，对于这种错误应采用红字更正法予以更正。更正的具体方法是：将多记的金额用红字填制一张与原错误凭证中科目、借贷方向相同的记账凭证，其金额是错误金额与正确金额两者的差额，并登记入账。

【例3-15】某公司用银行存款12 500元缴纳上个月欠缴的城市维护建设税。会计人员在编制会计分录时，误将12 500元记为125 000元并已登记有关账簿。

这个错误属于记账凭证中的金额错误，而且错误的金额大于正确的金额，应采用红字更正法进行更正。更正的具体方法是：用红字编制一张与原错误凭证中科目、方向相同的记账凭证，其金额为112 500元（125 000-12 500），据以用红字登记入账，以冲销多记的金额：

借：应交税费——应交城市维护建设税 　　　　　　　　　　　　112 500
　　贷：银行存款 　　　　　　　　　　　　　　　　　　　　　112 500

3.补充登记法

记账以后，如果发现记账凭证和账簿的所记金额小于应记金额，而应借、应贷的会计科目并无错误时，应采用补充登记的方法予以更正。更正的具体方法是：按少记的金额用蓝字填制一张应借、应贷会计科目与原错误记账凭证相同的记账凭证，并据以登记入账，以补充少记的金额。

【例3-16】某公司用银行存款450 000元偿还应付账款。会计人员在编制会计分录时，误将450 000元记为45 000元，即编制的会计分录为：

借：应付账款 　　　　　　　　　　　　　　　　　　　　　　45 000
　　贷：银行存款 　　　　　　　　　　　　　　　　　　　　　45 000

这属于记账凭证中的金额少记的错误，即错误金额小于正确的金额，应采用补充登记的方法予以更正。具体更正方法是：用蓝字编制一张与原错误凭证应借科目、应贷科目、记账方向相同的记账凭证，其金额为405 000元（450 000-45 000），据以蓝字登记入账即可：

借：应付账款 　　　　　　　　　　　　　　　　　　　　　　405 000
　　贷：银行存款 　　　　　　　　　　　　　　　　　　　　　405 000

采用红字更正法和补充登记法更正错账时，都要在凭证的摘要栏注明原错误凭证号数、日期和错误原因，便于日后核对。

通过对上述内容的学习，我们可以看到：如果记账凭证发生错误，而且错误的内容已在账簿中出现，就不能简单地采用划线更正法；如果记账凭证正确，只是过账过程中发生金额差错，而且已经结账，也同样不能采用划线更正法，因为需要划线的地方太多，会导致账簿页面凌乱。当然，随着会计信息化的不断发展，类似的手工差错发生的概率会大幅下降，会计差错的更正方法也会发生变化，手工差错的更正方法会逐渐被信息化环境下的更正方法所替代。

【思政课堂】　　　　　　　　会计档案——凭证与账簿的重要性

会计档案是指单位在进行会计核算过程中接收或形成的、记录和反映单位经济事项的、具有保存价值的文字、图表等各种形式的会计资料，包括通过计算机等电子设备形成、传输和存储的电子会计档案。我国《会计档案管理办法》第五条规定："单位应当加强会计档案管理工作，建立和完善会计档案的收集、整理、保管、利用和鉴定销毁等管理制度，采取可靠的安全防护技术和措施，保证会计档案的真实、完整、可用、安全。"《会计基础工作规范》第四十五条规定："各单位的会计凭证、会计账簿、会计报表和其他会计资料，应当建立档案，妥善保管。"

完整的会计档案能使会计凭证和账簿的连续性得到保证，也能确保单位历年的整体财务状况得到有效的整理和回顾，可以便捷、准确、快速地查找以前各期发生的事项及其具体金额，从而分析并总结经验。因此，科学地整理会计档案能够更好地发挥会计档案的信息作用，维护单位财产不被侵犯，对企业、行政事业单位财务管理具有重要意义。

在某公司的档案室中，可以清晰地看到账簿数量逐年递增，2×24年一个月的账簿数量甚至超过十年前一年的账簿数量，见证着公司业务不断增多，规模日渐壮大，效益逐年提升的良好业绩。越是在这样的环境下，会计档案管理的重要性越凸显。随着财务管理的智能化发展，公司启用了经营管控、智慧企业平台等管控系统以提高财务管理水平。近年的账簿也变成了信息更加全面、规范的打印版资料。同时，不断规范的会计基础信息更是记录了一代代财务人挑灯夜战的成果、团结奋进的协作精神以及强大的集体智慧。随着财务共享平台的全面上线，"SAP"替代"用友"实现凭证自动生成功能，账簿不光保存在档案室里，更以电子账簿形式保存在电脑里供随时查阅，这将为提高公司科研生产工作效率起到更大的促进作用。

资料来源：作者根据有关资料整理。

第四节　对账与结账

为了总结某一会计期间的经营活动情况，考核经营成果，便于准确编制财务报表，必须定期进行对账与结账工作。

一、对账

会计作为一个信息系统，处理日常发生的各种各样的经济业务，遵循的是复式记账的基本原理。按照复式记账的要求，在数量关系上，必然会形成一套以会计账簿为中心，账簿与会计凭证、实物以及财务报表之间的相互控制、稽核和自动平衡的保护性机制。为了保证这个机制的正常运行，保证账证相符、账账相符、账实相符，就有必要对各种账簿记录的内容进行核对，即进行账簿的对账工作。

（一）对账的概念

所谓对账，简单地说就是在将本期发生的经济业务登记入账之后，对账簿记录所进行的核对工作。

对账工作一般是在会计期末进行的，如果遇到特殊情况，如有关人员办理调动时或发生非常事件后，应随时进行对账。

（二）对账的内容

对账的具体内容，一般包括以下几个方面：

1.账证核对，做到账证相符

账证核对就是将各种账簿（包括总分类账、明细分类账以及库存现金和银行存款日记账）记录与有关的会计凭证（包括记账凭证及其所附的原始凭证）进行核对，做到账证相符。账证核对的工作一般可以采用抽查法进行。

2.账账核对，做到账账相符

账账核对是在账证核对相符的基础上，对各种账簿记录的内容所进行的核对工作，通过对有关账簿进行核对做到账账相符。账账核对的具体内容包括：

（1）总分类账中各账户的本期借、贷方发生额合计数，期末借、贷方余额合计数，应当分别核对相符，以检查总分类账户的登记是否正确。其核对方法是编制总分类账户发生额及余额试算平衡表进行核对。

（2）库存现金日记账、银行存款日记账的本期借方、贷方发生额合计数及期末余额合计数，分别与总账中的库存现金账户、银行存款账户的记录核对相符，以检查日记账的登记是否正确。

（3）总分类账户本期借、贷双方发生额及余额与所属明细分类账户本期借、贷方发生额合计数及余额合计数核对相符，以检查总分类账户和明细分类账户登记是否正确。其核对方法一般是编制总分类账户与明细分类账户发生额及余额对照表进行核对。

（4）会计部门登记的各种财产物资明细分类账的结存数，与财产物资保管或使用部门的有关保管账的结存数核对相符，以检查双方登记是否正确。

3.账实核对，做到账实相符

账实核对是在账账核对的基础上，将各种账簿记录余额与各项财产物资、库存现金、银行存款及各种往来款项的实存数核对，做到账实相符。其具体内容包括：

（1）库存现金日记账的余额与现金实际库存数核对相符。

（2）银行存款日记账的发生额及余额与银行对账单核对相符。

（3）财产物资明细账的结存数分别与财产物资的实存数核对相符。

（4）各种债权、债务的账面记录应定期与有关债务、债权单位或个人核对相符。

二、权责发生制与账项调整

会计分期这个前提条件为我们确立了会计核算的时间范围，即会计期间。在各个会计期间要发生各种经济业务，其中就包括了与收入和费用有关的经济业务。在一个确定的会计期间内，收入的获得（实现）、费用的发生和与其相关的款项的实际收支存在着以下几种可能：

（1）本期获得收入同时收款、本期发生费用同时付款；

（2）本期获得收入但未收款、本期发生费用但未付款；

（3）本期收款但未获得收入、本期付款但未发生费用。

对于上述的第一种情况，由于收入和费用的归属期间与款项的实际收支期间一致，因而将其确认为该期间的收入和费用是不存在问题的。而在第二、第三种情况下，是否将其确认为该期间的收入和费用则有两种会计处理基础可供选择，即权责发生制和收付实现制。

权责发生制是指以收入的权利和支出的义务是否归属于本期为标准来确认本期收入和费用的一种会计处理基础，又称应计制。按照权责发生制会计处理基础的要求，凡是本期已经实现的收入和已经发生或应当负担的费用，不论款项是否已经收到或付出，都应当作为本期的收入和费用处理；凡是不属于本期的收入和费用，即使款项已经在本期收到或付出，都不应作为本期的收入和费用处理。由此可见，在权责发生制会计处理基础的要求下，不仅包括上述第一、第二种情况的收入和费用，而且包括以前会计期间收款而在本期获得的收入及以前会计期间付款而应由本期负担的费用，但不包括第三种情况。

收付实现制亦称实收实付制，它是以款项是否实际收到或付出作为确定本期收入和费用标准的一种会计处理基础。采用这一会计处理基础时，凡是本期实际收到款项的收入和付出款项的费用，不论其是否归属于本期，都作为本期的收入和费用处理；凡是本期没有实际收到款项的收入和付出款项的费用，均不作为本期的收入和费用处理。收付实现制完全以是否实际收到或付出货币资金作为确定本期收入和费用的标准，因此也称现金制。

权责发生制是企业会计核算的基础，它主要是根据权责关系的实际发生和受益影响期间来确认企业的收入、费用和收益。采用权责发生制核算企业收支，能够合理地计算和确定企业某一期间的财务成果，真实地反映企业的财务状况，虽然核算比较复杂，但反映本期的收益和费用比较真实，因而，我国《企业会计准则——基本准则》第九条规定："企业单位应当以权责发生制作为会计核算基础进行会计确认、计量和报告。"

根据权责发生制会计处理基础确认收入和费用的标准我们可以看出，账簿上所记录的本期收入并不一定都在本期收款（可能在以前预收、本期收款或以后收款），账簿上所记录的本期费用也并不一定都在本期付款（可能在以前付款、本期付款或以后付款），为了准确地确定各个会计期间的收入和费用，使之归属于应该归属的会计期间，以便于更好地按照配比原则的要求进行配比进而确定各个期间的经营成果，在会计期末结账时，就需要对某些跨期间的账项进行调整，包括收入的调整和费用的调整两部分内容。

（一）收入的调整

收入的调整又可以具体分为应计未收收入的调整和应计预收收入的调整。

（1）应计未收收入是指本会计期间已经获得但本期尚未收到款项的收入，应在期末结账时将其调整为本期收入，即一方面增加本期的收入，另一方面增加本期的资产（债权）。下面继续以校园文具店的业务为例说明如下：

【例3-17】校园文具店在销售文具用品的同时，受某饭店的委托代其发放该饭店优惠券，根据事先的协议约定，文具店每发放100份优惠券，饭店应付给文具店5元手续费。截至本月底，文具店已代其发放20 750份优惠券，应收饭店1 037.50元（20 750×0.05）手续费，但饭店暂时未付款。

分析　　　资产（其他应收款）增加　　　收入（其他业务收入）增加

该项经济业务应在转账凭证中编制如下的会计分录：

借：其他应收款——某饭店　　　　　　　　　　　　　　　1 037.50

　　贷：其他业务收入　　　　　　　　　　　　　　　　　　　　　　1 037.50

　　（2）应计预收收入是指以前已经预收款项，本期提供商品或劳务，本期确认收入，因而应在期末结账时将其调整为本期收入，即一方面增加本期收入，另一方面冲减本期负债（预收账款）。举例说明如下：

　　【例3-18】 1月30日，校园文具店在本月11日预收的租书卡款，截至月底已租书4 740本次，校园文具店应将预收款中的2 962.50元（4 740×0.625）调整为本月收入。

　　分析　　　　负债（预收账款）减少　　　　收入（其他业务收入）增加

　　该项经济业务应在转账凭证中编制如下的会计分录：

　　借：预收账款　　　　　　　　　　　　　　　　　　　　　　　　2 962.50
　　　　贷：其他业务收入　　　　　　　　　　　　　　　　　　　　　　2 962.50

（二）费用的调整

　　费用的调整包括应计未付费用的调整和应计预付费用的调整。

　　（1）应计未付费用是指本期已经发生但尚未支付款项的各种费用，应在期末结账时将其调整为本期费用，即一方面增加本期的费用，另一方面增加本期的负债。举例说明如下：

　　【例3-19】 1月31日，校园文具店计算提取月初取得借款的利息（利率6%）750元。

　　分析　　　　费用（财务费用）增加　　　　负债（应付利息）增加

　　该项经济业务应在转账凭证中编制如下的会计分录：

　　借：财务费用　　　　　　　　　　　　　　　　　　　　　　　　750
　　　　贷：应付利息　　　　　　　　　　　　　　　　　　　　　　　　750

　　（2）应计预付费用是指以前期间已经付款但在本期发生的费用，应在期末结账时将其调整为本期的费用，即一方面增加本期的费用，另一方面冲减本期的资产（债权）。举例说明如下：

　　【例3-20】 1月31日，校园文具店摊销应由本月负担的房屋装修费2 000元。

　　分析　　　　资产（长期待摊费用）减少　　　　费用（管理费用）增加

　　该项经济业务应在转账凭证中编制如下的会计分录：

　　借：管理费用　　　　　　　　　　　　　　　　　　　　　　　　2 000
　　　　贷：长期待摊费用　　　　　　　　　　　　　　　　　　　　　　2 000

　　企业按照权责发生制会计处理基础的要求在会计期末需要调整的账项除了以上内容之外，类似的内容还有会计期末计提固定资产折旧、计提有关资产的减值准备等。经过这些调整，不仅能够正确地反映本期应赚取的收入和应发生的费用，使得收入和相关费用在时间上、因果关系上得到了恰当的配比，进而正确地确定了该期间的经营成果，而且真实地反映了企业在该期末的财务状况（债权、债务）。

　　调整分录包括对收入的调整和对费用的调整两类内容，收入和费用的发生会影响所有者权益的变动，然而所有者权益不能独自变动，当其发生变化时，必定涉及资产或负债的变化，因此，每一笔调整分录既影响利润表账户（收入或费用），又影响资产负债表账户（资产或负债）。调整分录是基于权责发生制会计处理基础的，相比记录常规性业务的会计分录，编制调整分录就要求必须更深刻地理解权责发生制这一特殊的会计处理基础。

　　随着企业所处的内、外部经济环境的变化，特别是经济业务的互联网化、资产金融化等经济环境的改变，企业赚取收入、发生费用的方式和内涵也在不断发生变化。过去对收入的确认，我们更多的是强调风险和报酬的转移，而现在我们更加关注控制权的转移，即以控制权是否已经转移作为收入确认的标准；费用的确认也存在同样的问题，一般我们关注相关的支付义务是否已经发生或形成。企业已经支付款项或已经承担了未来支付款项的法定义务，在这同时，我们判断一项支付是否形成费用，一个关键的标准就是该项支付是否会导致企业所有者权益的减少。

三、结账

按照《会计基础工作规范》的要求，为了正确反映一定时期内的经营成果和期末的财务状况，以便为编制财务报表提供真实、可靠的数据资料，各企业单位必须按照规定定期结账。

（一）结账的概念

所谓结账，是在将本期内发生的所有经济业务全部登记入账的基础上，按照规定的方法对该期内的账簿记录进行小结，结算出本期发生额合计和期末余额，并将其余额结转下期或者转入新账的过程。

（二）结账的步骤及内容

结账工作主要包括以下几个步骤及具体内容：

（1）结账前，必须将本期发生的全部经济业务登记入账，所以，在结账时，就要首先查明这些经济业务是否已全部登记入账。

（2）在本期经济业务全面登记入账的基础上，按照权责发生制会计处理基础的要求，将收入和费用归属于各个相应的会计期间，即编制调整分录，包括：摊配已登账的长期待摊费用和预收收益；计提应承担但尚未支付的应付而未付的费用；确认已实现但尚未收到的应收收益等，再据以登记入账。关于这一部分内容，我们已在上一个问题中作了阐述。

（3）编制结账分录。[①]对于各种收入、费用类账户的余额，应在有关账户之间进行结转，从而结束各有关收入和费用类账户。也就是将这些反映损益的收入类和费用类账户如"主营业务收入""主营业务成本""税金及附加""管理费用""财务费用""销售费用"等损益类账户的金额转入"本年利润"账户，以便在这些损益类账簿上重新记录下一个会计期间的业务。正所谓"成绩只能代表过去"，上一个会计期间的成果不能带到下一个会计期间，每一个会计期间开始时，经营成果的计算都是从零开始的。结账分录包括两部分：一部分是结转收入的，即借记有关的收入类账户，贷记"本年利润"账户；另一部分是结转费用的，即借记"本年利润"账户，贷记有关的费用类账户。结账分录也需要登记到相应的账簿中去。继续校园文具店的业务，举例说明结账分录的编制如下：

【例3-21】1月31日，结转校园文具店本月实现的各项收入（假如校园文具店采用账结法）。

---

① 通过编制结账分录并过入各有关账户，以结平各损益类账户的方法称为"账结法"。账结法可以在平时每个月末进行，也可以集中于年末进行。如果是集中在年末采用账结法，平时可以保持各个损益类账户的余额不变，使得各损益类账户累计反映全年的收入和费用情况，平时的月末（1—11月份），为了编制利润表，可以在报表中对有关收入类和费用类账户进行结转，即所谓的"表结法"。但无论采用何种方法，年末时必须按照账结法结平各损益类账户。

分析 收入账户（主营业务收入、其他业务收入）结平

利润（本年利润）增加

该项经济业务应在转账凭证中编制如下的会计分录：

借：主营业务收入 39 500

　　其他业务收入 4 000

　　贷：本年利润 43 500

【例3-22】1月31日，结转校园文具店本月发生的各项费用。

分析 费用账户（管理费用、主营业务成本、财务费用）结平

利润（本年利润）减少

该项经济业务应在转账凭证中编制如下的会计分录：

借：本年利润 30 500

　　贷：主营业务成本 20 500

　　　管理费用 9 250

　　　财务费用 750

（4）计算各账户的本期发生额合计和期末余额。按照《会计基础工作规范》的要求，结账时，应当结出各个账户的期末余额，需要结出当月发生额的，应当在"摘要"栏内注明"本月合计"字样，并在下面通栏划单红线。需要结出本年累计发生额的，应当在"摘要"栏内注明"本年累计"字样，全年累计发生额下面应当通栏划双红线。本年各账户的年末余额转入下年，应在"摘要"栏注明"结转下年"及"上年结转"字样。

（三）试算平衡

为了保证财务报表提供会计信息的正确性，在编制财务报表之前需要进行试算平衡。在借贷记账法下，要求每项经济业务均按照借、贷方金额相等的会计分录登记入账，因此，在会计期末，将全部会计分录中的金额分别记入相关账户之后，就必然存在全部账户的借方发生额等于贷方发生额这样一种平衡关系。同样，全部账户借方余额也必然与贷方余额相等，也就是说，在借贷记账法下，试算平衡包括发生额平衡和余额平衡两种方式。

在实际工作中，会计人员一般通过编制试算平衡表来完成试算平衡工作。我们仍以校园文具店为例来说明试算平衡表的编制，见表3-15。

试算平衡表能够证明分类账的登记是否正确。如果试算平衡表中的借方和贷方金额相等就保证了：已经记录了相关业务的借方和贷方；试算平衡表中的账户余额基本是正确的。

如果试算表中的借方和贷方金额并不相等，就说明产生了错误，比较典型的错误可能包括：（1）将借方记入贷方，或者相反；（2）计算账户余额时发生错误；（3）将账户发生额或余额抄入试算平衡表时发生错误；（4）加总试算平衡表时发生错误等。

当然，编制试算平衡表并不能绝对保证对业务的正确分析和记账，也就是说这里的保证是有局限性的，如记错了账户、漏记（或重记）了整笔的业务等。因此，试算平衡表仅仅检查了分类账在记录过程中的借、贷相等方面的正确性。

延伸阅读3-3

"会计学"课程中的发生额及余额试算平衡表的内容

表3-15 校园文具店试算平衡表①

编制单位：校园文具店　　　　　　　　2×24 年 1 月　　　　　　　　单位：元

账户名称	本期发生额		期末余额	
	借方	贷方	借方	贷方
库存现金	66 850	53 000	13 850	
实收资本		50 000		50 000
银行存款	239 500	61 750	177 750	
长期待摊费用	48 000	2 000	46 000	
短期借款		150 000		150 000
库存商品	45 000	20 500	24 500	
应付账款		45 000		45 000
预收账款	2 962.50	4 350		1 387.50
应付职工薪酬		3 000		3 000
主营业务收入	39 500	39 500		
其他业务收入	4 000	4 000		
管理费用	9 250	9 250		
主营业务成本	20 500	20 500		
其他应收款	1 037.50		1 037.50	
财务费用	750	750		
应付利息		750		750
本年利润	30 500	43 500		13 000
合　计	507 850	507 850	263 137.50	263 137.50

第五节　编制财务报表

　　本章的内容学习至此，我们已经明确，在完整的会计循环过程中，就其各个步骤的基本内容而言，首先，必须取得证明经济业务已发生或完成的原始凭证，会计人员要对其进行审核，根据审核无误的原始凭证，运用复式记账原理结合设置账户等会计核算方法据以编制记账凭证；其次，对所编制的记账凭证进行审核，并根据审核无误的记账凭证登记会

───────────────

　　① 由于校园文具店是 2×24 年 1 月 1 日开业的，各账户期初余额均为零，因而表中也就不需要设置"期初余额"栏。

计账簿；最后，还要通过对账与结账，将有关的账簿记录资料进行再确认，并以财务报表的形式将会计信息报告给各方信息使用者。不难看出，财务报表是会计循环的终端输出物，编制财务报表也就成为会计循环的最后一个工作步骤。

财务报表是对企业财务状况、经营成果和现金流量的结构性表述。根据《企业会计准则第30号——财务报表列报》的要求，一套完整的财务报表至少应当包括"四表一注"，即资产负债表、利润表、现金流量表、所有者权益变动表和会计报表附注。这里以校园文具店为例，简单说明资产负债表和利润表的编制方法。

一、资产负债表

资产负债表是反映企业某一特定日期财务状况的财务报表，即反映了某一特定日期关于企业资产、负债、所有者权益及其相互关系的信息。企业编制资产负债表的目的是通过如实反映企业在资产负债表日所拥有的资源、所承担的债务和所有者所拥有的权益金额及其结构情况，从而有助于使用者评价企业资产的质量以及短期偿债能力、长期偿债能力和利润分配能力等。

资产负债表遵循了"资产=负债+所有者权益"这一会计恒等式，全面地揭示企业在某一特定日期所拥有或控制的经济资源、所承担的债务以及偿债以后属于所有者的剩余权益。依据校园文具店本月有关资产、负债和所有者权益账户的记录结果，我们可以编制其资产负债表（简表）（见表3-16）。

表3-16   **资产负债表（简表）**

编制单位：校园文具店   2×24 年 1 月 31 日   单位：元

资　产	金　额	负债和所有者权益	金　额
货币资金	191 600	短期借款	150 000
其他应收款	1 037.50	应付账款	45 000
库存商品	24 500	预收款项	1 387.50
长期待摊费用	46 000	应付职工薪酬	3 000
		应付利息	750
		实收资本	50 000
		未分配利润	13 000
资产总计	263 137.50	负债和所有者权益总计	263 137.50

二、利润表

利润表是反映企业在某一会计期间经营成果情况的报表，反映了企业经营业绩的主要来源和构成。利润表是一张动态报表。企业编制利润表的目的是通过如实反映企业实现的收入、发生的费用以及应当计入当期利润的利得和损失等金额及其结构情况，判断企业在该期间内的投入与产出的比例关系，从而有助于使用者分析评价企业的盈利能力及其构成与质量，预测企业的盈利趋势。依据校园文具店的有关损益类账户的发生额记录，我们可以编制其利润表（简表）（见表3-17）。

表3-17   **利润表（简表）**

编制单位：校园文具店   2×24年1月   单位：元

项　目	金　额
营业收入	43 500
减：营业成本	20 500
管理费用	9 250
财务费用	750
营业利润	13 000

☐ 复习思考题

1. 什么是会计循环？它主要包括哪些基本步骤？

2. 专用记账凭证可以分为哪几种？分别适用于哪些类型的经济业务？

3. 明细分类账的格式如何？分别适用于哪种明细分类账簿？

4. 错账更正方法有哪几种？分别适用于什么错误？举例说明如何进行具体的更正。

5. 权责发生制与收付实现制的区别何在？举例说明。

6. 简述对账与结账的主要内容。

本章自测题

第四章 货币资金与应收项目

第一节 货币资金

任何企业进行生产经营活动，都必须持有货币资金。货币资金是停留在货币形态，可以随时用作购买手段和支付手段的资金。在实际工作中，货币资金的会计核算并不复杂，但由于其高度的流动性和国家对货币资金的要求比较严格，因此，货币资金的管理与控制就显得尤为重要。

在我国会计工作中，根据货币资金存放地点及使用上是否受约定限制，一般将企业单位的货币资金分为库存现金、银行存款和其他货币资金。我国对不同的货币资金项目制定了不同的管理规范，因而货币资金中的各个项目在核算上还是存在一定区别的，以下我们分别对其进行阐述。

一、现金的核算

现金是货币资金的重要组成部分，是通用的交换媒介，也是对其他资产进行计量的一般尺度，具有通用性和无限制可流通性，可以不受任何约定的限制，能够在一国或他国自由流动。现金的概念有广义和狭义的区分。狭义的现金是指存放于企业财会部门由出纳人员经管的纸币、硬币、电子货币以及折算为记账本位币的外币等，包括人民币现金和外币现金；广义的现金除了狭义的现金内容之外，还包括银行存款和其他可以普遍接受的流通手段，如银行本票、银行汇票、保付支票、个人支票等，我们这里的现金是指狭义的现金，即库存现金。

（一）现金管理的有关规定

现金是企业的一种流动性最强的货币性资产，可以直接用于支付或结算，为此，国务院发布了《现金管理暂行条例》，中国人民银行也发布了《现金管理暂行条例实施细则》，对现金管理的有关问题作出了严格的规定。

根据国务院和中国人民银行的有关规定，开户单位可以使用现金的范围包括：职工工资、津贴；个人劳务报酬；按照国家规定颁发给个人的科学技术、文化艺术、体育等各种奖金；各种劳保、福利费用及国家规定的对个人的其他支出；向个人收购农副产品和其他物资的价款；出差人员必须随身携带的差旅费；结算起点（1 000元）以下的零星支出；中国人民银行确定需要支付现金的其他支出。除按照规定的收支范围可以使用现金进行结算的以外，应该通过开户银行办理转账结算。

在银行开户的各个企业单位，对其库存的现金量必须核定最高限额。按照《现金管理暂行条例》及其实施细则的规定，企业库存现金限额由企业提出计划，报开户银行审批。经过开户银行核定的库存现金限额，开户单位必须严格遵照执行。企业单位由于生产或业务变化，需要增加或减少限额时，应向开户银行提出申请，经过开户银行批准之后方可调整库存现金限额。

各个企业单位在日常发生的经济业务中收入的现金，应于当日送存开户银行，当日送存银行确有困难的，由开户银行确定具体的送存时间。企业单位因业务需要必须支付现金的，可以从本单位库存现金中支付或者从开户银行提取现金支付，但不得从本单位收入的现金中直接支付现金支出，即不得坐支现金。因特殊原因需要坐支现金的单位，要事先报经开户银行审查批准，由开户银行核定坐支的范围及限额，坐支单位必须在库存现金日记账上如实地反映坐支的具体金额，并按月向开户银行报告坐支的金额及具体情况。

企业单位必须建立健全现金的账目，包括库存现金日记账和库存现金总账。在库存现金日记账中逐笔登记现金的收入与支出，库存现金日记账要做到日清月结，保证账款相符；不得用不符合财务制度的凭证顶替库存现金，即不准白条抵库；企业单位之间不准相互借用现金；不准利用银行账号谎报用途套取现金；不准将单位收入的现金以个人的名义存入银行；不准保留账外公款，即不准私设小金库。

（二）现金日常收支的核算

企业单位在日常经营过程中，经常会发生一些与现金的收、付有关的经济业务，随着这些经济业务的发生，必然涉及现金的总分类核算。现金的核算通过设置"库存现金"账户来进行。为了反映现金增减变化的具体情况，企业还应设置库存现金日记账，以便于对库存现金增减变动的过程及结果进行序时核算。有外币现金的企业，还应当分别按人民币和外币设置库存现金日记账进行明细核算。对于同时存在不同币种的企业，在会计上只能选择一个币种作为记账本位币，但应该分别按币种设立明细账，进行明细核算。

1.现金收入的核算

企业单位由于销售商品、提供劳务以及从银行提取现金等而发生现金收款业务时，出纳员应根据审核无误的原始凭证收讫现金后，在有关的原始凭证上加盖"现金收讫"戳记，然后由会计人员根据原始凭证编制现金收款凭证或银行存款付款凭证（货币资金内部相互划转业务，即从银行提取现金），出纳员根据现金收款凭证或银行存款付款凭证就可以登记库存现金日记账和库存现金总账了。

企业收入现金的途径主要包括与营业活动有关的现金收款业务，与筹资活动有关的现金收款业务以及其他现金收款业务等。举例说明现金收入的核算如下：

【例4-1】新世纪股份有限公司销售5件产品，每件单价3 500元，增值税税额2 275元，价税款收到现金。

这是一项由于主营业务收入的实现而导致现金增加的收款业务，应编制现金收款凭证。其会计分录为：

借：库存现金   19 775
  贷：主营业务收入   17 500
    应交税费——应交增值税（销项税额）   2 275

【例4-2】新世纪股份有限公司开出现金支票从银行提取现金7 500元，以备零星开支用。

从银行提取现金属于货币资金内部相互划转的业务，对于这种业务，为了避免重复记账，应编制银行存款付款凭证。其会计分录为：

借：库存现金　　　　　　　　　　　　　　　　　　　　　　　　　　　7 500
　　贷：银行存款　　　　　　　　　　　　　　　　　　　　　　　　　　　7 500

根据上述业务所编制的会计分录就可以逐日逐笔登记库存现金日记账，序时或定期登记库存现金总账。

2.现金支出的核算

企业日常发生现金支出业务时，出纳员应根据审核无误的原始凭证支付现金后，在有关的原始凭证上加盖"现金付讫"戳记，然后根据原始凭证编制现金付款凭证，并据以登记库存现金日记账和库存现金总账。企业常见的现金付款业务包括与营业活动有关的现金付款业务，与筹资活动有关的现金付款业务及其他现金付款业务等。举例说明现金支出的核算如下：

【例4-3】新世纪股份有限公司用现金7 500元发放职工困难补助。

职工困难补助应在职工福利费中开支，需要编制现金付款凭证。其会计分录为：

借：应付职工薪酬——职工福利　　　　　　　　　　　　　　　　　　　7 500
　　贷：库存现金　　　　　　　　　　　　　　　　　　　　　　　　　　　7 500

【例4-4】新世纪股份有限公司用现金3 500元购买行政管理部门的办公用品。

行政管理部门的办公用品费属于公司的管理费用，应编制现金付款凭证。其会计分录为：

借：管理费用　　　　　　　　　　　　　　　　　　　　　　　　　　　3 500
　　贷：库存现金　　　　　　　　　　　　　　　　　　　　　　　　　　　3 500

【例4-5】新世纪股份有限公司用现金1 750元报销职工市内交通费。

职工市内交通费属于公司的管理费用，应编制现金付款凭证。其会计分录为：

借：管理费用　　　　　　　　　　　　　　　　　　　　　　　　　　　1 750
　　贷：库存现金　　　　　　　　　　　　　　　　　　　　　　　　　　　1 750

根据上述现金付款凭证就可以逐日逐笔登记库存现金日记账，序时或定期登记库存现金总账。

企业在核算现金收支业务时应注意的是企业内部各部门、各单位周转使用的备用金，应在"其他应收款"科目核算，或单独设置"备用金"科目核算，不在"库存现金"科目核算。

（三）现金清查的核算

现金是企业一项比较重要的流动资产，在其管理的过程中，由于种种原因，现金经常会出现长、短款现象，即现金的账实不符。造成现金账实不符的原因从大的方面来说包括两大类：一类是会计人员操作失误造成的，另一类是人为舞弊造成的。具体有以下几种情况：

（1）出纳员收、付现金时出现差错；

（2）出纳员在保管现金的过程中由于疏忽而丢失了现金；

（3）发生现金收、付业务时实际收到或付出了现金，但未做现金收款凭证或付款凭证；

（4）发生现金收、付业务时所编制的会计分录中金额产生错误或记错了账户；

（5）依据现金收、付款凭证登记库存现金日记账时发生错误；

（6）库存现金被盗等。

针对不同的原因造成的现金长款或短款，要采取不同的方法进行处理。

《内部会计控制规范——货币资金》（试行）第二十条规定："单位应当定期和不定期地进行现金盘点，确保现金账面余额与实际库存相符。发现不符，及时查明原因，作出处理。"企业定期或不定期的现金清查，由清查小组的工作人员通过实地盘点的方法进行。在具体清查时，出纳员必须在场。通过实地盘点确定库存现金实有数，然后与库存现金日记账的余额核对相符。清查之后应将清查结果填列到"库存现金盘点报告表"中，并由现金清查人员和出纳员签字盖章。对现金清查中发现的长款（盘盈或溢余）、短款（盘亏）金额，必须认真查明原因，及时报请有关部门批准，并按规定进行相关的账务处理。

现金清查过程中发现的长款（盘盈或溢余）或短款（盘亏），应根据"库存现金盘点报告表"以及有关的批准文件进行批准前和批准后的账务处理。现金长、短款通过"待处理财产损溢——待处理流动资产损溢"账户进行核算。

现金长、短款在批准前的处理是以实际存在的库存现金为准，当现金长款时，增加"库存现金"账户的记录，以保证账实相符，同时记入"待处理财产损溢——待处理流动资产损溢"账户，等待批准处理；当库存现金短款时，应冲减库存现金账户的记录，以保证账实相符，同时记入"待处理财产损溢——待处理流动资产损溢"账户，等待批准处理。

现金长、短款在批准后应视不同的原因采取不同的方法进行处理。一般来说，对于无法查明原因的现金长款，其批准后的处理是增加营业外收入，对于应付其他单位或个人的长款，应记入"其他应付款——××单位或个人"账户。对于现金短款，如果是应由责任人赔偿或由保险公司赔偿的，应转记入"其他应收款——××赔偿人"或"其他应收款——应收保险赔款"账户；如果是由于经营管理不善造成、非常损失或无法查明原因的，应增加企业的管理费用。下面举例说明现金长、短款批准前后的账务处理。

【例4-6】新世纪股份有限公司在财产清查中发现现金短款1 680元，经查是由于出纳员的责任造成的，批准前和批准后的账务处理如下。

批准前：

借：待处理财产损溢——待处理流动资产损溢   1 680

  贷：库存现金   1 680

批准后：

借：其他应收款——××出纳员   1 680

  贷：待处理财产损溢——待处理流动资产损溢   1 680

【例4-7】新世纪股份有限公司在财产清查时发现库存现金短款1 820元，经反复查对，原因不明，批准前和批准后的账务处理如下。

批准前：

借：待处理财产损溢——待处理流动资产损溢   1 820

  贷：库存现金   1 820

批准后：

借：管理费用——库存现金短款 1 820
　　贷：待处理财产损溢——待处理流动资产损溢 1 820

【例4-8】新世纪股份有限公司在财产清查时发现库存现金长款2 660元，无法查明原因，批准前和批准后的账务处理如下。

批准前：

借：库存现金 2 660
　　贷：待处理财产损溢——待处理流动资产损溢 2 660

批准后：

借：待处理财产损溢——待处理流动资产损溢 2 660
　　贷：营业外收入 2 660

二、银行存款的核算

银行存款是企业存入本地银行和其他金融机构的各种款项。广义的银行存款包括银行结算户存款、其他货币资金和专项存款等一切存入银行及其他金融机构的款项。狭义的银行存款仅指存入银行结算户的款项。企业的银行存款包括人民币存款和外币存款。

（一）银行账户的开立

企业应根据中国人民银行制定的《人民币银行结算账户管理办法》和《支付结算办法》的规定，在银行开立基本存款账户、一般存款账户、临时存款账户和专用存款账户。基本存款账户是指企业办理日常转账结算和现金收付业务的账户，企业职工薪酬等现金的支取只能通过本账户办理；一般存款账户是指企业在基本存款账户以外的银行借款转存、与基本存款账户的存款人不在同一地点的附属非独立核算单位开立的账户，企业可以通过本账户办理转账结算和现金缴存，但不能办理现金支取；临时存款账户是企业因临时经营活动需要而开立的账户，企业可以通过本账户办理转账结算和根据国家现金管理的规定办理现金的收付业务；专用存款账户是指企业因特定用途的需要而开立的账户，企业特定用途的资金，包括基建资金、更改资金、特准储备资金等可以通过该账户办理。一个单位只能选择一家银行的一个营业机构开立一个基本存款账户，不得在多家银行机构开立基本存款账户，也不得在同一家银行的几个分支机构开立一般存款账户。

在我国，企业日常大量的与其他单位或个人之间的经济业务往来大多都是通过银行进行结算的。结算是指企业与外部单位或个人之间发生经济业务往来时所引起的货币收付行为。我国国内银行的转账结算方式主要分为两大类：一类是银行票据结算方式，另一类是银行其他结算方式。为了规范票据行为，保障票据活动中当事人的合法权益，维护社会经济秩序，促进社会主义市场经济的发展，2004年8月28日第十届全国人民代表大会常务委员会第十一次会议通过了《第十届全国人民代表大会常务委员会第十一次会议关于修改〈中华人民共和国票据法〉的决定》，对1995年5月颁布的《中华人民共和国票据法》进行了修订。根据修订后的《中华人民共和国票据法》和中国人民银行有关结算办法的规定，目前，企业可以采用以下几种主要的结算方式：银行汇票、银行本票、商业汇票、支票、汇兑、委托收款、托收承付等。

延伸阅读4-1

银行各种结算
方式简介

（二）银行存款收付业务的核算

银行存款是企业的一项比较重要的货币资金，涉及银行存款增减变化的经济业务发生得又比较频繁，为了随时掌握银行存款的增减变化过程（动态）及结果（静态），合理调度资金和组织货币资金的收支平衡，需要设置"银行存款"账户，同时必须设置银行存款总账和银行存款日记账。

我们已经知道，银行存款收付业务的结算方式有多种，在不同的结算方式下，企业应当根据不同的原始凭证编制银行存款的收、付款记账凭证，据以登记银行存款日记账和总账。企业将款项存入银行等金融机构时，应根据有关原始凭证，借记"银行存款"账户，贷记"库存现金"等账户；提取或支付在银行等金融机构中的存款时，借记"库存现金"等账户，贷记"银行存款"账户。举例说明银行存款收付业务的会计处理如下：

【例4-9】新世纪股份有限公司收到购货单位前欠购货款1 050 000元，存入银行。这是一笔收款业务，应根据银行进账单编制收款凭证，并据以登记有关账簿。其会计分录为：

借：银行存款   1 050 000

  贷：应收账款   1 050 000

【例4-10】新世纪股份有限公司开出转账支票支付本月购买办公用品费22 750元。这是一笔付款业务，应根据支票存根和有关收据编制付款凭证，并据以登记有关账簿。其会计分录为：

借：管理费用   22 750

  贷：银行存款   22 750

企业应当设置银行存款日记账，按照银行存款收付业务发生时间的先后顺序逐日逐笔登记，每日业务终了应结出余额。企业应定期（至少每月一次）将银行存款日记账的记录与银行对账单进行核对，并保证其相符，即对银行存款进行清查，如果发现不符，则应采取有关方法进行处理。

有外币业务的企业，应在"银行存款"账户下分别按人民币和各种外币设置"银行存款日记账"，进行银行存款的明细核算。

（三）银行存款清查的核算

银行存款的清查主要是指企业银行存款日记账与开户银行开出的对账单两者的核对。《内部会计控制规范——货币资金》（试行）第十九条规定："单位应当指定专人定期核对银行账户，每月至少核对一次，编制银行存款余额调节表，使银行存款账面余额与银行对账单调节相符。如调节不符，应查明原因，及时处理。"在对银行存款日记账与银行开出的对账单进行核对时，应首先将截至核对日为止的所有银行存款的收、付款业务登记入账，并对发生的错账、漏账及时查清更正，然后再与银行对账单逐笔核对。如果二者余额相符，则说明基本正确；如果二者余额不符，则可能是企业或银行某一方记账过程有错误或者存在未达账项。

所谓未达账项是指企业和开户银行双方之间，由于传递单证需要时间、确认收付的口径不一致等原因，而造成对于同一笔款项收付业务，双方记账时间不一致，银行和企业中一方已经接到有关的结算凭证确认收付款项并已登记入账，而另一方尚未接到有关的结算凭证尚未入账的款项。总体来说，未达账项有两大类：一类是企业记账而银行未记账的账项；另一类是银行记账而企业未记账的账项。具体地说，未达账项有以下四种：

（1）企业收款记账，银行未收款未记账的账项，如企业收到其他单位的购货支票等；

（2）企业付款记账，银行未付款未记账的账项，如企业开出付款支票，但持票人尚未到银行办理转账手续等；

（3）银行收款记账，企业未收款未记账的账项，如托收货款收账等；

（4）银行付款记账，企业未付款未记账的账项，如银行代企业支付公用事业费等。

上述任何一种未达账项的存在，都会使企业银行存款日记账的余额与银行开出的对账单的余额不符。当发生（1）、（4）两种情况时，企业的银行存款日记账的账面余额将大于银行对账单余额；当发生（2）、（3）两种情况时，企业的银行存款日记账账面余额将小于银行对账单余额。因此，在与银行对账时首先应查明是否存在未达账项，如果存在未达账项，就应该编制银行存款余额调节表对有关的账项进行核对。银行存款余额调节表是在企业银行存款日记账余额和银行对账单余额的基础上，分别加减未达账项，确定调节后余额，如果调节后双方余额相符，就说明企业和银行双方记账过程基本正确，而且这个调节后余额是企业当时可以实际动用的银行存款的限额。如果调节后余额不符，企业和开户银行双方记账过程可能存在错误，属于开户银行错误，应当立即由银行核查更正；属于企业错误，应查明错误所在，区别漏记、重记、错记或串记等情况，分别采用正确的方法进行更正。

银行存款余额调节表有两种格式：一种格式是以企业银行存款日记账账面余额（或银行对账单余额）为起点，加减调整项目（包括错记和未达账项等），调整到银行对账单余额（或企业银行存款账面余额）。另一种格式是分别以企业银行存款账面余额和银行对账单余额为起点，加减各自的调整项目，得出两个相同的正确余额，即银行存款实有额。后一种格式的应用比较普遍，这种格式的计算公式如下：

$$\begin{array}{l}\dfrac{\text{企业银行存款}}{\text{日记账余额}} + \dfrac{\text{银行已收企业}}{\text{未收款项}} - \dfrac{\text{银行已付企业}}{\text{未付款项}} + (\text{或}-)\dfrac{\text{企业错减}}{(\text{或错增})\text{金额}} = \\[2mm] \dfrac{\text{银行对}}{\text{账单余额}} + \dfrac{\text{企业已收银行}}{\text{未收的款项}} - \dfrac{\text{企业已付银行}}{\text{未付的款项}} + (\text{或}-)\dfrac{\text{银行错减}}{(\text{或错增})\text{金额}}\end{array}$$

以下举例说明银行存款余额调节表的具体编制方法。

【例4-11】新世纪股份有限公司2×24年6月30日核对银行存款日记账。6月30日，银行存款日记账余额为999 600元，同日银行开出的对账单余额为828 450元。经银行存款日记账与银行对账单逐笔核对，发现两者的不符是由下列原因造成的：

（1）公司于6月28日开出支票购买办公用品14 000元，公司根据支票存根和有关发票等原始凭证已记账，但收款人尚未到银行办理转账。

（2）6月29日，公司的开户银行代公司收进一笔托收的货款95 900元，银行已记账，但尚未通知公司。

（3）6月29日，开户银行代公司支付当月的水电费17 500元，银行已记账，但付款通知单尚未送达公司，因而公司未记账。

（4）公司于6月30日收到客户交来的购货支票，金额263 550元，当即存入银行，公司根据进账单等已记账，但因跨行结算，所以银行未记账。

根据调节前的余额和查出的未达账项等内容，编制6月30日的银行存款余额调节表（见表4-1）。

表4-1

银行存款余额调节表

2×24 年 6 月 30 日

单位：元

项目	金额	项目	金额
银行对账单余额	828 450	公司银行存款日记账余额	999 600
加：公司收款、银行未收款的购货支票	263 550	加：银行收款、公司未收款的未达账项	95 900
减：公司付款、银行未付款的办公用品费	14 000	减：银行付款、公司未付款的水电费	17 500
调节后的余额	1 078 000	调节后的余额	1 078 000

从表4-1我们可以看出，表中左右两方调节后的金额相等，这说明该公司的银行存款实有数既不是 828 450 元，也不是 999 600 元，而是 1 078 000 元，同时还说明公司和银行双方在账目记录过程中基本没有错误（但这不是绝对的，也可能存在两个差错正好相等，抵消为零等情况）。如果调节后的余额仍然不等，则说明有错误存在，应进一步查明原因，采取相应的方法进行更正。

银行存款余额调节表只起对账的作用，不能根据银行存款余额调节表调整账面记录，账面记录的调整必须待收到有关收款或付款的结算凭证之后再进行。

这里需要注意的是对于未达账项的处理。按照我国会计制度的规定，对于未达账项不能以银行存款余额调节表作为原始凭证调节银行存款日记账的账面记录，对于银行已经记账而企业尚未记账的未达账项，应该在实际收到有关的收、付款结算凭证后即未达账项变成"已达账项"时再进行相关的账务处理。之所以采取这样的方法进行处理，一方面是为了简化会计核算工作，防止重复记账，同时也考虑到在企业正常的经营过程中，会计期末的未达账项数额一般不会很大，转变成已达账项的时间也不会很长，而且，在权责发生制会计处理基础的要求下，收入和费用的确认与收款和付款的记录不在同一个会计期间完成是正常的，因而，对未达账项暂不进行处理并不影响企业本期经营成果的确定。由此可知，编制银行存款余额调节表只起对账的作用，而不能将银行存款余额调节表作为调整账面记录的依据。

【思政课堂】 **货币资金的内部控制要求**

货币资金是企业拥有的一种非常重要的资产，对其管理的好坏，关系到企业的资金安全，可以说，现金管理是全球性难题。为了加强对单位货币资金的内部控制和管理，保证货币资金的安全，根据《中华人民共和国会计法》和《内部会计控制规范——基本规范》的要求，我国制定了《内部会计控制规范——货币资金（试行）》。

《内部会计控制规范——货币资金（试行）》第五条规定："单位负责人对本单位货币资金内部控制的建立健全和有效实施以及货币资金的安全完整负责。"由此可见，货币资金管理的目标就是保证货币资金的安全、完整，不被挪用甚至贪污；能够保证企业运营对货币资金的需求，不会出现货币资金支付危机或流动性不足；能够通过有效管理货币资金进而最大限度地提升企业效益；货币资金的使用应当符合相关的法律、法规和政策要求。

《内部会计控制规范——货币资金（试行）》第六条规定："单位应当建立货币资金业务的岗位责任制，明确相关部门和岗位的职责权限，确保办理货币资金业务的不相容岗位相互分离、制约和监督。"明确要求货币资金收支中的相关职务必须分离，也就是通常所说的"管钱的不管账，管账的不管钱"，单位应确保在货币资金管理和相应的会计记账两类岗位之间要分开，且有一定的隔离措施。

《内部会计控制规范——货币资金（试行）》第七条规定："单位办理货币资金业务，应当配备合格的人员，并根据单位具体情况进行岗位轮换。""办理货币资金业务的人员应当具备良好的职业道德，忠于职守，廉洁奉公，遵纪守法，客观公正，不断提高会计业务素质和职业道德水平。"这就要求单位必须建立灵活、及时的稽核制度，对库存现金，要做到日清月结；银行存款要及时与银行对账，出现未达账项，需要查明原因，确保不存在人为原因造成的金额不一致。这种稽核制度不仅要制度化，还需要增加一些临时性、突然性的稽核；同时，对货币资金保管人员要定期轮岗。

互联网的普及，一方面可能会增加单位对货币资金控制的风险，但另一方面也有利于单位及时、有效地推行货币资金全方位控制。如果单位的会计系统能够实时接收银行关于单位银行存款收支的信息，单位就一定能够及时发现不正常的银行收支行为，尽可能早地遏制舞弊行为。

需要特别注意的是，随着非现金支付的普及，现金在现代社会中的作用会越来越弱，区块链与基于区块链的虚拟货币的发展，对单位的货币结算也提出了新的挑战，对现金的内部控制也必定会出现全新的变革。

资料来源：作者根据相关资料整理。

三、其他货币资金的核算

企业在经营过程中，为了应付日常开支、购买物资、结算债权债务等，除了需要现金和银行存款之外，还需要其他货币资金。

其他货币资金是指性质与现金、银行存款相同，但其存放地点和用途与现金和银行存款不同的货币资金，包括外埠存款、银行汇票存款、银行本票存款、存出投资款、信用证保证金存款和在途货币资金等。

外埠存款是指企业到外地进行临时或零星采购时，汇往采购地银行开立采购专户的款项；银行汇票存款是企业为了取得银行汇票，按照规定存入银行的款项；银行本票存款是指企业为取得银行本票，按规定存入银行的款项；存出投资款是企业已存入证券公司但尚未进行投资的款项；信用证保证金存款是指企业为取得信用证按照规定存入银行的保证金；在途货币资金是指企业同所属单位之间和上下级之间的汇解款项，在月终时尚未到达，处于在途状态的款项。

为了核算其他货币资金的变动及结余情况，需要设置"其他货币资金"账户，并相应设置"外埠存款""银行汇票存款""银行本票存款""存出投资款""在途货币资金"等明细账户，进行明细核算。这里以外埠存款和存出投资款为例说明其他货币资金的会计核算过程。

【例4-12】新世纪股份有限公司委托当地开户银行汇款750 000元给采购地银行开立采购专户。汇出款项时，根据有关凭证编制如下的会计分录：

借：其他货币资金——外埠存款 　　　　　　　　　　　　　　　750 000
　　贷：银行存款 　　　　　　　　　　　　　　　　　　　　　　　　750 000

采购员交来购货发票，注明价款420 000元，增值税税额54 600元。根据购货发票等单据应编制如下的会计分录：

> 借：在途物资　　　　　　　　　　　　　　　　　　　420 000
> 　　应交税费——应交增值税（进项税额）　　　　　　54 600
> 　　贷：其他货币资金——外埠存款　　　　　　　　　　　　474 600

待材料入库时编制如下的会计分录：

> 借：原材料　　　　　　　　　　　　　　　　　　　　420 000
> 　　贷：在途物资　　　　　　　　　　　　　　　　　　　　420 000

采购员完成了采购任务，将剩余的外埠存款 275 400 元转回本地银行。应根据银行的收账通知等编制如下的会计分录：

> 借：银行存款　　　　　　　　　　　　　　　　　　　275 400
> 　　贷：其他货币资金——外埠存款　　　　　　　　　　　　275 400

【例 4-13】新世纪股份有限公司将银行存款 800 000 元划入某证券公司准备进行短期股票投资。根据有关凭证编制如下的会计分录：

> 借：其他货币资金——存出投资款　　　　　　　　　　800 000
> 　　贷：银行存款　　　　　　　　　　　　　　　　　　　　800 000

如果将存入证券公司的款项用于购买股票，并已成交，购买股票的成本为 650 000元，公司将该股票划分为按公允价值计量且其变动计入当期损益的交易性金融资产。编制的会计分录如下：

> 借：交易性金融资产——某公司股票（成本）　　　　650 000
> 　　贷：其他货币资金——存出投资款　　　　　　　　　　650 000

第二节　应收项目

在商业信用高度发达的市场经济条件下，企业之间的商品交易大多是建立在商业信用基础上的，很难想象在没有赊销的情况下，货物和服务每天能有这么大量的销售。企业在日常生产经营过程中发生的各项债权构成企业的应收项目。应收项目包括应收款项（应收票据、应收账款和其他应收款）和预付账款等。

一、应收票据的核算

根据《中华人民共和国票据法》的规定，票据是指汇票、本票和支票，其中汇票分为银行汇票和商业汇票。商业汇票是指由出票人签发的，委托付款人在指定日期无条件支付确定的金额给收款人或持票人的票据。商业汇票包括纸质商业汇票和电子商业汇票[①]。纸质商业汇票分为商业承兑汇票和银行承兑汇票；电子商业汇票分为电子商业承兑汇票、电子银行承兑汇票和电子财务公司承兑汇票。

应收票据是指企业因向客户提供商品或劳务而收到的由客户签发在短期内某一确定日

---

① 电子商业汇票是指出票人依托中国人民银行认可的票据市场基础设施，以数据电文形式制作的，委托付款人在指定日期无条件支付确定金额给收款人或持票人的票据。

期支付一定金额的书面承诺，是持票企业拥有的债权。与应收账款不同，应收票据需要依据在赊销业务中由债权人或债务人签发的表明债务人在约定时日应偿付约定金额的书面文件而受到法律的保护，具有较强的法律约束力。在资产负债表上，按照变现能力的大小，应收票据一般列在应收账款之前。

（一）应收票据入账价值的确定

应收票据的入账价值在会计核算过程中有两种确认方法：一种是按照票据的面值确认，另一种是按照票据的未来现金流量的现值确认。由于我国目前允许使用的纸质商业汇票最长期限为 6 个月①，遵循重要性原则，为了简化核算手续，在形成应收票据时一般按面值记账，对于带息票据在会计期末（主要是指中期期末和年度终了）按应收票据的票面价值和规定的利率计提利息，相应地增加应收票据的账面余额。

（二）应收票据的会计处理

为了核算应收票据的具体发生情况，企业应设置"应收票据"账户，其借方登记应收票据的面值和期末计提的利息，贷方登记到期收回、背书转让或申请贴现的票据价值，借方余额表示尚未收回的票据价值。由于票据是一种无条件付款，可以随时背书或贴现的书面凭证，对于以某一特定单位或个人为对象的明细分类核算已无必要，因而不需要设置明细分类账户，但为了便于管理和分析票据的具体情况，应该设置"应收票据"备查簿，逐笔记录商业汇票的种类、号数、出票日、交易合同号、付款人、承兑人、背书人、到期日、背书转让日、收款日、收款金额等信息，以备查考。商业汇票到期结清票款或退票后，应在备查簿中予以注销。

应收票据在核算上应区分不带息应收票据和带息应收票据两种情况，分别介绍如下：

1.不带息应收票据的核算

不带息应收票据是指票据上未注明利率，只按票面金额结算票款的票据。不带息应收票据的到期价值等于应收票据的面值。企业收到票据时，应借记"应收票据"账户，贷记"主营业务收入""应收账款"等有关账户。票据到期收回款项时，应借记"银行存款"账户，贷记"应收票据"账户。

【例 4-14】 新世纪股份有限公司销售一批产品，发票注明的价款为 1 750 000 元，增值税税额 227 500 元，收到一张已承兑不带息商业汇票。应编制的会计分录为：

借：应收票据　　　　　　　　　　　　　　　　　　　　　1 977 500
　　贷：主营业务收入　　　　　　　　　　　　　　　　　　1 750 000
　　　　应交税费——应交增值税（销项税额）　　　　　　　　227 500

【例 4-15】 上述票据到期收回款项，存入银行。应编制的会计分录为：

借：银行存款　　　　　　　　　　　　　　　　　　　　　1 977 500
　　贷：应收票据　　　　　　　　　　　　　　　　　　　　1 977 500

2.带息应收票据的核算

带息应收票据是指根据票面金额和票面利率计算到期利息的票据。对于带息应收票

---

① 2009 年 10 月 16 日中国人民银行发布的《电子商业汇票业务管理办法》规定电子商业汇票的付款期限自出票日起至到期日止，最长不得超过 1 年。

据，应于中期期末、年度终了和票据到期时计算票据利息，增加应收票据的账面价值，同时冲减财务费用。应收票据利息的计算公式为：

应收票据利息=应收票据面值×票面利率×时间

上式中的"时间"是指票据的签发日至利息的计算日的时间间隔。票据的时间可以按月或日表示。在实际工作中，为了简化核算，通常将1年定为360天。票据时间按月表示的，应以到期月份中与出票日相同的那一天为到期日；如果是月末签发的，则以到期月的月末日为到期日，同时，利率换算成月利率。票据时间按日表示的，应按企业持有票据实际经历天数计算，但出票日和到期日只能算其中的一天，即"算头不算尾或算尾不算头"，同时利率应换算成日利率。图4-1列示了90天期票据的起止日期（算尾不算头）。

3月		4月		5月		6月
18~31		1~30		1~31		1~16
13天	+	30天	+	31天	+	16天

合计：90天

图4-1 票据按日表示的时间计算方法示意图

举例说明带息应收票据的核算如下：

【例4-16】新世纪股份有限公司于2×24年9月30日销售一批产品，发票注明的价款为7 500 000元，增值税税额975 000元，收到一张已承兑商业汇票，该汇票的期限为5个月，票面年利率6%。进行有关的处理。

（1）收到票据时：

借：应收票据 8 475 000
  贷：主营业务收入 7 500 000
    应交税费——应交增值税（销项税额） 975 000

（2）年度终了计算应收票据利息①：

应收票据利息=8 475 000×6%×3÷12=127 125（元）

借：应收票据 127 125
  贷：财务费用 127 125

（3）票据到期收回款项：

收款金额为8 686 875元（8 475 000+8 475 000×6%×5÷12），其中应计入收款年度损益的利息为84 750元（8 475 000×6%×2÷12），其会计处理为：

借：银行存款 8 686 875
  贷：应收票据 8 602 125
    财务费用 84 750

（4）如果该票据到期不能按时收回款项，需要将其转入"应收账款"账户，其会计处理为：

---

① 带息应收票据在持有期间一般并不计算利息，而是在到期时一次计算利息，但在年末（或中期末）时，为了真实地反映企业年末（或中期末）的财务状况，需要计算截至年末（或中期末）已产生的利息。

借：应收账款　　　　　　　　　　　　　　　　　　　8 686 875
　　贷：应收票据　　　　　　　　　　　　　　　　　　　8 602 125
　　　　财务费用　　　　　　　　　　　　　　　　　　　　　84 750

（三）应收票据的贴现

我们知道，商业汇票是可以背书转让的，当企业资金短缺时，就可以采取这一方式融通资金。而企业将商业汇票（在我国主要是银行承兑汇票）背书转让给银行，就属于贴现行为。所谓应收票据贴现又称银行贴现，是指票据持有人将未到期的票据在背书后转让给银行，银行受理后，从票据中扣除按银行贴现率计算确定的贴现利息，然后将余款付给持票人的行为，也就是贴现银行作为受让方买入未到期的票据，预先扣除贴现日起至票据到期日止的利息，而将余额付给贴现者的一种交易行为。关于应收票据贴现的具体核算内容在此不作具体展开。

二、应收账款的核算

企业为了销售商品等可以采用的促销手段有很多，利用商业信用促销就是一种较好的促销手段。由于商业信用的存在，企业在交易时，不立即结清账款，也不签发任何票据，而是以挂账的形式明确双方的债权债务关系，因此，就产生了应收账款。应收账款是企业因销售商品、产品、材料，提供劳务等业务而应向购货单位或接受劳务的单位收取的款项，它代表企业获得未来经济利益（未来现金流入）的权利。对应收账款的核算包括应收账款的确认、入账价值的确定、账户的设置、账务处理及坏账的核算方法等内容。

（一）应收账款的确认

应收账款的确认是指对应收账款的范围和入账时间的确定。应收账款的范围一般包括销售商品、提供劳务等应收取的价款、增值税税款和代垫的运杂费等。应收账款的入账时间应结合收入实现的时间进行确认。另外，确认应收账款还需要依据一些表明商品或劳务提供过程已经完成、债权债务关系已经成立的书面文件，如购销合同、商品出库单、发票和发运单等。

（二）应收账款入账价值的确定

应收账款作为一种在未来能够收现的债权，应该按照未来可得现金的现值入账，但是，由于应收账款转化为现金的期限一般不会超过1年，其现值与交易发生日确定的金额不会有很大的差别，所以在实际工作中，遵循重要性原则，对应收账款都是以其成交价格计量，即按照交易日的实际发生额确认应收账款的入账价值。

应收账款按交易日的实际发生额入账时，应注意现金折扣的内容。现金折扣是指在赊销的情况下，债权人为了鼓励债务人在赊销期内尽早付款而给予债务人的一种债务扣除，债务人在赊销期内的不同时间付款可享受不同比例的折扣。现金折扣的表示方式一般是"折扣/付款期限"，如2/10、1/20、N/30等，其含义分别是10天内付款折扣2%，20天内付款折扣1%，30天内付款则不给折扣。在有现金折扣的情况下，对应收账款入账价值的确定有两种方法，即总价法和净价法。

总价法是将未扣减现金折扣前的金额作为应收账款的入账价值。现金折扣只有客户在折扣期内支付货款时才予以确认。总价法下，企业在销售商品时给予客户的现金折扣，应当按照新收入准则中关于可变对价的相关规定进行会计处理：（1）在确认销售收入时，企业应当按照期望值或最可能发生金额确定现金折扣的最佳估计数，以现金折扣最佳估计数抵减交易价格后的金额确认为销售收入；（2）每一资产负债表日，企业应当重新估计现金折扣，并调整销售收入；（3）实际发生时，企业应当根据现金折扣实际发生额与估计金额的差额，调整发生当期的销售收入。企业采用总价法核算现金折扣，可以较好地反映企业销售的总体情况，但可能会因客户享受现金折扣而高估应收账款和销售收入。

净价法是将扣减最大现金折扣后的金额作为应收账款的入账价值。净价法将客户取得现金折扣视为正常现象，认为客户一般都会提前付款，而将由于客户超过折扣期限付款进而多收入的款项视为提供信贷获得的收入，在收到货款时作为主营业务收入的增加处理。净价法可以避免总价法的不足，但在期末结账时，对已超过期限尚未收到的应收账款，需要按客户未享受的现金折扣进行调整，实际操作较为烦琐。

按照我国企业会计准则的要求，企业对现金折扣的核算应采用总价法。

（三）应收账款的会计处理

为了核算企业在销售商品、提供劳务过程中发生的结算债权情况，需要设置"应收账款"账户，该账户的性质属于资产类，其借方登记发生的应收账款，贷方登记收回的应收账款，期末余额一般在借方，表示结余的应收账款。企业因销售商品、提供劳务等发生应收账款业务时，对全部应收取的款项（包括应收取的价款、增值税税款、代垫款）借记"应收账款"账户，对于价款贷记"主营业务收入"账户，对于增值税，应作为销项税额贷记"应交税费——应交增值税（销项税额）"账户，对于代垫款项贷记"银行存款"等账户；企业改用商业汇票结算应收账款时，应借记"应收票据"账户，贷记"应收账款"账户；收回应收账款时，应借记"银行存款"等账户，贷记"应收账款"账户。

举例说明应收账款的核算如下：

【例4-17】新世纪股份有限公司赊销给某单位一批产品，发票注明产品的价款为350 000元，增值税税额45 500元，另用银行存款3 500元代购买单位垫付运杂费。公司采用托收承付结算方式，已办妥托收手续。其会计分录为：

借：应收账款　　　　　　　　　　　　　　　　　　　　　　399 000
　　贷：主营业务收入　　　　　　　　　　　　　　　　　　350 000
　　　　应交税费——应交增值税（销项税额）　　　　　　　 45 500
　　　　银行存款　　　　　　　　　　　　　　　　　　　　　3 500

【例4-18】承上例，经过双方商定，上述应收账款改用商业汇票结算，公司已收到商业汇票。其会计分录为：

借：应收票据　　　　　　　　　　　　　　　　　　　　　　399 000
　　贷：应收账款　　　　　　　　　　　　　　　　　　　　399 000

【例4-19】新世纪股份有限公司采用赊销的方式销售一批商品给客户，赊销期1个月。该批商品的售价为1 050 000元，适用的增值税税率13%，规定的现金折扣条件为3/10、1/20、N/30，产品交付并办妥托收手续，企业采用总价法核算现金折扣。其有关的会计处理如下。

办妥托收手续时，企业认为货款最可能在20天内收回，其会计处理为：

借：应收账款　　　　　　　　　　　　　　　　　　　　　 1 176 000
　　贷：主营业务收入　　　　　　　　　　　　　　　　　 1 039 500

　　贷：应交税费——应交增值税（销项税额）　　　　　　　　　　136 500

该笔分录中需要注意：按合同价折扣1%确认收入，按合同价全额计税。

如果上述货款在10天内收到，其会计处理为：

借：银行存款　　　　　　　　　　　　　　　　　　　　　　1 155 000

　　主营业务收入　　　　　　　　　　　　　　　　　　　　　21 000

　　贷：应收账款　　　　　　　　　　　　　　　　　　　　　　1 176 000

如果上述货款在20天内收到，其会计处理为：

借：银行存款　　　　　　　　　　　　　　　　　　　　　　1 176 000

　　贷：应收账款　　　　　　　　　　　　　　　　　　　　　　1 176 000

如果超过了现金折扣的最后期限收到货款，即在20天后收款，其会计处理为：

借：银行存款　　　　　　　　　　　　　　　　　　　　　　1 186 500

　　贷：应收账款　　　　　　　　　　　　　　　　　　　　　　1 176 000

　　　　主营业务收入　　　　　　　　　　　　　　　　　　　　10 500

（四）坏账损失的核算

　　在现代市场经济中，企业之间的商品交易大都是建立在商业信用基础上的赊销和赊购。在赊销交易中，销货和收款是在不同的时间进行的，购货企业可以此作为一种融资的手段，销货企业可以通过信用交易扩大销路。但从另一个角度来考察，在市场充满风险的情况下，企业的应收账款在未来是否能够收回存在不确定性，因而，便有发生坏账的风险。企业无法收回的应收账款称为企业的坏账，由于发生坏账而给企业造成的损失，称为坏账损失。对于坏账损失的核算会计上有两种方法可以选择，即直接转销法和备抵法。

　　（1）直接转销法

　　直接转销法是在实际发生坏账时，作为一种损失直接计入期间费用，同时冲销应收账款，其账务处理为借记"信用减值损失"账户，贷记"应收账款"账户。这种核算方法用于平时账务处理比较简单，但是不符合权责发生制和配比原则的要求。

　　（2）备抵法

　　备抵法是按期估计坏账损失，计入期间费用，同时建立坏账准备金，待实际发生坏账时，冲销已经提取的坏账准备金。采用备抵法核算坏账损失就避免了直接转销法的缺点。企业在会计核算过程中应遵循谨慎性原则和配比原则的要求对应收账款提取坏账准备金，可以将预计未来不能收回的应收账款作为坏账损失计入费用。这样既保持了成本、费用和利润的稳定性，避免虚盈实亏，又在一定程度上消除或减少了坏账损失给企业带来的风险，在财务报表上列示应收账款净额，使企业应收账款可能发生的坏账损失得到及时的反映，从而使会计信息使用者更加清楚地了解企业真实的财务状况。

　　按照我国《企业会计准则》的要求，企业单位应该采用备抵法核算坏账损失，计提坏账准备金。坏账准备金的计提方法包括应收账款余额百分比法、账龄分析法、销货百分比法等，具体采用哪一种方法由企业自行确定。

　　为了核算坏账准备金的提取和实际转销情况，在会计核算过程中，需要设置"坏账准备"账户。该账户的性质从属于"应收账款"账户，即属于资产类，其贷方登记提取的坏账准备（包括首次计提和以后补提的准备）、已转销的坏账又收回时恢复的坏账准备，借方登记实际发生坏账时冲销的坏账准备、年末冲销多提的坏账准备。年内期末余额如果在借方，表示实际发生的坏账损失大于已提取的坏账准备的差额（也就是提取不足的坏账准备）；余额如果在贷方，表示已提取但未使用的坏账准备。需要注意的是，该账户的年末余额一定在贷方，反映年末依据应收账款余额的一定比例提取的应收账款的备抵金额，通过"应收账款"与"坏账准备"两个账户进行抵销之后的差额即为应收账款的可变现净值。

年末计算提取坏账准备金时，首先用应收账款余额乘以计提比例，在此基础上结合以前年度已经计提（或提取不足）的坏账准备金进行调整（注意观察"坏账准备"账户的余额方向），确定本次应该计提的坏账准备金额，其计算公式为：

应提取的坏账准备金（估计）=应收账款年末余额×计提比例

本期实际计提的坏账准备金 = 应提取的坏账准备金 + 调整前"坏账准备"借方余额（或−调整前"坏账准备"贷方余额）

结合上述的计算公式做如下的说明：当调整前的"坏账准备"账户为借方余额时，应将本期估计的坏账损失数加上调整前"坏账准备"账户的借方余额作为本期提取的坏账准备金额；当调整前的"坏账准备"账户为贷方余额，而且该余额小于本期估计的坏账损失数额时，应按其差额作为本期提取的坏账准备金额；当调整前的"坏账准备"账户为贷方余额，但该余额大于本期估计的坏账损失数额时，应按其差额冲减多计提的坏账准备金额。

备抵法下核算坏账损失的账务处理是：提取坏账准备时，借记"信用减值损失"账户，贷记"坏账准备"账户；冲销多提的坏账准备时，借记"坏账准备"账户，贷记"信用减值损失"账户；实际发生坏账冲销坏账准备金时，借记"坏账准备"账户，贷记"应收账款"账户；已经转销的坏账如果又收回，应首先借记"应收账款"账户，贷记"坏账准备"账户，然后再借记"银行存款"账户，贷记"应收账款"账户。举例说明备抵法核算坏账损失的账务处理如下：

【例4-20】新世纪股份有限公司2×22年年末计提坏账准备金35 000元，2×23年年末冲销多提的坏账准备金7 000元。

（1）2×22年年末提取坏账准备金35 000元。其会计分录为：

借：信用减值损失　　　　　　　　　　　　　　　　　　　　　　　　35 000
　　贷：坏账准备　　　　　　　　　　　　　　　　　　　　　　　　　　　35 000

（2）2×23年年末应冲销以前多提的坏账准备7 000元。其会计分录为：

借：坏账准备　　　　　　　　　　　　　　　　　　　　　　　　　　7 000
　　贷：信用减值损失　　　　　　　　　　　　　　　　　　　　　　　　　7 000

企业实际发生坏账时，应冲抵已计提的坏账准备。

【例4-21】新世纪股份有限公司2×24年5月份确认一笔应收账款105 000元已无法收回，公司作为坏账处理。其会计分录为：

借：坏账准备　　　　　　　　　　　　　　　　　　　　　　　　　105 000
　　贷：应收账款　　　　　　　　　　　　　　　　　　　　　　　　　　105 000

企业已经确认为坏账的应收款项并不意味着完全放弃了追索权，其后一旦重新收回，应及时入账。

【例4-22】新世纪股份有限公司2×24年10月收回本年5月份已转销的坏账105 000元存入银行。

已转销的坏账又收回，首先应恢复已转销的坏账准备，然后再收款。其会计分录分别为：

借：应收账款　　　　　　　　　　　　　　　　　　　　　　105 000
　　贷：坏账准备　　　　　　　　　　　　　　　　　　　　　　105 000
借：银行存款　　　　　　　　　　　　　　　　　　　　　　105 000
　　贷：应收账款　　　　　　　　　　　　　　　　　　　　　　105 000

由上述内容可知，一个企业既要扩大市场占有份额，又要力求减少坏账，这就需要制定合理的信用政策，要在因放宽信用尺度而增加的收入与因增加应收账款而导致的各种费用和损失之间寻求最佳结合点，以便实现最佳的经济效益。

延伸阅读4-2

企业坏账损失核算过程举例图解

三、预付账款的核算

企业在购买材料物资的过程中，为了避免价格风险，或者受市场供应、生产季节的限制等原因，对于某些材料物资有时需要采取预先订购的方式，即按照购货合同规定预付一部分货款，这部分预先付给供货单位的订货款就构成企业的预付账款。显然预付账款是由于购货而非销货所引起的一种短期债权。预付账款必须以购销双方签订的购销合同为条件，按照规定的程序和方法进行核算。

企业按照购货合同的规定向供货单位预付货款时，借记"预付账款"账户，贷记"银行存款"等账户；收到供货单位发来的货物时，根据发票账单等凭证载明的价款、税款等，借记"原材料"、"在途物资"（或"材料采购"）、"应交税费——应交增值税（进项税额）"等有关账户，贷记"预付账款"账户；需要补付货款时，借记"预付账款"账户，贷记"银行存款"账户；如果是退回多余款则做相反的账务处理。

举例说明预付账款的核算如下：

【例4-23】新世纪股份有限公司按照购货合同的规定用银行存款875 000元预付给某单位订购甲材料。其会计分录为：

借：预付账款——某单位　　　　　　　　　　　　　　　　　875 000
　　贷：银行存款　　　　　　　　　　　　　　　　　　　　　　875 000

【例4-24】承上例，用上述预付款购买的甲材料现已到货并入库，随货附来的发票注明其价款为2 100 000元，增值税税额273 000元，不足款项随后通过银行支付。该公司材料按实际成本核算。

（1）收到货物时的会计分录为：

借：原材料——甲材料　　　　　　　　　　　　　　　　　2 100 000
　　应交税费——应交增值税（进项税额）　　　　　　　　　273 000
　　贷：预付账款——某单位　　　　　　　　　　　　　　　　2 373 000

（2）补付货款时的会计分录为：

借：预付账款——某单位　　　　　　　　　　　　　　　　1 498 000
　　贷：银行存款　　　　　　　　　　　　　　　　　　　　1 498 000

四、其他应收款的核算

在企业生产经营过程中，除了应收账款和应收票据之外，还会形成其他各种应收款项，如职工个人欠款、存出保证金、应收保险赔偿款、备用金等，它们都是由企业销售商品或提供劳务以外的其他因素引起的临时债权。为了便于管理和分析，应将这类应收款项与应收账款和应收票据区分开来，单独设置账户进行核算，在期末资产负债表上，也应作为流动资产项目单独加以反映。

企业发生其他应收、暂付款项时，应借记"其他应收款"账户，贷记"库存现金""银行存款""其他业务收入""待处理财产损溢""营业外收入"等账户；收回其他应收、暂付款项时，借记"库存现金""银行存款"等账户，贷记"其他应收款"账户。

举例说明其他应收款的核算过程如下：

【例4-25】新世纪股份有限公司某职工出差预借差旅费10 500元，付给现金。其会计分录为：

  借：其他应收款——某职工   10 500
    贷：库存现金   10 500

【例4-26】新世纪股份有限公司收到保险公司给予的保险赔款23 800元，款项存入银行。

保险赔款在产生时是作为一种债权记在"其他应收款"账户中的，现在收回，就要冲销"其他应收款"账户的记录。其会计分录为：

  借：银行存款   23 800
    贷：其他应收款——保险公司   23 800

【例4-27】新世纪股份有限公司期末提取其他应收款的坏账准备1 750元。其会计分录为：

  借：信用减值损失   1 750
    贷：坏账准备   1 750

□ 复习思考题

1.企业在银行可以开立哪些存款账户？每个存款账户的主要用途是什么？

2.什么是未达账项？未达账项包括哪几类？

3.应收票据的入账价值如何确定？带息应收票据的利息如何计算和会计处理？

4.采用备抵法对应收款项计提坏账准备有哪些具体要求？

5.其他货币资金包括哪些具体内容？

6.请你结合某一企业的财务报表，探讨企业计提坏账准备对企业损益的影响情况。

本章自测题

第五章 存 货

第一节 存货概述

企业之所以持有存货，是由于采购、生产和销售等环节存在时间差。存货是企业的一项重要的流动资产，可以说，存货是企业利润产生的源泉，通常存货的价值占企业资产总额的比重较大。存货核算不仅是计算和确定企业生产成本和销售成本、确定期末结存存货成本的重要内容，而且也是恰当地反映企业财务状况、正确地计算企业经营成果的主要依据。为了加强存货的会计核算和管理，进一步提高存货信息的真实性，我国《企业会计准则第1号——存货》，主要规范了存货的确认、计量，发出存货成本的确定及存货信息的披露等内容。

一、存货的概念、特点、确认条件及种类

存货在企业资产中占有极为重要的地位，与其他资产相比具有较强的流动性和一定的时效性。存货在企业的生产经营过程中，始终处于不断地耗用、销售和重置中，如果存货长期不能耗用或销售，就有可能变为积压物资或需要降价销售，从而给企业带来损失，因此，对存货进行全面的核算尤为必要。

（一）存货的概念

所谓存货，是指企业在日常生产经营过程中持有以备出售的产成品或商品、处在生产过程中的在产品、在生产过程或提供劳务过程中耗用的材料或物料等。这个定义强调了企业持有存货的最终目的是生产耗用或者出售，而不是自用，这一点明显区别于固定资产等非流动资产。

（二）存货的特点

存货作为一种重要的资产，具有以下几个特点：

（1）企业的存货属于有形资产，具有物质实体。存货的这一特点使得存货与企业的其他没有实物形态的资产，如应收账款、无形资产等相区别，同时，也将货币资金排除在存货的范围之外。

（2）存货在正常情况下，都能够在1年内转化为货币资金或转化为其他资产，处于不断地销售、耗用之中，即存货的变现能力较强。

（3）存货本身属于一种非货币性资产，因而，存货在未来销售时所能取得的现金数额受未来的销售价格影响较大，带有一定的不确定性，也就是存货具有时效性和发生潜在损失的可能性，当企业的存货长期不能被销售或耗用时，就有可能变为积压物资或需要降价

销售，必将给企业带来损失，所以应该对存货计提跌价准备。

（4）企业持有存货的目的在于准备在正常经营过程中予以出售（如商品等），或者将其在生产或提供劳务过程中耗用，制成产成品后再予以出售（如原材料等，或者仍然处在生产过程中的在产品等）。

（三）存货的确认条件

企业存货除了要符合存货的定义外，按照《企业会计准则第1号——存货》的规定，同时还要满足以下两个条件方可确认：

（1）与该存货有关的经济利益很可能流入企业。我们知道，资产最重要的特征就是预期会给企业带来未来的经济利益，而存货作为企业的一项重要的流动资产，其确认的关键就是要判断存货是否很可能给企业带来经济利益或所包含的经济利益是否很可能流入企业。通常，存货的所有权是存货包含的经济利益很可能流入企业的一个重要标志，因此，确定企业存货所应包括的范围依据的一条基本原则就是：凡是在盘存日，其法定所有权属于企业的一切存货，不管其存放地点在哪里，均属于企业的存货。

（2）该存货的成本能够可靠地计量。成本能够可靠地计量是资产确认的一个基本条件。存货作为企业资产的一个组成部分，要予以确认也必须能够对其成本进行可靠计量。存货的成本能够可靠地计量，必须以取得确凿的证据为依据，并且要具有可验证性，否则，不能确认为企业的存货。

只有符合存货的定义并同时具备上述两个条件的存货，才可以在资产负债表中作为存货项目加以列示。

（四）存货的种类

为了加强对存货的管理，提供有用的会计信息，企业应科学合理地对存货进行分类。一般情况下，存货可以按照经济内容、存放地点及企业的性质和经营范围，并结合存货的用途等进行分类。我们这里主要按制造业企业存货的经济内容及用途的不同将其分为以下类别：

（1）原材料。原材料是指企业在生产过程中经过加工改变其形态或性质并构成产品主要实体的各种原料及主要材料、辅助材料、外购半成品（外购件）、燃料、修理用备件（备品备件）、包装材料等。为建造固定资产等各项工程而储备的各种材料，虽然同属材料，但由于用于建造固定资产等各项工程，不符合存货的定义，因此，不能作为企业的存货进行核算。

（2）在产品。在产品是指企业正在制造尚未完工的生产物，包括正在生产工序加工的产品和已加工完毕但未检验或已检验但尚未办理入库手续的产品。

（3）自制半成品。自制半成品是指经过一定的生产过程并已检验合格交付半成品仓库保管，但尚未制造完工，仍需进一步加工的中间产品。

（4）产成品。产成品是指企业已经完成全部生产过程并已验收入库，可以按照合同规定的条件送交订货单位，或者可以作为商品对外销售的产品。企业接受外来原材料加工制造的代制品和为外单位加工修理的代修品，制造和修理完成验收入库后应视同企业的产成品。

（5）外购商品。外购商品是指企业购入的不需要任何加工即可对外销售的商品。

（6）周转材料。周转材料是指企业能够多次使用，但不符合固定资产定义、不能确认为固定资产的材料，如为了包装本企业的商品而储备的各种包装物、各种工具、管理用具、玻璃器皿、劳动保护用品以及在经营过程中周转使用的容器等低值易耗品和建造承包商的钢模板、木模板、脚手架等其他周转材料。但是，周转材料符合固定资产定义的，应当作为固定资产处理。

二、存货入账价值的确定

存货入账价值的准确确定是存货核算的一个重要内容，其确定得准确与否直接影响企业财务状况和经营成果。按照我国《企业会计准则第1号——存货》的规定，企业的各种存货都应当按照取得时实际投入或实际支付的现金等作为入账价值，也就是存货应当按照成本进行初始计量。存货成本包括采购成本、加工成本和其他成本等。由于存货的采购成本、加工成本的内容比较固定，因而影响存货入账价值的主要因素就是存货在形成过程中发生的诸如现金折扣、其他成本和制造费用等。

不同的方式（途径）形成的存货，其入账价值包括的内容不同，因此，企业取得存货的实际成本应结合存货的取得方式分别确定：

（1）企业购入的存货应按其实际购入成本入账。实际购入成本包括买价、运输费、装卸费、保险费、包装费、仓储费、运输途中的合理损耗、入库前的整理挑选费用及应缴纳的税费等。应当注意的是，市内零星货物运杂费、采购人员差旅费、采购机构的经费以及供应部门经费等，一般不包括在存货的采购成本中。

（2）自制存货的成本主要由采购成本和加工成本构成。采购成本是由自制存货所使用或消耗的原材料采购成本转移而来的；加工成本包括在自制过程中发生的直接人工费以及应负担的制造费用等。对于其中的制造费用，企业应按照制造费用的性质，合理选择分配方法对其进行分配之后计入。

（3）委托加工的存货成本一般包括加工过程中实际耗用的原材料或半成品成本、加工费、运杂费、装卸费等，以及按规定应计入委托加工存货成本的相关税费。

（4）投资者投入的存货应按照投资合同或协议约定的价值确定，但合同或协议约定价值不公允的除外。在投资合同或协议约定价值不公允的情况下，按照该项存货的公允价值作为其入账价值。

（5）盘盈的存货按照其重置成本作为入账价值，并通过"待处理财产损溢"账户进行会计处理，按管理权限报经批准后冲减当期管理费用。

在确定存货入账价值时，注意以下的内容不应当计入存货成本，而应在发生时直接计入当期损益：

第一，非正常消耗的直接材料、直接人工及制造费用应直接计入当期损益，如企业超定额的废品损失等。

第二，存货在采购入库后发生的仓储费用应直接计入当期损益，但在生产过程中为达到下一个生产阶段所必需的仓储费用则应计入采购成本，如酒类产品的窖藏等。

第三，不能归属于使存货达到目前场所和状态的其他支出，不符合存货的定义和确认条件，应当在发生时计入当期损益，不得计入存货成本。

第四，企业采购用于广告营销活动的特定商品，向客户预付货款未取得商品时，应作为预付款进行会计处理，待取得相关商品时计入当期损益。

第二节　存货购进

企业可以通过不同的途径取得不同的存货。不同的渠道取得的存货，其核算方法不同，而且不同的存货，核算方法也不同。在企业取得存货的各种途径中，尤以购进存货的核算内容最为全面，最具代表性。因而，我们这里仅以购进的原材料为例说明存货增加的具体核算内容。

一、原材料采购成本的确定

企业要进行正常的产品生产经营活动，就必须购买和储备一定品种、数量的原材料。原材料是产品制造企业不可缺少的物质要素，包括原料及主要材料、辅助材料、燃料等。在生产过程中，原材料经过加工改变其原来的实物形态，构成产品实体的一部分，或者实物消失而有助于产品的生产。原材料是企业的一种非常重要的存货，其在生产过程中使用的数量比较多，在产品成本中所占的比重比较大，占用的流动资金也就比较多，因此，产品制造企业必须加强对原材料的核算和管理，做到有计划地采购原材料，既要保证及时、按质、按量地满足生产上的需要，又要避免储备过多，不必要地占用资金。企业储存备用的原材料，通常都是从外单位采购的。在材料采购过程中，一方面，企业从供应单位购进各种材料，要计算购进材料的采购成本；另一方面，企业要按照经济合同和约定的结算办法支付材料的买价和各种采购费用，并与供应单位发生货款结算关系。在材料采购业务的核算过程中，还涉及增值税进项税额的计算与处理问题。①

企业购入的原材料，其实际采购成本包括购买价款、相关税费、保险费及其他可归属于存货采购成本的费用。

（1）购买价款是指企业购入的材料或商品的发票账单上列明的金额，但不包括专用发票上注明的可以抵扣的增值税税额。

（2）相关税费是指企业购买、自制或委托加工存货发生的进口关税和其他税金。进口关税是指从中华人民共和国境外购入的货物和物品，根据税法规定所缴纳的进口关税；其他税金是指企业购买原材料发生的消费税、资源税和不能从销项税额中抵扣的增值税等。

（3）保险费是指企业在存货的购买过程中发生的财产保险费等。

（4）运输途中的合理损耗是指企业与供应或运输部门签订的合同中规定的合理损耗或必要的自然损耗。

（5）入库前的整理挑选费用是指购入的材料在入库前需要挑选整理而发生的费用，包括挑选过程中所发生的工资、费用支出和必要的损耗，但要扣除下脚料、残料的价值。

（6）其他费用是指除了上述各项内容之外，可直接归属于材料采购成本的各种费用，如材料在采购过程中发生的仓储费、包装费等。

以上各项费用若能由某种材料负担，可以直接计入该种材料的采购成本，不能分清的，应按材料的重量、买价等比例，采用一定的方法分配计入各种材料的采购成本。

---

① 关于增值税的计算及会计处理将在本书第八章中进行具体介绍。

企业购入的原材料发生的采购费用如果数额较小，可以不作为采购成本，而是在其发生时直接计入当期损益。

对于存货在采购过程中发生的物资毁损、短缺等，除合理的途耗应当作为存货的其他可归属于存货采购成本的费用计入采购成本外，应区别不同情况进行处理：

第一，从供货单位、外部运输机构等收回的物资短缺等其他赔偿，应冲减所购物资的采购成本。

第二，因遭受意外灾害发生的损失和尚待查明原因的途中损耗，暂作为待处理财产损溢进行核算，查明原因后按照管理权限报经批准后计入管理费用或营业外支出。

二、原材料按实际成本核算的会计处理

企业的原材料可以按照实际成本计价组织收发核算，也可以按照计划成本计价组织收发核算。具体采用哪一种方法，由企业根据具体情况自行决定。我们这里只介绍原材料按实际成本组织收发核算的内容。

企业的原材料按照实际成本计价方法进行日常的收发核算，其特点是从材料的收发凭证到材料明细分类账和总分类账全部按实际成本计价。

企业原材料按实际成本核算应设置的主要账户有"原材料"账户、"在途物资"账户、"应付账款"账户、"预付账款"账户和"应付票据"账户等。其中，"原材料"账户是用来核算企业库存材料实际成本（或计划成本）的增减变动及结存情况的账户。其借方登记外购、自制、委托加工、盘盈等途径取得的原材料实际成本（或计划成本）的增加，贷方登记发出、领用、销售、盘亏等方式减少的原材料实际成本（或计划成本），期末余额在借方，表示库存材料实际成本（或计划成本）的期末结余额。"原材料"账户应按照材料的保管地点或类别设置明细账户，进行明细核算。"在途物资"账户用来核算企业已经购入但尚未到达或尚未验收入库材料实际成本的增减变动及结余情况，其借方登记已经购入但未到达或未入库材料的买价和采购费用，贷方登记结转验收入库材料的实际成本，期末余额在借方，表示尚未验收入库材料的实际成本，即在途材料的实际成本。"在途物资"账户应按照供应单位名称设置明细账户，进行明细核算。

企业从外部购入材料时，由于采用的结算方式和采购地点等的不同，经常会出现收料和付款时间不一致的情况，因而其账务处理也有所区别，具体说明如下：

（1）材料和有关的结算凭证同时到达，企业应根据结算凭证、购货发票、运费收据、收料单等凭证，对于买价及采购费用等借记"原材料"账户，对于购入材料的增值税进项税额借记"应交税费——应交增值税（进项税额）"账户，货款如果支付，则贷记"银行存款""其他货币资金"等账户；货款如果没有支付，则贷记"应付账款"等账户；如果开出已承兑商业汇票，则贷记"应付票据"账户。

（2）结算凭证等单据已到，材料未到或尚未验收入库，此时形成在途材料，应根据结算凭证、购货发票等借记"在途物资"账户，对于增值税进项税额借记"应交税费——应交增值税（进项税额）"账户；如果货款已支付，则贷记"银行存款"或"其他货币资金"账户；如果货款未付，则贷记"应付账款"等账户。待材料到达并验收入库时，再根据收料单借记"原材料"账户，贷记"在途物资"账户。

（3）材料到达企业，但有关结算凭证等未到，这种情况在月内一般暂不入账，待凭证到达之后再按前述情况入账。如果到了月末，有关凭证仍未到达，为了使得账实相符，应按暂估价或按合同价格借记"原材料"账户，贷记"应付账款——暂估应付账款"账户，下个月初用红字冲回。待有关结算凭证到达之后，再按当月收付款处理。

（4）预付货款的材料到达企业，根据供货单位发来材料时附带的有关凭证，将材料的价款、税款等与原预付款进行比较。如果原预付款大于材料的价款和税款，应借记"原材料""应交税费——应交增值税（进项税额）""银行存款"账户，贷记"预付账款"账户；如果原预付款小于材料的价款、税款，而且其不足部分当即通过银行付清，则借记"原材料""应交税费——应交增值税（进项税额）"账户，贷记"预付账款""银行存款"等账户。

（5）购入材料发生短缺或损失的，应视不同情况分别进行处理。其中，如果货款已付的材料在验收入库时发现短缺、毁损，应根据造成损失的原因分别进行处理：应由供货单位负责赔偿的部分，借记"应付账款"账户；应由运输部门或责任人负责赔偿的部分，借记"其他应收款"账户；尚未查明原因或超定额损耗部分，借记"待处理财产损溢"账户，贷记"在途物资"账户。如果企业购入的材料在货款支付之前发现短缺、毁损，应根据短缺、毁损的具体金额向银行办理拒付手续。

对于外购材料按实际成本计价的核算举例说明如下。

【例5-1】 新世纪股份有限公司从友谊公司购入下列材料：甲材料3 000千克，单价45元/千克；乙材料2 000千克，单价70元/千克；丙材料1 000千克，单价80元/千克。适用的增值税税率为13%，全部款项通过银行付清，甲、乙、丙材料尚未验收入库。

甲材料的价款为135 000元（3 000×45），乙材料的价款为140 000元（2 000×70），丙材料的价款为80 000元（1 000×80），由此计算出的增值税进项税额为46 150元（（135 000+140 000+80 000）×13%）。其会计分录为：

借：在途物资——甲材料　　　　　　　　　　　　　　　　135 000
　　　　　　　——乙材料　　　　　　　　　　　　　　　　140 000
　　　　　　　——丙材料　　　　　　　　　　　　　　　　 80 000
　　应交税费——应交增值税（进项税额）　　　　　　　　　 46 150
　　贷：银行存款　　　　　　　　　　　　　　　　　　　　　　　 401 150

【例5-2】 新世纪股份有限公司通过银行支付上述购入的甲、乙、丙材料的外地运杂费30 000元（按材料的重量分配），甲、乙、丙材料验收入库。

首先，应将30 000元的运杂费在甲、乙、丙三种材料之间按重量进行分配：

运杂费的分配率 $=\dfrac{30\,000}{3\,000+2\,000+1\,000}=5$（元/千克）

甲材料负担的运杂费=5×3 000=15 000（元）
乙材料负担的运杂费=5×2 000=10 000（元）
丙材料负担的运杂费=5×1 000=5 000（元）
其会计分录为：

借：在途物资——甲材料　　　　　　　　　　　　　　　　 15 000
　　　　　　　——乙材料　　　　　　　　　　　　　　　　 10 000
　　　　　　　——丙材料　　　　　　　　　　　　　　　　　5 000
　　贷：银行存款　　　　　　　　　　　　　　　　　　　　　　　 30 000

甲材料的总采购成本为150 000元（135 000+15 000），乙材料的总采购成本为150 000元（140 000+10 000），丙材料的总采购成本为85 000元（80 000+5 000），甲、乙、丙材料验收入库，其会计分录为：

借：原材料——甲材料 150 000
　　　　　——乙材料 150 000
　　　　　——丙材料 85 000
　　贷：在途物资——甲材料 150 000
　　　　　　　　——乙材料 150 000
　　　　　　　　——丙材料 85 000

【例5-3】新世纪股份有限公司从红星公司购进丁材料7 000千克，发票注明的价款为350 000元，增值税税额为45 500元（350 000×13%），材料的运杂费为7 000元（假设运杂费不考虑增值税）。材料已运达公司并已验收入库。账单、发票已到，但材料价款、税金及运杂费尚未支付。

材料的价款和运杂费构成材料的采购成本，款项未付，形成公司的应付账款。其会计分录为：

借：原材料——丁材料 357 000
　　应交税费——应交增值税（进项税额） 45 500
　　贷：应付账款——红星公司 402 500

【例5-4】新世纪股份有限公司购入一批原材料并已验收入库，直到月末有关发票账单等也未到达公司。该批材料的预估价款为310 000元。

由于材料已到但账单未到，因而，在月末应按估价入账，下个月初再用红字冲回。其会计分录为：

（1）估价入库。

借：原材料 310 000
　　贷：应付账款——暂估应付账款 310 000

（2）下月初红字冲回。

借：原材料 310 000
　　贷：应付账款——暂估应付账款 310 000

（3）待发票账单到达时（发票标明不含税价款为325 000元）。

借：原材料 325 000
　　应交税费——应交增值税（进项税额） 42 250
　　贷：应付账款 367 250

【例5-5】新世纪股份有限公司从外地购入一批原材料，价款为500 000元，专用发票注明的增值税税额为65 000元，运输费为25 000元。价款、税款采用商业汇票支付，运输费通过银行支付，材料尚未到达公司（假设运输费不考虑增值税）。

购入材料的有关账单到达公司，但材料未到的，应通过"在途物资"账户进行过渡性核算。其会计分录为：

借：在途物资 525 000
　　应交税费——应交增值税（进项税额） 65 000

贷：应付票据	565 000
银行存款	25 000

待材料到达企业时：

借：原材料	525 000
贷：在途物资	525 000

第三节　存货发出

企业的各种存货形成之后，根据需要会陆续地从仓库发出，用于销售或消耗，处于不断的流转过程中。因此，存货的计量不仅包括形成存货时入账价值的确定问题，而且还涉及发出存货的计价及会计期末结存存货的计价问题。

一、发出存货的计价方法

发出存货的计价实际上是在发出存货和库存存货（未发出存货）之间分配成本的问题。按照国际惯例，结合我国实际情况，《企业会计准则第1号——存货》规定，对于发出的存货，按照实际成本核算的，可以采用先进先出法、月末一次加权平均法、移动加权平均法和个别计价法等方法确定其实际成本；当期末结存存货的实际成本偏离市价时，采用成本与市价孰低法对那些成本高于市价的存货，计提存货跌价准备。对于发出存货采用计划成本核算的，应在会计期末结转应负担的成本差异，从而将发出存货的计划成本调整为实际成本。关于存货按实际成本计价的几种主要的方法，我们这里只对先进先出法、月末一次加权平均法和个别计价法介绍如下。

（一）先进先出法

先进先出法是指在发出存货时，根据存货入库的先后顺序，按照先入库存货的单位成本确定发出存货成本的一种方法，也就是假定最先入库的存货最先发出。其具体操作过程是：最先发出存货的成本按照第一批入库存货的成本确定，第一批存货发完后，再按第二批存货的成本计价，以此类推。采用先进先出法对存货进行计价，可以将发出存货的计价工作分散在平时进行，减轻了月末的计算工作量，既适用于实地盘存制，也适用于永续盘存制，而且可以随时了解储备资金的占用情况，期末结存存货成本比较接近现行成本水平，更具有财务分析意义。但是，当企业的存货种类较多、收发次数比较频繁且单位成本又各不相同时，其计算的工作量就比较大。另外，先进先出法不是以现行成本与现行收入相配比，因而，当物价上涨时，会高估企业本期利润和期末结存存货的价值，造成企业虚利实税，不利于资本的保全，显然违背了谨慎性原则的要求。先进先出法下，计算发出存货和结存存货成本的公式为：

发出存货成本=发出存货数量×先入库存货的单位成本

期末结存存货成本=期初结存存货成本+本期收入存货成本−本期发出存货成本

（二）月末一次加权平均法

月末一次加权平均法是以期初结存存货成本与本月入库存货成本之和除以期初结存存货数量与本期入库存货数量之和确定的存货平均单位成本为依据计算发出存货成本的一种

方法。采用月末一次加权平均法计算发出存货的成本，只有在月末才能计算出加权平均单位成本，因而平时的核算工作比较简单，但月末的核算工作量比较大，可能会影响有关成本计算的及时性，也不能随时从账簿中观察到各种存货的发出和结存情况，不便于对存货占用资金进行日常管理。月末一次加权平均法下有关的计算公式为：

$$存货加权平均单位成本=\frac{期初结存存货成本 + 本期入库存货成本}{期初结存存货数量 + 本期入库存货数量}$$

发出存货的实际成本=发出存货数量×存货加权平均单位成本

期末结存存货成本=期末结存存货数量×存货加权平均单位成本

=期初结存存货成本+本期收入存货成本−本期发出存货成本

（三）个别计价法

个别计价法是指按照某批存货的实际单位成本作为发出存货的单位成本，计算发出存货成本的一种方法。这种方法的成本计算准确、符合实际情况，成本流转与实物流转一致，但要求各种存货必须是可以具体辨认的，而且各种存货都要有入库时的详细记录。

这种方法一般来说适用于为某一特定项目专门购入并单独保管的存货，如珠宝、名画等，而不能用于可以互换使用的存货。企业在信息化管理条件下，大量的存货都可以采用个别计价法进行计量。

举例说明先进先出法和月末一次加权平均法下发出存货计价方法的计算过程如下。

【例5-6】新世纪股份有限公司2×24年4月1日结存甲材料1 700件，单位成本24元；4月5日入库甲材料1 000件，单位成本26元；4月12日发出甲材料2 000件；4月16日入库甲材料2 400件，单位成本28元；4月22日发出甲材料1 360件。分别采用先进先出法、月末一次加权平均法计算公司4月份发出甲材料的成本和4月末结存甲材料的成本。其计算的过程及结果如下：

（1）先进先出法。

发出甲材料成本=（24×1 700+26×300）+（26×700+28×660）=85 280（元）

月末结存甲材料成本=24×1 700+26×1 000+28×2 400−85 280=48 720（元）

（2）月末一次加权平均法。

加权平均单位成本=（24×1 700+26×1 000+28×2 400）÷（1 700+1 000+2 400）

=26.27（元）

发出甲材料成本=26.27×3 360=88 267.2（元）

月末结存甲材料成本=24×1 700+26×1 000+28×2 400−88 267.2=45 732.8（元）

二、存货结存数量的确定方法

企业在经营过程中，对于发出或结存存货的成本作为一种费用成本或库存资产进行核算时，其一般的表达式为单位成本乘以发出或结存存货的数量。该式中，单位成本的确定方法在上一个问题中已经作了相应的介绍，因此，在这部分内容中，我们将要了解确定发出和结存存货数量的两种盘存制度，即永续盘存制和实地盘存制，以便于根据不同的盘存制度采取相应的方法确定发出存货的数量。

（一）永续盘存制

永续盘存制又称账面盘存制，是指在会计核算过程中，对于各种存货平时根据有关的凭证，按其数量在存货明细账中既登记存货的收入数，又登记存货的发出数，可以随时根据账面记录确定存货结存数的制度。在永续盘存制下确定存货数量的计算公式是：

期末结存存货数量=期初结存存货数量+本期收入存货数量−本期发出存货数量

采用永续盘存制确定存货的数量，要求建立、健全存货收入、发出的规章制度，能够随时在有关账面上了解存货的收入、发出及结存的信息，并保证这些信息准确无误，为此，就应该对存货进行定期或不定期的清查盘点，以确证账实是否相符。这种盘存制度核算手续比较严密，在一定程度上能起到防止差错、提供全面资料、便于加强管理和保护存货安全完整的作用，而且，通过存货明细账所提供的结存数，可以随时与预定的最高、最低库存限额进行比较，发出库存积压或不足的信号，以便及时处理，加速资金周转。但是，在这种方法下，存货明细账核算的工作量较大，同时，还可能出现账面记录与实际不符的情况，为此就要对存货进行定期或不定期的核对，以查明存货账实是否相符。

（二）实地盘存制

实地盘存制又称以存计耗制或以存计销制，是指在会计核算过程中，对于各种存货，平时只登记其收入数，不登记其发出数，会计期末通过实地盘点确定实际盘存数，倒挤计算本期发出存货数量的一种方法。实地盘存制下有关的计算公式为：

期初结存存货+本期收入存货=本期耗用或销售存货+期末结存存货

期末结存存货成本=实际库存数量×存货单位成本

实际库存数量=实地盘点数量+已提未销数量−已销未提数量+在途数量

本期发出存货成本=期初结存存货成本+本期收入存货成本−期末结存存货成本

采用实地盘存制，将期末存货实地盘存的结果作为计算本期发出存货数量的依据，平时不需要对发出的存货进行登记，应该说核算手续比较简单。但是，采用这种方法，无法根据账面记录随时了解存货的发出和结存情况，由于是以存计销或以存计耗倒算发出存货成本，必然将非销售或非生产耗用的损耗、短缺或贪污盗窃造成的损失，全部混进销售或耗用成本之中，这显然是不合理的，也不利于对存货进行日常的管理和控制。同时，在存货品种、规格繁多的情况下，对存货进行实地盘点需要消耗较多的人力、物力，影响正常的生产经营活动，造成浪费，因此，这种方法一般适用于存货品种规格繁多且价值较低的企业，尤其适用于自然损耗大、数量不易准确确定的存货。

（三）永续盘存制与实地盘存制的比较

永续盘存制和实地盘存制作为确定存货数量的两种方法，各有其优缺点和适用性。

永续盘存制的优点是有利于企业加强对持有存货的管理。企业持有的各种存货明细记录，可以随时反映每一种存货的收入、发出和结存状态。通过观察账簿记录中的账面结存数，结合不定期的实地盘点，将实际盘存数与账存数相互核对，可以查明存货盘盈或盘亏的具体情况，进而可以查明具体原因；通过账簿记录还可以随时观察企业持有的存货是否过多或不足，以便及时合理地组织货源，加速企业的资金周转。永续盘存制的缺点是记录存货明细账的工作量较大，对于存货品种、规格繁多的企业更是如此。

实地盘存制的优点是能够简化存货的日常核算工作，其原因就是采用实地盘存制平时对于发出的存货不登记。当然，也正是因为这个原因，实地盘存制也就有了自身的缺点：一是采用实地盘存制，会计期末的存货核算工作量比较大；二是不能随时反映各种存货的发出和结存情况，不便于存货管理人员掌握存货的动态情况；三是由于"以存计销"或"以存计耗"倒挤成本，从而使得非正常销售或耗用的存货损失、差错、被盗等原因引起的存货短缺，全部挤入销售或耗用成本中，掩盖了存货管理上存在的问题；四是采用实地盘存制只能到期末盘点时才能结转销售或耗用存货成本，所以，实地盘存制一般适用于那些自然消耗较大、数量不稳定、不易清点数量的存货。

由以上所述我们可以看出，不论是永续盘存制还是实地盘存制，都要每年至少对存货进行一次实物盘点，所以，在实际工作中一个企业往往不是单一地使用永续盘存制或实地盘存制，更为实际的选择是在永续盘存制的基础上对存货进行定期盘存，把两种盘存制度结合使用，使之优势互补。也就是说，企业可以根据存货类别和管理要求，对有些存货采用永续盘存制，而对另一些存货采用实地盘存制。

三、发出存货的会计处理

按照上述发出存货的计价方法和发出存货数量的确定方法，就可以确定发出存货的成本，按发出存货的不同用途，分别在不同的账户中进行核算。

企业生产经营领用原材料时，借记"生产成本""制造费用""管理费用"等账户，贷记"原材料"账户；在建工程或福利部门领用原材料时，借记"在建工程""应付职工薪酬"等账户，贷记"原材料""应交税费——应交增值税（进项税额转出）"账户；企业出售原材料时，借记"银行存款""其他应收款"等账户，贷记"其他业务收入""应交税费——应交增值税（销项税额）"账户；结转出售原材料成本时，借记"其他业务成本"账户，贷记"原材料"账户。

企业发出包装物等周转材料用于生产、出售、出租、出借时，借记"生产成本"、"销售费用"（随同产品出售不单独计价、出借）、"其他业务成本"（随同产品出售单独计价、出租）等账户，贷记"周转材料"账户。

企业的存货如果按计划成本核算，在月末时应将计划成本调整为实际成本，按不同用途存货的计划成本结合本月差异率或上月差异率计算确定各自应负担的差异额，如果是超支差异额，则借记"生产成本""制造费用""管理费用"等有关账户，贷记"材料成本差异"账户；如果是节约差异额，则借记"材料成本差异"账户，贷记前述有关账户。

【例5-7】新世纪股份有限公司本月领用材料情况如下：

生产A产品领用原材料925 000元，生产B产品领用原材料160 000元，车间一般性消耗原材料40 000元，公司原材料按实际成本核算。其会计分录为：

借：生产成本——A产品　　　　　　　　　　　　　　　　　　　925 000
　　　　　　——B产品　　　　　　　　　　　　　　　　　　　160 000
　　制造费用　　　　　　　　　　　　　　　　　　　　　　　　 40 000
　贷：原材料　　　　　　　　　　　　　　　　　　　　　　　　　　　 1 125 000

【例5-8】新世纪股份有限公司为进行固定资产建造工程领用生产用原材料50 000元。其会计分录为：

借：在建工程　　　　　　　　　　　　　　　　　　　　　　　　 50 000
　贷：原材料　　　　　　　　　　　　　　　　　　　　　　　　　　　　50 000

【例5-9】新世纪股份有限公司销售一批原材料，售价60 000元，增值税7 800元，款项存入银行。该批材料的成本为40 000元。其会计处理分别为：

延伸阅读 5-1

存货的期末
计量

借：银行存款		67 800
贷：其他业务收入		60 000
应交税费——应交增值税（销项税额）		7 800
借：其他业务成本		40 000
贷：原材料		40 000

第四节　存货清查

为了完成企业的正常生产、经营业务，企业需要持有各种各样的存货，而且有些存货的收发还非常频繁，因而在各种存货的收发、计量和核算过程中难免发生差错、自然损耗、丢失、被盗等情况。这些情况会导致存货的盘盈或盘亏，出现账实不符，为了保证存货的真实性、完整性，做到随时随地账实相符，就必须对存货进行清查。

按照《企业会计准则第1号——存货》的规定，企业的存货应当定期、不定期地进行盘点，每年至少一次。企业应当采用实地盘点法对存货进行清查。在具体实地盘点之前，企业应根据各种存货的收发凭证将存货的全部收发业务记入存货明细账，经过稽核计算出余额，并将账面存货数量填入存货盘点表，在盘点时应根据各类存货的不同性质，分别采用点数、过磅、丈量等方法点清实际结存数量，并将其填入存货盘点表。

存货的清查结果可能是账存与实存相符，也可能不符。造成账实不符的原因有两方面：一是记账有误；二是发生盘盈（实存大于账存）或盘亏（实存小于账存）。对于记账错误可以按照规定的错账更正方法进行更正。对于存货的盘盈、盘亏，应根据存货盘存单、存货盈亏报告单（实存账存对比表）进行相关的处理，以保证账实相符，报经有关部门批准后，再进行批准后的会计处理。

对存货盘盈、盘亏的结果进行处理时，需要通过"待处理财产损溢"账户下设的"待处理流动资产损溢"明细账户进行核算。该账户的借方登记清查时的盘亏数、毁损数及报经批准后盘盈的转销数，贷方登记清查时的盘盈数及报经批准后盘亏的转销数。盘盈的存货，按其重置成本或计划成本，借记"原材料"等账户，贷记"待处理财产损溢——待处理流动资产损溢"账户；对于盘亏的存货，按其实际成本或计划成本，借记"待处理财产损溢——待处理流动资产损溢"账户，贷记"原材料""应交税费——应交增值税（进项税额转出）"等账户，这里要特别说明的是，对于因管理不善造成被盗、丢失、霉烂变质的存货，相应的增值税进项税额不得从销项税额中抵扣，应当予以转出。

存货清查结果如果与账面记录不符，应于会计期末前查明原因，并根据企业的管理权限，经企业股东大会、董事会、经理（厂长）会议或类似机构批准后，在期末结账前处理完毕。盘盈的存货应冲减当期的管理费用。盘亏的存货在减去过失人或保险公司等赔款和残料价值之后，计入当期的管理费用；属于非常损失的，计入营业外支出。

企业按照规定程序批准转销盘盈存货价值时，应借记"待处理财产损溢——待处理流动资产损溢"账户，贷记"管理费用"账户；按规定程序批准转销盘亏存货价值时，根据导致存货盘亏的不同原因，分别借记"管理费用"（自然损耗、管理不善、收发计量不准等）、"其他应收款"（责任人赔偿或保险赔偿）、"营业外支出"（非常损失）等账户，贷记

"待处理财产损溢——待处理流动资产损溢"账户。

盘盈或盘亏的存货如果在会计期末结账前尚未经批准，应在对外提供财务会计报告时先按上述规定进行处理，并在财务报表附注中作出说明；如果其后批准处理的金额与已处理的金额不一致，应按其差额调整财务报表相关项目的年初数。

下面我们以实际成本核算为例，说明存货清查结果的处理过程。

【例5-10】新世纪股份有限公司在财产清查中发现一批账外原材料4 360千克，实际总成本为65 200元。其批准前、后的会计处理如下。

批准前：

借：原材料 　　　　　　　　　　　　　　　　　　　　　　65 200
　　贷：待处理财产损溢——待处理流动资产损溢 　　　　　　　　　　65 200

批准后：

借：待处理财产损溢——待处理流动资产损溢 　　　　　　　　65 200
　　贷：管理费用 　　　　　　　　　　　　　　　　　　　　　　65 200

【例5-11】新世纪股份有限公司在财产清查中发现一批原材料盘亏，其账面记录的实际成本为140 000元，增值税18 200元。经查造成盘亏的原因是收发计量不准确。其批准前、后的会计处理如下。

批准前：

借：待处理财产损溢——待处理流动资产损溢 　　　　　　　　158 200
　　贷：原材料 　　　　　　　　　　　　　　　　　　　　　　140 000
　　　　应交税费——应交增值税（进项税额转出） 　　　　　　　18 200

批准后：

借：管理费用 　　　　　　　　　　　　　　　　　　　　　158 200
　　贷：待处理财产损溢——待处理流动资产损溢 　　　　　　　158 200

【例5-12】新世纪股份有限公司在财产清查过程中发现一批原材料盘亏（不考虑增值税），价值52 000元。经查是由于自然灾害造成的，保险公司应给予的赔偿核定为30 000元。其批准前、后的会计处理如下。

批准前：

借：待处理财产损溢——待处理流动资产损溢 　　　　　　　　52 000
　　贷：原材料 　　　　　　　　　　　　　　　　　　　　　　52 000

批准后：

借：营业外支出 　　　　　　　　　　　　　　　　　　　　22 000
　　其他应收款——保险公司 　　　　　　　　　　　　　　　30 000
　　　　贷：待处理财产损溢——待处理流动资产损溢 　　　　　　　52 000

【例5-13】新世纪股份有限公司在财产清查过程中发现一批原材料盘亏，价值3 000元，增值税390元。经查属于保管人员工作失职造成的。其批准前、后的会计处理如下。

延伸阅读5-2

存货的内部控制

批准前：

借：待处理财产损溢——待处理流动资产损溢 　　　　　　　　3 390
　　贷：原材料 　　　　　　　　　　　　　　　　　　　　　　3 000

贷：应交税费——应交增值税（进项税额转出）　　　　　　　　　　390

批准后：

借：其他应收款——保管员　　　　　　　　　　　　　　　　　3 390

贷：待处理财产损溢——待处理流动资产损溢　　　　　　　　　3 390

【思政课堂】　　　　　人工智能和大数据技术的应用

党的二十大报告指出，推动战略性新兴产业融合集群发展，构建人工智能等一批新的增长引擎，加快发展数字经济，促进数字经济和实体经济深度融合。人工智能和大数据技术的应用可以帮助企业实现存货管理的精细化和智能化，提高运营效率和竞争力。当然，在实际应用中，还需要考虑数据安全、系统可靠性等问题，以确保技术的有效应用和风险控制。以下是具体的应用方向：

（1）预测需求。通过大数据分析和机器学习算法，存货管理系统可以更好地预测市场需求，从而优化存货水平，降低库存积压和缺货风险。

（2）优化库存布局。利用人工智能技术可以对仓库布局进行优化，提高存储效率和物流速度。

（3）自动化库存管理。借助机器人和自动化技术，可以实现存货的自动识别、分类和搬运，提高库存管理的效率和准确性。

（4）实时监控和预警。通过实时数据采集和分析，存货管理系统可以及时发现库存异常情况，并向管理人员发送预警信息，以便及时采取措施。

（5）供应链协同。存货管理系统可以与供应链上的其他环节（如采购、生产、销售等）进行协同，实现信息共享和快速响应，提高供应链的效率和灵活性。

我们可以通过以下几个人工智能和大数据在存货管理中的应用案例观察应用的重点方向。

海尔集团在存货管理方面实施了供应商管理库存（VMI）模式，通过与供应商建立紧密的合作关系，实现了存货的共享管理。具体来说，海尔集团将存货管理的责任转给供应商，供应商根据海尔的生产计划和需求，负责存货的补充和管理。这种模式不仅降低了海尔的存货水平，减少了资金占用，还提高了供应链的效率和响应能力。

某国内知名服装品牌利用AI工具，成功预测了夏季泳装的需求量，准确制订了生产计划，实时监控各门店的库存状况，根据销售数据进行智能调配，从而避免了库存积压，大大提高了库存周转率。

京东利用人工智能和大数据来优化其存货布局和配送。通过分析消费者的购买行为和地理位置数据，京东能够将存货分配到最接近消费者的仓库，以缩短交货时间，降低物流成本。

这些案例展示了人工智能和大数据在存货管理中的应用，通过数据分析和智能决策，企业能够更好地管理存货，提高效率和客户满意度。当然，实际应用的具体方式和效果会因企业的特点和需求而有所不同。

资料来源：作者根据相关资料整理。

复习思考题

1.什么是存货？存货有哪些特征？试以你所了解的某个企业为例，具体说明哪些内容构成该企业的存货。

2. 企业外购存货的采购成本包括哪些内容？

3. 什么是永续盘存制？永续盘存制下如何确定发出存货和结存存货的成本？

4. 什么是实地盘存制？实地盘存制下如何确定发出存货和结存存货的成本？

5. 企业发出存货可以采用哪些不同的计价方法？不同的计价方法对企业的财务状况和经营成果有哪些影响？

本章自测题

第六章　投　资

第一节　投资及其分类

一、投资的内容

企业除了从事自身的生产经营活动外，还可以通过对外投资获得利益，以实现其经营目标。对外投资，是指企业为了获得收益或实现资本增值而向被投资方投放资金的经济行为。

企业对外投资可以按不同的标准进行分类：（1）按照投资方式，可以分为直接投资和间接投资；（2）按照投资期限，可以分为短期投资和长期投资；（3）按照投资性质，可以分为债权性投资和权益性投资。

企业的对外投资所形成的资产属于金融资产的范畴。金融资产通常是指企业的库存现金、银行存款、应收账款、应收票据、贷款、其他应收款项、股权投资、债权投资和衍生金融工具形成的资产等。在企业会计准则中，规范金融资产会计处理的准则主要有"金融工具确认和计量"准则和"长期股权投资"准则。本章有关对外投资的内容，是以上述两个会计准则为依据，分别介绍"金融工具确认和计量"准则所规范的金融资产和"长期股权投资"准则所规范的长期股权投资。因此，本章以下所称金融资产特指"金融工具确认和计量"准则所规范的金融资产，不包括长期股权投资。

二、金融资产的分类

延伸阅读6-1

业务模式与
现金流量特征

企业应当根据其管理金融资产的业务模式和金融资产的合同现金流量特征，将取得的金融资产在初始确认时划分为以摊余成本计量的金融资产、以公允价值计量且其变动计入其他综合收益的金融资产和以公允价值计量且其变动计入当期损益的金融资产三类。

（一）以摊余成本计量的金融资产

金融资产同时符合下列条件的，应当分类为以摊余成本计量的金融资产：

（1）企业管理该金融资产的业务模式是以收取合同现金流量为目标。

（2）该金融资产的合同条款规定，在特定日期产生的现金流量，仅为对本金和以未偿付本金金额为基础的利息的支付。

例如，企业持有的公司债券、政府债券等金融资产，其合同现金流量特征一般仅为对本金和以未偿付本金金额为基础的利息的支付，如果企业管理这些金融资产的业务模式是以收取合同现金流量为目标，则应分类为以摊余成本计量的金融资产。此外，企业的应收账款、应收票据等金融资产，如果企业不打算提前处置，而是根据合同现金流量收取现金，也能够满足分类为以摊余成本计量的金融资产的条件。

在会计处理上，以摊余成本计量的金融资产具体可以划分为债权投资和应收款项两部分。其中，债权投资应当通过"债权投资"科目进行核算，应收款项应当分别通过"应收账款""应收票据""其他应收款"等科目进行核算。由于应收款项是企业日常销售等经营活动形成的债权，并不属于对外投资的范畴，并且在第四章中已经作了专门介绍，因此，本章以下所述以摊余成本计量的金融资产只包括债权投资。

（二）以公允价值计量且其变动计入其他综合收益的金融资产

金融资产同时符合下列条件的，应当分类为以公允价值计量且其变动计入其他综合收益的金融资产：

（1）企业管理该金融资产的业务模式既以收取合同现金流量为目标又以出售该金融资产为目标。

（2）该金融资产的合同条款规定，在特定日期产生的现金流量，仅为对本金和以未偿付本金金额为基础的利息的支付。

企业分类为以公允价值计量且其变动计入其他综合收益的金融资产和分类为以摊余成本计量的金融资产所要求的合同现金流量特征是相同的，二者的区别仅在于企业管理金融资产的业务模式不尽相同。例如，企业持有的公司债券、政府债券等金融资产，如果企业管理这些金融资产的业务模式既以收取合同现金流量为目标，又以出售该金融资产为目标，则应分类为以公允价值计量且其变动计入其他综合收益的金融资产。

企业持有的权益工具投资，因其合同现金流量特征不是对本金和以未偿付本金金额为基础的利息的支付，因而既不能分类为以摊余成本计量的金融资产，也不能分类为以公允价值计量且其变动计入其他综合收益的金融资产，只能分类为以公允价值计量且其变动计入当期损益的金融资产。但企业持有的非交易性权益工具投资，在初始确认时可以指定为以公允价值计量且其变动计入其他综合收益的金融资产。该指定一经作出，不得撤销。

在会计处理上，分类为以公允价值计量且其变动计入其他综合收益的债权投资，应当通过"其他债权投资"科目进行核算；指定为以公允价值计量且其变动计入其他综合收益的非交易性权益工具投资，应当通过"其他权益工具投资"科目进行核算。

（三）以公允价值计量且其变动计入当期损益的金融资产

企业持有的分类为以摊余成本计量的金融资产和以公允价值计量且其变动计入其他综合收益的金融资产之外的金融资产，应当分类为以公允价值计量且其变动计入当期损益的金融资产，主要包括交易性金融资产和指定为以公允价值计量且其变动计入当期损益的金融资产。

1.交易性金融资产

金融资产满足下列条件之一的，表明企业持有该金融资产的目的是交易性的：

（1）取得相关金融资产的目的主要是为了近期出售。

（2）相关金融资产在初始确认时属于集中管理的可辨认金融工具组合的一部分，且有客观证据表明近期实际存在短期获利模式。

（3）相关金融资产属于衍生工具，但符合财务担保合同定义的衍生工具以及被指定为有效套期工具的衍生工具除外。

2.指定为以公允价值计量且其变动计入当期损益的金融资产

在初始确认时，如果能够消除或显著减少会计错配，企业可以将金融资产指定为以公允价值计量且其变动计入当期损益的金融资产。该指定一经作出，不得撤销。

在会计处理上，交易性金融资产（交易性的衍生金融资产除外）和指定为以公允价值计量且其变动计入当期损益的金融资产，应当通过"交易性金融资产"科目进行核算。交易性的衍生金融资产，通过单独设置的"衍生工具"科目核算。

三、长期股权投资的分类

长期股权投资，是指投资方对被投资方能够实施控制或具有重大影响的权益性投资，以及对其合营企业的权益性投资。因此，长期股权投资按照对被投资方施加影响的程度，可以分为能够实施控制的权益性投资、具有重大影响的权益性投资和对合营企业的权益性投资。

1.能够实施控制的权益性投资

控制，是指投资方拥有对被投资方的权力，通过参与被投资方的相关活动而享有可变回报，并且有能力运用对被投资方的权力影响其回报金额。

投资方能够对被投资方实施控制的，被投资方为其子公司，投资方应当将其子公司纳入合并财务报表的合并范围。

延伸阅读6-2

控制和重大影响

2.具有重大影响的权益性投资

重大影响，是指投资方对被投资方的财务和经营政策有参与决策的权力，但并不能够控制或者与其他方一起共同控制这些政策的制定。

投资方能够对被投资方施加重大影响的，被投资方为其联营企业。

3.对合营企业的权益性投资

对合营企业的权益性投资，是指投资方与其他合营方一同对被投资方实施共同控制且对被投资方净资产享有权利的权益性投资。合营企业是合营安排的一个类型。合营安排，是指一项由两个或两个以上的参与方共同控制的安排。共同控制，是指按照相关约定对某项安排所共有的控制，并且该安排的相关活动必须经过分享控制权的参与方一致同意后才能决策。合营安排并不要求所有参与方都对该安排实施共同控制，因此，合营安排参与方既包括对合营安排享有共同控制的参与方（即合营方），又包括对合营安排不享有共同控制的参与方（即非合营方）。

合营安排可以分为共同经营和合营企业。共同经营，是指合营方享有该安排相关资产且承担该安排相关负债的合营安排；合营企业，是指合营方仅对该安排的净资产享有权利的合营安排。

投资方的投资是否构成对合营企业的权益性投资，首先应当判断是否存在共同控制，即是否构成合营安排，然后再看该合营安排是否属于合营企业。投资方对其合营企业的权益性投资仅指对合营安排享有共同控制的参与方对其合营企业的权益性投资，不包括对合营安排不享有共同控制的参与方的权益性投资，也不包括对共同经营的投资。

第二节　金融资产

一、交易性金融资产

企业应设置"交易性金融资产"科目，核算为交易目的而持有的股票投资、债券投资、基金投资等交易性金融资产的公允价值，并按照交易性金融资产的类别和品种，分别"成本""公允价值变动"进行明细核算。其中，"成本"明细科目反映交易性金融资产的初始入账金额；"公允价值变动"明细科目反映交易性金融资产在持有期间的公允价值变动金额。

（一）交易性金融资产的取得

交易性金融资产应当按照取得时的公允价值作为初始入账金额，相关的交易费用在发生时直接计入当期损益。其中，交易费用是指可直接归属于购买、发行或处置金融工具的增量费用，包括支付给代理机构、咨询公司、券商、证券交易所、政府有关部门等的手续费、佣金、相关税费及其他必要支出，但不包括债券溢价、折价、融资费用、内部管理成本和持有成本等与交易不直接相关的费用。

企业取得交易性金融资产所支付的价款中，如果包含已宣告但尚未发放的现金股利或已到付息期但尚未领取的债券利息，性质上属于暂付应收款，应当单独确认为应收项目，不计入交易性金融资产的初始入账金额。

【例6-1】2×23年1月10日，华联实业股份有限公司按每股6.50元的价格从二级市场购入A公司每股面值1元的股票50 000股并分类为以公允价值计量且其变动计入当期损益的金融资产，支付交易费用1 200元。

初始入账金额=6.50×50 000=325 000（元）

借：交易性金融资产——A公司股票（成本）　　　　　　　　　325 000

　　投资收益　　　　　　　　　　　　　　　　　　　　　　　　1 200

　贷：银行存款　　　　　　　　　　　　　　　　　　　　　　　326 200

【例6-2】2×23年3月25日，华联实业股份有限公司按每股8.60元的价格从二级市场购入B公司每股面值1元的股票30 000股并分类为以公允价值计量且其变动计入当期损益的金融资产，支付交易费用1 000元。股票购买价格中包含每股0.20元已宣告但尚未发放的现金股利，该现金股利于2×23年4月20日发放。

（1）2×23年3月25日，购入B公司股票。

初始入账金额=（8.60-0.20）×30 000=252 000（元）

应收现金股利=0.20×30 000=6 000（元）

借：交易性金融资产——B公司股票（成本）　　　　　　　　　252 000

　　应收股利　　　　　　　　　　　　　　　　　　　　　　　　6 000

　　投资收益　　　　　　　　　　　　　　　　　　　　　　　　1 000

　贷：银行存款　　　　　　　　　　　　　　　　　　　　　　　259 000

（2）2×23年4月20日，收到发放的现金股利。

借：银行存款　　　　　　　　　　　　　　　　　　　　　　　　6 000

贷：应收股利　　　　　　　　　　　　　　　　　　　　　　　　　　　　　6 000

【例6-3】2×23年7月1日，华联实业股份有限公司支付价款86 800元从二级市场购入甲公司于2×22年7月1日发行的面值80 000元、期限5年、票面利率6%、每年6月30日付息、到期还本的债券并分类为以公允价值计量且其变动计入当期损益的金融资产，支付交易费用300元。债券购买价格中包含已到付息期但尚未领取的利息4 800元。

（1）2×23年7月1日，购入甲公司债券。

初始入账金额=86 800-4 800=82 000（元）

借：交易性金融资产——甲公司债券（成本）　　　　　　　　　　　　82 000
　　应收利息　　　　　　　　　　　　　　　　　　　　　　　　　　4 800
　　投资收益　　　　　　　　　　　　　　　　　　　　　　　　　　　300
　　贷：银行存款　　　　　　　　　　　　　　　　　　　　　　　　　　　87 100

（2）收到甲公司支付的债券利息。

借：银行存款　　　　　　　　　　　　　　　　　　　　　　　　　　4 800
　　贷：应收利息　　　　　　　　　　　　　　　　　　　　　　　　　　　4 800

（二）交易性金融资产持有收益的确认

企业管理交易性金融资产的业务模式是通过出售金融资产以实现现金流量为目标。在这种业务模式下，即使企业在持有金融资产期间收取了合同现金流量，管理金融资产的业务模式也不是既以收取合同现金流量为目标，又以出售该金融资产为目标，因为收取合同现金流量对实现该业务模式的目标来说只是附带性质的活动。

企业取得债券并分类为以公允价值计量且其变动计入当期损益的金融资产，在持有期间，应于每一资产负债表日或付息日计提债券利息，计入当期投资收益。企业取得股票并分类为以公允价值计量且其变动计入当期损益的金融资产，在持有期间，只有在同时符合下列条件时，才能确认股利收入并计入当期投资收益：

（1）企业收取股利的权利已经确立；

（2）与股利相关的经济利益很可能流入企业；

（3）股利的金额能够可靠计量。

【例6-4】接例6-1资料。华联实业股份有限公司持有A公司股票50 000股。2×23年3月20日，A公司宣告2×22年度利润分配方案，每股分派现金股利0.30元（该现金股利已同时满足股利收入的确认条件），并于2×23年4月15日发放。

（1）2×23年3月20日，A公司宣告分派现金股利。

应收现金股利=0.30×50 000=15 000（元）

借：应收股利　　　　　　　　　　　　　　　　　　　　　　　　　15 000
　　贷：投资收益　　　　　　　　　　　　　　　　　　　　　　　　　　15 000

（2）2×23年4月15日，收到A公司派发的现金股利。

借：银行存款　　　　　　　　　　　　　　　　　　　　　　　　　15 000
　　贷：应收股利　　　　　　　　　　　　　　　　　　　　　　　　　　15 000

【例6-5】接例6-3资料。2×23年12月31日，华联公司对持有的面值80 000元、期限5年、票面利率6%、每年6月30日付息的甲公司债券计提利息。

应收债券利息=80 000×6%×1÷2=2 400（元）

借：应收利息 2 400
　　贷：投资收益 2 400

（三）交易性金融资产的期末计量

交易性金融资产在最初取得时，是按公允价值入账的，反映了企业取得交易性金融资产的实际成本，但交易性金融资产的公允价值是不断变化的，会计期末的公允价值则代表了交易性金融资产的现时价值。根据《企业会计准则》的规定，资产负债表日，交易性金融资产应按公允价值反映，公允价值的变动计入当期损益。

资产负债表日，交易性金融资产的公允价值高于其账面余额时，应按二者之间的差额，调增交易性金融资产的账面余额，同时确认公允价值上升的收益；交易性金融资产的公允价值低于其账面余额时，应按二者之间的差额，调减交易性金融资产的账面余额，同时确认公允价值下跌的损失。

【例6-6】华联实业股份有限公司每年12月31日对持有的交易性金融资产按公允价值进行后续计量，确认公允价值变动损益。2×23年12月31日，华联公司持有的交易性金融资产账面余额和当日公允价值资料，见表6-1。

表6-1　　　　　　　　**交易性金融资产账面余额和公允价值表**

2×23年12月31日　　　　　　　　　　　　　　　　单位：元

交易性金融资产项目	调整前账面余额	期末公允价值	公允价值变动损益	调整后账面余额
A公司股票	325 000	260 000	−65 000	260 000
B公司股票	252 000	297 000	45 000	297 000
甲公司债券	82 000	85 000	3 000	85 000

根据表6-1的资料，华联公司2×23年12月31日确认公允价值变动损益的会计处理如下：

借：公允价值变动损益 65 000
　　贷：交易性金融资产——A公司股票（公允价值变动） 65 000
借：交易性金融资产——B公司股票（公允价值变动） 45 000
　　贷：公允价值变动损益 45 000
借：交易性金融资产——甲公司债券（公允价值变动） 3 000
　　贷：公允价值变动损益 3 000

（四）交易性金融资产的处置

企业处置交易性金融资产的主要会计问题是正确确认处置损益。交易性金融资产的处置损益，是指处置交易性金融资产实际收到的价款，减去所处置交易性金融资产账面余额后的差额。其中，交易性金融资产的账面余额，是指交易性金融资产的初始入账金额加上或减去资产负债表日累计公允价值变动后的金额。如果在处置交易性金融资产时，已计入应收项目的现金股利或债券利息尚未收回，还应从处置价款中扣除该部分现金股利或债券利息之后，确认处置损益。

【例6-7】接例6-1和例6-6资料。2×24年2月20日，华联实业股份有限公司将持有的A公司股票售出，实际收到出售价款266 000元。股票出售日，A公司股票账面价值260 000

元，所属明细科目中，成本325 000元，公允价值变动（贷方）65 000元。

处置损益=266 000-260 000=6 000（元）

借：银行存款	266 000
交易性金融资产——A公司股票（公允价值变动）	65 000
贷：交易性金融资产——A公司股票（成本）	325 000
投资收益	6 000

【例6-8】接例6-2和例6-6资料。华联实业股份有限公司持有B公司股票30 000股。2×24年3月5日，B公司宣告2×23年度利润分配方案，每股分派现金股利0.10元（该现金股利已同时满足股利收入的确认条件），并拟于2×24年4月15日发放；2×24年4月1日，华联公司将持有的B公司股票售出，实际收到出售价款298 000元。股票出售日，B公司股票账面价值297 000元，所属明细科目中，成本252 000元，公允价值变动45 000元。

（1）2×24年3月5日，B公司宣告分派现金股利。

应收现金股利=0.10×30 000=3 000（元）

借：应收股利	3 000
贷：投资收益	3 000

（2）2×24年4月1日，将B公司股票售出。

处置损益=298 000-297 000-3 000=-2 000（元）

借：银行存款	298 000
投资收益	2 000
贷：交易性金融资产——B公司股票（成本）	252 000
——B公司股票（公允价值变动）	45 000
应收股利	3 000

【例6-9】接例6-3、例6-5和例6-6资料。2×24年5月10日，华联实业股份有限公司将甲公司债券售出，实际收到出售价款88 600元。债券出售日，甲公司债券已计提但尚未收到的利息为2 400元，账面价值为85 000元，所属明细科目中，成本82 000元，公允价值变动3 000元。

处置损益=88 600-85 000-2 400=1 200（元）

借：银行存款	88 600
贷：交易性金融资产——甲公司债券（成本）	82 000
——甲公司债券（公允价值变动）	3 000
应收利息	2 400
投资收益	1 200

二、债权投资

企业应设置"债权投资"科目，核算持有的以摊余成本计量的债权投资，并按照债权投资的类别和品种，分别"成本""利息调整""应计利息"等进行明细核算。其中，"成本"明细科目反映债权投资的面值；"利息调整"明细科目反映债权投资的初始入账金额与面值的差额，以及按照实际利率法分期摊销后该差额的摊余金额；"应计利息"明细科目反映企业计提的到期一次还本付息债权投资应计未收的利息。

（一）债权投资的取得

债权投资应当按取得时的公允价值与相关交易费用之和作为初始入账金额。如果实际支付的价款中包含已到付息期但尚未领取的债券利息，应单独确认为应收项目，不构成债权投资的初始入账金额。

【例6-10】2×20年1月1日，华联实业股份有限公司从活跃市场上购入甲公司当日发行的面值500 000元、期限5年、票面利率6%、每年12月31日付息、到期还本的债券并分类为以摊余成本计量的金融资产，实际支付的购买价款（包括交易费用）为528 000元。

借：债权投资——甲公司债券（成本） 500 000
　　　　　　——甲公司债券（利息调整） 28 000
　　贷：银行存款 528 000

【例6-11】2×20年1月1日，华联实业股份有限公司购入乙公司当日发行的面值1 000 000元、期限5年、票面利率5%、到期一次还本付息（利息不计复利）的债券并分类为以摊余成本计量的金融资产，实际支付的购买价款（包括交易费用）为912 650元。

借：债权投资——乙公司债券（成本） 1 000 000
　　贷：银行存款 912 650
　　　　债权投资——乙公司债券（利息调整） 87 350

（二）债权投资利息收入的确认

1.确认利息收入的方法

（1）债权投资的账面余额与摊余成本。

以摊余成本计量的债权投资的账面余额，是指"债权投资"科目的账面实际余额，即债权投资的初始入账金额加上（初始入账金额低于面值时）或减去（初始入账金额高于面值时）利息调整的累计摊销额后的余额，或者债权投资的面值加上（初始入账金额高于面值时）或减去（初始入账金额低于面值时）利息调整的摊余金额，用公式表示如下：

账面余额=初始入账金额±利息调整累计摊销额
　　　　=面值±利息调整的摊余金额

需要注意的是，如果金融资产为到期一次还本付息的债券，其账面余额还应当包括应计未付的债券利息；如果金融资产提前收回了部分本金，其账面余额还应当扣除已偿还的本金。

债权投资的摊余成本，是指该债权投资的初始入账金额经下列调整后的结果：

① 扣除已偿还的本金；

② 加上或减去采用实际利率法将该初始入账金额与到期日金额之间的差额进行摊销形成的累计摊销额（即利息调整的累计摊销额）；

③ 扣除累计计提的损失准备。

在会计处理上，以摊余成本计量的债权投资计提的损失准备是通过专门设置的"债权投资减值准备"科目单独核算的，从会计科目之间的关系来看，债权投资的摊余成本也可用下式来表示：

摊余成本="债权投资"科目的账面余额－"债权投资减值准备"科目的账面余额

因此，如果债权投资没有计提损失准备，其摊余成本等于账面余额。

（2）实际利率法。

实际利率法，是指以实际利率为基础计算债权投资的摊余成本以及将利息收入分摊计入各会计期间的方法。实际利率，是指将债权投资在预期存续期的估计未来现金流量，折现为该债权投资账面余额所使用的利率。例如，企业购入债券作为债权投资，实际利率就是将该债券未来收回的利息和面值折算为现值恰好等于债权投资初始入账金额的折现率。

对于没有发生信用减值的债权投资，采用实际利率法确认利息收入并确定债权投资账面余额的程序如下：

① 以债权投资的面值乘以票面利率计算确定应收利息；

② 以债权投资的期初账面余额乘以实际利率计算确定利息收入（总额法）；

③ 以应收利息与利息收入的差额作为当期利息调整摊销额；

④ 以债权投资期初账面余额加上（初始入账金额低于面值时）或减去（初始入账金额高于面值时）当期利息调整摊销额作为期末账面余额。

对于已发生信用减值的债权投资，应当以债权投资的摊余成本乘以实际利率（或经信用调整的实际利率）计算确定其利息收入（净额法）。本章不涉及发生信用减值的债权投资的会计处理。

2.分期付息债券利息收入的确认

债权投资如为分期付息、一次还本的债券，企业应当于付息日或资产负债表日计提债券利息，同时，按账面余额和实际利率计算确认当期利息收入并摊销利息调整。

【例 6-12】接例 6-10 资料。华联实业股份有限公司于 2×20 年 1 月 1 日购入的面值500 000 元、期限 5 年、票面利率 6%、每年 12 月 31 日付息、初始入账金额为 528 000 元的甲公司债券，在持有期间采用实际利率法确认利息收入并摊销利息调整的会计处理如下：

（1）计算债券的实际利率。

由于甲公司债券的初始入账金额高于面值，因此，实际利率一定低于票面利率，先按5% 作为折现率进行测算。查年金现值系数表和复利现值系数表可知，5 期、5% 的年金现值系数和复利现值系数分别为 4.32947667 和 0.78352617。甲公司债券的利息和面值按 5%作为折现率计算的现值如下：

债券每年应收利息=500 000×6%=30 000（元）

利息和面值的现值=30 000×4.32947667+500 000×0.78352617=521 647（元）

上式计算结果小于甲公司债券的初始入账金额，说明实际利率小于 5%，再按 4% 作为折现率进行测算。查年金现值系数表和复利现值系数表可知，5 期、4% 的年金现值系数和复利现值系数分别为 4.45182233 和 0.82192711。甲公司债券的利息和面值按 4% 作为折现率计算的现值如下：

利息和面值的现值=30 000×4.45182233+500 000×0.82192711=544 518（元）

上式计算结果大于甲公司债券的初始入账金额，说明实际利率大于 4%。因此，实际利率介于 4% 和 5%。使用插值法估算实际利率如下：

$$实际利率=4\%+（5\%-4\%）\times\frac{544\,518-528\,000}{544\,518-521\,647}=4.72\%$$

（2）采用实际利率法编制利息收入与账面余额计算表。

华联公司采用实际利率法编制的利息收入与账面余额计算表，见表 6-2。

表6-2   **利息收入与账面余额计算表（实际利率法）**   金额单位：元

日期	应收利息	实际利率	利息收入	利息调整摊销	账面余额
2×20-01-01					528 000
2×20-12-31	30 000	4.72%	24 922	5 078	522 922
2×21-12-31	30 000	4.72%	24 682	5 318	517 604
2×22-12-31	30 000	4.72%	24 431	5 569	512 035
2×23-12-31	30 000	4.72%	24 168	5 832	506 203
2×24-12-31	30 000	4.72%	23 797	6 203	500 000
合计	150 000	—	122 000	28 000	—

（3）编制各年确认利息收入并摊销利息调整的会计分录（各年收到债券利息的会计处理略）。

①2×20年12月31日。

借：应收利息   30 000

  贷：投资收益   24 922

    债权投资——甲公司债券（利息调整）   5 078

②2×21年12月31日。

借：应收利息   30 000

  贷：投资收益   24 682

    债权投资——甲公司债券（利息调整）   5 318

③2×22年12月31日。

借：应收利息   30 000

  贷：投资收益   24 431

    债权投资——甲公司债券（利息调整）   5 569

④2×23年12月31日。

借：应收利息   30 000

  贷：投资收益   24 168

    债权投资——甲公司债券（利息调整）   5 832

⑤2×24年12月31日。

借：应收利息   30 000

  贷：投资收益   23 797

    债权投资——甲公司债券（利息调整）   6 203

（4）债券到期，收回债券面值。

借：银行存款   500 000

  贷：债权投资——甲公司债券（成本）   500 000

3.到期一次还本付息债券利息收入的确认

债权投资如为到期一次还本付息的债券，企业应当于资产负债表日计提债券利息，计提的利息通过"债权投资——应计利息"科目核算，同时，按账面余额和实际利率计算确认当期利息收入并摊销利息调整。

【例6-13】接例6-11资料。华联实业股份有限公司于2×20年1月1日购入的面值1 000 000元、期限5年、票面利率5%、到期一次还本付息、初始入账金额为912 650元的乙公司债券，在持有期间采用实际利率法确认利息收入并摊销利息调整的会计处理如下：

（1）计算债券的实际利率。

由于乙公司债券的初始入账金额低于面值，因此，实际利率一定高于票面利率，先按6%作为折现率进行测算。查复利现值系数表可知，5期、6%的复利现值系数为0.747258。乙公司债券的利息和面值按6%作为折现率计算的现值如下：

债券每年应计利息=1 000 000×5%=50 000（元）

利息和面值的现值=（50 000×5+1 000 000）×0.747258=934 073（元）

上式计算结果大于乙公司债券的初始入账金额，说明实际利率大于6%，再按7%作为折现率进行测算。查复利现值系数表可知，5期、7%的复利现值系数为0.712986。乙公司债券的利息和面值按7%作为折现率计算的现值如下：

利息和面值的现值=（50 000×5+1 000 000）×0.712986=891 233（元）

上式计算结果小于乙公司债券的初始入账金额，说明实际利率小于7%。因此，实际利率介于6%和7%。使用插值法估算实际利率如下：

$$实际利率=6\%+（7\%-6\%）\times \frac{934\ 073-912\ 650}{934\ 073-891\ 233}=6.5\%$$

（2）采用实际利率法编制利息收入与账面余额计算表。

华联公司采用实际利率法编制的利息收入与账面余额计算表，见表6-3。

表6-3　　　　　　**利息收入与账面余额计算表（实际利率法）**　　　　金额单位：元

日期	应收利息	实际利率	利息收入	利息调整摊销	账面余额
2×20-01-01					912 650
2×20-12-31	50 000	6.5%	59 322	9 322	971 972
2×21-12-31	50 000	6.5%	63 178	13 178	1 035 150
2×22-12-31	50 000	6.5%	67 285	17 285	1 102 435
2×23-12-31	50 000	6.5%	71 658	21 658	1 174 093
2×24-12-31	50 000	6.5%	75 907	25 907	1 250 000
合计	250 000	—	337 350	87 350	—

（3）编制各年确认利息收入并摊销利息调整的会计分录。

①2×20年12月31日。

借：债权投资——乙公司债券（应计利息）　　　　　　　50 000
　　　　　　　——乙公司债券（利息调整）　　　　　　　9 322
　　贷：投资收益　　　　　　　　　　　　　　　　　　59 322

②2×21年12月31日。

借：债权投资——乙公司债券（应计利息）　　　　　　　　　　　　50 000

　　　　　　——乙公司债券（利息调整）　　　　　　　　　　　　13 178

　　贷：投资收益　　　　　　　　　　　　　　　　　　　　　　　　63 178

③2×22年12月31日。

借：债权投资——乙公司债券（应计利息）　　　　　　　　　　　　50 000

　　　　　　——乙公司债券（利息调整）　　　　　　　　　　　　17 285

　　贷：投资收益　　　　　　　　　　　　　　　　　　　　　　　　67 285

④2×23年12月31日。

借：债权投资——乙公司债券（应计利息）　　　　　　　　　　　　50 000

　　　　　　——乙公司债券（利息调整）　　　　　　　　　　　　21 658

　　贷：投资收益　　　　　　　　　　　　　　　　　　　　　　　　71 658

⑤2×24年12月31日。

借：债权投资——乙公司债券（应计利息）　　　　　　　　　　　　50 000

　　　　　　——乙公司债券（利息调整）　　　　　　　　　　　　25 907

　　贷：投资收益　　　　　　　　　　　　　　　　　　　　　　　　75 907

（4）债券到期，收回债券面值和利息。

借：银行存款　　　　　　　　　　　　　　　　　　　　　　　　1 250 000

　　贷：债权投资——乙公司债券（成本）　　　　　　　　　　　1 000 000

　　　　　　　——乙公司债券（应计利息）　　　　　　　　　　　250 000

（三）债权投资的处置

企业管理债权投资的业务模式是以收取合同现金流量为目标，但并不意味着企业须将所有此类金融资产持有至到期。因此，即使企业出售该金融资产或者预计未来会出售该金融资产，此类金融资产的业务模式仍然可能是以收取合同现金流量为目标。

企业处置债权投资时，应将取得的价款与所处置投资账面价值之间的差额计入处置当期投资收益。其中，投资的账面价值是指投资的账面余额减除已计提的减值准备后的差额，即摊余成本。如果在处置债权投资时，已计入应收项目的债券利息尚未收回，还应从处置价款中扣除该部分债券利息之后，确认处置损益。

【例6-14】 2×21年1月1日，华联实业股份有限公司购入的面值200 000元、期限5年、票面利率5%、每年12月31日付息的丙公司债券，分类为以摊余成本计量的金融资产。2×24年9月1日，华联公司将丙公司债券全部出售，实际收到出售价款206 000元。出售日，丙公司债券账面余额为198 500元，所属明细科目中，成本200 000元，利息调整（贷方）1 500元。

借：银行存款　　　　　　　　　　　　　　　　　　　　　　　　206 000

　　债权投资——丙公司债券（利息调整）　　　　　　　　　　　　1 500

　　贷：债权投资——丙公司债券（成本）　　　　　　　　　　　200 000

　　　　投资收益　　　　　　　　　　　　　　　　　　　　　　　7 500

三、其他金融工具投资

（一）其他债权投资

企业应当设置"其他债权投资"科目，核算持有的以公允价值计量且其变动计入其他综合收益的债权投资，并按照其他债权投资的类别和品种，分别"成本""利息调整""应计利息""公允价值变动"等进行明细核算。其中，"成本"明细科目反映其他债权投资的面值；"利息调整"明细科目反映其他债权投资的初始入账金额与其面值的差额，以及按照实际利率法分期摊销后该差额的摊余金额；"应计利息"明细科目反映企业计提的到期一次还本付息其他债权投资应计未收的利息；"公允价值变动"明细科目反映其他债权投资的公允价值变动金额。

1.其他债权投资的取得

其他债权投资应当按取得该金融资产的公允价值和相关交易费用之和作为初始入账金额。如果支付的价款中包含已到付息期但尚未领取的利息，应单独确认为应收项目，不构成其他债权投资的初始入账金额。

【例6-15】2×22年1月1日，华联实业股份有限公司购入B公司当日发行的面值600 000元、期限3年、票面利率8%、每年12月31日付息、到期还本的债券，分类为以公允价值计量且其变动计入其他综合收益的金融资产，实际支付购买价款（包括交易费用）620 000元。

借：其他债权投资——B公司债券（成本）　　　　　　　　　600 000
　　　　　　　　——B公司债券（利息调整）　　　　　　　 20 000
　　贷：银行存款　　　　　　　　　　　　　　　　　　　　　　　620 000

2.其他债权投资持有收益的确认

其他债权投资在持有期间确认利息收入的方法与按摊余成本计量的债权投资相同，即采用实际利率法确认当期利息收入，计入投资收益。需要注意的是，在采用实际利率法确认其他债权投资的利息收入时，应当以不包括"公允价值变动"明细科目余额的其他债权投资账面余额和实际利率计算确定利息收入。

【例6-16】接例6-15资料。华联实业股份有限公司2×22年1月1日购入的面值600 000元、期限3年、票面利率8%、每年12月31日付息、到期还本、初始入账金额为620 000元的B公司债券，在持有期间采用实际利率法确认利息收入的会计处理如下：

（1）计算实际利率。

由于B公司债券的初始入账金额高于面值，因此，实际利率一定低于票面利率，先按7%作为折现率进行测算。查年金现值系数表和复利现值系数表可知，3期、7%的年金现值系数和复利现值系数分别为2.62431604和0.81629788。B公司债券的利息和面值按7%作为折现率计算的现值如下：

债券每年应收利息=600 000×8%=48 000（元）

利息和面值的现值=48 000×2.62431604+600 000×0.81629788=615 746（元）

上式计算结果小于B公司债券的初始入账金额，说明实际利率小于7%。再按6%作为折现率进行测算。查年金现值系数表和复利现值系数表可知，3期、6%的年金现值系数和复利现值系数分别为2.67301195和0.83961928。B公司债券的利息和面值按6%作为折现率计算的现值如下：

利息和面值的现值=48 000×2.67301195+600 000×0.83961928=632 076（元）

上式计算结果大于B公司债券的初始入账金额，说明实际利率大于6%。因此，实际利率介于6%和7%。使用插值法估算实际利率如下：

$$实际利率=6\%+（7\%-6\%）\times\frac{632\ 076-620\ 000}{632\ 076-615\ 746}=6.74\%$$

（2）采用实际利率法编制利息收入与账面余额（不包括"公允价值变动"明细科目的余额）计算表。

华联公司在购买日采用实际利率法编制的利息收入与账面余额计算表，见表6-4。

表6-4　　　　　　　　**利息收入与账面余额计算表**

（实际利率法）　　　　　　　　　　　金额单位：元

日 期	应收利息	实际利率（%）	利息收入	利息调整摊销	账面余额
2×22年1月1日					620 000
2×22年12月31日	48 000	6.74	41 788	6 212	613 788
2×23年12月31日	48 000	6.74	41 369	6 631	607 157
2×24年12月31日	48 000	6.74	40 843	7 157	600 000
合 计	144 000	—	124 000	20 000	—

（3）编制各年确认利息收入并摊销利息调整的会计分录（各年收到债券利息的会计处理略）。

①2×22年12月31日。

借：应收利息　　　　　　　　　　　　　　　　48 000

贷：投资收益　　　　　　　　　　　　　　　　　41 788

其他债权投资——B公司债券（利息调整）　　　6 212

②2×23年12月31日。

借：应收利息　　　　　　　　　　　　　　　　48 000

贷：投资收益　　　　　　　　　　　　　　　　　41 369

其他债权投资——B公司债券（利息调整）　　　6 631

③2×24年12月31日。

借：应收利息　　　　　　　　　　　　　　　　48 000

贷：投资收益　　　　　　　　　　　　　　　　　40 843

其他债权投资——B公司债券（利息调整）　　　7 157

3.其他债权投资的期末计量

其他债权投资的价值应按资产负债表日的公允价值反映，公允价值的变动计入其他综合收益。资产负债表日其他债权投资的公允价值高于其账面余额时，应按二者之间的差额调增其他债权投资的账面余额，同时将公允价值变动计入其他综合收益；其他债权投资的公允价值低于其账面余额时，应按二者之间的差额调减其他债权投资的账面余额，同时按公允价值变动调减其他综合收益。

【例6-17】接例6-15和6-16资料。华联实业股份有限公司持有的面值600 000元、期限3年、票面利率8%、每年12月31日付息的B公司债券，2×22年12月31日的市价（不包括应计利息）为615 000元，2×23年12月31日的市价（不包括应计利息）为608 000元。

（1）2×22年12月31日，确认公允价值变动。

公允价值变动=615 000-613 788=1 212（元）

借：其他债权投资——B公司债券（公允价值变动）　　　　　　　1 212
　　贷：其他综合收益——其他债权投资公允价值变动　　　　　　　　　　1 212

调整后B公司债券账面价值=613 788+1 212=615 000（元）

（2）2×23年12月31日，确认公允价值变动。

调整前B公司债券账面价值=615 000-6 631=608 369（元）

公允价值变动=608 000-608 369=-369（元）

借：其他综合收益——其他债权投资公允价值变动　　　　　　　369
　　贷：其他债权投资——B公司债券（公允价值变动）　　　　　　　　　369

调整后B公司债券账面价值=608 369-369=608 000（元）

4.其他债权投资的处置

企业管理其他债权投资的业务模式是既以收取合同现金流量为目标又以出售该金融资产为目标，因此，与业务模式是以收取合同现金流量为目标的债权投资相比，其他债权投资涉及的出售通常频率更高、金额更大。

处置其他债权投资时，应将取得的处置价款与该金融资产账面余额之间的差额，计入投资收益；同时，将原直接计入其他综合收益的累计公允价值变动对应处置部分的金额转出，计入投资收益。

【例6-18】接例6-15、例6-16和例6-17资料。2×24年3月1日，华联实业股份有限公司将持有的面值600 000元、期限3年、票面利率8%、每年12月31日付息、到期还本的B公司债券售出，实际收到出售价款612 000元。出售日，B公司债券账面余额为608 000元，所属明细科目中，成本600 000元，利息调整（借方）7 157元，公允价值变动（借方）843元（1 212-369）。

借：银行存款　　　　　　　　　　　　　　　　　　　　　　612 000
　　贷：其他债权投资——B公司债券（成本）　　　　　　　　　　　600 000
　　　　　　　　　　——B公司债券（利息调整）　　　　　　　　　　7 157
　　　　　　　　　　——B公司债券（公允价值变动）　　　　　　　　　843
　　　　投资收益　　　　　　　　　　　　　　　　　　　　　　　4 000
借：其他综合收益——其他债权投资公允价值变动　　　　　　　843
　　贷：投资收益　　　　　　　　　　　　　　　　　　　　　　　　843

（二）其他权益工具投资

企业应当设置"其他权益工具投资"科目，核算持有的指定为以公允价值计量且其变动计入其他综合收益的非交易性权益工具投资，并按照非交易性权益工具投资的类别和品种，分别"成本"和"公允价值变动"进行明细核算。其中，"成本"明细科目反映非交易性权益工具投资的初始入账金额，"公允价值变动"明细科目反映非交易性权益工具投资在持有期间的公允价值变动金额。

1.其他权益工具投资的取得

其他权益工具投资应当按取得时的公允价值和相关交易费用之和作为初始入账金额。

如果支付的价款中包含已宣告但尚未发放的现金股利，则应单独确认为应收项目，不构成其他权益工具投资的初始入账金额。

【例6-19】2×22年4月20日，华联实业股份有限公司按每股7.60元的价格从二级市场购入A公司每股面值1元的股票80 000股并指定为以公允价值计量且其变动计入其他综合收益的非交易性权益工具投资，支付交易费用1 800元。股票购买价格中包含每股0.20元已宣告但尚未领取的现金股利，该现金股利于2×22年5月10日发放。

（1）2×22年4月20日，购入A公司股票。

初始入账金额=（7.60-0.20）×80 000+1 800=593 800（元）

应收现金股利=0.20×80 000=16 000（元）

借：其他权益工具投资——A公司股票（成本）　　　　　　　593 800

　　应收股利　　　　　　　　　　　　　　　　　　　　　　16 000

　　　贷：银行存款　　　　　　　　　　　　　　　　　　　　　　609 800

（2）2×22年5月10日，收到A公司发放的现金股利。

借：银行存款　　　　　　　　　　　　　　　　　　　　　　16 000

　　贷：应收股利　　　　　　　　　　　　　　　　　　　　　　　16 000

2.其他权益工具投资持有收益的确认

其他权益工具投资在持有期间，只有在同时满足股利收入的确认条件（见交易性金融资产持有收益的确认）时，才能确认为股利收入并计入当期投资收益。

【例6-20】接例6-19资料。华联公司持有A公司股票80 000股。2×23年4月15日，A公司宣告每股分派现金股利0.25元（该现金股利已同时满足股利收入的确认条件），并于2×23年5月15日发放。

（1）2×23年4月15日，A公司宣告分派现金股利。

应收现金股利=0.25×80 000=20 000（元）

借：应收股利　　　　　　　　　　　　　　　　　　　　　　20 000

　　贷：投资收益　　　　　　　　　　　　　　　　　　　　　　　20 000

（2）2×23年5月15日，收到A公司发放的现金股利。

借：银行存款　　　　　　　　　　　　　　　　　　　　　　20 000

　　贷：应收股利　　　　　　　　　　　　　　　　　　　　　　　20 000

3.其他权益工具投资的期末计量

其他权益工具投资的价值应按资产负债表日的公允价值反映，公允价值的变动计入其他综合收益。

【例6-21】接例6-19资料。华联实业股份有限公司持有的80 000股A公司股票，2×22年12月31日的每股市价为8.20元，2×23年12月31日的每股市价为7.50元。2×22年12月31日，A公司股票按公允价值调整前的账面余额（即初始入账金额）为593 800元。

（1）2×22年12月31日，调整其他权益工具投资账面余额。

公允价值变动=8.20×80 000-593 800=62 200（元）

借：其他权益工具投资——A公司股票（公允价值变动）　　　62 200

　　贷：其他综合收益——其他权益工具投资公允价值变动　　　　　62 200

调整后A公司股票账面余额=593 800+62 200=8.20×80 000=656 000（元）

（2）2×23年12月31日，调整其他权益工具投资账面余额。

公允价值变动=7.50×80 000-656 000=-56 000（元）

借：其他综合收益——其他权益工具投资公允价值变动　　　　　56 000

　　贷：其他权益工具投资——A公司股票（公允价值变动）　　　　56 000

调整后A公司股票账面余额=656 000-56 000=7.50×80 000=600 000（元）

4.其他权益工具投资的处置

处置其他权益工具投资时，应将取得的处置价款与该金融资产账面余额之间的差额，计入留存收益；同时，该金融资产原计入其他综合收益的累计利得或损失对应处置部分的金额应当从其他综合收益中转出，计入留存收益。其中，其他权益工具投资的账面余额，是指其他权益工具投资的初始入账金额加上或减去累计公允价值变动后的金额，即出售前最后一个计量日其他权益工具投资的公允价值。如果在处置其他权益工具投资时，已计入应收项目的现金股利尚未收回，还应从处置价款中扣除该部分现金股利之后，确认处置损益。

【例6-22】接例6-19和例6-21资料。2×24年2月20日，华联实业股份有限公司将持有的80 000股A公司股票售出，实际收到价款650 000元。出售日，A公司股票账面余额为600 000元（593 800+62 200-56 000），所属明细科目中，成本593 800元，公允价值变动（借方）6 200元（62 200-56 000）。华联公司按10%提取法定盈余公积。

借：银行存款　　　　　　　　　　　　　　　　　　　　　　650 000

　　贷：其他权益工具投资——A公司股票（成本）　　　　　　　593 800

　　　　　　　　　　　　——A公司股票（公允价值变动）　　　　6 200

　　　盈余公积　　　　　　　　　　　　　　　　　　　　　　5 000

　　　利润分配——未分配利润　　　　　　　　　　　　　　　45 000

借：其他综合收益——其他权益工具投资公允价值变动　　　　　　6 200

　　贷：盈余公积　　　　　　　　　　　　　　　　　　　　　　620

　　　利润分配——未分配利润　　　　　　　　　　　　　　　　5 580

第三节　长期股权投资

一、长期股权投资的取得

企业在取得长期股权投资时，应按初始投资成本入账。长期股权投资可以通过企业合并形成，也可以通过企业合并以外的其他方式取得，在不同的取得方式下，初始投资成本的确定方法有所不同。但是，无论企业以何种方式取得长期股权投资，实际支付的价款或对价中包含的已宣告但尚未发放的现金股利或利润，应作为应收项目单独入账，不构成长期股权投资的初始投资成本。

（一）企业合并形成的长期股权投资

企业合并，是指将两个或者两个以上单独的企业合并形成一个报告主体的交易或事项。企业合并通常包括吸收合并、新设合并和控股合并三种形式。其中，吸收合并和新设合并均不形成投资关系，只有控股合并形成投资关系。因此，企业合并形成的长期股权投资，是指控股合并所形成的投资方（合并后的母公司）对被投资方（合并后的子公司）的股权投资。企业合并形成的长期股权投资，应当区分同一控制下的企业合并和非同一控制下的企业合并分别确定初始投资成本。

1.同一控制下企业合并形成的长期股权投资

参与合并的企业在合并前后均受同一方或相同的多方最终控制且该控制并非暂时性的，为同一控制下的企业合并。对于同一控制下的企业合并，从能够对参与合并各方在合并前及合并后均实施最终控制的一方来看，其能够控制的资产在合并前及合并后并没有发生变化，合并方通过企业合并形成的对被合并方的长期股权投资，其成本代表的是在被合并方所有者权益账面价值中按持股比例享有的份额。因此，同一控制下企业合并形成的长期股权投资，应当按照合并日取得的被合并方所有者权益账面价值份额作为初始投资成本。需要注意的是，这里所说的被合并方所有者权益账面价值，并不是指在被合并方个别财务报表中的账面价值，而是指在最终控制方合并财务报表中的账面价值，即站在最终控制方角度，以其收购被合并方时被合并方各项资产、负债（包括收购时形成的商誉）的公允价值（即对于最终控制方的价值）为基础，持续计算至合并日所确定的被合并方所有者权益账面价值。

合并方支付合并对价的方式主要有支付现金、转让非现金资产、承担债务、发行权益性证券等。如果初始投资成本大于支付的合并对价的账面价值（或权益性证券的面值），则其差额应当计入资本公积（资本溢价或股本溢价）；如果初始投资成本小于支付的合并对价的账面价值（或权益性证券的面值），则其差额应当首先冲减资本公积（仅限于资本溢价或股本溢价），资本公积余额不足冲减的，应依次冲减盈余公积、未分配利润。

合并方为进行企业合并而发行债券或权益性证券支付的手续费、佣金等，应当计入所发行债券或权益性证券的初始确认金额；合并方为进行企业合并而发生的各项直接相关费用，如审计费用、评估费用、法律服务费用等，应当于发生时计入当期管理费用。

【例6-23】华联实业股份有限公司和A公司是同为甲公司所控制的两个子公司。2×24年2月20日，华联公司达成与A公司合并的协议，约定华联公司以3 800万元的银行存款作为合并对价，取得A公司80%的股份。A公司80%的股份系甲公司于2×22年1月1日从本集团外部购入（属于非同一控制下的企业合并），购买日，A公司可辨认净资产公允价值为3 500万元。2×22年1月1日至2×24年3月1日，A公司以购买日可辨认净资产的公允价值为基础计算的净利润为1 000万元，无其他所有者权益变动。2×24年3月1日，华联公司实际取得对A公司的控制权，当日，A公司所有者权益在最终控制方合并财务报表中的账面价值总额为4 500万元（3 500+1 000），华联公司"资本公积——股本溢价"科目余额为150万元。在与A公司的合并中，华联公司以银行存款支付审计费用、评估费用、法律服务费用等共计65万元。

初始投资成本=4 500×80%=3 600（万元）

借：长期股权投资——A公司　　　　　　　　　　　　36 000 000
　　资本公积——股本溢价　　　　　　　　　　　　　 1 500 000
　　盈余公积　　　　　　　　　　　　　　　　　　　　 500 000
　贷：银行存款　　　　　　　　　　　　　　　　　　38 000 000

借：管理费用 650 000
  贷：银行存款 650 000

【例6-24】华联实业股份有限公司和B公司是同为甲公司所控制的两个子公司。根据华联公司达成的与B公司合并的协议，2×24年4月1日，华联公司以增发的权益性证券作为合并对价，取得B公司90%的股份。华联公司增发的权益性证券为每股面值1元的普通股股票，共增发2 500万股，支付手续费及佣金等发行费用80万元。2×24年4月1日，华联公司实际取得对B公司的控制权，当日，B公司所有者权益在最终控制方甲公司合并财务报表中的账面价值总额为5 000万元。在与B公司的合并中，华联公司以银行存款支付审计费用、评估费用、法律服务费用等共计76万元。

初始投资成本=5 000×90%=4 500（万元）

借：长期股权投资——B公司 45 000 000
  贷：股本 25 000 000
    资本公积——股本溢价 20 000 000
借：资本公积——股本溢价 800 000
  贷：银行存款 800 000
借：管理费用 760 000
  贷：银行存款 760 000

2.非同一控制下企业合并形成的长期股权投资

参与合并的各方在合并前后不受同一方或相同的多方最终控制的，为非同一控制下的企业合并。非同一控制下的企业合并，购买方应将企业合并视为一项购买交易，合理确定合并成本，作为长期股权投资的初始投资成本。合并成本为购买方在购买日为取得对被购买方的控制权而付出的资产、发生或承担的负债以及发行的权益性证券的公允价值。

购买方作为合并对价付出的资产，应当按照以公允价值处置该资产进行会计处理。其中，付出资产为固定资产、无形资产的，付出资产的公允价值与其账面价值的差额，计入资产处置损益；付出资产为金融资产的，付出资产的公允价值与其账面价值的差额，计入投资收益（如果付出资产是指定为以公允价值计量且其变动计入其他综合收益的非交易性权益工具投资，则付出资产的公允价值与账面价值的差额应当计入留存收益）；付出资产为存货的，按其公允价值确认收入，同时按其账面价值结转成本。此外，作为合并对价付出的资产为以公允价值计量且其变动计入其他综合收益的金融资产的，该金融资产在持有期间因公允价值变动而形成的其他综合收益应同时转出，计入当期投资收益（或者留存收益）。

购买方为进行企业合并而发行债券或权益性证券支付的手续费、佣金等，应当计入所发行债券或权益性证券的初始确认金额；购买方为进行企业合并而发生的各项直接相关费用，如审计费用、评估费用、法律服务费用等，应当于发生时计入当期管理费用。

【例6-25】华联实业股份有限公司和C公司为两个独立的法人企业，合并之前不存在任何关联方关系。2×24年1月10日，华联公司达成与C公司合并的协议，约定华联公司以库存商品和银行存款作为合并对价，取得C公司70%的股份。华联公司付出库存商品的账面价值为3 200万元，购买日公允价值为4 000万元，增值税税额为520万元；付出银行存款的金额为5 000万元。2×24年2月1日，华联公司实际取得对C公司的控制权。在与C

公司的合并中，华联公司以银行存款支付审计费用、评估费用、法律服务费用等共计90万元。

合并成本=4 000+520+5 000=9 520（万元）

借：长期股权投资——C公司　　　　　　　　　　　　　　　95 200 000
　　贷：主营业务收入　　　　　　　　　　　　　　　　　　40 000 000
　　　　应交税费——应交增值税（销项税额）　　　　　　　 5 200 000
　　　　银行存款　　　　　　　　　　　　　　　　　　　　50 000 000
借：主营业务成本　　　　　　　　　　　　　　　　　　　　32 000 000
　　贷：库存商品　　　　　　　　　　　　　　　　　　　　32 000 000
借：管理费用　　　　　　　　　　　　　　　　　　　　　　　900 000
　　贷：银行存款　　　　　　　　　　　　　　　　　　　　　 900 000

【例6-26】华联实业股份有限公司和D公司为两个独立的法人企业，合并之前不存在任何关联方关系。华联公司达成与D公司合并的协议，约定华联公司以发行的权益性证券作为合并对价，取得D公司80%的股份。华联公司拟增发的权益性证券为每股面值1元的普通股股票，共增发1 600万股，每股公允价值3.50元；2×24年7月1日，华联公司完成了权益性证券的增发，发生手续费及佣金等发行费用120万元。在华联公司和D公司的合并中，华联公司另以银行存款支付审计费用、评估费用、法律服务费用等共计80万元。

合并成本=3.50×1 600=5 600（万元）

借：长期股权投资——D公司　　　　　　　　　　　　　　　56 000 000
　　贷：股本　　　　　　　　　　　　　　　　　　　　　　16 000 000
　　　　资本公积——股本溢价　　　　　　　　　　　　　　40 000 000
借：资本公积——股本溢价　　　　　　　　　　　　　　　　 1 200 000
　　贷：银行存款　　　　　　　　　　　　　　　　　　　　 1 200 000
借：管理费用　　　　　　　　　　　　　　　　　　　　　　　800 000
　　贷：银行存款　　　　　　　　　　　　　　　　　　　　　 800 000

（二）非企业合并方式取得的长期股权投资

除企业合并形成的对子公司的长期股权投资外，企业以支付现金、发行权益性证券等方式取得的对被投资方不具有控制的长期股权投资，为非企业合并方式取得的长期股权投资，包括对合营企业的长期股权投资和对联营企业的长期股权投资。企业通过非企业合并方式取得的长期股权投资，应当按照实际支付的价款、发行权益性证券的公允价值等作为初始投资成本。

【例6-27】华联实业股份有限公司以支付现金的方式取得E公司25%的股份，实际支付的买价为3 200万元，在购买过程中另支付手续费等相关费用12万元。股份购买价款中包含E公司已宣告但尚未发放的现金股利100万元。华联公司在取得E公司股份后，派人员参与了E公司的生产经营决策，能够对E公司施加重大影响，华联公司将其划分为长期股权投资。

（1）购入E公司25%的股份。

初始投资成本=3 200+12-100=3 112（万元）

借：长期股权投资——E公司（投资成本）   31 120 000

    应收股利   1 000 000

  贷：银行存款   32 120 000

（2）收到E公司派发的现金股利。

借：银行存款   1 000 000

  贷：应收股利   1 000 000

二、长期股权投资的后续计量

企业取得的长期股权投资在持有期间，要根据对被投资方是否能够实施控制，分别采用成本法或权益法进行核算。

（一）长期股权投资的成本法

成本法，是指长期股权投资的账面价值按初始投资成本计量，除追加或收回投资外，一般不对长期股权投资的账面价值进行调整的一种会计处理方法。投资方对被投资方能够实施控制的长期股权投资，即对子公司的长期股权投资，应当采用成本法核算。

在成本法下，当被投资方宣告发放现金股利或分配利润时，投资方应当按照本企业应享有的份额确认投资收益；当被投资方宣告分派股票股利时，投资方应于除权日对获得的股份作备忘记录；被投资方未分派股利，投资方不作任何会计处理。

【例6-28】2×18年3月20日，华联实业股份有限公司以6 280万元的价款（包括相关税费和已宣告但尚未发放的现金股利250万元）取得F公司普通股股票2 500万股，占F公司普通股股份的60%，形成非同一控制下的企业合并，华联公司将其划分为长期股权投资并采用成本法核算。华联公司取得F公司股权投资的会计处理以及在持有期间F公司各年的利润分配情况和华联公司相应的会计处理如下：

（1）2×18年3月20日，华联公司取得F公司普通股股票。

借：长期股权投资——F公司   60 300 000

    应收股利   2 500 000

  贷：银行存款   62 800 000

（2）2×18年4月5日，华联公司收到支付的投资价款中包含的已宣告但尚未发放的现金股利。

借：银行存款   2 500 000

  贷：应收股利   2 500 000

（3）2×19年3月5日，F公司宣告2×18年度股利分配方案，每股分派现金股利0.20元，并于2×19年4月15日派发。

①2×19年3月5日，F公司宣告2×18年度股利分配方案。

现金股利=0.20×25 000 000=5 000 000（元）

借：应收股利   5 000 000

  贷：投资收益   5 000 000

②2×19年4月15日，收到F公司派发的现金股利。

借：银行存款   5 000 000

  贷：应收股利   5 000 000

（4）2×20 年 4 月 15 日，F 公司宣告 2×19 年度股利分配方案，每股派送股票股利 0.3 股，除权日为 2×20 年 5 月 10 日。

对于 F 公司派送的股票股利，华联公司不作正式会计记录，但应于除权日在备查簿中登记增加的股份：

股票股利=0.3×25 000 000=7 500 000（股）

持有 F 公司股票总数=25 000 000+7 500 000=32 500 000（股）

（5）2×20 年度 F 公司发生亏损，以留存收益弥补亏损后，于 2×21 年 4 月 25 日宣告 2×20 年度股利分配方案，每股分派现金股利 0.10 元，并于 2×21 年 5 月 10 日派发。

①2×21 年 4 月 25 日，F 公司宣告 2×20 年度股利分配方案。

现金股利=0.10×32 500 000=3 250 000（元）

借：应收股利　　　　　　　　　　　　　　　　　　　　3 250 000
　贷：投资收益　　　　　　　　　　　　　　　　　　　　　　3 250 000

②2×21 年 5 月 10 日，收到 F 公司派发的现金股利。

借：银行存款　　　　　　　　　　　　　　　　　　　　3 250 000
　贷：应收股利　　　　　　　　　　　　　　　　　　　　　　3 250 000

（6）2×21 年度 F 公司继续亏损，该年未进行股利分配。

华联公司不必作任何会计处理。

（7）2×22 年度 F 公司扭亏为盈，该年未进行股利分配。

华联公司不必作任何会计处理。

（8）2×23 年度 F 公司继续盈利，于 2×24 年 3 月 10 日宣告 2×23 年度股利分配方案，每股分派现金股利 0.25 元，并于 2×24 年 4 月 15 日派发。

①2×24 年 3 月 10 日，F 公司宣告 2×23 年度股利分配方案。

现金股利=0.25×32 500 000=8 125 000（元）

借：应收股利　　　　　　　　　　　　　　　　　　　　8 125 000
　贷：投资收益　　　　　　　　　　　　　　　　　　　　　　8 125 000

②2×24 年 4 月 15 日，收到 F 公司派发的现金股利。

借：银行存款　　　　　　　　　　　　　　　　　　　　8 125 000
　贷：应收股利　　　　　　　　　　　　　　　　　　　　　　8 125 000

（二）长期股权投资的权益法

权益法，是指在取得长期股权投资时以投资成本计量，在持有投资期间则要根据被投资方所有者权益变动中投资方应享有的份额，对长期股权投资的账面价值进行相应调整的一种会计处理方法。投资方对被投资方具有共同控制或重大影响的长期股权投资，即对合营企业或联营企业的长期股权投资，应当采用权益法核算。

采用权益法核算，在"长期股权投资"科目下应当设置"投资成本""损益调整""其他综合收益""其他权益变动"明细科目，分别反映长期股权投资的初始投资成本、被投资方发生净损益及利润分配引起的所有者权益变动、被投资方确认其他综合收益引起的所有者权益变动以及被投资方除上述原因以外的其他原因引起的所有者权益变动而对长期股权投资账面价值进行调整的金额。

1. 取得长期股权投资的会计处理

企业在取得长期股权投资时，按照确定的初始投资成本入账。初始投资成本与应享有被投资方可辨认净资产公允价值份额之间的差额，应区别情况处理：

（1）如果长期股权投资的初始投资成本大于取得投资时应享有被投资方可辨认净资产公允价值的份额，不调整已确认的初始投资成本。

（2）如果长期股权投资的初始投资成本小于取得投资时应享有被投资方可辨认净资产公允价值的份额，应按二者之间的差额调整长期股权投资的账面价值，同时计入当期营业外收入。

【例6-29】2×20年7月1日，华联实业股份有限公司购入G公司股票1 600万股，实际支付购买价款2 450万元（包括交易税费）。该股份占G公司普通股股份的25%，华联公司在取得股份后，派人参与了G公司的生产经营决策，因能够对G公司施加重大影响，华联公司采用权益法核算。

（1）假定投资当时，G公司可辨认净资产公允价值为9 000万元。

应享有G公司可辨认净资产公允价值份额=9 000×25%=2 250（万元）

由于长期股权投资的初始投资成本大于投资时应享有G公司可辨认净资产公允价值的份额，因此，不调整长期股权投资的初始投资成本。华联公司应作如下会计处理：

借：长期股权投资——G公司（投资成本）　　　　　　　24 500 000
　　贷：银行存款　　　　　　　　　　　　　　　　　　　　　　　24 500 000

（2）假定投资当时，G公司可辨认净资产公允价值为10 000万元。

应享有G公司可辨认净资产公允价值的份额=10 000×25%=2 500（万元）

由于长期股权投资的初始投资成本小于投资时应享有G公司可辨认净资产公允价值的份额，因此，应按二者之间的差额调整长期股权投资的初始投资成本，同时计入当期营业外收入。华联公司应作如下会计处理：

初始投资成本调整额=2 500-2 450=50（万元）

借：长期股权投资——G公司（投资成本）　　　　　　　24 500 000
　　贷：银行存款　　　　　　　　　　　　　　　　　　　　　　　24 500 000
借：长期股权投资——G公司（投资成本）　　　　　　　　500 000
　　贷：营业外收入　　　　　　　　　　　　　　　　　　　　　　　500 000

调整后的投资成本=2 450+50=2 500（万元）

2. 确认投资损益及取得现金股利或利润的会计处理

投资方取得长期股权投资后，应当按照在被投资方实现的净利润或发生的净亏损中，投资方应享有或应分担的份额确认投资损益，同时相应调整长期股权投资的账面价值。投资方应当在被投资方账面净损益的基础上，考虑以下因素对被投资方净损益的影响并进行适当调整后，作为确认投资损益的依据：（1）被投资方采用的会计政策及会计期间与投资方不一致的，投资方应当遵循重要性原则，按照本企业的会计政策及会计期间对被投资方的财务报表进行调整；（2）以取得投资时被投资方各项可辨认资产等的公允价值为基础，对被投资方的净损益进行调整，但应考虑重要性原则，不具重要性的项目可不予调整；（3）投资方与其联营企业或合营企业之间进行商品交易形成的未实现内部交易损益按照持股比例计算的归属于投资方的部分，应当予以抵销。

当被投资方宣告分派现金股利或利润时，投资方按应获得的现金股利或利润确认应收股利，同时，抵减长期股权投资的账面价值；被投资方分派股票股利，投资方不进行账务处理，但应于除权日在备查簿中登记增加的股份。

延伸阅读6-3

被投资方净损益的调整

【例6-30】2×20年7月1日，华联实业股份有限公司购入G公司股票1 600万股，占G公司普通股股份的25%，能够对G公司施加重大影响，华联公司对该项股权投资采用权益法核算。假定华联公司与G公司的会计年度及采用的会计政策相同，投资当时G公司各项可辨认资产、负债的公允价值与其账面价值相同，双方未发生任何内部交易。G公司2×20年至2×23年各年取得的净收益及其分配情况和华联公司相应的会计处理如下：

（1）2×20年度，G公司报告净收益1 500万元；2×21年3月10日，G公司宣告2×20年度利润分配方案，每股分派现金股利0.10元。

①确认投资收益。

应确认投资收益=$1\,500×25\%×\dfrac{6}{12}=187.5$（万元）

借：长期股权投资——G公司（损益调整）　　　　　　　1 875 000
　　贷：投资收益　　　　　　　　　　　　　　　　　　　　　　　1 875 000

②确认应收股利。

应收现金股利=$0.10×1\,600=160$（万元）

借：应收股利　　　　　　　　　　　　　　　　　　　　1 600 000
　　贷：长期股权投资——G公司（损益调整）　　　　　　　　　　1 600 000

③收到现金股利。

借：银行存款　　　　　　　　　　　　　　　　　　　　1 600 000
　　贷：应收股利　　　　　　　　　　　　　　　　　　　　　　　1 600 000

（2）2×21年度，G公司报告净收益1 250万元；2×22年4月15日，G公司宣告2×21年度利润分配方案，每股派送股票股利0.30股，除权日为2×22年5月10日。

①确认投资收益。

应确认投资收益=$1\,250×25\%=312.5$（万元）

借：长期股权投资——G公司（损益调整）　　　　　　　3 125 000
　　贷：投资收益　　　　　　　　　　　　　　　　　　　　　　　3 125 000

②除权日，在备查簿中登记增加的股份。

股票股利=$0.30×1\,600=480$（万股）

持有股票总数=$1\,600+480=2\,080$（万股）

（3）2×22年度，G公司报告净收益1 000万元，未进行利润分配。

应确认投资收益=$1\,000×25\%=250$（万元）

借：长期股权投资——G公司（损益调整）　　　　　　　2 500 000
　　贷：投资收益　　　　　　　　　　　　　　　　　　　　　　　2 500 000

（4）2×23年度，G公司发生亏损500万元，未进行利润分配。

应确认投资损失=$500×25\%=125$（万元）

借：投资收益　　　　　　　　　　　　　　　　　　　　1 250 000
　　贷：长期股权投资——G公司（损益调整）　　　　　　　　　　1 250 000

3.确认其他综合收益的会计处理

被投资方因确认其他综合收益而导致其所有者权益发生变动时，投资方应按照持股比例计算应享有或承担的份额，一方面调整长期股权投资的账面价值，同时计入其他综合收益。

【例6-31】华联实业股份有限公司持有G公司25%的股份，能够对G公司施加重大影响，采用权益法核算。2×23年12月31日，G公司确认其持有的以公允价值计量且其变动计入其他综合收益的金融资产公允价值上升500万元，使得其所有者权益发生变动。华联公司的会计处理如下：

应享有其他综合收益份额=500×25%=125（万元）

借：长期股权投资——G公司（其他综合收益）   1 250 000

    贷：其他综合收益   1 250 000

4.确认其他权益变动的会计处理

其他权益变动是指被投资方除实现净损益及进行利润分配、确认其他综合收益以外的其他原因导致的所有者权益变动，如被投资方接受股东资本性投入、确认以权益结算的股份支付等引起的所有者权益变动。投资方对于按照持股比例计算的应享有或承担的被投资方其他权益变动份额，应调整长期股权投资的账面价值，同时计入资本公积（其他资本公积）。

【例6-32】华联实业股份有限公司持有G公司25%的股份，能够对G公司施加重大影响，采用权益法核算。2×23年度，G公司接受其母公司实质上属于资本性投入的现金捐赠，金额为600万元，G公司将其计入资本公积，导致所有者权益发生变动。华联公司的会计处理如下：

应享有其他权益变动份额=600×25%=150（万元）

借：长期股权投资——G公司（其他权益变动）   1 500 000

    贷：资本公积——其他资本公积   1 500 000

三、长期股权投资的处置

企业处置长期股权投资时，应当按取得的处置收入扣除长期股权投资账面价值和已确认但尚未收到的现金股利之后的差额确认处置损益。

处置采用权益法核算的长期股权投资时，应当采用与被投资方直接处置相关资产或负债相同的基础，对相关的其他综合收益进行会计处理；同时，还应将原计入资本公积的其他权益变动金额转出，计入当期损益。

【例6-33】华联实业股份有限公司持有G公司25%的股份，采用权益法核算。2×24年2月5日，华联公司将持有的G公司股份全部转让，收到转让价款3 500万元。转让日，该项长期股权投资的账面余额为3 240万元，所属明细科目中，投资成本2 500万元，损益调整（借方）465万元，其他综合收益（借方）125万元（其中，100万元为在G公司持有的其他债权投资公允价值变动中应享有的份额，25万元为在G公司持有的其他权益工具投资公允价值变动中应享有的份额），其他权益变动（借方）150万元。

转让损益=3 500-3 240=260（万元）

借：银行存款   35 000 000

贷：长期股权投资——G公司（投资成本）　　　　　　　25 000 000

　　　　　　　　　——G公司（损益调整）　　　　　　　　4 650 000

　　　　　　　　　——G公司（其他综合收益）　　　　　　1 250 000

　　　　　　　　　——G公司（其他权益变动）　　　　　　1 500 000

　　　投资收益　　　　　　　　　　　　　　　　　　　　　2 600 000

借：其他综合收益　　　　　　　　　　　　　　　　1 250 000

　贷：投资收益　　　　　　　　　　　　　　　　　　　　1 000 000

　　　盈余公积　　　　　　　　　　　　　　　　　　　　　　 25 000

　　　利润分配——未分配利润　　　　　　　　　　　　　　　225 000

借：资本公积——其他资本公积　　　　　　　　　　1 500 000

　贷：投资收益　　　　　　　　　　　　　　　　　　　　1 500 000

【思政课堂】　　　　　　立足投资效益　心系社会责任

对外投资对于企业实现资本增值、扩大生产规模、促进创新和技术进步、提高市场竞争力、分散经营风险、实现可持续发展具有突出的经济意义，同时，对于提供更多的就业机会、提高人民生活水平、促进国家经济的增长、实现共同富裕具有重要的社会意义。

任何企业在追求经济利益的同时，都应当注重其社会责任。一方面，企业应当承担保护社会利益的责任，维护利益相关者的合法权益，创造并分享价值，促进社会和谐与可持续发展；另一方面，企业应当对相关各方（如股东、员工、客户、供应商、政府、社区、环境等）承担相应的责任，并与之建立良好的沟通与合作关系。

对外投资中，社会责任是不可忽视的一个重要考量因素。企业在进行投资决策时，除了需要了解目标企业的财务、法律、商业、技术、环境等方面的状况外，还需要了解目标企业在社会责任方面的履行情况，以更准确地评估目标企业的真实价值与潜力，识别和规避潜在的风险，优化和调整投资策略与方案，从而提高投资效益。同时，注重目标企业的社会责任，也可以展示投资企业自身的社会责任理念与实践，并与目标企业的利益相关者建立良好的关系，增强其对投资企业的信任与支持，促进双方的合作共赢。

☐ 复习思考题

1. 什么是交易性金融资产？资产负债表日，交易性金融资产的价值应如何反映？

2. 什么是债权投资？如何确认债权投资的利息收益？

3. 什么是其他债权投资？资产负债表日，其他债权投资的价值应如何反映？

4. 企业持有的哪些权益性投资应划分为长期股权投资？

5. 什么是成本法？什么是权益法？其适用范围是什么？

6. 如何确认长期股权投资的处置损益？

本章自测题

第七章 固定资产与无形资产

第一节 固定资产

一、固定资产概述

（一）固定资产的概念

我国《企业会计准则第4号——固定资产》规定，固定资产是指同时具有下列特征的有形资产：（1）为生产商品、提供劳务、出租或经营管理而持有；（2）使用寿命超过一个会计年度。

企业组织生产经营活动，除应拥有必不可少的流动资产以外，还需要拥有固定资产。固定资产与其他资产一样，是企业赖以生存的物质基础，是企业产生经济利益的源泉，关系到企业的正常运营与持续发展。但是，固定资产与流动资产具有较大区别。从它们在企业的生产经营活动中所发挥的作用来看，固定资产属于企业的劳动资料，流动资产一般属于企业的劳动对象；从使用寿命看，固定资产的使用寿命应超过一个会计年度，而流动资产的使用寿命一般不会超过一个会计年度；从资金存在形态看，固定资产表现为固定资金形态，而流动资产则表现为货币资金、储备资金、生产资金和成品资金等形态。由此可见，无论是从固定资产和流动资产概念的界定，还是它们所发挥的作用，以及它们的资金存在形态等方面看，它们之间都存在着较大的区别。

（二）固定资产的特征

从固定资产的定义看，企业的固定资产应具有以下三个特征：

第一，固定资产是企业为生产商品、提供劳务、出租或经营管理而持有的。企业持有固定资产的目的是生产商品、提供劳务、出租或经营管理，这意味着企业持有的固定资产是企业的劳动工具或手段，而不是直接用于出售的产品。就从事产品生产的企业而言，固定资产是指那些实际应用于产品的生产过程或经营管理的机器设备、房屋和建筑物等。在企业的生产经营过程中，有些固定资产直接用于生产过程，起着把劳动者的劳动传导到劳动对象上去的作用，如机器设备等；有些固定资产起着辅助生产的作用，如运输工具和动力设备等；还有一些固定资产是作为生产过程的必要条件而存在的，如房屋和建筑物等。对于以提供劳务为主的企业而言，固定资产是指那些确实应用于其劳务提供过程和经营管理的机器设备和房屋等。企业以出售为目的而制造的设备和建造的房屋及建筑物等，在未出售前虽然也为企业所持有，但这些资产并不是用于企业生产商品、提供劳务的，也没有出租的意图，就不能将它们确认为企业的固定资产，而只能确认为企业的存货。总之，企业取得各种固定资产的目的是服务于其自身的生产经营活动，而不是对外部进行投资或者出售。当然，企业持有的资产不仅仅是固定资产。例如，企业取得的原材料等流动资产也是企业持有的资产，持有这些资产的目的也是用于企业生产商品、提供劳务或经营管理。但是，这些资产的使用寿命往往比较短，不符合固定资产"使用寿命超过一个会计年度"的特征，因而就不能确认为企业的固定资产，只能确认为企业的存货。

第二，使用寿命超过一个会计年度。固定资产的使用寿命是指企业预计使用固定资产的期间，或者该固定资产能生产商品或提供劳务的数量等。在通常情况下，固定资产的使用寿命可以根据其在企业生产商品和提供劳务等过程中存续的会计年度来确定，例如，对于一栋自行建造的用于产品生产的厂房，可以根据它的建筑质量以及该厂房被使用的程度等，预先估计出一个比较合理的使用年限，这个预计的使用年限就是该厂房的预计使用寿命。此外，某些固定资产的使用寿命也可以按照该固定资产所能生产产品或提供劳务的数量来预计。例如，一台用于产品运输的汽车可以行驶多少万千米，一台用于维修服务的设备正常可以使用多少个工时等，都可以作为预计这类固定资产使用寿命的标准。但不论采用什么方法对固定资产的使用寿命进行预计，其预计可使用期限应超过一个会计年度。这一特征决定了花费在固定资产上的支出应随着其使用分期进行摊销，而不是一次性地转化为企业某一期间的成本或费用。这种价值转移方式不同于企业的原材料等流动资产，流动资产的使用期限一般不超过一个会计年度，其实物形态一经耗用就会发生显著变化，花费在流动资产上的支出也随着其被耗用而一次性地转化为一定会计期间的成本或费用。

第三，固定资产为有形资产。固定资产具有实物形态，这一特征将其与无形资产等资产清晰地区别开来。作为固定资产，必须有一个存在的实体。例如，企业在生产经营过程中使用的各种生产和办公设备、房屋和各种建筑物等，都具有看得见、摸得着的实物形态。而没有实物形态的资产是不能被确认为企业的固定资产的。例如，企业的无形资产也是企业为生产商品、提供劳务、出租或经营管理而持有的，其使用寿命也超过一个会计年度，但无形资产没有实物形态，所以不属于企业的固定资产。当然，只具有一定实物形态也是不能被定义为固定资产的。例如，企业储备的用于生产产品的原材料，虽然具有一定的实物形态，也为企业的生产经营而持有，但其使用寿命一般不超过一个会计年度，因而不属于企业的固定资产，而属于企业的流动资产。此外，有的资产虽然具有固定资产的某些特征，如制造业企业所持有的劳动工具、用具和备品、备件等资产，其使用期限往往超过一年，也能够为企业带来经济利益，但由于数量多、单价低，考虑到会计核算的成本效益要求，在实务中通常被确认为企业的存货，而不被确认为固定资产。特别应注意的是：有些原来已经被确认为企业的固定资产，但由于人为或自然灾害等原因已经毁损，以及已经达到使用寿命将要转入清理的部分，虽然它们仍具备一定的实物形态，但已经不能为企业带来预期的经济利益，对这部分资产也不能再将其确认为企业的固定资产，而应作为待处理财产。

（三）固定资产的分类

企业的固定资产数量和品种很多，为了便于对固定资产进行实物管理和价值核算，有必要对固定资产进行科学、合理的分类。

1.固定资产按经济用途分类

固定资产的经济用途是指企业拥有的固定资产在其经营过程中的作用，按照这种方法对固定资产分类，有利于分析企业固定资产的使用范围，全面评估企业固定资产的整体结构状况。固定资产按照经济用途可以划分为以下两类：

（1）经营用固定资产。它是指直接服务于生产经营过程中的各种固定资产，如用于企业生产经营的房屋、建筑物、机器设备、运输设备等。

（2）非经营用固定资产。它是指不直接服务于生产经营过程中的各种固定资产，如用于职工住宅、公共福利设施、文化娱乐和卫生保健等方面的房屋和建筑物等。

2.固定资产按使用情况分类

固定资产的使用情况是指固定资产在企业生产经营过程中的实际使用状况，按照这种方法对固定资产分类，有利于分析企业固定资产的存在形态，考核企业固定资产的使用效益。固定资产按照使用情况可以划分为以下四类：

（1）使用中固定资产。它是指企业正在使用的经营用固定资产和非经营用固定资产。企业的房屋及建筑物无论是否在实际使用，都应视为使用中固定资产；由于季节性生产经营或进行大修理等原因而暂时停止使用以及存放在生产车间或经营场所备用、轮换使用的固定资产，也属于使用中固定资产。

（2）未使用固定资产。它是指已购建完成但尚未交付使用的新增固定资产以及进行改建、扩建等暂时脱离生产经营过程的固定资产。未使用固定资产只是企业暂时未用，但在以后的生产经营活动中还是要使用的固定资产，不同于下面所说的不需用固定资产。

（3）出租固定资产。它是指企业根据租赁合同的规定，以经营租赁方式出租给其他企业临时使用的固定资产。

（4）不需用固定资产。它是指本企业多余的或不适用的待处置固定资产，即企业在未来的生产商品、提供劳务、出租或经营管理活动中不会再使用的固定资产。

3.固定资产按来源分类

固定资产的来源是指企业取得固定资产的方式，按照这种方法对固定资产分类，有利于分析企业对固定资产的投入情况。固定资产按照来源可以分为以下六类：

（1）外购固定资产。它是指企业从外部购入的固定资产。

（2）自行建造固定资产。它是指企业自行组织技术人员或施工人员，自行研制的设备、建造的房屋和建筑物等。

（3）投资者投入固定资产。它是指企业收到的投资者以设备和房屋等向企业投入，作为资本投资的固定资产。

（4）改建和扩建新增固定资产。它是指企业通过改建或扩建而形成的固定资产。固定资产的改建一般是指企业在不扩大产品生产能力的情况下对原有固定资产的改造；固定资产的扩建一般是指企业以扩大产品生产能力为目的对原有固定资产的改造。但不论是改建还是扩建，一般都会增加企业的固定资产。

（5）接受捐赠固定资产。它是指企业接受其他单位或个人捐赠的固定资产。

（6）盘盈固定资产。它是指企业在财产清查中发现的实有数大于账面数的那部分固定资产。

4.固定资产按是否需要安装分类

这种分类方法主要应用于企业购置的机器设备等固定资产。按照这种方法对购入设备进行分类，有利于分清不同情况加强会计核算。对购入设备按照是否需要安装，可以将其分为以下两类：

（1）需要安装固定资产。

它是指企业在购入后需要经过一定的安装程序才能达到预定可使用状态的设备。例如，企业购入的用于产品生产的机床、车床等设备，一般应固定安装在一定的基础上，并经调试后方可判断是否已经达到预定可使用状态。只有切实达到预定可使用状态以后才能被确认为企业的固定资产。在未达到预定可使用状态之前，只能被确认为企业为了工程建设而准备的专用设备。

（2）不需要安装固定资产。

它是指企业在购入后不需要经过安装就能达到预定可使用状态的设备。例如，企业购入的运输汽车、客车和轿车等。这些设备在企业购入后就已达到了预定可使用状态，不必再进行安装即可马上投入使用，因而，这类设备在购入后可直接确认为企业的固定资产。

以上固定资产的分类方法，不仅可以从不同角度反映企业固定资产的具体情况，而且会对固定资产的核算产生直接影响。关于固定资产的分类方法及组成内容如图7-1所示。

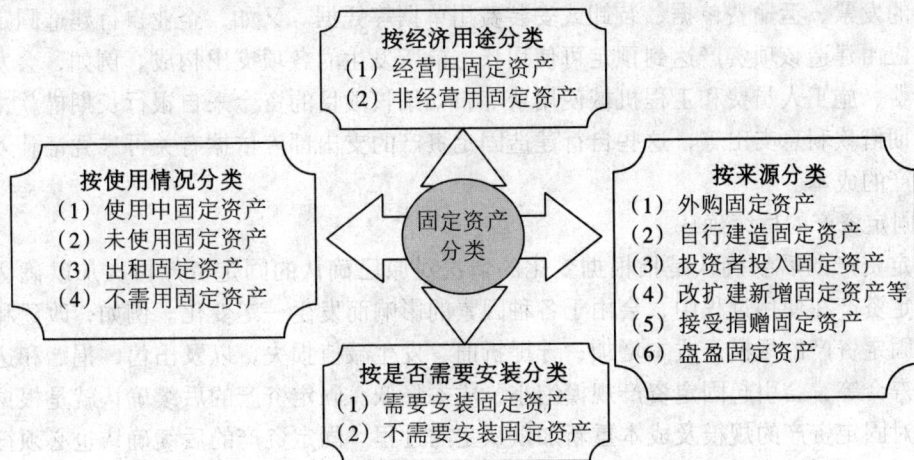

图7-1　固定资产的分类方法及组成内容

二、固定资产的确认与计量

（一）固定资产的确认

固定资产确认既是固定资产交易或事项处理的起点，也贯穿于固定资产核算的全过程，具体包括初始确认和后续确认两个环节。

1.固定资产的初始确认

初始确认是决定是否将某项资源作为企业的固定资产进行核算的起点。将一项资源确认为企业的固定资产，除必须符合固定资产的定义外，还必须同时满足以下两个条件：

第一，该固定资产包含的经济利益很可能流入企业。固定资产包含的经济利益是指通过固定资产的使用，预期会给企业带来的经济利益，具体来说是指该资产应有能够直接或者间接引起现金和现金等价物流入企业的潜力。例如，企业用于生产产品的机器设备有助于企业产品的形成，待生产出来的产品在市场上销售以后，即可以给企业带来现金或现金等价物的流入。这样，企业发生在产品生产方面的固定资产的消耗就能够得到及时、足额的补偿。但企业的经营活动是处于瞬息万变的社会经济环境中的，与资源有关的经济利益能否流入企业或能够流入多少带有很大的不确定性。因此，对资产的确认还应与对经济利益流入确定性程度的判断相结合。如果与资源有关的经济利益很可能流入企业，就应将其作为企业的资产予以确认；反之，则不能被确认为企业的资产。例如，在钱货两清的情况下，企业可以直接收到客户交来的现金，这种经济利益流入的可能性就是确定无疑的；而在赊销产品的情况下，企业根据购销合同等虽然有收回现金的可能性，但由于受某些因素的影响，如客户缺乏支付能力或已经破产清算，货款有可能不能全额收回，甚至可能全部都不能收回，这样，发生在产品生产上的固定资产的消耗就不能得到如期补偿。

第二，该固定资产的成本能够可靠计量。固定资产的成本主要是指企业取得固定资产时所发生的各种支出。例如，企业外购某一固定资产时，所支付的购买价款、相关税费、以及使固定资产达到预定可使用状态前所发生的可归属于该项资产的运输费、装卸费、安装费和专业人员服务费等，都属于企业取得该项资产所发生的必要支出，因而应全部计入该固定资产的成本。但这些成本的确定必须有可靠的依据，必须取得能够证明购买固定资产支出的发票、运输费单据、装卸或安装费用单据等凭据。又如，企业自行建造固定资产的成本应由建造该项资产达到预定可使用状态前所发生的各项支出构成。例如，会发生建筑材料费、施工人员费和工程机械使用费等，如果该项目的资金来自银行长期借款，还会发生长期借款利息支出等，这些自行建造固定资产的支出都应依据有关可靠凭证计入所建固定资产的成本。

2.固定资产的后续确认

固定资产的后续确认是指根据变化的情况对原已确认的固定资产再次加以确认的过程。固定资产在使用过程中，会由于各种因素的影响而发生一定变化。例如，改建和扩建会引起固定资产的规模及成本增加；计提折旧、发生减值损失，以及出售、捐赠和达到预计使用寿命等，会引起固定资产规模缩小，成本降低。固定资产的后续确认就是根据这些情况，对固定资产的规模及成本重新加以认定的过程。固定资产的后续确认也必须符合固定资产的定义，并应同时满足固定资产确认的两个条件。

企业处置固定资产时，如将固定资产出售、对外捐赠或报废，原来确认的固定资产已不能再为企业带来未来经济利益时，应予转销并终止确认。

（二）固定资产的计量

固定资产的计量既是固定资产确认的继续，也是联系固定资产会计记录和会计报告的枢纽，包括初始计量和后续计量两个环节。

1.固定资产的初始计量

固定资产的初始计量是指企业对以不同方式取得的固定资产成本的确定。固定资产一般按实际成本进行核算。但由于企业的固定资产来源方式不同，其初始成本计量的方法也不尽相同。

（1）外购固定资产成本的计量。

企业外购固定资产的成本包括购买价款，相关税费，使固定资产达到预定可使用状态前所发生的可归属于该项资产的运输费、装卸费、安装费和专业人员服务费等。在实务中，企业可能发生以一笔款项购入多项没有单独标价的固定资产的情况，如果这些资产均符合固定资产的定义，并满足固定资产的确认条件，则应将各项资产单独确认为固定资产，并按各项固定资产公允价值所占比例对总成本进行分配，分别确定各项固定资产的成本。

（2）自行建造固定资产成本的计量。

企业自行建造固定资产的成本由建造该项资产达到预定可使用状态前所发生的必要支出构成，包括建造过程耗用的物资成本、人工成本、缴纳的相关税费、应予资本化的借款费用以及应分摊的间接费用。应予资本化的借款费用是指企业利用长期借款进行工程项目建设期间所发生的应计入固定资产成本的借款费用。企业自行建造固定资产包括自营建造和出包建造两种方式，无论采用何种方式，对所建工程都应按照实际发生的支出确定成本。

（3）投资者投入固定资产成本的计量。

企业接受投资者投入的固定资产投资，在办理了固定资产移交手续之后，应按投资合同或协议约定的价值加上应付的相关税费作为固定资产的入账价值，但合同或协议约定价值不公允的除外。

（4）企业合并取得固定资产成本的计量。

企业合并是指企业与另外一家或几家独立的企业合并为一家企业的情形，具体包括同一控制下的企业合并和非同一控制下的企业合并两种方式。在两种方式下，合并企业取得固定资产成本的确定方法有所不同。企业合并取得固定资产一般属于企业接受长期股权投资的核算内容，其成本构成参见第六章的有关部分。

此外，固定资产的初始计量还包括对非货币性资产交换取得固定资产成本的计量，对债务重组取得固定资产成本的计量等。对这些内容本教材不作深入探讨。

2.固定资产的后续计量

固定资产的后续计量主要包括固定资产折旧的计提、固定资产减值损失的确定，以及固定资产后续支出的计量等。

（1）固定资产折旧的计提。

固定资产折旧是指在固定资产使用寿命期内，按照确定的方法对应计折旧额进行的系统分摊。根据我国《企业会计准则》的规定，企业应当在会计期末按照固定资产的实际使用情况等计算当期应分摊的固定资产折旧额，并计入当期成本或费用。固定资产折旧的计提所采用的方法及其应用见本节"固定资产折旧的核算"部分。

（2）固定资产减值损失的确定。

固定资产减值是指固定资产的可收回金额低于其账面价值的情况。根据我国《企业会计准则》的规定，企业应当在会计期末，采用一定的方法判断包括固定资产在内的所有资产是否存在可能发生减值的迹象，固定资产由于减值而发生的损失称为固定资产减值损失。固定资产减值损失的确定方法及其应用见本节"固定资产减值损失的核算"部分。

（3）固定资产后续支出的计量。

固定资产后续支出是指固定资产在使用过程中发生的更新改造支出和修理费用等。固定资产后续支出的处理原则为：符合固定资产确认条件的应当计入固定资产成本，同时将被替换部分的账面价值予以扣除；不符合固定资产确认条件的应当计入当期损益。固定资产后续支出的计量及其应用见本节"固定资产增加的核算"部分。

3.固定资产的计量属性

企业在将符合固定资产定义和确认条件的固定资产登记入账并列报于财务报表时，应当按照规定的会计计量属性进行计量，确定其记录或报告的金额。固定资产所采用的计量属性主要包括：

（1）历史成本。

在历史成本计量下，固定资产按照购置时支付的现金或者现金等价物的金额，或者按照取得资产时所付出对价的公允价值计量。历史成本反映的是固定资产的原始价值，是固定资产的基本计价标准。固定资产按历史成本计价，可以反映企业对固定资产的投资规模，也是企业计提固定资产折旧（固定资产在使用过程中发生的损耗价值）的基础。

（2）重置成本。

在重置成本计量下，固定资产按照现在购买相同或者相似资产所需支付的现金或者现金等价物的金额计量。重置成本所反映的是固定资产的现时价值。从理论上讲，对固定资产计价采用重置成本比采用历史成本更为合理。但由于重置成本是经常处于变化之中的，如果将其作为基本计价标准，势必会引起一系列复杂的会计问题，在会计实务中也不具备可操作性。因此，重置成本只能作为固定资产的一个辅助计量属性来使用。通常在取得无法确定原始价值的固定资产时采用。例如，企业在财产清查中发现的盘盈的固定资产、接受捐赠而捐赠方又未提供相关票据的固定资产等，可以采用这种计量属性对固定资产进行计价。

（3）可变现净值。

在可变现净值计量下，固定资产按照其正常对外销售所能收到现金或者现金等价物的金额扣减该资产至完工时估计将要发生的成本、估计的销售费用以及相关税费后的金额计量。例如，企业在处置不需用固定资产时，一方面会获取处置收益，另一方面也会发生清理支出，以及按照规定缴纳税金等，应综合考虑以上各方面的因素确定所处置固定资产的净收益或净损失。

（4）现值。

在现值计量下，固定资产按照预计从其持续使用和最终处置中所产生的未来净现金流入量的折现金额计量。固定资产现值是在考虑了货币时间价值的基础上，采用一定方法确定的固定资产的现时价值，是能够切实体现固定资产真实价值的一种计量属性。

（5）公允价值。

在公允价值计量下，固定资产按照市场参与者在计量日发生的有序交易中，出售该项固定资产所能收到的价格计量。

按照我国《企业会计准则》的要求，企业在对固定资产进行计量时，一般应当采用历史成本，采用重置成本、可变现净值、现值、公允价值计量的，应当保证所确定的固定资产成本能够取得并能够可靠计量。

三、固定资产的核算

固定资产的核算是指对企业发生的固定资产交易或事项进行账务处理的过程。从财务会计整个处理系统的角度看，该过程可统称为固定资产的会计记录。会计记录就是利用账户、会计凭证和账簿等载体，对固定资产的确认和计量结果进行记录，为编制财务会计报告积累数据的过程。本章重点介绍固定资产的增加、固定资产折旧的计提、固定资产减值准备的计提和固定资产减少等交易或事项的核算方法。

（一）固定资产增加的核算

企业固定资产增加的渠道主要有：从外部购入、企业自行建造、由投资者投入、盘盈，以及固定资产后续支出的资本化等。为避免与前面已经讲过的内容及后续讲述的内容重复，这里主要介绍外购固定资产和企业自行建造固定资产的核算方法。

1.外购固定资产的账务处理

企业外购固定资产的成本包括买价，相关税费，使固定资产达到预定可使用状态前所发生的可归属于该项资产的运输费、装卸费、安装费和专业人员服务费等。企业在进行外购固定资产的核算时，主要应设置"固定资产"和"应交税费"等账户。

（1）"固定资产"账户。

本账户核算企业所持有的固定资产的原价。下列各项中满足固定资产确认条件的也在本账户中核算：满足固定资产确认条件的更新改造支出；企业购置计算机硬件附带的未单独计价的软件；企业为开发新产品、新技术购置的符合固定资产定义和确认条件的设备；采用成本模式计量的已出租的建筑物。企业以各种方式取得的固定资产的原价记入该账户的借方，由于各种原因减少的固定资产的原价记入该账户的贷方；本账户期末为借方余额，反映企业现有固定资产的价值。

应予注意的是：该账户的借方记录的固定资产原价有多种计量属性，可能是固定资产的历史成本，也可能是其重置成本、可变现净值或现值等，应根据固定资产取得时确认的成本组成内容和计量属性入账。在将其原价记入该账户借方的同时，应根据是否支付了款项等不同情况，记入"银行存款"或"应付账款"等账户的贷方。另外，该账户的贷方记录的同样是固定资产的原价，反映固定资产原价的减少。在有些情况下，固定资产的原价确实在减少，但并不在该账户的贷方登记。例如，固定资产在使用过程中应按规定计提折旧，所确定的折旧额实质上就是固定资产价值的损耗，属于固定资产原价的减少，但这种减少在会计上是利用专门设置的"累计折旧"账户记录的，而不记录在"固定资产"账户中。

（2）"应交税费"账户。

该账户的结构和核算内容及其应用方法在"存货"一章中已有所介绍，之所以再次提及，是因为对购置设备类等多项固定资产的交易或事项进行账务处理时也必须用到这个账户。本账户主要核算应从销项税额中扣除的进项税额，发生进项税额时应记录在该账户的借方。一般纳税人增值税的扣除数应以从销售方取得的增值税专用发票上注明的增值税税额确定。计算公式为：

进项税额=买价×扣除率（13%）

在购进设备过程中支付运输费用的，按照运输费用结算单据上注明的运输费用金额和扣除率计算进项税额。计算公式为：

进项税额=运输费用金额×扣除率（9%）

应该注意的是："应交税费"账户属于负债类账户，其正常的余额应在贷方，反映企业欠交的税费数。但在某些情况下，例如，企业只发生了进项税额而暂时并没有发生销项税额，该账户会出现借方余额。这是因为，进项税额发生在企业生产经营活动的供应过程中，而该账户贷方记录的销项税额则发生在产品的销售过程中。从发生的时间顺序来看，进项税额发生在先，而销项税额发生在后，这样就使该账户的期末余额方向有了不确定性，出现借方余额也属于正常现象。

【例7-1】 兴海公司购入不需要安装的生产用设备1台，买价30 000元，销售方开具的增值税专用发票上注明增值税税额3 900元，发生运输费900元。以上款项已全部用银行存款支付。假定运输费用涉及的增值税不予考虑。编制的会计分录为：

借：固定资产　　　　　　　　　　　　　　　　　　　　　　30 900
　　应交税费——应交增值税（进项税额）　　　　　　　　　　3 900
　　贷：银行存款　　　　　　　　　　　　　　　　　　　　　　　34 800

注：应交税费3 900元是指增值税专用发票上注明的买价所应抵扣的进项税额。

【例7-2】 兴海公司购入需要安装的生产用设备1台，买价50 000元，销售方开具的增值税专用发票上注明增值税税额6 500元，发生运输费500元。以上款项已通过银行存款支付。假定按照运输费用金额和扣除率计算的进项税额不予考虑。编制的会计分录为：

借：工程物资——专用设备　　　　　　　　　　　　　　　　50 500
　　应交税费——应交增值税（进项税额）　　　　　　　　　　6 500
　　贷：银行存款　　　　　　　　　　　　　　　　　　　　　　　57 000

注：例7-2中所涉及的"工程物资"账户的核算内容及其结构参见"自行建造固定资产的账务处理"部分。

【例7-3】 例7-2中设备投入安装，领用设备成本50 500元，另发生安装费800元、调试费200元，款项已通过银行存款支付。编制的会计分录为：

借：在建工程——在安装设备　　　　　　　　　　　　　　　50 500
　　　　　　——安装工程　　　　　　　　　　　　　　　　　1 000
　　贷：工程物资——专用设备　　　　　　　　　　　　　　　　　50 500
　　　　银行存款　　　　　　　　　　　　　　　　　　　　　　　1 000

注：例7-3中所涉及的"在建工程"账户的核算内容及其结构参见"自行建造固定资产的账务处理"部分。

【例7-4】 以上设备安装完毕，经测试已达到预定可使用状态，结转其实际成本51 500元（50 500+1 000）。编制的会计分录为：

借：固定资产　　　　　　　　　　　　　　　　　　　　　　51 500
　　贷：在建工程——在安装设备　　　　　　　　　　　　　　　　50 500
　　　　　　　　——安装工程　　　　　　　　　　　　　　　　　1 000

2.自行建造固定资产的账务处理

企业自行建造固定资产有自营和出包两种建造方式，无论采用何种方式，对所建工程都应按照实际发生的支出确定工程成本。自行建造固定资产包括工程物资成本和人工成本等。进行自行建造固定资产的核算，除设置"固定资产"账户外，还应设置"在建工程"和"工程物资"账户。

（1）"在建工程"账户。

本账户核算企业基建、更新改造等在建工程发生的支出。与固定资产有关的后续支出，包括固定资产发生的更新改造支出和房屋的装修费用等，满足固定资产确认条件的，也在本账户核算。该账户可分别设置"建筑工程"、"安装工程"、"在安装设备"和"待摊支出"等明细账户。其中：建筑工程成本主要包括工程用物资成本、人工成本、缴纳的相关税费、应予资本化的借款费用以及应分摊的间接费用等；安装工程成本即发生的各种安装费用；在安装设备是指需要安装设备本身的购买成本。以上这些成本发生时记入该账户的借方；工程完工达到预定可使用状态时，将其发生的全部成本结转至"固定资产"账户的借方。本账户期末为借方余额，反映在建工程的实际成本。

（2）"工程物资"账户。

本账户核算企业为在建工程准备的各种物资的成本，包括工程用材料、尚未安装的设备以及为生产准备的工器具等。该账户可按"专用材料"、"专用设备"和"工器具"等设置明细账户。企业购入为建设项目准备的物资记入该账户的借方，领用的工程物资记入该账户的贷方；本账户期末为借方余额，反映企业为在建工程准备的各种物资的成本。

应该注意的是：工程物资由于具有特定的用途，因而应与企业用于产品生产的原材料分开进行核算。工程完工后剩余的工程物资转作本企业存货的，记入"原材料"等账户的借方，同时，记入本账户的贷方。工程完工后剩余的工程物资对外出售的，应确认其他业务收入并结转相应成本。上述事项涉及增值税的，应结转相应的增值税税额。

【例7-5】兴海公司拟自营建造办公楼一幢，购买相关工程物资，买价150 000元（假定不考虑增值税）。以上款项已全部用银行存款支付。编制的会计分录为：

借：工程物资——专用材料　　　　　　　　　　　　　　　　　150 000
　　贷：银行存款　　　　　　　　　　　　　　　　　　　　　　　　150 000

注：我国财政部发布的《增值税会计处理规定》（财会〔2016〕22号）规定，一般纳税人自2016年5月1日后取得并按固定资产核算的不动产或者2016年5月1日后取得的不动产在建工程，其进项税额按现行增值税制度的规定自取得之日起分2年从销项税额中抵扣的，按当期可抵扣的增值税税额，借记"应交税费——应交增值税（进项税额）"账户，按以后期间可抵扣的增值税税额，借记"应交税费——待抵扣进项税额"账户。

【例7-6】兴海公司自营建造办公楼领用专用材料150 000元，发生人工费35 000元；租用施工机械费5 000元，用银行存款支付。编制的会计分录为：

借：在建工程——建筑工程　　　　　　　　　　　　　　　　　190 000
　　贷：工程物资——专用材料　　　　　　　　　　　　　　　　　150 000
　　　　应付职工薪酬　　　　　　　　　　　　　　　　　　　　　35 000
　　　　银行存款　　　　　　　　　　　　　　　　　　　　　　　5 000

【例7-7】兴海公司自行建造的办公楼完工，已办理竣工结算并交付使用，实际成本190 000元（150 000+35 000+5 000）。编制的会计分录为：

借：固定资产　　　　　　　　　　　　　　　　　　　　　　　190 000
　　贷：在建工程——建筑工程　　　　　　　　　　　　　　　　　190 000

【例7-8】兴海公司采用发包式对原有的一座成品仓库进行扩建。该仓库的账面原价为200 000元，已计提折旧50 000元。现已转入扩建，结转该成品仓库有关账面资料。编制的会计分录为：

借：在建工程——建筑工程　　　　　　　　　　　　　　　　　150 000
　　累计折旧　　　　　　　　　　　　　　　　　　　　　　　　50 000

　　　　贷：固定资产　　　　　　　　　　　　　　　　　　　　　　　200 000

　　注：例7-8中所涉及的"累计折旧"账户的核算内容及其结构见本节"固定资产折旧的核算"部分。

　　【例7-9】兴海公司在对成品仓库进行扩建过程中发生支出70 000元，用银行存款支付。编制的会计分录为：

　　　　借：在建工程——建筑工程　　　　　　　　　　　　　70 000
　　　　　　贷：银行存款　　　　　　　　　　　　　　　　　　　　　70 000

　　【例7-10】兴海公司成品仓库扩建工程完工，达到预定可使用状态，转为企业的固定资产，实际成本为220 000元（150 000+70 000）。编制的会计分录为：

　　　　借：固定资产　　　　　　　　　　　　　　　　　　220 000
　　　　　　贷：在建工程——建筑工程　　　　　　　　　　　　　220 000

　　【例7-11】兴海公司将用长期借款建造的生产车间工程发包给启明建筑工程公司。用银行存款支付工程价款750 000元。编制的会计分录为：

　　　　借：在建工程——建筑工程　　　　　　　　　　　750 000
　　　　　　贷：银行存款　　　　　　　　　　　　　　　　　　　750 000

　　【例7-12】兴海公司接到银行通知，新建生产车间使用长期借款在建设期间发生的利息为90 000元，用银行存款支付。编制的会计分录为：

　　　　借：在建工程——建筑工程　　　　　　　　　　　　90 000
　　　　　　贷：银行存款　　　　　　　　　　　　　　　　　　　90 000

　　【例7-13】兴海公司新建生产车间完工，经验收已达到预定可使用状态，结转其实际成本840 000元（750 000+90 000）。编制的会计分录为：

　　　　借：固定资产　　　　　　　　　　　　　　　　　　840 000
　　　　　　贷：在建工程——建筑工程　　　　　　　　　　　　　840 000

（二）固定资产折旧的核算

1.固定资产折旧的概念

　　固定资产折旧是指在固定资产使用寿命内，按照确定的方法对应计折旧额进行的系统分摊。应计折旧额是指应当计提折旧的固定资产的原价扣除其预计净残值后的金额。

　　固定资产折旧是其应计折旧额在固定资产使用寿命内进行系统分摊的过程。企业购买或建造固定资产发生的支出属于资本性支出，这种支出与企业发生在非流动资产上的收益性支出一样，最终也要转化为企业的成本或费用，但其转化形式不同。由于固定资产可以在企业的生产经营活动中使用多个会计年度，所以，应根据其使用寿命采用合理的方法进行分摊，分期计入企业各期的成本或费用。在实务中，固定资产折旧的计提通常是在固定资产的使用期间内按月进行的。对折旧额进行计算并按固定资产的经济用途计入有关成本或费用的过程称为计提折旧。被分摊计入企业成本或费用的那部分固定资产价值损耗，在会计上称为折旧额。

　　在研究固定资产折旧问题时，很重要的一点是要明确"应计折旧额"这一基本概念。应计折旧额一般是指应当计提折旧的固定资产的原价扣除其预计净残值后的金额。用公式可表示为：

应计折旧额=固定资产原价-预计净残值

计算公式中的"预计净残值"一般是指预计的固定资产在停止使用时可能产生的残值收入扣除清理费用后的净额。由此可见，固定资产的应计折旧额与其原价并不是同一个概念。它是在考虑了固定资产在终止确认时可能产生的收益和费用等因素后加以确定的。例如，企业用银行存款购买一台设备，其原价为100 000元，预计使用寿命为20年，预计在其达到使用寿命后的处置过程中可收回净残值金额为1 000元。由于该净残值预计可以收回，因而应从固定资产的原价中减去，进而确定固定资产的应计折旧额，即该设备的应计折旧额应为：99 000元（100 000-1 000）。如果存在其他因素（如发生减值），应计折旧额会相应减少。关于应计折旧额的具体确定方法将在后续部分进行详细介绍。

在固定资产应计折旧额的系统分摊过程中，一方面会形成企业的成本或费用，另一方面会使固定资产的净值发生变化。即随着固定资产折旧的陆续计提，其累计折旧额会越来越大，而固定资产的净值会越来越小。固定资产的原价与其折旧之间的差额称为固定资产净值。例如，企业用100 000元购买的一台设备，其预计使用年限为20年，预计净残值为1 000元，应计折旧额为99 000元。该设备每年应计提的折旧额为4 950元。则在设备使用的第1年，折旧额为4 950元，设备的净值为95 050元；在第2年，累计折旧额为9 900元，设备的净值为90 100元。依此类推，在第20年年末，累计折旧额应为99 000元，设备的净值为1 000元（即净残值）。由此可见，固定资产净值能够客观、真实地反映一家企业拥有固定资产的规模及其实际使用能力，评价一家企业的固定资产状况，不能只看其固定资产的原价，更应切实了解该企业固定资产的净值。

2.计提折旧的固定资产范围

计提折旧的固定资产范围是指应当对企业所拥有的哪些资产计提折旧。在实务中，对企业在一定会计期间所持有的固定资产应进行具体分析，并合理确定计提折旧的固定资产范围。《企业会计准则第4号——固定资产》规定，企业应当对所有的固定资产计提折旧，但是，已提足折旧仍继续使用的固定资产和单独计价入账的土地除外。在确定计提折旧范围时，除应遵守以上基本要求外，还应注意以下几点：

（1）固定资产应按月计提折旧。固定资产应自达到预定可使用状态时开始计提折旧，终止确认时或划分为持有待售非流动资产时停止计提折旧。为了简化核算，目前企业计提折旧仍沿用实务中惯用的做法：当月增加的固定资产，当月不计提折旧，从其增加的下一个月起计提折旧；当月减少的固定资产，当月仍计提折旧，从其减少的下一个月起不再计提折旧。

（2）固定资产提足折旧后，不论是否继续使用，均不再计提折旧，提前报废的固定资产也不再补提折旧。所谓提足折旧是指已经提足该项固定资产的应计折旧额。

（3）已达到预定可使用状态但尚未办理竣工决算的固定资产，应当按照估计价值确定其成本，并计提折旧；待办理竣工决算后再按实际成本调整原来的暂估价值，但不需要调整原已计提的折旧额。

3.影响固定资产折旧计提的因素

固定资产折旧的计提是指企业在各个会计期间对当期应计折旧额的确认。企业应按期根据固定资产的使用情况并考虑有关因素，采用选定的计提方法将这部分耗费计入当期的成本或费用，以便正确确定各个会计期间的损益。影响固定资产折旧计提的因素主要有固定资产的原价、预计净残值和预计使用寿命。

（1）固定资产的原价。

固定资产的原价也称原始价值，是指固定资产取得时的实际成本，它是计算固定资产折旧的基数。以其作为计提折旧的基数，可以使折旧的计提建立在客观、统一的基础上，不易受主观因素的影响。对于个别无法直接通过账面记录确定原价的固定资产，如盘盈的固定资产、接受捐赠的固定资产，应以其重置完全价值等作为折旧基数。一般而言，固定资产的原始价值越高、使用的寿命越短，企业计算出来的各期应计提的折旧额就越大，反之则越小。

（2）固定资产的预计净残值。

固定资产的预计净残值一般是指固定资产的预计残值收入扣除预计清理费用后的净额。预计残值收入是指固定资产报废清理时预计可收回的器材、零件和材料等的残料价值收入；预计清理费用是指固定资产报废清理时预计发生的拆卸、整理和搬运等费用。固定资产原始价值减去预计净残值后的数额为应计折旧额。一般而言，固定资产的预计净残值越大，应计折旧额越小，企业计算出来的各期折旧额也就越小，反之则越大。

（3）固定资产的预计使用寿命。

固定资产的预计使用寿命是指企业使用固定资产的预计期间，或者该固定资产所能生产产品或提供劳务的数量。企业在确定固定资产的使用寿命时，应当考虑下列因素：预计生产能力或实物产量；预计有形损耗和无形损耗；法律或者类似规定对资产使用的限制。所谓有形损耗是指固定资产在使用过程中由于物理磨损而发生的使用性损耗和由于受自然力影响而发生的自然损耗；无形损耗是指由于技术进步、消费者偏好的变化和经营规模扩大等原因而引起的损耗。一般而言，有形损耗决定了固定资产的预计使用寿命，无形损耗决定了固定资产的实际使用寿命。

企业应当根据固定资产的性质和使用情况，合理确定固定资产的使用寿命和预计净残值。

4.固定资产折旧方法

企业应当根据固定资产所包含的经济利益预期实现方式，合理选择固定资产折旧方法。根据《企业会计准则》的规定，企业可选用的折旧方法包括年限平均法、工作量法、双倍余额递减法和年数总和法等。固定资产应当按月计提折旧，并根据用途计入相关资产的成本或者当期损益。

（1）年限平均法。

年限平均法又称直线法，它是以固定资产的预计使用年限为分摊标准，将固定资产的应计折旧额均衡地分摊到各使用年度的一种折旧计算方法。采用这种方法计算的每期折旧额均相等，不受固定资产使用频率或产品生产数量，以及提供劳务数量多少的影响，因而也称固定费用法。

年限平均法下计算折旧的有关公式如下：

年折旧率=（1-预计净残值率）÷预计使用寿命（年）

式中的"1-预计净残值率"中的"1"是将固定资产原价视为100%；"预计净残值

率"是预计净残值占原价的比例,即(预计收回残值金额-预计清理费用)÷原价×100%。该部分的计算结果为应计折旧额占固定资产原价的比例,即折旧率总额。

月折旧率=年折旧率÷12

月折旧额=固定资产原价×月折旧率

【例7-14】 兴海公司的一台机器设备按年限平均法计提折旧。该设备原价为100 000元,预计净残值为5 000元,预计清理费用为1 000元,预计使用寿命为5年。

根据以上资料,对该设备的折旧率和折旧额等计算如下:

预计净残值率=[(5 000-1 000)÷100 000]×100%=4%

年折旧率=(1-4%)÷5=19.2%

月折旧率=19.2%÷12=1.6%

月折旧额=100 000×1.6%=1 600(元)

采用年限平均法计算的各年、各月的折旧额相等。它的优点是计算过程简便易行,容易理解,是实际工作中应用比较广泛的一种方法。它的缺点是只注重固定资产的使用寿命,而忽视了固定资产的实际使用状况,在每个会计期间都计提相等的折旧额,并计入当期的成本或费用,对于使用固定资产较少的会计期间而言,其成本或费用的确认显得不够合理。

(2)工作量法。

工作量法是以固定资产预计可完成的工作总量为分摊标准,根据各期实际工作量计算每期应计折旧额的一种方法。采用这种折旧计算方法,各期计提折旧额的多少随着固定资产实际工作量的不同而有所变化。采用工作量法计提折旧的过程分两个步骤进行:首先,要计算固定资产单位工作量的折旧额。其次,根据每期实际工作量的多少计算当期的折旧额。其计算公式如下:

单位工作量折旧额=固定资产原价×(1-预计净残值率)÷预计总工作量

式中的"1-预计净残值率"的含义及计算方法同年限平均法;"固定资产原价×(1-预计净残值率)"的计算结果为应计折旧额总额。

某项固定资产月折旧额=该项固定资产当月工作量×单位工作量折旧额

在采用工作量法时,可根据不同固定资产的使用特点,采用不同的工作量标准,如机器设备可按其能够运行的预计工作小时总额作为标准,运输工具可按其预计行驶的里程总数为标准,建筑施工机械可按其预计的工作台班总时数为标准等。

采用工作量法计算的各期折旧额是不相等的,但可以使各期折旧额的分摊趋于合理。它的优点是计算过程简便易行,容易掌握,也是实务中常用的一种方法。它的缺点与年限平均法一样,只注重了固定资产的有形损耗,而没有考虑固定资产的无形损耗。

【例7-15】 兴海公司的一台机器设备按工作时数计提折旧。该设备原价为150 000元,预计净残值为6 000元,预计清理费用为1 500元,预计可工作10 000小时。该设备投入使用后第1年的时数为3 000小时。各月使用时数分别为:1月份220小时;2月份280小时;3月份340小时;4—12月份各月的使用时数均为240小时。

根据以上资料,对该设备的折旧率和折旧额等计算如下:

预计净残值率=[(6 000-1 500)÷150 000]×100%=3%

单位工作量折旧额=150 000×(1-3%)÷10 000=14.55(元/小时)

第1年各月折旧额：

1月份折旧额＝220×14.55＝3 201（元）

2月份折旧额＝280×14.55＝4 074（元）

3月份折旧额＝340×14.55＝4 947（元）

4—12月份各月折旧额＝240×14.55＝3 492（元）

从上面的计算结果可以看出：工作量法和年限平均法一样，它们的共同优点是比较简单实用。但在这两种方法下，都是将有形损耗看成引起固定资产价值损耗的唯一因素。事实上，由于无形损耗的客观存在，固定资产的价值即使不使用也会发生损耗，例如，由于设备制造的科学技术的发展，替代原有固定资产的新产品的出现会导致其使用寿命缩短。考虑由于科技进步等因素而引起的固定资产无形损耗，在有些企业，特别是高新技术企业，可以按照规定选用以下两种折旧方法。

（3）双倍余额递减法。

双倍余额递减法是在不考虑固定资产预计净残值的情况下，根据每期期初固定资产原价减去累计折旧额后的金额和相当于双倍的直线法折旧率计算各期固定资产折旧额的一种方法。其中，"双倍"是指直线法折旧率的两倍；而"余额"是指"每期期初固定资产原价减去累计折旧额后的金额"。"累计折旧额"是指在以前会计期间已经计提的固定资产折旧的累计金额。在双倍余额递减法下，各年的折旧率是固定的，但由于每年的折旧基数是由当期期初固定资产的"余额"确定的，即各期的期初折旧基数是每年逐渐减少的，因而各年计提的折旧额会呈现出逐年递减的趋势。

在采用双倍余额递减法计提折旧时应注意：各年计提折旧后，固定资产的"余额"不能低于预计固定资产净残值。其计算公式如下：

年折旧率＝2÷预计使用寿命（年）×100%

式中的"2"相当于将固定资产的折旧率扩大了两倍，据此计算出来的年折旧率相当于年限平均法折旧率的两倍。实际上，双倍余额递减法下的年折旧率也可采用下面的方法计算：

年折旧率＝[（1÷预计使用寿命）×2]×100%

式中的"（1÷预计使用寿命）"与年限平均法计算出来的折旧率大体相等。之所以说是大体相等，是由于在双倍余额递减法下计算折旧率时是不考虑固定资产净残值的；其计算结果与年限平均法计算出来的折旧率相比一般要高一些。

月折旧率＝年折旧率÷12

月折旧额＝每年年初固定资产余额×月折旧率

【例7-16】兴海公司的一台设备按双倍余额递减法计提折旧。该设备原价240 000元，预计净残值9 600元，预计使用寿命为5年。

根据以上资料，对该设备的折旧率和折旧额等计算如下：

年折旧率＝（2÷5）×100%＝40%

月折旧率＝40%÷12≈3.33%

各月折旧额的计算应区分以下两种情况：一是在固定资产折旧年限到期前2年之前的年份，采用上面的月折旧率计算各月的折旧额即可。例7-16中前3年该设备的折旧额等数据计算结果见表7-1。

表7-1

折旧计算表（双倍余额递减法）　　　　金额单位：元

年次	年初余额	月折旧率	月折旧额	年折旧额	累计折旧额	年末余额
	①=上年⑥	②计算确定	③=①×②	④=③×12	⑤=上年⑤+④	⑥=①-④
1	240 000	3.33%	7 992.00	96 000	96 000	144 000
2	144 000	3.33%	4 795.20	57 600	153 600	86 400
3	86 400	3.33%	2 877.12	34 560	188 160	51 840
4	51 840	改用年限平均法	1 760.00	21 120	209 280	30 720
5	30 720	计提折旧	1 760.00	21 120	230 400	9 600

注：由于在第1年年初尚未进行折旧的计提，表中第1年的"年初余额"即为该设备原价，其他年度的"年初余额"是根据上年年末余额确定的。另外，由于月折旧率为小数，月计提折旧额有一定的误差，故将表中前3年的年折旧额按调整以后的整数确定，以便较为准确地确定该设备各年度的年初余额。

采用双倍余额递减法计算各月折旧额时应注意的第二种情况是：在固定资产折旧年限到期前2年内，对尚未提足的应计折旧额差额部分，即固定资产"余额"扣除预计净残值后的余额，平均摊销，并以此为基数确定这2年中各月的折旧额。在表7-1中，由于在前3年可暂时不必考虑固定资产预计净残值的扣除问题，所以各年计提的折旧额是按照双倍余额递减法确定的折旧率正常计算的，即根据固定资产年初余额的不同情况，采用统一的月折旧率计算即可。而到第4年，该设备的使用期限只有2年，如果仍按部就班地采用原来的月折旧率计提折旧，剩余的应计折旧额就不可能全部计提完。例如，该设备第4年年初余额为51 840元，全年计提的折旧额仅为：51 840×40%=20 736（元）；第5年全年计提的折旧额仅为：（51 840-20 736）×40%=12 441.60（元）。2年合计计提的折旧额只有：33 177.60元（20 736+12 441.60），这个数字显然小于在这2年中应计提的折旧额42 240元（51 840-9 600）。因此，只有从第4年起改用年限平均法计提该设备折旧，才能保证该设备的应计折旧额在其折旧年限到期时全部计提完毕。一般的做法是：在固定资产预计使用年限的最后2年，将固定资产的余额（本例为51 840元）扣除预计净残值（本例为9 600元）后平均分摊，并作为每个年度计提折旧的金额。在本例中，后2年每年应摊销的折旧额为：（51 840-9 600）÷2=21 120（元），每年各月应计提的折旧额为：21 120÷12=1 760（元）。由此可见，在双倍余额递减法下，固定资产的残值扣除是在固定资产预计使用年限的最后2年进行折旧额的调整时必须予以考虑的一个重要因素。例7-16中后2年该设备的折旧额的计算结果见表7-1。

（4）年数总和法。

年数总和法又称年限合计法，是指以固定资产的原值减去其预计净残值后的余额为基数，乘以一个以固定资产尚可使用寿命为分子、以预计使用寿命逐年数字之和为分母的逐年递减的分数计提各期折旧额的一种方法。其计算公式如下：

年折旧率=尚可使用年限÷预计使用寿命的年限之和×100%

式中的"尚可使用年限"是指从计提折旧的会计期间算起至固定资产达到预计使用寿命期限之间的时间。在"尚可使用年限"中应包括对固定资产的尚可使用年限进行确定的年份。例如，2×24年对某项固定资产的尚可使用年限加以认定，其尚可使用年限为3年，那么，这3年是指2×24年、2×25年和2×26年。式中的"使用寿命的年限之和"是指固定资产预计使用寿命逐年数字之和，这个数字是按照固定资产"尚可使用年限"的时间顺序排列的，如上例，不是以一般意义上的2×24年为第1年，2×25年为第2年，2×26年为第3年，"使用寿命的年限之和"是将这些顺序排列的数字相加得到的结果，即1+2+3=6。以固定资产尚可使用寿命为分子、以预计使用寿命逐年数字之和为分母确定的各年折旧率应依次为3/6、2/6、1/6，是逐年递减的分数。按照这样的折旧率计提固定资产折旧，各年的折旧额也会呈现逐年递减的趋势。

月折旧率=年折旧率÷12

月折旧额=（固定资产原价-预计净残值）×月折旧率

【例7-17】 兴海公司的一台设备按年数总和法计提折旧。该设备原价为240 000元，预计净残值为9 600元，预计使用寿命为5年。

根据以上资料，对该设备有关折旧率和折旧额等计算如下。

年折旧率：

第1年=5÷（1+2+3+4+5）×100%=33.33%

第2年=4÷（1+2+3+4+5）×100%=26.67%

第3年=3÷（1+2+3+4+5）×100%=20.00%

第4年=2÷（1+2+3+4+5）×100%=13.33%

第5年=1÷（1+2+3+4+5）×100%=6.67%

月折旧率：

第1年=33.33%÷12=2.78%

第2年=26.67%÷12=2.22%

第3年=20.00%÷12=1.67%

第4年=13.33%÷12=1.11%

第5年=6.67%÷12=0.56%

月折旧额：

第1年=（240 000-9 600）×2.78%=6 405.12（元）

第2年=（240 000-9 600）×2.22%=5 114.88（元）

第3年=（240 000-9 600）×1.67%=3 847.68（元）

第4年=（240 000-9 600）×1.11%=2 557.44（元）

第5年=（240 000-9 600）×0.56%=1 290.24（元）

例7-17中的有关计算见表7-2。

表7-2 　　　　　　　　　　　　　折旧计算表（年数总和法）　　　　　　　　　　　　金额单位：元

年次	应计折旧额 ①=原价-预计净残值	月折旧率 ②计算确定	月折旧额 ③=①×②	年折旧额 ④=③×12	累计折旧额 ⑤=上年⑤+④	期末净值 ⑥=上年⑥-④
1	230 400	2.78%	6 405.12	76 861.44	76 861.44	163 138.56
2	230 400	2.22%	5 114.88	61 378.56	138 240.00	101 760.00
3	230 400	1.67%	3 847.68	46 172.16	184 412.16	55 587.84
4	230 400	1.11%	2 557.44	30 689.28	215 101.44	24 898.56
5	230 400	0.56%	1 290.24	15 298.56	230 400.00	9 600.00

注：表中第1年的"期末净值"应为240 000-④，其余年度的"期末净值"可采用上年⑥-④的方法计算；表中第5年的"年折旧额"不是按折旧率计算的，而是根据第4年年末的"期末净值"确定的。表中"年折旧额"存在一定误差。

从以上举例可以看出：在年数总和法下，各年计提折旧额的基数是固定不变的，折旧率应根据固定资产的使用年限具体计算确定，如同双倍余额递减法，在年数总和法下各年计提折旧额的多少也呈现了逐年递减的趋势。

在以上介绍的四种折旧方法中，年限平均法和工作量法属于平均折旧方法，计入各期的固定资产使用费用相对比较均衡，但由于受固定资产使用寿命期限的限制，企业发生在固定资产上的支出只能逐渐计入各期成本或费用，并通过产品的销售等分次收回，极有可能由于市场行情的变化等而遭受固定资产减值等方面的损失；年数总和法和双倍余额递减法属于加速折旧法，这两种方法下，在固定资产使用寿命的前期将固定资产支出计入各期成本或费用的金额相对较多，后期则相对较少。这样，企业就可以尽快地通过产品销售等收回发生在固定资产上的大部分支出，避免由于技术进步等引起的固定资产的无形损耗，规避由于固定资产的无形损耗而给企业带来的经营风险。

5.运用固定资产折旧方法应注意的问题

（1）企业选用折旧方法应遵循会计信息质量的可比性要求。

对于我国《企业会计准则》规定的以上四种折旧方法，企业可结合自身的经营性质和特点选择使用。从上面的举例可以看出，企业选择不同的固定资产折旧方法，将影响固定资产使用寿命期间内不同时期的折旧费用，每月计算出来的折旧额差异是比较大的，由于这些折旧额都要分别计入各会计期间的成本或费用，因而就成为影响各个会计期间成本或费用水平高低的一个重要因素。进一步看，成本或费用水平的高低又会影响各期经营成果的计算与确定。为了使各期分摊的固定资产使用费用均衡合理，避免人为地改变固定资产折旧方法而调节企业成本或费用及经营成果，根据《企业会计准则》的规定，企业选择使用的固定资产折旧方法一经确定，一般不得随意变更。

（2）应对固定资产使用寿命、预计净残值和折旧方法进行复核。

在固定资产使用过程中，其所处的经济环境、技术环境及其他环境可能对固定资产的使用寿命和预计净残值产生较大影响。例如，由于产品产量增多而使固定资产使用强度加大时，会在一定程度上缩短固定资产的使用寿命；市场上替代在用固定资产的新产品的出现致使其实际使用寿命缩短、预计净残值减少等。以上环境的变化也可能会使与固定资产有关的经济利益的预期实现方式发生重大改变，企业应相应改变固定资产折旧方法。例如，某采掘企业在经营初期各期产量相对均衡，采用年限平均法计提折旧。但现在企业生产所依赖的资源的可采储量逐年减少，需要将年限平均法改变为工作量法等。我国的《企业会计准则》规定，企业至少应当于每年年度终了，对固定资产使用寿命、预计净残值和折旧方法进行复核。如有确凿证据表明：固定资产使用寿命和净残值的预计数与原先估计数有差异，应进行相应调整。固定资产包含的经济利益预期实现方式有重大改变的，应当改变固定资产折旧方法。

6.固定资产折旧的账务处理

按照有关规定，企业对固定资产应当按月计提折旧，并根据固定资产的用途计入相关资产的成本或者当期损益。当月应计提的折旧额应根据企业所采用的折旧方法，利用"固定资产折旧计算表"计算确定。

进行固定资产折旧的核算应设置"累计折旧"账户。本账户核算企业对固定资产计提的累计折旧。企业按月计提的折旧记入该账户的贷方，同时登记有关账户的借方。例如，基本生产车间使用固定资产计提的折旧记入"制造费用"账户的借方；管理部门使用固定资产计提的折旧记入"管理费用"账户的借方；销售部门使用固定资产计提的折旧记入"销售费用"账户的借方；企业自行建造固定资产过程中使用固定资产计提的折旧记入"在建工程"账户的借方；经营租出固定资产计提的折旧记入"其他业务成本"账户的借方；未使用固定资产计提的折旧记入"管理费用"账户的借方。企业处置固定资产，如出售、报废、对外投资和盘亏固定资产时，应结转处置固定资产的累计折旧额，结转处置固定资产已计提的折旧额，应记入该账户的借方，并分别记入"固定资产清理""长期股权投资""待处理财产损溢"等账户的借方，以及"固定资产"账户的贷方。本账户期末贷方余额，反映企业固定资产的累计折旧额。

【例7-18】兴海公司本月计提固定资产折旧12 500元。其中，企业生产车间使用的固定资产计提折旧10 000元；企业管理部门使用的固定资产计提折旧2 500元。编制的会计分录为：

借：制造费用	10 000
管理费用	2 500
贷：累计折旧	12 500

【例7-19】兴海公司将不需用的一台设备出售给长江公司，其原价为100 000元，累计折旧为20 000元。转入清理时，编制的会计分录为：

借：固定资产清理	80 000
累计折旧	20 000
贷：固定资产	100 000

【例7-20】兴海公司用一台设备向长江公司投资，其原价为200 000元，累计折旧为30 000元。经评估确认的价值为170 000元。编制的会计分录为：

借：长期股权投资	170 000
累计折旧	30 000
贷：固定资产	200 000

【例7-21】兴海公司在财产清查中发现盘亏设备一台，其原价为40 000元，累计折旧为25 000元。发现盘亏后调整该设备的有关账面价值时，编制的会计分录为：

借：待处理财产损溢	15 000
累计折旧	25 000
贷：固定资产	40 000

注：例7-21中所涉及的"待处理财产损溢"账户的核算内容及结构见本节"固定资产清查结果的核算"部分。

延伸阅读7-1

城市轨道交通
企业固定资产
折旧体系优化
探析

（三）固定资产减值损失的核算

1.固定资产减值的概念

固定资产减值是指固定资产的可收回金额低于其账面价值这样一种情况。

我国《企业会计准则》规定，企业应当在会计期末判断资产是否存在可能发生减值的迹象。存在下列迹象的，表明资产可能发生了减值：（1）资产的市价当期大幅度下跌，其跌幅明显高于因时间的推移或者正常使用而预计的下跌。（2）企业经营所处的经济、技术或者法律等环境以及资产所处的市场在当期或者将在近期发生重大变化，从而对企业产生不利影响。（3）市场利率或者其他市场投资回报率在当期已经提高，从而影响企业计算资产预计未来现金流量现值的折现率，导致资产可收回金额大幅度降低。（4）有证据表明资产已经陈旧过时或者其实体已经损坏。（5）资产已经或者将被闲置、终止使用或者计划提前处置。（6）企业内部报告的证据表明资产经济绩效已经低于或者将低于预期，如资产所创造的净现金流量或者实现的营业利润（或者亏损）远远低于（或者高于）预计金额等。（7）其他表明资产可能已经发生减值的迹象。

资产存在减值迹象时，应当估计其可收回金额。可收回金额应当根据资产的公允价值减去处置费用后的净额与资产预计未来现金流量的现值两者之间的较高者确定。处置费用包括与资产处置有关的法律费用、相关税费、搬运费以及为使资产达到可销售状态所发生的直接费用等。资产的公允价值减去处置费用后的净额与资产预计未来现金流量的现值，只要有一项超过了资产的账面价值，就表明资产没有发生减值，不需要再估计另一项金额。资产的公允价值减去处置费用后的净额，应当根据公平交易中有法律约束力的销售协议价格减去直接归属于该资产处置费用的金额确定；不具有法律约束力的销售协议，但存在资产活跃市场的，应当按照该资产的市场价格减去处置费用后的金额确定，资产的市场价格通常应当根据资产的买方出价确定。在既没有具有法律约束力的销售协议，又不存在活跃市场的情况下，应当以可获取的最佳信息为基础，估计资产的公允价值减去处置费用后的净额，同行业类似资产的最近交易价格或者结果可以作为估计资产的公允价值减去处置费用后的净额的参考。企业按照上述规定仍然无法可靠估计资产的公允价值减去处置费用后的净额的，应当以该资产未来现金流量的现值作为其可收回金额。

2.固定资产减值损失的确定及账务处理

（1）固定资产减值损失的确定。

固定资产减值损失是指可收回金额低于其账面价值所形成的损失，对此，应当将资产的账面价值减记至可收回金额，减记的金额确认为资产减值损失，计入当期损益，同时计提相应的减值准备。例如，企业某项资产经测试有减值迹象，其账面价值为150 000元，经计算其可收回金额为120 000元，确定的固定资产减值损失应为：

150 000-120 000=30 000（元）

固定资产减值准备是根据谨慎性原则的要求，为应对固定资产的减值有可能给企业带来的风险而预先计提的一种准备金。如同企业为应对可能发生的坏账损失而预先计提坏账准备一样，企业提取固定资产减值准备，就是为了应对固定资产的减值有可能给企业带来的损失，化解由于固定资产减值损失可能给企业的经营带来的风险，也有利于科学地确定各个会计期间的损益，进而合理地确认企业各个会计期间的财务成果。

（2）固定资产减值损失的账务处理。

为进行固定资产减值损失的核算，企业应设置"资产减值损失"和"固定资产减值准备"等账户。

①"资产减值损失"账户。本账户核算企业根据资产减值等准则计提的包括固定资产在内的各项资产减值准备所形成的损失。企业根据资产减值等准则确定固定资产发生的减值，按应减记的金额记入本账户的借方，同时记入"固定资产减值准备"账户的贷方。期末，将本账户发生额结转至"本年利润"账户时，记入本账户的贷方。期末结转后本账

户应无余额。

②"固定资产减值准备"账户。本账户核算企业固定资产发生减值时计提的减值准备。在资产负债表日，企业根据资产减值准则确定固定资产发生减值的，按应减记的金额记入"资产减值损失"账户的借方，同时记入本账户的贷方。处置固定资产时同时结转已计提的固定资产减值准备，记入本账户的借方。本账户期末为贷方余额，反映企业已计提但尚未结转的固定资产减值准备。

【例7-22】兴海公司某一设备发生减值，其账面价值为100 000元，经计算其可收回金额为90 000元。形成的减值损失为10 000元（100 000-90 000）。编制的会计分录为：

借：资产减值损失 10 000
　　贷：固定资产减值准备 10 000

（四）固定资产减少的核算

1.固定资产终止确认的条件

固定资产减少意味着固定资产在企业中不复存在，因而应终止确认。终止确认是根据终止确认的条件将原来已确认的固定资产从账面上处理掉，并对其在处置过程中发生的收入或费用等进行账务处理的过程。按照《企业会计准则第4号——固定资产》的规定，固定资产满足下列条件之一的，应当予以终止确认：

（1）该固定资产处于处置状态。处于处置状态的固定资产不再用于生产商品、提供劳务、出租或经营管理，因此，不再符合固定资产的定义，应予以终止确认。

（2）该固定资产预期通过使用或处置不能产生未来经济利益。固定资产的确认条件之一是"与该固定资产有关的经济利益很可能流入企业"，如果一项固定资产预期通过使用或处置不能产生经济利益，就不再符合固定资产的定义和确认条件，应予以终止确认。

2.固定资产减少的账务处理

为进行固定资产减少的核算，仍然涉及前面介绍的"固定资产"和"累计折旧"等账户。企业出售、转让、报废固定资产或发生固定资产毁损等，当固定资产减少时应当将处置收入扣除账面价值和相关税费后的金额计入当期损益。固定资产处置一般通过"固定资产清理"账户进行核算。其会计处理一般经过以下几个步骤：

第一，将固定资产转入清理。将固定资产转入清理时，应按固定资产账面价值记入"固定资产清理"账户的借方，按已计提的累计折旧，记入"累计折旧"账户的借方，原已计提减值准备的，按已计提的减值准备借记"固定资产减值准备"账户，按固定资产账面余额记入"固定资产"账户的贷方。

第二，发生的清理费用。在固定资产清理过程中发生的其他有关费用以及应支付的相关税费，记入"固定资产清理"账户的借方，并贷记"银行存款""应交税费"等账户。

第三，出售收入和残料等的处理。一方面应在"固定资产"账户的贷方冲减其原值，在"累计折旧"账户转销其已提折旧；另一方面应根据不同的情况进行相应的账务处理。对于出售和报废的固定资产，应通过"固定资产清理"账户进行核算。清理后发生的净收益应转入"资产处置损益"账户或"营业外收入""营业外支出"账户；对于在财产清查中发现的盘亏固定资产应先记入"待处理财产损溢"账户，经批准转销时，转入"营业外支出"账户。另外，企业将发生的固定资产后续支出计入固定资产成本的，应当终止确认被替换部分的账面价值。

这里需特别介绍一下"固定资产清理"账户。本账户核算企业因出售、报废和毁损、对外投资、非货币性资产交换、债务重组等原因转入清理的固定资产价值以及在清理过程中所发生的清理费用和清理收入等。企业因出售、报废和毁损、对外投资、非货币性资产交换、债务重组等处置固定资产,按该项固定资产账面净额借记本账户,按其账面余额,贷记"固定资产"账户;收回出售固定资产的价款、残料价值和变价收入等,应冲减清理支出。按实际收回价款和收回材料的价值记入"银行存款""原材料"等账户的借方,贷记本账户。

第四,保险赔偿的处理。企业计算或收到的应由保险公司或过失人赔偿的损失,应冲减清理支出,借记"其他应收款""银行存款"等账户,贷记"固定资产清理"账户。

第五,清理净损益的处理。固定资产清理完成后产生的净损失,按"固定资产清理"账户的借方余额,属于筹建期间的,借记"管理费用"账户,贷记"固定资产清理"账户;属于生产经营期间正常的处理损失的,借记"资产处置损益"账户或"营业外支出"账户,贷记"固定资产清理"账户;属于生产经营期间由于自然灾害等非正常原因造成的处理损失的,借记"营业外支出——非常损失"账户,贷记"固定资产清理"账户;固定资产清理完成后实现的净收益,记入"固定资产清理"账户的借方,属于筹建期间的,借记"固定资产清理"账户,贷记"管理费用"账户;属于生产经营期间的,借记"固定资产清理"账户,贷记"资产处置损益"账户或"营业外收入"账户;"固定资产清理"账户如有期末余额,反映企业尚未清理完毕的固定资产的价值以及尚未处理的清理净损益(清理收入减去清理费用)。

【例7-23】兴海公司将不需用的一台设备出售给长江公司,其原始价值为100 000元,累计折旧为20 000元,已计提减值准备5 000元。编制的会计分录为:

借:固定资产清理	75 000
累计折旧	20 000
固定资产减值准备	5 000
贷:固定资产	100 000

【例7-24】以上设备在清理过程中,使用原材料1 000元,用银行存款支付清理费1 200元。编制的会计分录为:

借:固定资产清理	2 200
贷:原材料	1 000
银行存款	1 200

【例7-25】出售上述设备收到价款90 000元,已存入银行。假设不考虑相关税费,编制的会计分录为:

借:银行存款	90 000
贷:固定资产清理	90 000

【例7-26】上述设备清理结束,将获得的净收益12 800元(90 000-75 000-2 200)转为企业的资产处置损益。编制的会计分录为:

借:固定资产清理	12 800
贷:资产处置损益	12 800

【例7-27】兴海公司的一台生产产品用设备因自然灾害毁损,其原价为80 000元,累计折旧为30 000元。已将该设备转入清理,编制的会计分录为:

借：固定资产清理   50 000
  累计折旧   30 000
  贷：固定资产   80 000

【例7-28】以上设备在清理过程中发生清理费用600元，已用银行存款支付。编制的会计分录为：

借：固定资产清理   600
 贷：银行存款   600

【例7-29】以上设备在清理过程中收回残料150元。编制的会计分录为：

借：原材料   150
 贷：固定资产清理   150

【例7-30】根据保险合同，以上设备损失应由保险公司赔偿45 000元。编制的会计分录为：

借：其他应收款   45 000
 贷：固定资产清理   45 000

【例7-31】以上设备清理结束，将发生的净损失5 450元（50 000+600-150-45 000）转为企业的营业外支出。编制的会计分录为：

借：营业外支出   5 450
 贷：固定资产清理   5 450

（五）固定资产清查结果的核算

1.固定资产清查结果的概念

固定资产清查是指企业对其在生产经营过程中使用的房屋、建筑物和设备等进行的清查。固定资产清查的结果主要有两个方面：在财产清查中发现固定资产盘盈或盘亏。其中：盘盈是指经过盘点得到的固定资产实有数量大于其账面结存数量；盘亏是指经过盘点得到的固定资产实有数量小于其账面结存数量。在财产清查中发现的固定资产的盘盈和盘亏，在会计上都应及时地进行处理。可见，准确地确定固定资产的盘盈和盘亏是进行固定资产清查结果核算的前提。

固定资产清查是企业财产清查的重要组成部分，进行固定资产清查的目的是保证固定资产的实有数与其账面数相符，如实地反映企业固定资产的实际状况，进而真实地反映企业的财务状况和经营成果。

2.固定资产清查结果的账务处理

对企业在财产清查中发现的固定资产盘亏及毁损，应通过"待处理财产损溢"账户进行核算。本账户核算企业在财产清查过程中查明的各种财产盘盈、盘亏和毁损的价值。但应注意的是：企业如有固定资产的盘盈，应作为前期差错记入"以前年度损益调整"账户，不通过本账户进行核算。就固定资产的清查盘点结果的处理而言，对于盘亏、毁损的各种固定资产应记入本账户的借方，记入"累计折旧""固定资产减值准备"账户的借方，同时记入"固定资产"账户的贷方。固定资产的盘亏、毁损按管理权限报经批准后，按收回残料的价值记入"原材料"等账户的借方；按可收回的保险赔偿或过失人赔偿的金额记入"其他应收款"账户的借方；按本账户借方与贷方发生额之间的差额（固定资产盘亏形成的净损失），分别不同情况记入"管理费用""营业外支出"等账户的借方，同时记入本账户的贷方。对企业的待处理固定资产损溢应及时查明原因，在期末结账前处理完毕，处理后本账户应无余额。

【例7-32】兴海公司在财产清查中发现盘盈设备一台，估计其重置价值为800 000元。按规定作为前期差错处理。编制的会计分录为：

借：固定资产 800 000

　　贷：以前年度损益调整 800 000

例7-32中涉及的"以前年度损益调整"账户核算企业本年度发现的前期重要差错更正涉及的调整以前年度损益等事项。企业调整增加以前年度利润或减少以前年度亏损，借记有关账户，贷记本账户；调整减少以前年度利润或增加以前年度亏损，借记本账户，贷记有关账户；由于以前年度损益调整增加的所得税，借记本账户，贷记"应交税费——应交所得税"账户；由于以前年度损益调整减少的所得税，借记"应交税费——应交所得税"账户，贷记本账户；经上述调整后，应将本账户的余额转入"利润分配——未分配利润"账户。本账户如为贷方余额，借记本账户，贷记"利润分配——未分配利润"账户；如为借方余额，作相反的会计分录。本账户在损益调整结束后应无余额。

【例7-33】兴海公司在财产清查中发现，由某员工负责保管使用的设备因使用不当发生毁损，价值5 000元，已计提折旧3 000元。假定未计提固定资产减值准备，也没有残值。经批准，设备毁损造成的净损失应由该员工个人赔偿。

（1）报经批准前，对发现的固定资产毁损进行处理。编制的会计分录为：

借：待处理财产损溢 2 000

　　累计折旧 3 000

　　贷：固定资产 5 000

（2）报经批准后，按批准意见进行处理。编制的会计分录为：

借：其他应收款 2 000

　　贷：待处理财产损溢 2 000

【例7-34】兴海公司在财产清查中发现，企业用于产品生产的一台设备盘亏。设备实际成本为180 000元，已计提折旧100 000元，已计提减值准备3 000元。由于参加了财产保险，应由保险公司赔偿部分为70 000元。经批准将盘亏净损失7 000元转为企业的营业外支出。

（1）报经批准前，对发现的固定资产盘亏进行处理，编制的会计分录为：

借：待处理财产损溢 77 000

　　累计折旧 100 000

　　固定资产减值准备 3 000

　　贷：固定资产 180 000

（2）报经批准后，按批准意见进行处理，编制的会计分录为：

借：其他应收款 70 000

　　营业外支出 7 000

　　贷：待处理财产损溢 77 000

（六）固定资产核算的会计记录

以上对固定资产交易或事项的账务处理进行了较为全面的探讨，在这些交易或事项的处理过程中，编制会计分录实际上是会计实务中填制记账凭证的过程，是为将交易或事项记入有关账户提供直接依据的。而根据记账凭证将发生的交易或事项在有关账户中进行登记是会计记录必不可少的重要环节，是会计确认和会计计量结果的真实体现，在财务会计的确认、计量、记录和报告处理系统中，会计记录是不可或缺的重要一环。现将固定资产总分类核算中账户记录的总体情况归纳如图7-2所示。

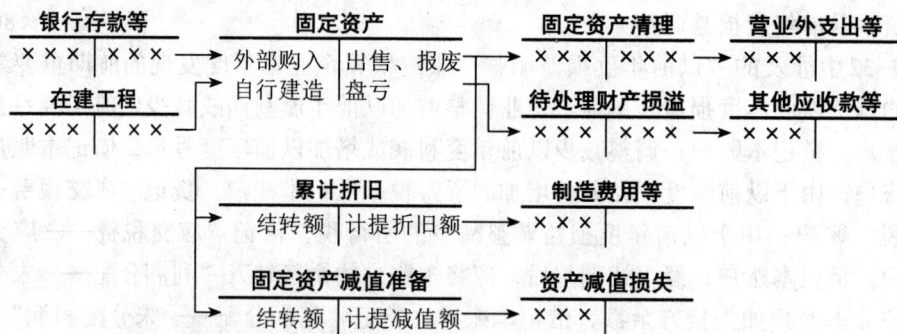

图7-2　固定资产总分类核算的账户设置及其记录情况

（七）固定资产的报告

在实务中，固定资产的报告主要体现在编制财务会计报告文件中对固定资产有关情况的列示和披露。固定资产的有关情况主要体现在"资产负债表"中，具体又由两个部分组成：

（1）在"资产负债表"正表中，应列示"固定资产""在建工程"的期末余额和年初余额。其中的"固定资产""在建工程"等项目应按其相关账面余额列示，即这些项目的余额应分别根据有关账户的原值减除其已计提折旧或资产减值准备等的差额填列，借以反映和报告企业固定资产的真实状况。

（2）在资产负债表的附注中，应披露与固定资产有关的下列信息：①固定资产的确认条件、分类、计量基础和折旧方法；②各类固定资产的使用寿命、预计净残值和折旧率；③各类固定资产的期初和期末原价、累计折旧额及固定资产减值准备累计金额；④当期确认的折旧费用；⑤对固定资产所有权的限制及其金额和用于债务担保的固定资产账面价值；⑥准备处置的固定资产名称、账面价值、公允价值、预计处置费用和预计处置时间等。在报表附注中披露以上与固定资产有关信息的目的是为财务报告的使用者提供更加详细的资料，以便财务报告使用者据其对企业的固定资产进行准确评价，进而作出相关的经济决策。

延伸阅读7-2

基于财务软件
应用的固定资
产管理技术
实现

第二节　无形资产

一、无形资产的概念及特征

（一）无形资产的概念

无形资产是指企业拥有或者控制的没有实物形态的可辨认非货币性资产，包括专利权、非专利技术、商标权、著作权、土地使用权和特许权等。

企业的无形资产与企业的其他资产一样，必须符合资产的定义，应当为企业拥有或控制，能够预期为企业带来经济利益流入。但与流动资产和固定资产等相比，无形资产的特征是没有明显的实物形态，具体表现为企业拥有或控制的某些权利。这些权利有些是企业拥有的，有些只是企业控制的。例如，企业自行开发设计的某种专利或某种非专利技术的所有权、使用权和处置权，这些权利状况表明：这类资产属于企业拥有的无形资产。而对有些无形资产，企业虽然没有所有权，但具有使用权和处置权，例如，企业购买的国有土地，由于在我国土地资源的所有权属于国家，按照《中华人民共和国土地管理法》（以下简称《土地管理法》）的规定，企业对国有土地只有使用权和一定的处置权，而不具有所有权，这些权利状况表明：这种资产属于企业控制的无形资产。但无形资产与其他资产一样，都属于能够为企业带来经济利益的资源。如果企业有权获得一项无形资产产生的未来经济利益，并能约束其他方获取这些利益，则表明企业控制了该项无形资产。例如，对于会产生经济利益的技术知识，若其受到版权等法定权利的保护，那么说明该企业控制了相关利益。

（二）无形资产的特征

相对于流动资产和固定资产等其他资产，无形资产具有如下特征：

1.无形资产不具有实物形态

无形资产通常表现为某种权利、某项技术或是某种获取超额利润的综合能力。它们不具有实物形态，比如，土地使用权、非专利技术等。企业的有形资产，如固定资产，虽然也能为企业带来经济利益，但其为企业带来经济利益的方式与无形资产不同，固定资产是通过实物的磨损和价值转移来为企业带来未来经济利益的，而无形资产在很大程度上是通过其自身所具有的技术等优势为企业带来未来经济利益的。

无形资产不具有实物形态并不表明无形资产与实物形态无关，某些无形资产的存在有赖于必要的实物载体，例如，计算机软件需要存储在磁盘中。但这并不改变无形资产本身不具有实物形态的特性。在确定一项既包含无形又包含有形要素的资产是属于固定资产，还是属于无形资产时，通常以哪个要素更重要作为判断的依据。例如，计算机控制的机械工具在没有特定计算机软件时就不能运行，说明该软件是构成相关硬件不可缺少的组成部分，该软件应作为固定资产处理；如果计算机软件不是相关硬件不可缺少的组成部分，则该软件应作为无形资产核算。

2.无形资产具有可辨认性

符合以下条件之一的，则应认为其具有可辨认性：（1）能够从企业中分离或者划分出来，并能单独用于出售或转让等，而不需要同时处置在同一获利活动中的其他资产，表明无形资产可以辨认。例如，企业只是向另一方转让了其自行研制的某种软件，而不是连同研制该软件所使用的设备等一起转让。在某些情况下，无形资产可能需要与有关合同一起用于出售转让等，在这种情况下也视为可辨认无形资产。例如，根据合同约定，企业将研制某产品专利权的设备及已经获取的该产品生产的专利权一并出售给了某软件开发企业。（2）产生于合同性权利或其他法定权利，无论这些权利是否可以从企业或其他权利和义务中转移或者分离。有些无形资产虽然不能够从企业中分离或者划分出来，但按照合同性权利或其他法定权利，可以将其使用权通过授予许可的方式允许其他企业加以利用。例如，一方通过与另一方签订特许权合同而获得的特许使用权,通过法律程序申请获得的商标权、专利权等。

应予注意的是:可辨认性只是无形资产的特征之一,有些资源虽然具有可辨认性,对企业的经营也具有相当大的影响,但是,并不能将其确认为企业的无形资产。例如,客户关系、人力资源等,由于企业无法控制其带来的未来经济利益,不符合无形资产的定义,因而不应将其确认为无形资产。又如,企业内部产生的品牌、客户名单和实质上类似的项目支出,由于不能与整个业务开发成本区分开来,这类项目也不应确认为无形资产。

3.无形资产属于非货币性资产

非货币性资产是指企业持有的货币资金和将以固定或可确定的金额收取的资产以外的其他资产。无形资产由于没有发达的交易市场,一般不容易转化成现金,在持有过程中为企业带来未来经济利益的情况不确定,不属于以固定或可确定的金额收取的货币性资产,属于非货币性资产。

【思政课堂】 研发创新的力量,无形资产的价值

华为常务董事、终端BG CEO、智能汽车解决方案BU董事长余承东在2023年12月26日的发布会上回应重返市场时表示"4年多以前,我们遇到了多轮制裁,去年业务跌到谷底,在这种极端困难的情况下,我们挺过来了,熬过了最困难的寒冬。回首这4年,华为以行践言,无数华为人携手把悬崖翻转成高山,在逆境中不断突破"。

华为始终坚持自主研发,不断突破技术壁垒,以构建产品核心竞争力,提升品牌影响力。早在2009年,华为就发布了其第一代自研的手机应用处理器芯片K3V1。此后,华为一直在芯片领域不断投入,于2013年发布其首款标志性的麒麟芯片——麒麟910。自此,华为麒麟芯片在架构、制程、AI、5G等方面不断演进迭代,到2020年迎来全球首款5nm 5G SoC麒麟9000。

专家表示,华为手机之所以能够在激烈的市场竞争中脱颖而出,并成为行业的佼佼者,凭借的正是其在技术创新、产品品质等方面的多年积累。而这些成绩的背后,依靠的是华为强大的研发创新体系。

据悉,2022年,华为研发投入1 600亿元,营收占比高达25.1%,过去10年累计投入近万亿元。目前,华为21家研发机构、36个联合创新中心遍及全球。截至2022年底,华为全球研发员工超过11.4万名,占员工总数的55.4%,充分说明华为行业领导者的地位。华为通过研发和创新塑造自己在长远竞争中的领导力,这也是华为赢在未来的关键。

资料来源:中国日报网. 坚持科技长期主义 华为手机开启行业全新视野[EB/OL].[2023-10-28]. https://baijiahao.baidu.com/s?id=1786516136836919730&wfr=spider&for=pc.

二、无形资产的内容

无形资产通常包括专利权、非专利技术、商标权、著作权、特许权和土地使用权等。

(1)专利权。专利权是指国家专利主管机关依法授予发明创造专利申请人,对其发明创造在法定期限内所享有的专有权利,包括发明专利权、实用新型专利权和外观设计专利权。

(2)非专利技术。非专利技术也称专有技术。它是指不为外界所知、在生产经营活动中已采用了的、不享有法律保护的、可以带来经济效益的各种技术和诀窍。非专利技术一

般包括工业专有技术、商业贸易专有技术和管理专有技术等。

（3）商标权。商标是用来辨认特定的商品或劳务的标记。商标权是指专门在某类指定的商品或产品上使用特定的名称或图案的权利。

（4）著作权。著作权又称版权，是指作者对其创作的文学、科学和艺术作品依法享有的某些特殊权利。著作权包括作品署名权、发表权、修改权和保护作品完整权，还包括复制权、发行权、出租权、展览权、表演权、放映权、广播权、信息网络传播权、摄制权、改编权、翻译权、汇编权以及应当由著作权人享有的其他权利。

（5）特许权。特许权又称经营特许权、专营权，是指企业在某一地区经营或销售某种特定商品的权利或是一家企业接受另一家企业使用其商标、商号、技术秘密等的权利。通常，特许权有两种形式：一种是由政府机构授权，准许企业使用或在一定地区享有经营某种业务的特权，如水、电、邮电通信等专营权，烟草专卖权等；另一种指企业间依照签订的合同，有限期或无限期地使用另一家企业的某些权利，如连锁店分店使用总店的名称等。

（6）土地使用权。土地使用权是指国家准许某企业在一定期间内对国有土地享有开发、利用、经营的权利。根据《土地管理法》的规定，我国土地实行公有制，任何单位和个人不得侵占、买卖或者以其他形式非法转让土地。企业取得土地使用权的方式大致有以下几种：行政划拨取得、外购取得及投资者投入取得。

【思政课堂】　　　　　　　　一项重要的无形资产

袁隆平农业高科技股份有限公司有一项重要的无形资产，就是我国著名科学家袁隆平的名字。袁隆平先生是中国科学院院士，被誉为"杂交水稻之父"，其一生致力于杂交水稻的技术研究，为解决我国人民的吃饭问题发挥了举足轻重的作用。袁老在2019年国庆前夕被授予了"共和国勋章"。

三、无形资产的确认与计量

企业取得无形资产的来源较多，包括外购无形资产、投资者捐赠无形资产和企业内部研究开发形成的无形资产等。在本部分中，重点研究企业的外购无形资产和内部研究开发无形资产的确认与计量问题。

（一）无形资产的确认

1.无形资产的初始确认

无形资产的初始确认是企业对通过不同来源取得的无形资产加以认定的过程。同时满足下列条件的，才能确认为无形资产：（1）符合无形资产的定义；（2）与该资产相关的预计未来经济利益很可能流入企业；（3）该资产的成本能够可靠计量。其中，符合无形资产的定义是确认无形资产的最基本依据，后两点应是所有资产确认必须同时满足的条件，无形资产也不例外。

企业在判断无形资产产生的经济利益是否很可能流入企业时，应当对无形资产在预计使用年限内可能存在的各种经济因素作出合理估计，并且应当有明确的证据支持。例如，专利权、非专利技术等应当有国家专利管理机构颁发的鉴定证书，商标权、著作权、土地使用权应有相关机构或部门的证明文件等。同时，也应注意政府宏观经济政策的变化，所生产产品等的市场供求趋势的变化，以及产品生产所依赖的自然资源保有量的变化等。

关于无形资产的确认，有两个问题应特别注意：

其一，关于土地使用权的确认。在我国，土地所有权归国家所有，这一点不同于西方国家。因而企业能取得的只是土地的使用权。在一般情况下，当企业利用土地使用权建造其自用的厂房等地上建筑物时，相关的土地使用权的价值不计入在建工程成本，而是作为无形资产进行核算，并按照预计使用年限及确定的摊销方法进行摊销。而地上的建筑物则应作为固定资产进行核算，按其使用寿命和企业选定的折旧方法计提折旧。

其二，关于内部研究开发费用的确认。根据《企业会计准则》的相关规定，企业内部研究开发项目的支出，应当区分为研究阶段支出与开发阶段支出，分别按规定的方法进行核算。其中，研究是指为获取并理解新的科学或技术知识而进行的独创性的有计划调查；开发是指在进行商业性生产或使用前，有针对性地将研究成果或其他知识应用于某项计划或设计，以生产出新的或具有实质性改进的材料、装置、产品等。企业在内部研究开发项目研究阶段发生的支出，应当于发生时计入当期损益。而无形资产的开发阶段相对于研究阶段更进一步，且很大程度上已经具备形成一项新产品或新技术的基本条件，此时如果企业能够证明所发生的开发支出满足无形资产的定义及相关确认条件，所发生的开发支出可予资本化，确认为无形资产的成本，形成企业的无形资产。在开发阶段，将有关支出资本化确认为无形资产必须同时满足下列条件：第一，从可能性方面看，完成该无形资产以使其能够使用或出售在技术上具有可行性。第二，从目的性方面看，具有完成该无形资产并使用或出售的意图。第三，从效益性方面看，具有明确的无形资产产生未来经济利益的方式，包括能够证明运用该无形资产生产的产品存在市场或无形资产自身存在市场；无形资产将在内部使用时，应当证明其有用性。第四，从完成能力方面看，有足够的技术、财务资源和其他资源支持，以完成该无形资产的开发，并有能力使用或出售该无形资产。第五，从可计量性方面看，归属于该无形资产开发阶段的支出能够可靠计量。

延伸阅读7-3

研发费用问题
梳理及审计
应对

2.无形资产的后续确认

无形资产的后续确认是指对无形资产在使用过程中的变化情况所进行的确认，包括无形资产价值的摊销、无形资产减值准备的计提和无形资产的处置等。企业在处置无形资产时，如将无形资产出售、对外捐赠，或者原来确认的无形资产无法为企业带来未来经济利益，应予转销并终止确认。

（二）无形资产的计量

1.无形资产的初始计量

无形资产的初始计量是指企业对其取得的无形资产成本的确定。无形资产通常是按实际成本计量的，即以取得无形资产并使之达到预定用途而发生的全部支出作为无形资产的成本。企业从不同来源取得的无形资产，其成本构成也不尽相同。

（1）外购无形资产的成本包括购买价款、进口关税和其他税费以及直接归属于使该项资产达到预定用途所发生的其他支出。其中，直接归属于使该项资产达到预定用途所发生的其他支出包括使无形资产达到预定用途所发生的专业服务费用、测试无形资产是否能够正常发挥作用的费用等。但不包括为引入新产品进行宣传发生的广告费、管理费用及其他间接费用，也不包括在无形资产已经达到预定用途以后发生的费用。无形资产达到预定用途后所发生的支出不构成无形资产的成本，一般应于发生时计入当期损益。

（2）自行开发无形资产的成本包括可直接归属于该资产的创造、生产并使该资产能够以管理层预定的方式运作的所有必要支出。可直接归属于该资产的成本包括：开发该无形资产时耗费的材料、劳务成本、注册费、在开发该无形资产过程中使用的其他专利权和特许权的摊销、按照有关规定资本化的利息支出，以及为使该无形资产达到预定用途前所发生的其他费用。在开发无形资产过程中发生的除上述可直接归属于无形资产开发活动的其他销售费用、管理费用等间接费用外，无形资产达到预定用途前发生的可辨认的无效和初始运作损失、为运行该无形资产发生的培训支出等不构成无形资产的开发成本。应予强调的是，内部开发无形资产的成本仅包括在满足资本化条件的时点至无形资产达到预定用途前发生的支出总和，对于同一项无形资产在开发过程中达到资本化之前已经费用化计入损益的支出不再进行调整。

关于投资者投入无形资产和企业合并取得无形资产等的初始计量内容可参见本教材第六章和第九章的有关部分。

2.无形资产的后续计量

无形资产经初始确认和计量后，在其后使用该项无形资产期间内应以成本减去累计摊销额和累计减值损失后的余额计量。需要强调的是，确定无形资产在使用过程中的累计摊销额的基础是估计其使用寿命，只有使用寿命有限的无形资产才需要在估计的使用寿命内采用系统合理的方法进行摊销，对于使用寿命不确定的无形资产，每年进行减值测试。

企业应当于取得无形资产时分析判断其使用寿命。无形资产的使用寿命如为有限的，应当估计该使用寿命的年限或者构成使用寿命的产量等类似计量单位数量；无法预见无形资产为企业带来未来经济利益期限的，应当视为使用寿命不确定的无形资产。

（1）无形资产使用寿命的确定。

无形资产的后续计量是以其使用寿命为基础的。无形资产的使用寿命包括法定寿命和经济寿命。法定寿命是指有些无形资产的使用寿命受法律、规章或合同的限制。例如，我国法律规定发明专利权的有效期为20年，商标权的有效期为10年。而永久性特许经营权、非专利技术等的使用寿命则不受法律或合同的限制。经济寿命是指无形资产可以为企业带来经济利益的年限。由于受技术进步、市场竞争等因素的影响，无形资产的经济寿命往往短于其法定寿命。因此，在估计无形资产的使用寿命时，应当综合考虑各方面相关因素的影响，合理确定无形资产的使用寿命。

无形资产使用寿命的确定应具体考虑以下两个方面的情况：第一，源自合同性权利或其他法定权利取得的无形资产，其使用寿命不应超过合同性权利或其他法定权利的期限。例如，企业以支付土地出让金方式取得一块土地的使用权，如果企业准备持续持有，在50年期间内没有计划出售，该块土地使用权预期为企业带来未来经济利益的期限为50年，一般应以50年作为该项无形资产的使用寿命。第二，没有明确的合同或法律规定的无形资产，企业应当综合各方面情况，如聘请相关专家进行论证，与同行业企业的情况进行比较，根据企业的历史经验等，来确定无形资产为企业带来未来经济利益的期限。如果经过这些努力确实无法合理确定无形资产为企业带来经济利益的期限，再将其作为使用寿命不确定的无形资产。

对于使用寿命有限的无形资产，企业至少应当于每年年度终了对其使用寿命进行复核，如果有证据表明其使用寿命不同于以前的估计，由于合同的续约或无形资产应用条件的改善，延长了无形资产的使用寿命，应改变其摊销年限，并按照会计政策、会计估计变更进行处理。对于使用寿命不确定的无形资产，如果有证据表明其使用寿命是有限的，应当按照无形资产准则中关于使用寿命有限的无形资产的处理原则进行处理。

（2）使用寿命有限的无形资产摊销。

对于使用寿命有限的无形资产，应在其预计的使用寿命内采用系统合理的方法对应摊销金额进行摊销。应摊销金额是指无形资产的成本扣除残值后的金额。无形资产的残值一般为零。除非有第三方承诺在无形资产使用寿命结束时购买该无形资产，或者存在活跃的市场，通过市场可以得到无形资产使用寿命结束时的残值信息，并且从目前的情况看，在无形资产使用寿命结束时，该市场还很可能存在，才可以预计无形资产的残值。对使用寿命不确定的无形资产不应摊销。

企业无形资产的摊销期自无形资产可供使用时（即其达到预定用途）起至终止确认时止。在无形资产的使用寿命内系统地分摊其应摊销金额有多种方法，包括直线法和生产总量法等。企业对某项无形资产摊销所使用的方法应依据从资产中获取的预期未来经济利益的预计消耗方式来选择，并一致地运用于不同会计期间。例如，对受技术陈旧因素影响较大的专利权和专有技术等无形资产，可采用类似固定资产加速折旧的方法进行摊销；有特定产量限制的特许经营权或专利权，应采用生产总量法进行摊销。无法可靠确定消耗方式的，应当采用直线法摊销。

四、无形资产的核算

（一）无形资产增加的核算

进行无形资产的核算，应当设置以下账户：

（1）"无形资产"账户。

本账户核算企业持有的无形资产，包括专利权、非专利技术、商标权、著作权、土地使用权等。外购无形资产按应计入无形资产成本的金额，记入本账户的借方，同时记入"银行存款"等账户的贷方；企业自行开发的无形资产，符合资本化条件的部分记入本账户的借方，同时记入"研发支出"账户的贷方。企业以其他方式取得的无形资产，按不同方式下确定应计入无形资产成本的金额，记入本账户的借方，同时记入有关账户的贷方。

（2）"研发支出"账户。

本账户核算企业进行研究与开发无形资产过程中发生的各项支出。企业自行开发无形资产发生的研发支出包括不满足资本化条件的费用化支出和满足资本化条件的资本化支出，在发生时均记入本账户的借方，同时记入"原材料""银行存款""应付职工薪酬"等账户的贷方。研究开发项目达到预定用途形成无形资产的，应按本账户资本化支出的余额，记入"无形资产"账户的借方，同时记入本账户（资本化支出）的贷方。期末，应将本账户归集的费用化支出计入当期损益，记入"管理费用"账户的借方，同时记入本账户（费用化支出）的贷方。本账户期末借方余额，反映企业正在进行的研究开发项目中满足资本化条件的支出。

【例7-35】兴海公司购得一项专利权，价款200 000元，款项已用银行存款支付。编制的会计分录为：

借：无形资产——专利权   200 000

    贷：银行存款   200 000

【例7-36】兴海公司自行开发一项新产品非专利技术。在研究开发过程中，发生材料费50 000元，开发研究人员薪酬80 000元，另用银行存款支付其他费用120 000元。编制的会计分录为：

借：研发支出 250 000

　　贷：原材料 50 000

　　　　应付职工薪酬 80 000

　　　　银行存款 120 000

【例7-37】承上例，经确认，上述研发支出中的210 000元满足资本化支出的确认条件，应计入无形资产成本，另外40 000元应作为费用化支出计入当期损益。编制的会计分录为：

借：无形资产——非专利技术 210 000

　　管理费用 40 000

　　贷：研发支出 250 000

【例7-38】兴海公司收到海达公司作为投资的一项商标权，经聘请的专家评估，确认的价值为250 000元。编制的会计分录为：

借：无形资产——商标权 250 000

　　贷：股本 250 000

（二）使用寿命有限的无形资产摊销的核算

进行无形资产摊销的核算，应设置"累计摊销"账户。本账户核算企业对使用寿命有限的无形资产计提的累计摊销。企业按月计提无形资产摊销时，记入"管理费用"（自用）、"其他业务成本"（出租）等账户的借方，同时记入本账户的贷方。出售或报废无形资产时，应按已计提的累计摊销，记入本账户的借方。本账户期末贷方余额，反映企业无形资产累计摊销额。

无形资产的摊销金额一般应当计入当期损益，但如果某项无形资产是专门用于生产某种产品的，其所包含的经济利益是通过转到所生产的产品中体现的，无形资产的摊销费用应构成产品成本的一部分。对持有待售的无形资产不进行摊销，按照账面价值与公允价值减去处置费用后的净额孰低进行计量。

【例7-39】兴海公司本月应摊销无形资产使用费5 000元，其中4 000元使用费为生产W产品专门使用的无形资产的摊销额。编制的会计分录为：

借：管理费用——无形资产摊销 1 000

　　生产成本——W产品 4 000

　　贷：累计摊销 5 000

【例7-40】兴海公司将一项专利技术出租给另外一家企业使用，出租合同规定，承租方每销售一件用该专利技术生产的产品必须付给本公司10元专利技术使用费。假定承租方本月销售该产品20 000件。款项暂未收到。根据预计使用寿命，此项专利技术本月摊销额为100 000元，假定暂不考虑其他税费。编制的会计分录为：

借：其他应收款 200 000

　　贷：其他业务收入 200 000

借：其他业务成本   100 000
  贷：累计摊销   100 000

（三）使用寿命不确定的无形资产减值的核算

按照无形资产准则的规定，对于使用寿命不确定的无形资产，在持有期间内不需要摊销，如果期末重新复核后仍为使用寿命不确定的无形资产，应当在每个会计期间进行减值测试，严格按照《企业会计准则》的有关规定，需要计提减值准备的，相应计提有关的减值准备。

进行使用寿命不确定的无形资产减值核算，应设置"无形资产减值准备"账户。计提使用寿命不确定的无形资产减值准备时，记入该账户的贷方，同时记入"资产减值损失"账户的借方；出售、报废无形资产时，按已计提减值准备的累计金额，记入本账户的借方。本账户期末贷方余额，反映企业使用寿命不确定的无形资产累计计提的减值准备。

进行使用寿命不确定的无形资产减值核算，还要用到"资产减值损失"账户，该账户的核算内容及结构在"固定资产的核算"部分已经介绍，不再重述。

【例7-41】月末，兴海公司购入的专利权经测试有减值迹象。该专利权的账面价值为200 000元，可收回金额为180 000元。确认减值损失为20 000元。编制的会计分录为：

借：资产减值损失   20 000
    贷：无形资产减值准备   20 000

（四）无形资产减少的核算

企业无形资产的减少包括无形资产的出售、无形资产的报废等。进行无形资产减少的核算，仍主要利用前面已经介绍的相关账户，表现为减少的无形资产的账面价值的转销。此外，对无形资产出售、报废的核算还要涉及由此而产生的利得和损失的处理，所以还涉及"资产处置损益"、"营业外收入"和"营业外支出"等账户。

出售无形资产时，应按实际收到的金额，记入"银行存款"等账户的借方，按已计提的累计摊销记入"累计摊销"账户的借方，按已累计计提的减值准备记入"无形资产减值准备"账户的借方，按应支付的相关税费记入"应交税费"账户的贷方，按其账面余额记入"无形资产"账户的贷方；按其差额记入"资产处置损益"账户。

无形资产报废时，表明该无形资产预期不能为企业带来未来经济利益，不再符合无形资产的定义，应将其转销。已计提的累计摊销和已累计计提的减值准备，以及"无形资产"账面余额转销的处理方法同上，按其差额记入"营业外支出"账户的借方。

【例7-42】兴海公司将拥有的一项商标权出售给长江公司，取得收入190 000元，已存入银行。该商标权账面余额为250 000元，累计摊销额为50 000元，已计提减值准备40 000元。假设不考虑相关税费，编制的会计分录为：

借：银行存款   190 000
    累计摊销   50 000
    无形资产减值准备   40 000
  贷：无形资产——商标权   250 000
    资产处置损益   30 000

【例7-43】兴海公司的某项非专利技术因不再适用予以报废，其账面余额为300 000元，累计摊销额为150 000元，假定该非专利技术的残值为0，已计提减值准备120 000元。假定不考虑其他相关因素，编制的会计分录为：

借：累计摊销 150 000

　　无形资产减值准备 120 000

　　营业外支出 30 000

　　贷：无形资产——非专利技术 300 000

五、无形资产核算的记录

根据有关会计凭证将无形资产交易或事项在有关账户中进行记录，是无形资产核算的主要环节。现将无形资产总分类核算中账户记录的总体情况归纳如图7-3所示。

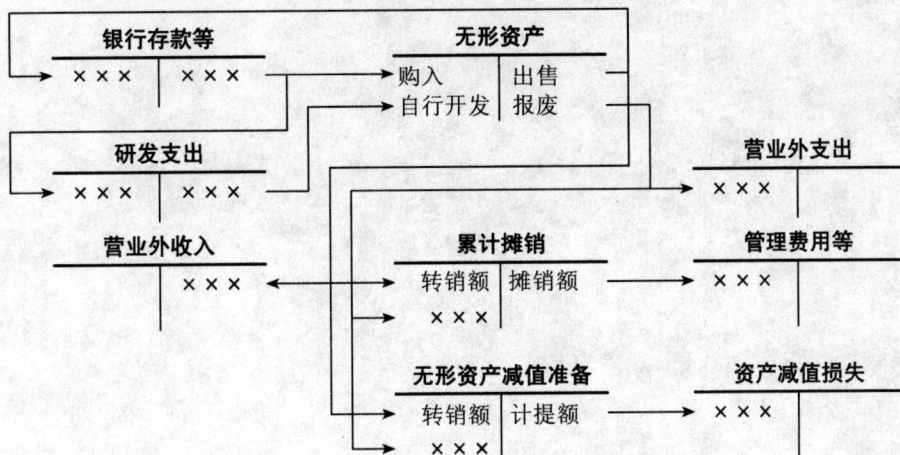

图7-3 无形资产总分类核算账户记录情况

六、无形资产的报告

企业在编制的"资产负债表"中应列示"无形资产"和"研发支出"的期末余额和年初余额。在附注中披露与无形资产有关的下列信息：（1）无形资产的期初和期末账面余额、累计摊销额及累计减值损失金额。（2）使用寿命有限的无形资产，其使用寿命的估计情况；使用寿命不确定的无形资产，使用寿命不确定的判断依据。（3）无形资产摊销方法。（4）作为抵押的无形资产的账面价值、当期摊销额等情况。此外，企业还应当披露当期确认为费用的研究开发支出总额。

延伸阅读7-4

无形资产会计准则面临的重大挑战与改革方案展望

□ 复习思考题

1.什么是固定资产？固定资产具有哪些特征？

2.什么是固定资产折旧？影响固定资产计提折旧的因素有哪些？

3.固定资产计提折旧的方法有哪些？采用不同折旧方法对企业的成本费用有何影响？

4.企业对固定资产主要应报告哪些内容？

5.什么是无形资产？无形资产具有哪些特征？

6.无形资产包括哪些内容？

7.企业应如何进行无形资产的确认与计量？

8.企业对无形资产应报告哪些内容？

本章自测题

第八章　负　债

第一节　负债概述

一、负债及其特征

在会计基本等式"资产=负债+所有者权益"中，等式左方表明企业资金的分布存在形态，而右方的两个组成部分则表明企业资金的来源渠道，即资金提供者对企业资产拥有的权益。这些权益按其要求人的不同，分为所有者权益和债权人权益两部分，其中债权人的权益称为负债。

我国《企业会计准则——基本准则》对负债的定义是："负债是指企业过去的交易或者事项形成的、预期会导致经济利益流出企业的现时义务。"[①]负债主要具有以下特征：

（一）负债是由已经发生的经济业务引起的企业现时的经济义务

负债是企业过去的交易或事项所形成的一种后果。只有当企业实际已经承担了相应义务的交易或事项确实发生时，才能在会计处理中确认这项负债。例如，企业从银行借入资金，就应对银行承担还本付息的义务；从供应商赊购材料或商品，就应对其负有偿还货款的义务。而未来的经济业务，如公司董事会决定今后发行债券，这仅仅是未来交易的意向，其本身并不产生现时的经济义务，因而不属于企业的负债。

（二）负债是在将来某个时日履行的强制性责任

负债是一种具有强制性的责任，这种强制性源于相关的法律、合同等的规定。强制性规定包括负债的金额、偿还时间、利率，以及对不能按期偿还的惩罚措施等。某项可有可无的、不具有强制性的责任，不能确认为负债。例如，企业债转股以后不再是债务，而债务重组以后仍是债务，两者的差别在于是否继续承担强制性偿还责任。

（三）负债要通过企业资产的流出或劳务的提供来清偿

不论何种原因产生的负债，企业都必须在未来某一特定时间偿还，这种义务的偿还即意味着企业经济利益的减少。尽管有时，企业可通过举借新债或转化为所有者权益来结束一项现有负债，但其中，前一种情况只是负债期限的延展，而后一种情况则相当于以增加所有者权益来获得资产，并用以偿债。总之，负债的清偿代表着企业未来经济利益的牺牲或丧失。

---

① 参见《企业会计准则——基本准则》第四章第二十三条。

（四）负债金额能够用货币计量或估计

任何一项负债通常都可以用货币进行计量，而这种计量可以是确定的偿还金额，也可以是不确定的金额，但可以被合理地加以判断或估计。例如，企业赊购A商品100件，每件45元，则企业承担的债务是一个确定的金额4 500元。如果企业在提供产品售后服务之前预提保修费用，这时的预提数虽然是无法确定的，但可以根据以往的经验合理估计。而那些无法用货币计量的，如企业对当地政府的一些承诺，包括对社会治安、环境保护、居民就业等提供支持，则不属于企业的负债。

二、负债的内容和分类

负债包括的内容很多，有不同偿还期限的负债，也有不同原因形成的负债。总的来看，下列这些项目均属于企业的负债：短期借款、应付票据、应付账款、预收账款、应付职工薪酬、应交税费、应付利息、应付股利、其他应付款、长期借款、应付债券、长期应付款、专项应付款、预计负债等。

为满足不同信息使用者的需要，会计上需要对不同偿还要求的负债作进一步分类。负债按其偿还期限的长短，可以分为流动负债和非流动负债。流动负债是指企业将在一年或长于一年的一个营业周期内偿还的债务；非流动负债（亦称长期负债）是指偿还期在一年或超过一年的一个营业周期以上的债务。这种分类与资产的分类相同，其目的是便于分析企业的财务状况和偿债能力。通过企业的流动资产和流动负债的相对比例，可以大致反映企业的短期偿债能力；同时，通过可用于支付的流动资产（包括库存现金、银行存款等）与近期需支付的流动负债（包括短期借款、应付账款等）的对比，可以了解企业的偿债能力。当然，将负债划分为流动负债和非流动负债以一年或者超过一年的一个营业周期为界限，并且在资产负债表中分别列示，也有利于有关信息使用者通过对报表的对比分析，正确评价企业的财务状况，进而对企业的偿债能力作出合理判断。

第二节　流动负债

流动负债是指将在一年或长于一年的一个营业周期内偿还的债务。它包括短期借款、应付票据、应付账款、预收账款、应付职工薪酬、应交税费、应付利息、应付股利、其他应付款和一年内到期的非流动负债等。

流动负债的最大特点是偿还期短。为了便于管理，在实际工作中大多将流动负债按照债权人的不同进行分类，即大致可以分为对贷款人、供应商、客户、职工、税务部门、所有者的负债。

一、对贷款人的负债

企业流动负债中对贷款人的负债主要有短期借款和应付利息。

（一）短期借款

短期借款是指企业向银行或其他金融机构借入的期限在一年以下的各种借款。这部分借款一般是企业为维持正常生产经营所需资金而借入的或为抵偿某项债务而借入的款项。

短期借款的债权人一般称该款项为"流动资金借款"。

　　企业借入的短期借款，无论用于哪个方面，只要借入这项资金，就构成一项负债。归还借款时，除了归还借入的本金外，还应支付相应的利息。

　　为了核算短期借款业务，企业应当设置"短期借款"账户。该账户属于负债类账户，专门用来核算企业借入期限在一年或一个经营周期以内的各种借款。该账户贷方登记借入的各种短期借款额，借方登记归还的借款额，期末余额在贷方，表示企业尚未归还的短期借款。

　　（二）应付利息

　　应付利息是指企业按照合同约定应支付的利息，包括短期借款利息和分期付息、到期还本的长期借款利息等。

　　短期借款利息属于企业的债务融资成本，应该记入"财务费用"账户，最终转入当期损益。在实际工作中，如果短期借款的利息是按季、按半年支付的，或者利息是在借款到期时连同本金一起归还且数额较大的，为了正确计算各期的盈亏，通常采用预先提取的办法进行会计处理，即设置"应付利息"账户，以便通过这个账户记录企业已经发生但尚未支付的利息费用。在预提各期的借款利息时，借记"财务费用"账户，贷记"应付利息"账户；实际支付时，按已经预提的利息金额借记"应付利息"账户，按实际支付的利息金额贷记"银行存款"账户，按实际支付的利息金额与预提数的差额（尚未提取的部分）借记"财务费用"账户。

　　短期借款和应付利息的会计处理举例说明如下：

　　【例8-1】华夏公司2×24年1月1日从银行取得短期借款100 000元，年利率6%，期限12个月，利息按月支付。账务处理如下：

　　（1）1月1日，借入款项时：

借：银行存款　　　　　　　　　　　　　　　　　　　　　　100 000
　贷：短期借款　　　　　　　　　　　　　　　　　　　　　　　100 000

　　（2）各月支付利息500元（100 000×6%÷12）时：

借：财务费用　　　　　　　　　　　　　　　　　　　　　　　　500
　贷：银行存款　　　　　　　　　　　　　　　　　　　　　　　　500

　　（3）12月31日，归还借款本金时：

借：短期借款　　　　　　　　　　　　　　　　　　　　　　100 000
　贷：银行存款　　　　　　　　　　　　　　　　　　　　　　　100 000

　　【例8-2】承例8-1，若该笔借款的利息按季支付，则相关账务处理如下：

　　（1）借入款项时：

借：银行存款　　　　　　　　　　　　　　　　　　　　　　100 000
　贷：短期借款　　　　　　　　　　　　　　　　　　　　　　　100 000

　　（2）各月预提利息费用时：

借：财务费用　　　　　　　　　　　　　　　　　　　　　　　　500
　贷：应付利息　　　　　　　　　　　　　　　　　　　　　　　　500

　　（3）各季末支付利息1 500元（500×3）时：

借：应付利息　　　　　　　　　　　　　　　　　　　　　　　1 500
　贷：银行存款　　　　　　　　　　　　　　　　　　　　　　　1 500

（4）年末归还本金时：

借：短期借款 100 000

　　贷：银行存款 100 000

【例8-3】华夏公司2×23年10月1日从银行取得短期借款500 000元，年利率6%，期限6个月，借款期满一次还本付息，利息采用每月预提方式进行处理。账务处理如下：

（1）2×23年10月1日，借入款项时：

借：银行存款 500 000

　　贷：短期借款 500 000

（2）2×23年10月31日，预提利息费用2 500元（500 000×6%÷12）时：

借：财务费用 2 500

　　贷：应付利息 2 500

以后每月预提利息费用均需作与上述相同的会计分录。

（3）2×24年3月31日，归还借款本息时：

借：短期借款 500 000

　　应付利息 15 000

　　贷：银行存款 515 000

二、对供应商的负债

企业的供应商是指向企业提供商品或劳务的组织，包括各类企业、事业等单位。企业对供应商的负债主要有应付票据和应付账款。

（一）应付票据

根据《中华人民共和国票据法》的规定，票据指汇票、本票和支票。汇票分为银行汇票和商业汇票。本节所介绍的应付票据仅限于企业签发的尚未到期兑现的商业汇票。

在我国，应付票据是在经济往来活动中由于采用商业汇票结算方式而发生的，由出票人签发，承兑人承兑的票据。按照《支付结算办法》的规定，在银行开立存款账户的法人以及其他组织之间，具有真实的交易关系或债权债务关系，均可使用商业汇票。签发票据的原因一般是：卖方对买方的资信程度不太了解，或买方的资信程度较低，或信用期限较长，双方交易金额较大等。通常，票据的偿付金额和付款日都相当明确。根据有关规定，商业汇票（纸质）的承兑期限最长不超过6个月[①]。因此，应付票据应归入流动负债来进行管理和核算。

为了反映因签发票据而承担的负债及其归还情况，企业应该设置"应付票据"账户。该账户属于负债类账户，贷方登记企业开出的承兑汇票金额，借方登记实际支付的票据金额，期末余额在贷方，表示尚未支付的票据金额。

应付票据可以是只在票据到期日按照票据票面金额支付而不计息的不带息票据，也可以是按照票据上载明的利率，在票据票面金额上加计利息的带息票据。

不带息票据经过承兑以后，企业应按票据的面值借记"在途物资""应交税费——应

---

① 参见《支付结算办法》第二章第三节第八十七条。

交增值税"等账户，贷记"应付票据"账户；票据到期支付款项时，按支付的票据面值借记"应付票据"账户，贷记"银行存款"账户。如果应付商业承兑汇票到期，企业无力支付款项，应按票据面值借记"应付票据"账户，贷记"应付账款"账户。如果企业签发票据经过银行承兑，在企业到期无力支付的情况下，承兑银行一方面向持票人无条件付款，另一方面将出票人欠付的汇票金额转作逾期贷款处理，并根据逾期付款金额和逾期天数，按一定比率计算逾期付款赔偿金。企业在接到银行转来的"××号汇票无款支付转入逾期贷款户"等有关凭证时，应借记"应付票据"账户，贷记"短期借款"账户。对计收的逾期付款赔偿金，按短期借款利息的处理办法确认和记录。现举例说明应付票据核算业务。

【例 8-4】华夏公司赊购一批材料，不含税价格 30 000 元，增值税税率 13%，企业开出一张等值的 4 个月期的不带息商业承兑汇票。

根据上述经济业务，华夏公司应作如下账务处理：

（1）购货时：

借：在途物资	30 000	
应交税费——应交增值税（进项税额）	3 900	
贷：应付票据		33 900

（2）材料验收入库时：

借：原材料	30 000	
贷：在途物资		30 000

（3）到期付款时：

借：应付票据	33 900	
贷：银行存款		33 900

（4）假如该票据到期，华夏公司无力偿还这笔款项，则应将其转为应付账款：

借：应付票据	33 900	
贷：应付账款		33 900

（5）假如该票据为银行承兑汇票，企业到期不能支付这笔款项，则应由银行先行支付，作为对企业的短期借款：

借：应付票据	33 900	
贷：短期借款		33 900

（二）应付账款

应付账款是指因购买材料、商品或接受劳务供应等业务而发生的债务。这是买卖双方在购销活动中由于取得商品或劳务与支付账款在时间上不一致而产生的负债。

1.应付账款的核算

从理论上说，企业应该在与所购货物所有权有关的风险和报酬已经转移或对方提供劳务已经接受的时点上确认应付账款并登记入账。在实际工作中，如果货物在发票后到达，一般是等货物验收入库后才根据发票价格登记应付账款。这主要是为了避免在验收时发现货物数量或质量不符合要求再调整已入账的应付账款。但是如果已到期末，虽收到了发票但货物仍未到达，那么，为了正确反映企业的财务状况，应根据发票价格或协议价格登记应付账款。应付账款一般按发票账单等凭证上记载的应付金额入账，而不是按应付金额的现值入账。对于货物已到或劳务已接受但发票账单等凭证未到而于月末估计入账的，应于下月收到发票账单等凭证后根据实际应付金额调整。

为了及时而准确地记录和报告因购买材料、商品或接受劳务供应等而发生的债务及其偿还情况等方面的信息，企业应设置"应付账款"账户和相关的明细账户，该账户属于负债类账户，贷方登记应付账款的发生额，借方登记应付账款的偿还和抵减额，期末余额一般在贷方，表示尚未偿还的应付账款。现举例说明应付账款业务的会计处理方法。

【例8-5】华夏公司向庆阳公司购入材料一批，材料价款为20 000元，适用的增值税税率为13%，价税款尚未支付。相关账务处理如下：

（1）购货时：

借：在途物资 　　　　　　　　　　　　　　　　　　　　　　　20 000
　　应交税费——应交增值税（进项税额） 　　　　　　　　　　　 2 600
　　贷：应付账款——庆阳公司 　　　　　　　　　　　　　　　　　　22 600

（2）材料验收入库时：

借：原材料 　　　　　　　　　　　　　　　　　　　　　　　　　20 000
　　贷：在途物资 　　　　　　　　　　　　　　　　　　　　　　　　20 000

（3）支付货款时：

借：应付账款——庆阳公司 　　　　　　　　　　　　　　　　　　22 600
　　贷：银行存款 　　　　　　　　　　　　　　　　　　　　　　　　22 600

（4）假如华夏公司征得庆阳公司同意，开出期限为60天的商业承兑汇票22 600元抵付货款时：

借：应付账款——庆阳公司 　　　　　　　　　　　　　　　　　　22 600
　　贷：应付票据 　　　　　　　　　　　　　　　　　　　　　　　　22 600

2.现金折扣的处理

随着企业间竞争的加剧，企业为了吸引顾客，往往采用赊销等方式。按照国际惯例，企业赊销商品时通常约定信用期限为30天。但为了鼓励买方尽早还款，卖方通常还提供一个比信用期限更短的折扣期限。折扣的条件可以表达为"2/10，N/30"等，即买方若在发票日起10天内付款，可享受2%的现金折扣，只需付98%的现款；若放弃这个折扣，须在开出发票的30天内付清全部货款，否则视为拖欠货款。下面介绍在现金折扣情况下购买方的会计处理方法。

在赊购过程中，若销售方根据购买方的付款时间给予一定的折扣，购买方可供选择的会计处理方法主要有总价法和净价法。

在总价法下，"在途物资"和"应付账款"账户按照扣除现金折扣前的发票价格入账。采用这种方法，如在折扣期内付款而享受折扣，应该按照发票价格借记"应付账款"账户，按照实付金额贷记"银行存款"账户，两者之间的差额，即取得的现金折扣视为购货成本的减少，贷记"在途物资"账户。

在净价法下，"在途物资"和"应付账款"都是以净价（发票价格减现金折扣）入账。如果因为没有在折扣期内付款而丧失购货折扣，需要支付发票价格的全部款项，则按净价借记"应付账款"账户，按实付价款贷记"银行存款"账户，两者之间的差额，即丧失的现金折扣，视为购货成本的增加，借记"在途物资"账户。

在我国，总价法符合会计准则的要求。

现举例分别说明在存在现金折扣的情况下，采用总价法和净价法对应付账款的会计处理。

【例8-6】华夏公司购入材料100 000元，付款条件是"2/10，N/30"，适用的增值税税率为13%（合同约定按价款折扣）。

(1) 总价法下的会计处理。

①购入材料时：

借：在途物资　　　　　　　　　　　　　　　　　　　　　　100 000
　　应交税费——应交增值税（进项税额）　　　　　　　　　　13 000
　　贷：应付账款　　　　　　　　　　　　　　　　　　　　　　　　113 000

②材料验收入库时：

借：原材料　　　　　　　　　　　　　　　　　　　　　　　100 000
　　贷：在途物资　　　　　　　　　　　　　　　　　　　　　　　　100 000

③10天内付款，可得到货款2%的折扣：

借：应付账款　　　　　　　　　　　　　　　　　　　　　　113 000
　　贷：银行存款　　　　　　　　　　　　　　　　　　　　　　　　111 000
　　　　在途物资　　　　　　　　　　　　　　　　　　　　　　　　　2 000

同时：

借：在途物资　　　　　　　　　　　　　　　　　　　　　　　2 000
　　贷：原材料　　　　　　　　　　　　　　　　　　　　　　　　　　2 000

④如超过10天的折扣期限付款：

借：应付账款　　　　　　　　　　　　　　　　　　　　　　113 000
　　贷：银行存款　　　　　　　　　　　　　　　　　　　　　　　　113 000

(2) 净价法下的会计处理。

①购入材料时：

借：在途物资　　　　　　　　　　　　　　　　　　　　　　　98 000
　　应交税费——应交增值税（进项税额）　　　　　　　　　　13 000
　　贷：应付账款　　　　　　　　　　　　　　　　　　　　　　　　111 000

②材料验收入库时：

借：原材料　　　　　　　　　　　　　　　　　　　　　　　　98 000
　　贷：在途物资　　　　　　　　　　　　　　　　　　　　　　　　　98 000

③10天内付款：

借：应付账款　　　　　　　　　　　　　　　　　　　　　　111 000
　　贷：银行存款　　　　　　　　　　　　　　　　　　　　　　　　111 000

④如超过10天的折扣期限付款：

借：应付账款　　　　　　　　　　　　　　　　　　　　　　111 000
　　　　在途物资　　　　　　　　　　　　　　　　　　　　　　2 000
　　贷：银行存款　　　　　　　　　　　　　　　　　　　　　　　　113 000

同时：

借：原材料　　　　　　　　　　　　　　　　　　　　　　　　　　　　2 000

贷：在途物资 2 000

3.无法支付的应付账款的处理

对由于债权单位撤销或其他原因而无法支付的应付账款，应按其账面余额直接计入营业外收入，即借记"应付账款"账户，贷记"营业外收入"账户。

【例8-7】由于债权单位撤销，华夏公司的应付账款中有一笔6 000元的货款确定无法支付，现予以转销。账务处理如下：

借：应付账款 6 000

 贷：营业外收入 6 000

三、对客户的负债

企业在经营中所发生的对客户的负债，主要是预收客户的订金或货款，即预收账款。

预收账款，也称预收收入、未实现收入，是指企业在销售商品或提供劳务前，向购货方预先收取的部分或全部货款。预收账款具有订金的性质，企业在收到款项后，应在约定的期限内给购货单位发出货物或提供劳务，否则，必须如数退还预收的款项。预收账款的偿还一般不需要支出货币资金，而需要提供商品或劳务。预收账款代表了未实现的营业收入，它只有通过发送商品或提供劳务才能转化为真正实现的收入。

企业在核算预收账款时，常用方法有两种：一是单独设置"预收账款"账户，收到预收货款时记入该账户的贷方，待企业以商品或劳务偿还后，再记入该账户的借方。这种核算方法能完整地反映这项流动负债的发生及偿付情况，并便于填报财务报表。二是将预收的货款直接作为应收账款的减项，记入"应收账款"账户的贷方，偿付债务时，再记入"应收账款"账户的借方。这种方法也能完整地反映购货方预付货款的发生和结算情况，但在编制资产负债表时，"预收款项"项目需根据"应收账款"账户的明细账户分析填列。企业应根据具体情况选择适当的方法核算预收账款。如果企业预收账款很多，可以采用第一种方法；而预收账款不多的企业，则可以采用第二种方法。现举例说明预收账款的会计处理。

【例8-8】华夏公司出售给长城公司500 000元的商品，适用的增值税税率为13%，双方约定，2×23年12月10日预收40%货款，余款在2×24年1月10日交货后全部结清。相关账务处理如下：

（1）单独设置"预收账款"账户的核算。

①2×23年12月10日收到货款的40%时：

借：银行存款 200 000

 贷：预收账款——长城公司 200 000

②2×24年1月10日发出商品时：

借：预收账款——长城公司 565 000

 贷：主营业务收入 500 000

  应交税费——应交增值税（销项税额） 65 000

③2×24年1月20日收到长城公司补付货款时：

借：银行存款 365 000

$$贷：预收账款——长城公司 \qquad 365\,000$$

（2）未设置"预收账款"账户的核算。

①2×23年12月10日收到货款的40%时：

借：银行存款 　　　　　　　　　　　　　　　　　200 000

　　贷：应收账款——长城公司 　　　　　　　　　　　　200 000

②2×24年1月10日发出商品时：

借：应收账款——长城公司 　　　　　　　　　　　565 000

　　贷：主营业务收入 　　　　　　　　　　　　　　　　500 000

　　　　应交税费——应交增值税（销项税额） 　　　　　　65 000

③2×24年1月20日收到长城公司补付货款时：

借：银行存款 　　　　　　　　　　　　　　　　　365 000

　　贷：应收账款——长城公司 　　　　　　　　　　　　365 000

四、对职工的负债

企业对职工的负债主要是指应付职工薪酬。所谓职工薪酬，是指企业为获得职工提供的服务或解除劳动关系而给予的各种形式的报酬或补偿。职工薪酬包括职工[①]短期薪酬、离职后福利、辞退福利和其他长期职工福利。（1）短期薪酬，是指企业在职工提供相关服务的年度报告期间结束后十二个月内需要全部予以支付的职工薪酬，包括职工工资、奖金、津贴和补贴；职工福利费；医疗保险费、养老保险费、失业保险费、工伤保险费和生育保险费等社会保险费；住房公积金；工会经费和职工教育经费；非货币性福利等其他短期薪酬。（2）离职后福利，是指企业为获得职工提供的服务而在职工退休或与企业解除劳动关系后提供的各种形式的报酬和福利。（3）辞退福利，是指企业在职工劳动合同到期之前解除与职工的劳动关系，或者为鼓励职工自愿接受裁减而给予职工的补偿。（4）其他长期职工福利，是指除短期薪酬、离职后福利、辞退福利之外所有的职工薪酬，包括长期带薪缺勤、长期残疾福利、长期利润分享计划等。职工薪酬作为企业生产经营活动的一项必要支出，应在实际发生时根据职工提供服务的受益对象的不同，分别形成企业的成本费用或计入有关资产的成本，即应由生产产品、提供劳务负担的职工薪酬，计入产品成本或劳务成本；应由在建工程、无形资产负担的职工薪酬，计入建造固定资产或无形资产成本；其他的职工薪酬计入当期损益[②]。

总而言之，职工薪酬的具体范围包括在职和离职后提供给职工的所有货币性和非货币性薪酬；能够量化给职工本人和提供给职工集体享有的福利；提供给职工本人、配偶、子女或其他受赡养人的福利；以商业保险形式提供给职工的保险待遇等。这里主要介绍职工薪酬中的工资、福利费、社会保险费和住房公积金的核算内容。

为了反映和监督职工薪酬的发生和分配的情况，企业需要设置"应付职工薪酬"账户。该账户属于负债类账户，用来核算企业应付给职工的各种薪酬总额的计算与实际支出

---

① 职工的范围包括与企业订立劳动合同的所有人员（含全职、兼职和临时工）、企业正式任命的人员（如董事会、监事会成员等）、虽未订立劳动合同或企业未正式任命但在企业的计划和控制下提供类似服务的人员。

② 参见《企业会计准则第9号——职工薪酬》第四条。

情况。其贷方登记本月计算的应付职工薪酬总额，包括各种工资、奖金、津贴和福利费等，借方登记本月实际支付的职工薪酬数。月末如为贷方余额，表示本月应付职工薪酬大于实付职工薪酬的差额，即应付未付的职工薪酬。"应付职工薪酬"账户可以按照"工资""职工福利""社会保险费""住房公积金"等进行明细核算。

（一）应付职工工资

工资是企业使用职工的知识、技能、时间和精力而给予职工的一种补偿（报酬）。应付职工工资是应付职工薪酬的重要组成部分。它应该根据每月计算出的每位职工实得工资额和当月发生的工资总额[①]，于规定的日期付给职工。

企业应付职工的工资总额，不论是否在当月支付，都应通过"应付职工薪酬"账户核算。在实际工作中，为了方便职工，简化现金收付手续，往往从应付工资中代扣职工应缴的各种款项，如代扣住房公积金、医疗保险费和个人所得税等。这样，每月直接发给职工个人的工资就等于应付工资减去代扣款项之后的差额。支付工资时，按实际支付给职工的部分，借记"应付职工薪酬"账户，贷记"银行存款"或"库存现金"账户；由企业代扣代缴各种扣款时，借记"应付职工薪酬"账户，贷记"应交税费"、"其他应收款"或"其他应付款"等账户；若有逾期未领工资，应从"应付职工薪酬"账户转入"其他应付款"账户。

企业应付给职工的工资，作为一项生产经营活动的耗费，应该在月份终了时，根据权责发生制原则和配比原则的要求，按照每月职工实际耗用于各项生产经营活动的劳动量进行工资分配，计入有关的成本、费用。工资分配应按照职工的工作岗位进行。从事生产经营的职工，其工资应构成企业的生产经营成本；专设销售机构的职工工资作为一项销售费用；行政管理人员的工资计入管理费用；基建人员的工资计入在建工程成本。现举例说明工资支付和分配的会计处理。

【例8-9】 华夏公司2×24年1月应付工资227 000元，其中：生产工人工资130 900元，车间管理人员工资22 600元，行政管理人员工资37 400元，专设销售机构人员工资29 850元，在建工程人员工资6 250元。在当期应付工资中，扣还前已代职工个人缴纳的应支付的住房公积金5 000元，医疗保险费3 000元；代扣个人所得税950元。实发职工工资218 050元。相关账务处理如下：

（1）按实发工资218 050元向银行提取现金时：

借：库存现金　　　　　　　　　　　　　　　　　218 050
　　贷：银行存款　　　　　　　　　　　　　　　　　　218 050

（2）发放工资时：

借：应付职工薪酬——工资　　　　　　　　　　　218 050
　　贷：库存现金　　　　　　　　　　　　　　　　　　218 050

（3）结算代扣款项时：

借：应付职工薪酬——工资　　　　　　　　　　　　8 950

---

① 根据1990年国家统计局的规定，工资总额包括计时工资、计件工资、奖金、津贴和补贴、加班加点工资和特殊情况下支付的工资等。

| 贷：应交税费——应交个人所得税 | 950 |
| 其他应收款 | 8 000 |

（4）月末，根据工资分配表，分配本月工资费用时：

借：生产成本	130 900
制造费用	22 600
管理费用	37 400
销售费用	29 850
在建工程	6 250
贷：应付职工薪酬——工资	227 000

（二）应付职工福利

企业因雇佣员工，理应承担为员工提供必要福利待遇的责任，这项责任在尚未履行或尚未全部履行时，就形成了一项应付给职工的负债。职工福利费主要用于职工因公负伤赴外地就医路费、未实行医疗统筹企业职工医疗费用、职工困难补助，以及按规定支付的其他有关职工福利方面的费用。为了保证职工的身体健康和提高职工的福利待遇，根据国家规定，企业可以按照职工工资总额的一定比例在成本费用中列支职工福利费。这样，在支付职工福利费时，一方面使得银行存款等资产减少，另一方面使得应付职工薪酬这项负债减少，所以应将该项支出记入"应付职工薪酬"账户的借方和"银行存款"账户的贷方。列支职工福利费时，一方面使得公司当期的成本费用增加，另一方面使得公司的应付职工薪酬增加。对于计入成本费用的职工福利费应按职工的不同岗位，分别在不同的账户中列支。其列支范围与工资的列支范围基本相同，即对于生产工人的福利费，应记入"生产成本"账户的借方；对于车间管理人员的福利费，应记入"制造费用"账户的借方；对于行政管理人员的福利费，应记入"管理费用"账户的借方；对于在建工程人员的福利费，应记入"在建工程"账户的借方；对于专设销售机构人员的福利费，应记入"销售费用"账户的借方。同时，应记入"应付职工薪酬"账户的贷方。现举例说明职工福利费的会计处理。

【例8-10】承例8-9，华夏公司2×24年1月以银行存款支付职工福利费31 780元。其中：生产工人福利费为18 326元，车间管理人员福利费为3 164元，行政管理人员福利费为5 236元，专设销售机构人员福利费为4 179元，在建工程人员福利费为875元。相关账务处理如下：

（1）支付福利费时：

| 借：应付职工薪酬——职工福利 | 31 780 |
| 贷：银行存款 | 31 780 |

（2）列支福利费时：

借：生产成本	18 326
制造费用	3 164
管理费用	5 236
销售费用	4 179
在建工程	875
贷：应付职工薪酬——职工福利	31 780

（三）应付职工社会保险费及住房公积金

企业为职工缴纳的医疗保险费、养老保险费、失业保险费、工伤保险费、生育保险费等社会保险费和住房公积金（简称"五险一金"），应当在职工为企业提供服务的会计期间，根据工资总额的一定比例计算，在成本费用中列支。其列支范围与工资及福利费的列支范围基本相同。现举例说明职工社会保险费及住房公积金的会计处理。

【例8-11】 承例8-9，华夏公司2×24年1月按工资总额的一定比例计算，并以银行存款向指定机构缴纳的职工医疗保险费等社会保险费为63 560元。其中：生产工人社会保险费为36 652元，车间管理人员社会保险费为6 328元，行政管理人员社会保险费为10 472元，专设销售机构人员社会保险费为8 358元，在建工程人员社会保险费为1 750元。相关账务处理如下：

（1）计算应缴职工社会保险费时：

借：生产成本		36 652
制造费用		6 328
管理费用		10 472
销售费用		8 358
在建工程		1 750
贷：应付职工薪酬——社会保险费		63 560

（2）缴纳职工社会保险费时：

借：应付职工薪酬——社会保险费		63 560
贷：银行存款		63 560

【例8-12】 承例8-9，华夏公司2×24年1月按工资总额的一定比例计算，并以银行存款向指定机构缴纳的职工住房公积金为45 400元。其中：生产工人住房公积金为26 180元，车间管理人员住房公积金为4 520元，行政管理人员住房公积金为7 480元，专设销售机构人员住房公积金为5 970元，在建工程人员住房公积金为1 250元。相关账务处理如下：

（1）计算应缴职工住房公积金时：

借：生产成本		26 180
制造费用		4 520
管理费用		7 480
销售费用		5 970
在建工程		1 250
贷：应付职工薪酬——住房公积金		45 400

（2）缴纳职工住房公积金时：

借：应付职工薪酬——住房公积金		45 400
贷：银行存款		45 400

五、对税务部门的负债

企业在一定时期内取得的营业收入和实现的利润，以及发生特定经营行为或持有特定财产，应按照法律法规的规定向国家缴纳各种税费。在企业发生纳税义务时，应该按照权责发生制原则的要求，将有关税费计入费用。这些税费在尚未缴纳之前暂时留在企业，就等同于借用了一笔政府无息资金，从而形成企业对税收征管部门的负债。

企业应依法缴纳的各种税费主要包括：增值税、消费税、资源税、环境保护税、土地增值税、城市维护建设税（简称城建税）、教育费附加、房产税、城镇土地使用税、车船税、印花税、企业所得税等。为了反映各种税费的计算和缴纳情况，企业应设置"应交税费"账户，并在该账户下设置有关明细账户进行核算。该账户的贷方登记应缴纳的各种税费，借方登记已缴纳或应抵扣的各种税费，期末贷方余额为欠缴税费。但应指出，并不是所有的税费都通过"应交税费"账户核算，比如印花税的确认和缴纳发生在同一时点，其缴纳的同时计入费用，核算中也就没必要再运用"应交税费"账户①。下面介绍几种主要的流转税费的计算及会计处理。

（一）应交增值税

1.纳税人及应纳税额的计算

增值税是以商品或劳务（含货物、加工修理修配劳务、服务、无形资产或不动产）在流转过程中产生的增值额作为计税依据而征收的一种流转税。它是我国流转税中的主要税种。为了严格增值税的征收管理和对某些经营规模小的纳税人简化计税办法，《中华人民共和国增值税暂行条例》参照国际惯例，将纳税人按其经营规模及会计核算健全与否划分为一般纳税人和小规模纳税人②。小规模纳税人是指年应税销售额在规定标准以下，并且会计核算不健全，不能按规定报送有关税务资料的增值税纳税人。所谓会计核算不健全是指不能正确核算增值税的销项税额、进项税额和应纳税额。这是小规模纳税人的定性认定标准。根据《中华人民共和国增值税暂行条例实施细则》等税收有关规定，小规模纳税人的定量认定标准是：纳税人年应税销售额在500万元以下③。除此之外，则为一般纳税人。

一般纳税人增值税的基本税率为13%、9%和6%。小规模纳税人的增值税征收率一般为3%。

一般纳税人增值税的计算采用购进抵扣法，即企业购入商品或劳务支付的增值税（即进项税额），可以从销售商品或劳务按规定收取的增值税（即销项税额）中抵扣。具体做法是：以商品或劳务的销售额为计税依据，按照税法规定的税率计算出商品或劳务应负担的销项税额，同时扣除企业为生产商品或提供劳务外购原材料、燃料、低值易耗品等物资在以前购买环节已支付的进项税额，抵扣后的余额即为实际应缴纳的增值税，用公式表示为：

延伸阅读8-1

增值税税率

应交增值税税额=销项税额-进项税额

小规模纳税人销售商品或劳务，实行简易办法计算应纳税额，其计算公式为：

应交增值税税额=不含税销售额×征收率

2.应交增值税核算的账户设置

企业应缴纳的增值税，在"应交税费"账户下设置的"应交增值税"明细账户进行核算。企业购进商品或劳务支付的进项税额，以及实际已缴纳的增值税税额，应记入该账户

---

① 印花税是对经济活动和经济交往中书立、使用、领受具有法律效力的凭证的单位和个人征收的一种税。企业购买印花税票时，借记"税金及附加"账户，贷记"银行存款"账户。
② 参见《中华人民共和国增值税暂行条例》第十一条。
③ 参见财税〔2018〕32号文。

的借方；销售商品或劳务所收取的销项税额等，应记入该账户的贷方。期末，该账户如为借方余额，反映企业尚未抵扣的增值税；如为贷方余额，则反映企业应缴纳的增值税。

"应交税费——应交增值税"账户下分别设置"进项税额""已交税金""销项税额"等专栏。

3. 一般纳税人应交增值税的会计处理

增值税一般纳税人，销售商品或劳务可以开具增值税专用发票；购入商品或劳务取得的增值税专用发票上注明的增值税税额可用以抵扣销项税额。

根据上述特点，一般纳税人在购进阶段，账务处理上应实行价与税的分离，即根据增值税专用发票上注明的价款和增值税，将价款部分计入购入货物的成本，将增值税税额部分计入进项税额。在销售阶段，销售价格中不再含税，如果定价时含税，应还原为不含税价格作为销售收入，向购买方收取的增值税则作为销项税额。现举例说明一般纳税人应交增值税的会计处理。

【例8-13】华夏公司为一般纳税人，本月购进原材料所取得的增值税专用发票上注明的材料价款为1 000万元，增值税进项税额为130万元，价税款以银行存款支付。同期，华夏公司销售产品收入为1 500万元，增值税销项税额为195万元，价税款已经收到。根据上述业务，相关账务处理如下：

（1）购进材料时：

借：在途物资 　　　　　　　　　　　　　　　　　10 000 000

　　应交税费——应交增值税（进项税额）　　　　　1 300 000

　　贷：银行存款　　　　　　　　　　　　　　　　　　　11 300 000

（2）销售产品时：

借：银行存款 　　　　　　　　　　　　　　　　　16 950 000

　　贷：主营业务收入　　　　　　　　　　　　　　　　15 000 000

　　　　应交税费——应交增值税（销项税额）　　　　1 950 000

（3）缴纳增值税650 000元（1 950 000-1 300 000）时：

借：应交税费——应交增值税（已交税金）　　　　　650 000

　　贷：银行存款　　　　　　　　　　　　　　　　　　650 000

4. 小规模纳税人应交增值税的会计处理

小规模纳税人销售商品或劳务按不含税销售额的一定比例（即征收率）缴纳增值税。小规模纳税人不享有进项税额的抵扣权，其购进商品或劳务时支付的增值税直接计入所购商品或劳务的成本；其销售商品或劳务时一般只能使用普通发票，不能使用增值税专用发票。小规模纳税人的销售额若为含税销售额应还原为不含税销售额，其计算公式为：

不含税销售额=含税销售额÷（1+征收率）

现举例说明小规模纳税人应交增值税的会计处理。

【例8-14】某企业经税务部门核定为小规模纳税人，其本期购入材料货款85 000元，增值税11 050元，价税款以银行存款支付。该企业本期销售产品含税销售额为91 800元，增值税征收率为2%，款项已收到并存入银行。相关账务处理如下：

（1）购进材料时：

借：在途物资 　　　　　　　　　　　　　　　　　96 050

  贷：银行存款   96 050

（2）材料验收入库时：

  借：原材料   96 050

    贷：在途物资   96 050

（3）销售货物时：

  借：银行存款   91 800

    贷：主营业务收入（91 800÷（1+2%））   90 000

      应交税费——应交增值税（90 000×2%）   1 800

（4）缴纳增值税时：

  借：应交税费——应交增值税   1 800

    贷：银行存款   1 800

（二）应交消费税

  消费税是对生产、委托加工及进口应税消费品（主要指烟、酒、高档化妆品、高档次及高能耗的消费品）征收的一种税[1]。在对商品普遍征收增值税的基础上，选择少数消费品再征收一道消费税，主要是为了调整产业结构，引导消费方向，保证国家财政收入。

  消费税的计税方法主要有从价定率和从量定额两种。从价定率根据商品销售价格和规定的税率计算应交消费税；从量定额根据商品销售数量和规定的单位税额计算应交消费税。计算公式分别为：

  从价定率应交消费税=应税消费品的销售额×消费税税率

  从量定额应交消费税=应税消费品的销售数量×消费税单位税额

  根据现行制度的规定，为了核算应该由企业经营业务，以及持有特定财产或发生特定行为负担的税金及附加，包括消费税、城市维护建设税、资源税、土地增值税、印花税、房产税、车船税、城镇土地使用税和教育费附加等，企业应设置"税金及附加"账户。该账户属于损益类账户。企业按照税法有关规定计算出应由经营活动负担的税金及附加，记入该账户的借方，同时记入"应交税费"账户下设置的"应交消费税"、"应交城市维护建设税"和"应交教育费附加"等明细账户的贷方。现举例说明消费税的计算和缴纳的会计处理。

  【例8-15】华夏公司2×24年3月应纳消费税的产品销售收入为160 000元，该产品适用的消费税税率为25%。相关账务处理如下：

（1）计算应交消费税40 000元（160 000×25%）时：

  借：税金及附加   40 000

    贷：应交税费——应交消费税   40 000

（2）下月初缴纳消费税时：

  借：应交税费——应交消费税   40 000

    贷：银行存款   40 000

---

[1] 参见《中华人民共和国消费税暂行条例》第一条。

（三）应交城市维护建设税及教育费附加

城市维护建设税是对从事生产经营活动的单位和个人，以其实际缴纳的增值税、消费税为依据，按纳税人所在地适用的不同税率计算征收的一种税①。征收城建税主要是为了加强城市的维护建设，扩大和稳定城市维护建设的资金来源。

教育费附加是国家为了发展我国的教育事业，提高国民的文化素质而征收的一项费用。这项费用与城建税一样，也是按照企业应交流转税（增值税、消费税）的一定比例计算的，并与流转税一起缴纳。现举例说明城建税和教育费附加的会计处理。

【例8-16】华夏公司本月应交增值税为800 000元，应交消费税为40 000元，城建税税率为7%，教育费附加率为3%，据此计算本月应交城建税为58 800元（（800 000+40 000）×7%），应交教育费附加为25 200元（840 000×3%）。相关账务处理如下：

（1）计算应交城建税及教育费附加时：

借：税金及附加   84 000

    贷：应交税费——应交城市维护建设税   58 800

          ——应交教育费附加   25 200

（2）下月初缴纳城建税及教育费附加时：

借：应交税费——应交城市维护建设税   58 800

          ——应交教育费附加   25 200

    贷：银行存款   84 000

应该指出，企业应交税费中，除上述几种主要流转税费之外，常见的还有财产税和企业所得税。

财产税是根据企业的动产和不动产估计价值征收的一种税。它是地方政府的主要收入来源。财产税主要有房产税、车船税、城镇土地使用税等。房产税是以房产为征税对象，依据房产价格或房产租金收入向房产所有人或经营人征收的一种财产税。车船税是指国家对行驶于境内公共道路的车辆和航行于境内河流、湖泊或领海的船舶依法征收的一种税。城镇土地使用税是以国有土地为征税对象，对拥有土地使用权的单位和个人征收的一种税。

企业按规定计算应交的房产税、车船税、城镇土地使用税，借记"税金及附加"账户，贷记"应交税费——应交房产税""应交税费——应交车船税""应交税费——应交城镇土地使用税"账户；实际缴税时，借记"应交税费——应交房产税""应交税费——应交车船税""应交税费——应交城镇土地使用税"账户，贷记"银行存款"账户。

至于企业所得税的计算及会计处理，留待本书第十一章具体阐述。

六、对所有者的负债

企业作为独立核算的经济实体，对其实现的经营成果除了按照税法及有关法规规定缴纳所得税外，还必须对投资者给予一定的回报，即向投资者分配股利或利润。企业分配给投资者的现金股利或利润，在实际未支付给投资者之前，便形成了一笔对所有者的负债。

---

① 参见《中华人民共和国城市维护建设税法》第二条。

股利是股份公司股东对公司净利润的分享。在我国，股利的支付通常有两种基本形式，即现金股利和股票股利。所谓现金股利，是指企业以现金形式向股东派发的股利；而股票股利则是企业用增发的股票向股东派发的股利。作为股利发放的股票，又称红股，俗称送股。当企业经股东会或类似机构决议确定分配现金股利时，自宣告之日起，应付的股利就构成企业的一项流动负债；如果股东会决议确定发放股票股利，则并不构成企业的负债，因为它只是从未分配利润转增股本，是企业权益内部的一种变化，不会引起任何经济利益的外流。

按现行制度规定，企业应设置"应付股利"账户，用以核算现金股利的分配和支付情况。该账户属于负债类账户，其贷方登记应分配给投资者的现金股利或利润，借方登记实际支付的现金股利或利润，期末如有余额在贷方，反映尚未支付的现金股利或利润。

通常，企业分配现金股利需经历两个步骤或阶段，首先，股东会或类似机构决议确定并宣告股利分配方案，这时，按应支付的现金股利，借记"利润分配——应付现金股利"账户，贷记"应付股利"账户；其次，企业如数拨出一笔现款存入受托的证券公司或银行，用于实际支付股东的现金股利，此时，借记"应付股利"账户，贷记"银行存款"等账户。现举例说明现金股利的会计处理。

【例8-17】华夏公司股东会根据2×23年盈利情况，决定股利分配方案为：每10股普通股派发0.8元的现金股利，共计800 000元。相关账务处理如下：

（1）计算应付现金股利时：

借：利润分配——应付现金股利　　　　　　　　　　　　　　800 000
　　贷：应付股利——现金股利　　　　　　　　　　　　　　　　　800 000

（2）支付现金股利时：

借：应付股利——现金股利　　　　　　　　　　　　　　　　800 000
　　贷：银行存款　　　　　　　　　　　　　　　　　　　　　　　800 000

七、其他流动负债

在企业的资产负债表中，除了上述六类比较常见的流动负债以外，还有一些其他原因形成的流动负债，如其他应付款等。

其他应付款是指除了应付票据、应付账款、应付职工薪酬等以外与企业经营活动直接或间接相关的其他各种应付和暂收款项，包括应付租入包装物的租金、存入保证金，以及计算工资过程中的各种代扣应付款项。这些暂收、应付或代扣的款项也构成了企业的流动负债。

为了核算其他应付款的增减变动情况，企业应设置"其他应付款"账户。该账户属于负债类账户，贷方登记其他应付款的增加数，借方登记其他应付款的减少数，期末如有余额在贷方，反映其他应付款的结余数。现举例说明其他应付款的会计处理。

【例8-18】华夏公司2×24年4月收到购货客户租用周转包装物的押金5 000元，存入银行。相关账务处理如下：

（1）收到包装物押金时：

借：银行存款　　　　　　　　　　　　　　　　　　　　　　5 000
　　贷：其他应付款——存入保证金　　　　　　　　　　　　　　　5 000

（2）收回包装物，退还押金时：

借：其他应付款——存入保证金　　　　　　　　　　　　　　　5 000

　　贷：银行存款　　　　　　　　　　　　　　　　　　　　　　　　5 000

【例8-19】某企业代扣代缴职工个人应支付的医疗保险等社会保险费和住房公积金，采取"先扣后缴"形式，本月代扣代缴该类款项共计35 000元。相关账务处理如下：

（1）发放工资扣款时：

借：应付职工薪酬　　　　　　　　　　　　　　　　　　　　　35 000

　　贷：其他应付款　　　　　　　　　　　　　　　　　　　　　　35 000

（2）代为缴款时：

借：其他应付款　　　　　　　　　　　　　　　　　　　　　　35 000

　　贷：银行存款　　　　　　　　　　　　　　　　　　　　　　　35 000

【思政课堂】　　　　　　　　　　温州"诚信老爹"

2014年1月19日，温州"诚信老爹"——吴乃宜因病医治无效，在苍南县马站镇霞关社区三澳村老家去世，震动了整个浙江省。

数年前，吴家卖掉小渔船，筹集100多万元买了百吨位钢质渔船。然而，2006年超强台风"桑美"却在一夜之间夺去了老人三个儿子的生命。77岁的吴乃宜老人忍受着强烈的丧子之痛，作出了一个决定，就是背起儿子的债务，走上了替子还债的艰辛之路。多年来，老人捡废品、喝稀粥、织渔网，过着无比艰辛的生活，却以惊人的毅力恪守着"子债父偿"的承诺。

吴乃宜，一个普通老百姓，77岁高龄，仍把践行承诺当作为人之本，用自己的艰辛劳动替子还债，一还就是7年。其感人事迹经媒体报道后引起各方关注。吴乃宜老人因其诚信之举，先后被评为"2010年感动温州十大人物"、"2012年最美浙江人"和"2012年中国好人"候选人。

无论是企业还是个人，都有负债的可能，在举债和偿债过程中履行承诺既是义务也是诚信。"诚信老爹"用自己的行动践行了诚信美德，希望同学们：尊崇诚信、践行诚信、传承诚信。

资料来源：李世平. 诚信故事100例 [M]. 上海：立信出版社，2017. 作者有所删减。

第三节　非流动负债

一、非流动负债及其特征

非流动负债，也称长期负债，是指企业偿还期限在一年或超过一年的一个营业周期以上的债务。它包括向银行或其他金融机构借入的长期借款，以及为了筹集长期资金而发行的各种债券等。非流动负债与流动负债的主要区别在于偿还期上，即需要一年以内偿还的债务为流动负债，如果超过一年期限偿还的则为非流动负债。

非流动负债除了具有负债的共同特征外，还具有如下特征：（1）债务偿还的期限较长，一般超过一年或者一个营业周期以上；（2）债务的金额较大；（3）可以采用分期偿还方式。企业筹措这些资金主要是为了购买大型设备，以及增建或扩建厂房、办公楼等。企业发生这种长期负债就要负担一种长期的、固定的、数额较大的利息费用。企业必须在债务到期之前提前安排好偿付本息用的货币资金，以免发生财务危机。

应该指出，如果一项非流动负债将在一年或一个营业周期内到期，并且计划用流动资产来偿还，则应视为一项流动负债，如"一年内到期的非流动负债"项目列示在资产负债表的流动负债部分，但不需作任何账务处理。

二、长期借款

长期借款是企业向银行或其他金融机构借入的、偿还期限超过一年的各种借款。企业取得长期借款，必须按照规定的程序进行，一般要经过申请、审批、签订合同和划拨款项等四个步骤。在借款的使用期间，应按期支付利息，到期偿还本金。为了核算长期借款的取得、计息和归还情况，企业应设置"长期借款"账户。该账户属于负债类账户，贷方登记取得的长期借款本金及利息[①]，借方登记归还的本金及利息，期末余额在贷方，反映尚未归还的借款本金及利息。该账户应按借款的种类或用途设置明细账户，进行明细分类核算。

按照现行制度的规定，对长期借款的利息费用等，应根据权责发生制原则的要求，按期预提计入所购建资产的成本，即予以资本化，或直接计入当期损益，即费用化。具体地说，就是在以该长期借款进行的长期工程项目完工之前发生的可资本化的利息，应将其资本化，计入该工程成本；在工程完工达到可使用状态之后产生的利息支出应停止借款利息资本化而予以费用化，即在利息发生的当期将其直接计入财务费用。因此，企业取得长期借款时，应借记"银行存款"账户，贷记"长期借款"账户；计算利息时应借记"在建工程""财务费用"等账户，贷记"长期借款"账户；偿还借款、支付利息时应借记"长期借款"账户，贷记"银行存款"账户。现举例说明长期借款本金和利息的核算过程。

【例8-20】 华夏公司为购建一条新的生产线（工期两年），于2×22年1月1日向某金融机构取得期限为3年的人民币借款5 000 000元，并当即将该资金投入到生产线的购建工程中。该借款年利率6%，合同规定到期一次还本付息，单利计息。相关账务处理如下：

（1）取得借款时：

借：银行存款　　　　　　　　　　　　　　　　　　　　　　5 000 000

　　贷：长期借款　　　　　　　　　　　　　　　　　　　　　　5 000 000

（2）2×22年、2×23年年末，分别计算应由该工程负担的借款利息300 000元（5 000 000×6%）时：

借：在建工程　　　　　　　　　　　　　　　　　　　　　　　300 000

　　贷：长期借款　　　　　　　　　　　　　　　　　　　　　　300 000

（3）2×24年各月末，分别计算当月借款利息25 000元（300 000÷12）时：

借：财务费用　　　　　　　　　　　　　　　　　　　　　　　　25 000

　　贷：长期借款　　　　　　　　　　　　　　　　　　　　　　　25 000

---

① 这里的利息是指分期计算、一次还本付息的长期借款利息。

（4）2×24年年末，偿还该笔借款的本金和利息时：

借：长期借款　　　　　　　　　　　　　　　　　　　　　　5 900 000
　　贷：银行存款　　　　　　　　　　　　　　　　　　　　　　　5 900 000

这里需要指出，以上我们举的例子是以长期借款单利计息的方式来说明问题的。在实际工作中，长期借款也可以采用复利计息的方法。在长期借款复利计息的情况下，尽管长期借款的本金、利率和偿还期限可能都相同，但在不同的偿付条件下（包括到期一次还本付息、分期偿还本息和分期付息到期还本三种方式），企业实际使用长期借款的时间是不同的，所支付的利息费用也就不同，因此，长期借款到底采用哪种还本付息方式以及能否按时还清借款本息，就成为企业理财中的一项重要决策问题。

三、应付债券

债券是企业为筹集资金而依照法定程序发行的，约定在一定日期还本付息的有价证券。企业发行债券必须经国家有关部门批准，委托银行或其他金融机构代理发行。发行债券筹集的资金可用于购建固定资产，也可用于补充流动资金。企业发行的期限超过一年的债券，构成了一项长期负债。

（一）债券的分类

企业发行的债券根据不同标准大致有如下分类：

1.按债券发行有无担保分类

（1）抵押债券，又称有担保债券，是指以特定的资产作为抵押品的债券。债券的抵押品既可以是不动产，也可以是动产或有价证券。一旦这种债券的发行人违约，信托企业便可将抵押品变卖以支付积欠债券持有人的款项。

（2）信用债券，又称无担保债券，是指没有任何特定的资产作为抵押品的债券。这种债券全凭举债人的信用而发行，具有较大的风险，所以利率也较高。

2.按记名与否分类

（1）记名债券，是指企业在发行债券时，债券票面上记有债券持有人的姓名，并在企业债权人名册中进行登记的债券。这种债券到期时，债券持有人可持债券，凭本人身份证明领取本息。

（2）无记名债券，是指债券票面上不记载持有人姓名的债券。这种债券通常附有息票，付息时，债券持有人将息票剪下，据以领取利息，所以又称为息票债券。

3.按特殊偿还方式分类

（1）可转换债券，是指债券发行一定期间后，持有人可以按一定价格转换成企业股票的债券。这种债券既有债券性质，又有股票性质。其持有人可根据具体情况，在转换期间内自愿行使转换权利。

（2）可赎回债券，是指债券发行企业有权在债券到期日以前，按特定的价格提前赎回的债券。

4.按还本方式分类

（1）一次还本债券，是指本金于到期日一次性偿还的债券。

（2）分期还本债券，是指本金分期偿还的债券。

5.按付息方式分类

（1）普通债券，是指票面上载明一定利率的债券。

（2）收益债券，是指债券的利息取决于企业收益的债券。这种债券随企业当期有无收益和收益额的大小来确定利息的多少，与优先股有些相似。

（二）债券的构成要素

债券的票面一般要载明下列要素：

（1）债券面值，即票面价值，包括两项内容：一是币种；二是金额，即企业在还款日应偿还的本金额。

（2）票面利率，又称名义利率，是指债券上载明的利息率。它表示债券发行人承诺每年根据这个利率来支付利息。

（3）债券还本期限，是指债券发行人偿还本金的时间。

此外，债券的票面上还有还本付息方式、发行日期和序号、发行单位印鉴，以及能否转让等项目。

（三）债券发行价格的确定

企业债券的发行价格与债券面值不是同一概念，两者有时一致，有时不一致。在市场经济环境下，任何一个理性的债权人都要对市场上各种借出资金的风险与收益进行权衡后才会作出最终决策。债券的市场售价，在很大程度上由其票面利率来决定。在其他条件不变的情况下，票面利率越高，债券的市价也就越高。如果确定了一个较低的票面利率，债权人一般不愿意认购，发行人只能按低于面值的价格发行。如果确定了一个较高的票面利率，就会吸引更多的债权人购买，在供不应求的情况下，发行人可将债券按高出面值的价格出售。这里的"较低"或"较高"的票面利率是相对于金融市场上其他投资机会的平均收益率而言的。其他投资机会的平均收益率，即市场利率，是债权人进行决策时使用的重要参照指标。由此可见，企业债券的价格与票面利率和市场利率有直接的关系。

从理论上讲，债券的实际发行价格是根据货币时间价值的理论，将债券到期应付面值和各期应付的利息，按市场利率折算的复利现值之和。其一般计算公式为：

债券面值的现值＝债券面值×到期偿还本金的复利现值系数

各期利息的现值＝每期债券利息额×分期付息年金现值系数

每期债券利息额＝票面价值×每一付息期的票面利率

【例8-21】华夏公司为建设某一工程项目（工期2年），于2×23年1月1日发行一批2年期债券，总面值100万元，年利率为5%，每年付息一次，到期一次还本。下面分别假设发行时市场利率为5%、4%和6%，计算不同利率水平下的债券价格。

（1）当市场利率为5%时：

债券发行价格＝100×（5%，2期，复利现值系数）+5×（5%，2期，年金现值系数）

＝100×0.90703+5×1.85941≈100（万元）

（2）当市场利率为4%时：

债券发行价格＝100×（4%，2期，复利现值系数）+5×（4%，2期，年金现值系数）

＝100×0.92456+5×1.88609≈102（万元）

债券溢价金额＝102-100=2（万元）

（3）当市场利率为6%时：

债券发行价格=100×（6%，2期，复利现值系数）+5×（6%，2期，年金现值系数）

=100×0.89000+5×1.83339≈98（万元）

债券折价金额=100-98=2（万元）

由上述计算可见，债券的发行价格随市场利率的变动而呈反方向变动，即当市场利率低于债券票面利率时，债券发行价格高于其面值，发行价格高于债券面值的部分，称为债券溢价。如果市场利率高于债券票面利率时，债券发行价格低于其面值，发行价格低于债券面值的部分，称为债券折价。值得注意的是，债券一经发售，债券信托合同即告成立，其后无论市场利率如何波动，对发行的债券均不产生影响，也就不必调整会计记录。

（四）债券发行的核算

为了反映和监督债券的发行、归还和付息情况，发行债券的企业应设置"应付债券"账户。该账户为负债类账户，贷方登记应付债券的本金和应计利息，借方登记偿还债券本金和支付利息的金额，余额在贷方，表示尚未偿还的债券本金和利息。该账户应下设"面值"、"利息调整"和"应计利息"等明细账户，进行明细分类核算。

企业发行债券无论是按面值还是溢价或折价，均应按债券面值记入"应付债券——面值"账户。

当企业按面值发行债券时，债券价格与债券面值一致，可按债券面值金额借记"银行存款"等账户，贷记"应付债券——面值"账户。

当企业溢价发行债券时，债券价格高于债券面值金额，按实际收到的款项借记"银行存款"等账户，按债券的面值金额贷记"应付债券——面值"账户，按实际收到的款项与票面金额的差额贷记"应付债券——利息调整"账户。

当企业折价发行债券时，债券价格低于债券面值金额，按实际收到的款项借记"银行存款"等账户，按债券的面值金额贷记"应付债券——面值"账户，按实际收到的款项与票面金额的差额借记"应付债券——利息调整"账户。

1.债券按面值发行

【例8-22】 承例8-21，华夏公司于2×23年1月1日发行一批2年期债券，总面值100万元，年利率为5%，每年付息一次，到期一次还本。该公司发行债券时，若市场利率恰好等于票面利率5%，则公司按面值发行债券，收到款项并存入银行。相关账务处理如下：

借：银行存款　　　　　　　　　　　　　　　　　　　　　　1 000 000

　　贷：应付债券——面值　　　　　　　　　　　　　　　　　　　1 000 000

2.债券按溢价发行

债券溢价发行意味着企业将以高于市场实际利率的利率支付利息，所以溢价的实质是发行企业为以后各期多付利息而预先从债券持有人处得到的补偿。

【例8-23】 承例8-21，华夏公司于2×23年1月1日发行一批2年期债券，总面值100万元，年利率为5%，每年付息一次，到期一次还本。该公司发行债券时，若市场利率为4%，则公司按102万元的溢价发行债券，收到款项并存入银行。相关账务处理如下：

借：银行存款　　　　　　　　　　　　　　　　　　　　　　1 020 000

　　贷：应付债券——面值　　　　　　　　　　　　　　　　　　　1 000 000

　　　　　　　——利息调整　　　　　　　　　　　　　　　　　　　20 000

3.债券按折价发行

债券折价发行意味着企业将以低于市场实际利率的利率支付利息，所以折价的实质是发行企业为以后各期少付利息而预先给债券持有人的补偿。

【例8-24】承例8-21，华夏公司于2×23年1月1日发行一批2年期债券，总面值100万元，年利率为5%，每年付息一次，到期一次还本。该公司发行债券时，若市场利率为6%，则公司按98万元的折价发行债券，收到款项并存入银行。相关账务处理如下：

借：银行存款 980 000
　　应付债券——利息调整 20 000
　　贷：应付债券——面值 1 000 000

（五）债券利息、溢价和折价摊销的核算

企业应根据权责发生制原则的要求按期计提应付债券的利息费用，并按所筹资金的用途，分别计入财务费用或有关资产的成本，即借记"财务费用"或"在建工程"等账户。同时，对于一次还本付息的债券利息应贷记"应付债券——应计利息"账户，而对于分期付息、一次还本的债券利息则应贷记"应付利息"账户。

利息是债务人因使用借入资金而必须负担的费用。如果债券按面值发行，各期的利息额就等于票面额与票面利率的乘积。如果债券是溢价或折价发行，各期的利息计算和确认还要包括溢价和折价的摊销金额。前已述及，债券溢价或折价的实质是对按票面利率计算利息的调整。所以，可以将债券的溢价金额理解为发行企业先收回债券持有人未来多得的利息，然后再按高于市场利率的债券票面利率向债券持有人支付利息。因此，在确认利息时，企业就应该将发行债券时的溢价部分分期抵销按票面利率支付的利息费用，即债券的溢价部分应逐期从利息费用中扣除。同样道理，可以将债券折价理解为发行企业先支付给债券持有人一部分未来少收的利息，然后再按低于市场利率的债券票面利率向债券持有人支付利息。因此，在确认利息时，企业就应该用因债券折价而少收的部分款项去补充按票面利率支付的利息费用，即债券的折价部分应逐期转化为利息费用。这种用债券溢价或折价逐期调整债券利息费用的方法称为摊销。在实际工作中，对债券溢价和折价的摊销应采用实际利率法。

实际利率法是以债券发行时的实际利率，乘以每期期初债券的账面价值（亦称摊余成本），求得该期的利息费用，利息费用与实际支付利息的差额，即为该期溢、折价的摊销额。用公式表示为：

溢价摊销额=应付利息-当期利息费用

折价摊销额=当期利息费用-应付利息

当期利息费用=债券该期期初账面价值×市场利率

1.面值发行债券的利息处理

为了反映企业分期付息、一次还本的各项长期负债利息的计算和支付情况，企业应设置"应付利息"账户。"应付利息"账户属于负债类账户，贷方登记按合同利率计算的长期借款、企业债券等的应付未付利息，借方登记实际支付的利息，期末贷方余额，反映企业应付未付长期借款、企业债券等的利息。对于平价发行的分期付息、一次还本债券，每期计提利息时应借记"财务费用""在建工程"等账户，贷记"应付利息"账户。

【例8-25】承例8-21，在按面值发行债券的情况下，每年应计利息费用均为50 000元（1 000 000×5%）。相关账务处理如下：

（1）各年计算债券利息时：

借：在建工程　　　　　　　　　　　　　　　　　　　　　　　50 000

　　贷：应付利息　　　　　　　　　　　　　　　　　　　　　　　　50 000

（2）各年以银行存款支付债券利息时：

借：应付利息　　　　　　　　　　　　　　　　　　　　　　　　50 000

　　贷：银行存款　　　　　　　　　　　　　　　　　　　　　　　　50 000

2.溢价发行债券的溢价摊销

【例8-26】承例8-21，在按溢价发行债券的情况下，采用实际利率法摊销债券溢价，应编制债券溢价摊销表，见表8-1。

表8-1　　　　　　　　　　　　　**华夏公司债券溢价摊销表**　　　　　　　　　　单位：元

付息日期	应付利息	当期利息费用	债券溢价摊销额	债券账面价值
	①=面值×5%	②=上期④×4%	③=①-②	④=上期④-③
2×23年1月1日				1 020 000
2×23年12月31日	50 000	40 800	9 200	1 010 800
2×24年12月31日	50 000	39 200	10 800	1 000 000
合　计	100 000	80 000	20 000	—

根据表8-1所列资料，相关账务处理如下：

（1）2×23年、2×24年年末计算债券应付利息50 000元（1 000 000×5%）时：

借：在建工程　　　　　　　　　　　　　　　　　　　　　　　50 000

　　贷：应付利息　　　　　　　　　　　　　　　　　　　　　　　　50 000

（2）2×23年年末摊销债券溢价9 200元（50 000-1 020 000×4%）时：

借：应付债券——利息调整　　　　　　　　　　　　　　　　　　9 200

　　贷：在建工程　　　　　　　　　　　　　　　　　　　　　　　　9 200

（3）各年以银行存款支付债券利息时：

借：应付利息　　　　　　　　　　　　　　　　　　　　　　　　50 000

　　贷：银行存款　　　　　　　　　　　　　　　　　　　　　　　　50 000

（4）2×24年年末摊销债券溢价10 800元（20 000-9 200）时：

借：应付债券——利息调整　　　　　　　　　　　　　　　　　　10 800

　　贷：在建工程　　　　　　　　　　　　　　　　　　　　　　　　10 800

经过上述处理，两年后，债券溢价金额20 000元全部摊销完毕，债券账面价值与"应付债券——面值"账户余额相符。

3.折价发行债券的折价摊销

【例8-27】承例8-21，在按折价发行债券的情况下，采用实际利率法摊销债券折价，应编制债券折价摊销表，见表8-2。

表8-2 　　　　　　　　　　　　　　**华夏公司债券折价摊销表** 　　　　　　　　　　　　单位：元

付息日期	应付利息	当期利息费用	债券折价摊销额	债券账面价值
	①=面值×5%	②=上期④×6%	③=②-①	④=上期④+③
2×23年1月1日				980 000
2×23年12月31日	50 000	58 800	8 800	988 800
2×24年12月31日	50 000	61 200	11 200	1 000 000
合 计	100 000	120 000	20 000	—

根据表8-2所列资料，相关账务处理如下：

（1）2×23年、2×24年年末计算债券应付利息50 000元（1 000 000×5%）时：

借：在建工程　　　　　　　　　　　　　　　　　　　　　　50 000
　　贷：应付利息　　　　　　　　　　　　　　　　　　　　　　　　50 000

（2）2×23年年末摊销债券折价8 800元（980 000×6%-50 000）时：

借：在建工程　　　　　　　　　　　　　　　　　　　　　　8 800
　　贷：应付债券——利息调整　　　　　　　　　　　　　　　　　　8 800

（3）各年以银行存款支付债券利息时：

借：应付利息　　　　　　　　　　　　　　　　　　　　　　50 000
　　贷：银行存款　　　　　　　　　　　　　　　　　　　　　　　　50 000

（4）2×24年年末摊销债券折价11 200元（20 000-8 800）时：

借：在建工程　　　　　　　　　　　　　　　　　　　　　　11 200
　　贷：应付债券——利息调整　　　　　　　　　　　　　　　　　　11 200

经过上述账务处理，两年后，债券折价金额20 000元全部摊销完毕，债券账面价值与"应付债券——面值"账户余额相符。

（六）债券还本的核算

债券到期时，发行企业应根据发行债券时规定的还本期限与方式，偿还债券持有人的本金。溢、折价发行的债券，由于溢、折价在债券的整个存续期内已经摊销完毕，使得应付债券账面价值与面值一致，所以无论是面值发行、溢价发行，还是折价发行的债券，到期时，对于分期付息到期还本的债券，在偿还时均可按票面价值借记"应付债券——面值"账户，贷记"银行存款"账户。对于到期一次还本付息的债券，到期时除偿还债券本金外还需要偿付利息。由于其每期应付利息已记入"应付债券——应计利息"账户的贷方，故偿付本息时应借记"应付债券——面值"和"应付债券——应计利息"账户，贷记"银行存款"账户。

【例8-28】承例8-21，华夏公司于2×24年年末偿还债券本金100万元。相关账务处理如下：

借：应付债券——面值　　　　　　　　　　　　　　　　　1 000 000
　　贷：银行存款　　　　　　　　　　　　　　　　　　　　　　　1 000 000

四、预计负债

预计负债是指偿还金额、时间不确定，需要根据有关资料进行估计确认的负债。预计负债的产生源于企业存在的或有事项。

（一）或有事项及其特征

或有事项是指因过去的交易或者事项形成的，其结果须由某些未来事项的发生或不发生才能决定的不确定事项。企业常见的或有事项有未决诉讼或未决仲裁、产品质量保证和对外提供债务担保等。或有事项具有以下基本特征：

1.或有事项是因过去的交易或者事项所形成

或有事项作为一种不确定事项，是企业过去的交易或者事项引起的客观存在。例如，产品质量保证是企业对已售出商品或已提供劳务的质量提供的保证，不是为尚未出售商品或尚未提供劳务的质量而提供的保证。

2.或有事项的结果具有不确定性

或有事项结果的不确定性表现在以下两个方面：一是或有事项结果是否发生具有不确定性。例如，有些未决诉讼，被起诉方是否会败诉，在案件审理过程中是难以确定的，需要根据法院判决来加以确定。二是或有事项的结果预计将会发生，但发生的具体时间或金额具有不确定性。例如，某企业因生产排污对周围环境造成污染而被起诉，如无特殊情况，该企业很可能败诉。但在诉讼成立时，该企业因败诉将支出多少金额，或者何时将发生这些支出，可能是难以确定的。

3.或有事项的结果须由未来事项决定

或有事项对企业的影响是有利还是不利以及影响多大，在或有事项发生时是难以确定的。这种不确定性的消失，只能由未来不确定事项的发生或不发生才能证实。例如，企业为其他单位提供债务担保，如果被担保方能按期偿还债务，企业则不会被要求承担偿还债务的连带责任。只有被担保方到期无力还款时，企业才需要承担连带责任。

（二）预计负债的确认

企业承担的与或有事项有关的义务如果同时满足以下三个条件，应当将其确认为预计负债[①]：

1.该义务是企业承担的现时义务

预计负债确认的第一个条件是与或有事项有关的义务是企业在当前条件下已经承担的现时义务，企业没有其他现实的选择，只能履行该现时义务。这里的义务既包括法定义务，也包括推定义务。法定义务是指因法律、合同规定而产生的企业必须履行的义务。比如企业因与供货方签订购货合同而产生的付款义务就属于法定义务。推定义务是指法定义务之外的，因企业以往的习惯做法、已公开的承诺或已公开宣布的经营政策而产生的义务。比如企业在当地相关法律没有具体出台时向社会公开承诺对其生产经营可能产生的环境污染进行治理就属于推定义务。而且，这种推定义务已经以一种相当具体的方式传达给受影响的各方，使各方形成了企业将承担其责任的合理预期。

---

① 参见《企业会计准则第13号——或有事项》第四条。

2.履行该义务很可能导致经济利益流出企业

不确定事项根据其发生的可能性可以分为基本确定、很可能、可能和极小可能四种，从发生的概率来看，各种类型不确定事项对应的概率见表8-3。

表8-3   **不确定事项发生的概率**

不确定事项	发生概率
基本确定	大于95%但小于100%
很可能	大于50%但小于等于95%
可能	大于5%但小于等于50%
极小可能	小于等于5%

预计负债确认的第二个条件是履行与该或有事项有关的现时义务导致经济利益流出企业的可能性应当超过50%，但尚未达到基本确定的程度。例如，如果企业的未决诉讼根据专业人士的预计将败诉并且发生赔偿的可能性超过50%，那么就可以认为企业履行该义务很可能导致经济利益流出企业。如果或有事项包含多项类似的义务，在判断经济利益流出的可能性时应当总体考虑才能确定。比如产品质量保证，对于单个产品来说经济利益流出的可能性较小，但对于全部产品履行的义务来说很可能导致经济利益流出企业，因而应当基于总体来判断经济利益流出的可能性。

3.该义务的金额能够可靠地计量

预计负债确认的第三个条件是与该或有事项相关的现时义务的金额能够合理地估计。由于或有事项产生现时义务的金额具有不确定性，因而需要估计。企业要将或有事项确认为一项预计负债，履行相关义务的金额应当能够可靠估计。比如，甲公司对当年销售的产品提供一年期的产品质量保证，根据以往经验，甲公司可以合理地估计在保证期内将发生的相关维修费用的金额，则可以认为履行该义务的金额能够可靠地计量。

（三）预计负债的计量

预计负债的计量需要对未来经济利益的流出金额作出合理的估计，以确定最佳估计数，并要考虑预期可能得到的补偿金额。

1.最佳估计数的确定

最佳估计数是在考虑当前各种信息的条件下作出的最优估计结果，具体确定时应当分别以下两种情况处理：

（1）所需支出存在一个连续范围，且该范围内各种结果发生的可能性相同，则最佳估计数应当按照该范围内的中间值确定，即按照上下限金额的算术平均数确定。例如，2×24年10月，渤海公司因违约而遭到起诉，至当年12月31日，法院尚未作出最终判决。根据专业人士判断，判决很可能对该公司不利，公司应承担的赔偿金额可能是70万元至90万元之间的某一金额。因而，该公司应当在年末按照估计范围的中间值80万元确认一项预计负债，同时在报表附注中进行披露。

（2）所需支出不存在连续范围，或虽然存在一个连续范围，但在该范围内各种结果发生的可能性不相同。在这种情况下，要进一步考虑或有事项涉及单个项目还是多个项目。如果或有事项涉及单个项目，比如一项未决诉讼、一项未决仲裁或一项债务担保，最佳估计数按照最可能发生的金额确定，如果或有事项涉及多个项目，比如在产品质量保证中，提出产品保修服务要求的可能有许多客户，则应按照各种可能结果及相关概率计算确定。

需要指出，企业在确定预计负债的最佳估计数时，还应当综合考虑与或有事项有关的风险和不确定性、货币时间价值及未来事项等因素的影响。

2.预期可能获得补偿的确定

企业在某些情况下，在履行因或有事项产生的现时义务时，所需支出的全部或部分金额可能会得到第三方的补偿。比如企业因交通事故而被起诉，很可能要赔偿相关损失，但也会得到保险公司的一定补偿。对于企业可能从第三方得到的补偿，由于存在很大的不确定性，所以企业只能在估计补偿金额基本确定能够收到时，才能将补偿金额作为资产单独确认，而不能将其作为预计负债的抵减项目，且确认的补偿金额也不能超过预计负债的账面价值。

（四）预计负债的会计处理

为了反映企业各项预计负债的增减变动情况，企业应设置"预计负债"账户。该账户属于负债类账户，贷方登记各项预计负债的增加数，借方登记各项预计负债的清偿数，期末余额在贷方，表示企业已确认但尚未支付的预计负债。这里仅就产品质量保证负债的会计处理作简要介绍。

延伸阅读8-2

或有赔偿会计处理

为了扩大市场份额，更好地吸引顾客，企业在销售产品时通常附带产品质量保证书，承诺在规定期限内对所售产品的质量负责，即对那些由于质量原因发生的故障和损坏，企业为顾客免费提供修理、更换零部件等服务。也就是说，企业在销售发生时，就已经承担了一项在将来履行的质量保证义务。企业作出质量保证承诺的目的，是扩大当期的销售市场，增加当期的销售收入。在履行该项义务时，不可避免地会导致资产的消耗。根据收入与费用配比的要求，应该将以后期间履行承诺导致的经济利益流出确认为增加收入当期发生的费用。在费用已经确认但尚未实际支付的期间就应该确认为负债，通常被称为产品质量保证负债。由于在销售时无法确定修理费用的发生时间、金额和客户，履行该项承诺而导致的经济利益流出就无法准确计量，需要根据历史经验和有关资料进行估计。

对于产品质量保证而言，在一般情况下，这项负债的金额可以根据已经销售产品在质量担保期内的返修率，以及平均单位返修费用等资料进行合理的估计。估计入账时，借记"销售费用""管理费用"等有关账户，贷记"预计负债——产品质量保证"账户。实际支付时，借记"预计负债——产品质量保证"账户，贷记"银行存款"等账户。现举例说明如下：

【例8-29】 华夏公司2×24年5月份出售某种产品500台，每台售价为180元，产品的保修期为半年。根据过去的经验，返修率为1.5%，平均每台修复费用为20元。5月份没有发生返修情况。根据这些资料，可计算出5月末的产品质量保证负债为150元（500×1.5%×20）。相关账务处理如下：

（1）2×24年5月31日估计预计负债时：

借：销售费用　　　　　　　　　　　　　　　　　　　　　　　　150

　　贷：预计负债——产品质量保证　　　　　　　　　　　　　　　150

（2）假定到6月30日实际发生的返修费用为120元：

借：预计负债——产品质量保证　　　　　　　　　　　　　　　　120

　　贷：银行存款　　　　　　　　　　　　　　　　　　　　　　　120

复习思考题

1.负债具有哪些特征？流动负债与非流动负债各包括哪些内容？

2.短期借款的利息与长期借款的利息在账务处理上有何不同？

3.企业的哪些税费应通过"税金及附加"账户核算？

4.企业的哪些税费不通过"应交税费"账户核算？

5.如何计算一般纳税人的应交增值税？

6.如何计算发行债券的价格？

7.如何进行债券平价、溢价和折价发行的核算？

8.如何摊销应付债券的溢价和折价？

9.何为或有事项？或有事项具有哪些基本特征？

10.预计负债的确认需要同时满足哪些条件？

本章自测题

第九章 所有者权益

第一节 所有者权益概述

一、所有者权益的性质

（一）所有者权益及其特征

我国《企业会计准则——基本准则》规定："所有者权益是指企业资产扣除负债后由所有者享有的剩余权益。"[①]这一定义说明了所有者权益的经济性质和基本特征。

1.所有者权益是剩余权益

所有者权益是所有者对企业的净资产享有的所有权，而净资产则是企业总资产减去负债后的余额。也就是说，所有者拥有的权益是总权益扣除债权人权益后的余额。

2.所有者权益金额的确定有赖于资产和负债的计量

所有者权益可以通过对基本会计等式"资产=负债+所有者权益"的转换推导而得出，即"所有者权益=资产-负债"。因此，当负债一定的情况下，所有者权益的增加有赖于资产的增值。

3.所有者权益由企业的投资者投入资本及其增值构成

企业从投资者手中吸收的投入资本是其进行生产经营活动的"本钱"，同时也是所有者权益的主要来源。所有者对企业的经营活动承担着最终的风险，与此同时，也享有最终的权益。如果企业在经营中获利，投入资本会产生增值，所有者权益亦将随之增长；反之，所有者权益将随之缩减。

（二）所有者权益与负债的区别

企业资产的来源无外乎两个方面：负债和所有者权益。负债和所有者权益统称为权益。两者之间主要有以下区别：

1.性质不同

所有者权益是投资者享有的对投入资本及其运用所产生盈余（或亏损）的权利；负债是在经营或其他活动中所发生的债务，是债权人要求企业清偿的权利。

2.享受权利不同

所有者享有参与收益分配、参与经营管理等多项权利，但对企业资产的要求权在顺序

---

① 参见《企业会计准则——基本准则》第五章第二十六条。

上置于债权人之后，即只享有对剩余资产的要求权；债权人享有到期收回本金及利息的权利，在企业清算时，有优先获取资产赔偿的要求权，但没有经营决策的参与权和收益分配权。

3.偿还期限不同

在企业持续经营的情况下，所有者权益一般不存在抽回的问题，即不存在约定的偿还日期，因而是企业的一项可以长期使用的资金，只有在企业清算时才予以退还；负债必须于一定时期偿还。为了保证债权人的利益不受侵害，法律规定债权人对企业资产的要求权优先于投资者，因此债权又称为第一要求权。投资者具有对剩余财产的要求权，故所有者权益又称剩余权益。

4.风险不同

所有者能够获得多少收益，需视企业的盈利水平及经营政策而定，故风险较大；债权人获取的利息一般按一定利率计算，并且是预先可以确定的固定数额，无论盈亏，企业都要按期付息，故风险相对较小。

二、公司制企业与股东权益

如前所述，企业的组织形式一般分为三种：独资企业、合伙企业和公司制企业。从会计的角度来看，不同组织形式的企业对资产、负债、收入、费用和利润的会计处理几乎没有影响。但不同组织形式的企业，其所有者权益（业主权益）的会计处理有明显的差异。这主要是因为法律对不同组织形式企业的所有者权益有不同的规定。

《中华人民共和国公司法》（以下简称《公司法》）定义的公司"是指依照本法在中华人民共和国境内设立的有限责任公司和股份有限公司"。"公司是企业法人，有独立的法人财产，享有法人财产权。公司以其全部财产对公司的债务承担责任。有限责任公司的股东以其认缴的出资额为限对公司承担责任；股份有限公司的股东以其认购的股份为限对公司承担责任。"[①]公司被认为是现代企业中最有生命力的组织形式。公司的特征为：

（一）股东对公司的债务只负有限责任

股东对公司的负债没有个人偿还的义务。股东对公司投资可能承担的最大损失是投资成本支出，而不必担心由于企业经营失败而失去投资以外的财产。公司的这一特点使其可以比独资和合伙企业拥有更广泛的投资者，并从这些投资者那里得到更多的资金。

（二）公司是独立的法律主体

公司一经政府批准成立，就具有独立于其所有者的法人地位和资格，具有同自然人一样的权利和义务。公司可以用自己的名义取得资产、承担债务、签订合同、提出诉讼和被诉。在独资企业、合伙企业和公司制企业三种组织形式中，只有公司制企业是法人，具有法人地位。

（三）公司是纳税主体

公司如有盈利，要缴纳企业所得税。然后，股东再就分得的现金股利缴纳个人所得税。也就是说，公司的收益要经过重复课税。

---

① 参见《中华人民共和国公司法》第一章第二、三、四条。

（四）所有权和经营权分离

大部分公司制企业的投资人不亲自管理公司，而是由股东选举董事会，再由董事会聘任的总经理等专业管理人员负责经营。

（五）所有权可转让

公司的所有者可以出售或转让股份，特别是公开上市的股份有限公司，股东通常可以随意转让自己持有的股票。公司的持续经营不因股东的变更而受到影响，因而公司具有较为长久的存续期。

（六）严格的法律管制

由于所有者仅对公司债务负有限责任，为了保护债权人，各国政府对公司都实行比较严格的法律管制。

由于具有上述特点，特别是政府的严格法律管制，公司所有者权益会计业务比较复杂。其中许多程序是基于法律的规定，而不仅仅是依据会计惯例。例如，所有者权益受公司法的限制，必须严格区分投入资本、资本公积和留存收益。法律往往还对公司的利润分配和停业清算以及股份公司回购自己的股份等事项都有严格的限制。另外，由于股东投资方式的多样性，公司在所有者权益会计处理中遇到的问题也远多于独资企业和合伙企业。

公司的形式多种多样，其中最主要的是股份有限公司和有限责任公司。需要说明的是，我国的国有独资企业和一人有限责任公司亦属于公司范畴。国有独资企业，是指由国家独立出资建立的企业，其性质与个人独资企业不同，而与有限责任公司相同。因此，国有独资企业又称国有独资有限责任公司。一人有限责任公司，是指只有一个自然人股东或者一个法人股东的有限责任公司，它是有限责任公司的一种特殊形式，而并非个人独资企业。

三、所有者权益的内容和分类

企业所有者（在股份制企业中就是企业的股东，为方便起见，下面将股东和企业所有者作为同一概念使用）拥有的权益，最初表现为投资者的投入资本。随着企业生产经营活动的开展，从企业净利润中提取的盈余公积，以及未分配利润等形成的企业资本积累，最终也归企业所有者所有，与投入资本共同构成企业的所有者权益。由此可见，所有者权益按其形成来源的不同，主要有投入资本和留存收益两个部分。投入资本是投资者投入企业的资本金，包括实收资本和资本公积；留存收益是企业生产经营活动所产生的利润在向国家缴纳所得税后留存在公司的部分，包括盈余公积和未分配利润。

为了反映所有者权益的构成，便于投资者和其他会计信息使用者了解所有者权益的来源及变动情况，根据我国《企业会计准则——财务报表列报》的规定，企业资产负债表中的所有者权益应当至少按照实收资本（或股本）、资本公积、盈余公积、未分配利润等项目分项列示。①

对所有者权益进行这种分类至少能够提供以下两个方面的重要信息：

（一）能够清晰地反映企业所有者权益的结构

所有者权益中投入资本和作为准资本的资本公积，构成企业在一定规模下开展生产经

---

① 参见《企业会计准则第30号——财务报表列报》第三章第二十七条。

营的最基础的启动资金，是企业存在的基本条件。盈余公积和未分配利润等留存收益，来自企业经营过程中的资本增值，反映了企业的资本积累情况，也是企业扩大生产经营规模的一个重要条件。将资本积累与投入资本相比，能够反映企业的资本增值能力以及发展后劲。此外，不同所有者的投资比例还是决定企业利润分配或风险分担的依据。

（二）能够反映利润分配政策上的影响因素

所有者投资的主要目的之一是获得理想的投资收益，因此，他们必然非常关心企业利润分配政策的制定。企业在制定利润分配政策时，既要考虑对投资人的回报，又不能放弃企业持续经营的长远利益。这种近期利益和长远利益的兼顾，就形成了企业利润分配政策的指导思想：企业用于分配的只能是来自本期和前期的累计利润，而不应是所有者的投入资本；企业可供分配的利润，既不能"分光吃净"，导致企业无力扩大再生产，也不能过分地压缩应分配的数额，导致投资者对企业投资丧失信心。要想妥善地处理好利润分配过程中的复杂关系，就需要对所有者权益按照其构成，分层次地确定利润分配涉及的范围。也就是说，所有者权益中什么项目可以用于分配、什么项目不能用于分配，以及可用于分配的项目能够分配到什么程度等问题，都可以通过对所有者权益的合理分类来加以界定。

第二节 实收资本

一、实收资本及其来源

企业要经营，必须有一定的"本钱"。根据《中华人民共和国民法典》的规定，设立法人的必要条件之一是：法人应当有自己的"财产或者经费"[1]。我国《企业法人登记管理条例》明确规定，企业申请开业，必须具备"符合国家规定并与其生产经营和服务规模相适应的资金数额"[2]。我国《公司法》规定，"申请设立公司应当提交设立登记申请书、公司章程等文件"[3]。有符合公司章程规定的注册资本是公司登记事项中的重要内容。[4]

（一）实收资本和注册资本

实收资本就是投资人投入企业的"本钱"，它是企业开展生产经营活动的必要物质基础。投资人对依法投入的资本享有法定权利并以此为限对企业负债承担责任。企业在进行会计核算时，应分清投入资本和借入资金的界限，不得将借入资金作为实收资本核算。实收资本具体表现为投资者实际投入企业经营活动的各种财产物资。投资人可以用货币资金、存货、固定资产、无形资产，以及股权、债权等各种形式的资产对企业投资。

延伸阅读9-1

宾馆开业条件讨论

所谓注册资本，是指企业成立时在市场监督管理部门登记注册的资本总额，是企业各方投入资本的总和。注册资本是企业承担民事责任的财力保证。企业申请开业必须具备符合国家规定并与生产经营和服务规模相适应的资本数额。企业应该按照法律、法规、合同

---

① 参见《中华人民共和国民法典》第三章第五十八条。
② 参见《中华人民共和国企业法人登记管理条例》第三章第七条第三款。
③ 参见《中华人民共和国公司法》第二章第三十条。
④ 参见《中华人民共和国公司法》第二章第三十二条。参见《中华人民共和国公司法》第五章第一节第九十七条。

和章程的规定及时进行资本的筹集。如果是一次筹集的,账面上的实收资本应等于注册资本;如果是分期筹集的,在所有者最后一次缴入资本以后,实收资本方可等于注册资本。也就是说,企业在注册登记时,其注册资本有可能不等于实收资本,但认缴期满时企业注册资本必须等于实收资本。

(二) 实收资本投资人的权利

投资人按照其投资在企业总投资中的比例享有相应的权利。这些权利包括:

1.公司管理权

投资人享有管理企业的权利。这种权利可以由投资人直接行使,也可通过投票选举董事会和总经理将其授予专门的管理人员代为行使。总之,管理企业的最终权利保留在投资人手中。

2.分享利润权

公司若有税后利润,在提取盈余公积后,经股东会或类似权力机构决议,投资人有按投资比例参与利润分配的权利。

3.分享剩余财产权

在公司终止营业并解散清算时,公司需要变卖资产用以偿还负债。在还清全部负债后,所有者有权按投资份额分配剩余财产。

4.优先投资权

当公司需要吸收新的投资时,原投资人有权按既定持股比例优先认购新股。

(三) 实收资本的来源

在我国目前的经济环境下,按照企业投入资本的来源不同,可以将投入资本分为四类:国家资本、法人资本、个人资本和外商资本。

1.国家资本

国家资本是指国家以各种形式对企业的实物投资、货币资金投资,以及所有权应该属于国家的发明创造和技术成果等无形资产投资。它包括各类国有企业的所有者权益以及股份有限公司和有限责任公司中的国有股。

2.法人资本

法人资本是指企业接受其他法人单位投资形成的资本。法人资本一般包括实物资产、货币资产和无形资产投资三种形式。

3.个人资本

个人资本是指社会公众或者企业内部职工以其合法财产投入企业而形成的资本。个人资本大部分是以货币资产投入。个人对股份有限公司进行投资时,通常以购买股票的方式进行。

4.外商资本

外商资本是指外国和我国香港、澳门及台湾地区投资者以各种形式的财产进行的投资。其投资方式包括实物投资、货币资金投资和无形资产投资。其中,货币资金投资包括外币资金的投资。

二、实收资本的计价

如前所述,实收资本由企业所有者投入的资产形成,因此,对实收资本的计价,必然涉及对投入资产的计价。或者说，实收资本是按照投资人作为资本投入到企业中的各种资产的价值计价。投资者出资方式不同，计价方法也有所差别。

（一）以货币出资的计价

投资者以货币方式出资，包括以人民币出资和外币出资。我国企业投资者一般以人民币出资，企业可于收到时将实际收款额作为投入资本入账。

中外合资企业在收到外方出资人的外汇投资时，需采用一定的汇率将外汇折合为记账本位币入账。按照现行制度规定，企业收到投资者出资的外汇时，应按照当日外汇牌价折合的人民币金额登记有关的资产账户和"实收资本"账户。

（二）以非货币资产出资的计价

投资者如果以房屋、建筑物、机器设备等固定资产和原材料等实物资产出资，应当按照公平合理的原则进行计价，即通常采用企业与投资者双方认可的价值计价。

投资者如果以专利权、专有技术、商标权、土地使用权等无形资产出资，同样应按公平合理的原则计价。一般说来，对于专利权、专有技术、商标权的作价，不应超过它们为企业增加的未来经济效益的现值。在实际工作中，这个未来经济效益的现值，通常要在无形资产的价格确认上得以体现。

三、实收资本的会计处理

（一）有限责任公司的实收资本

有限责任公司是指由1个以上50个以下股东出资，每个股东都以其所认缴的出资额对公司承担有限责任的法人。《公司法》规定："有限责任公司的注册资本为在公司登记机关登记的全体股东认缴的出资额。全体股东认缴的出资额由股东按照公司章程的规定自公司成立之日起5年内缴足。"由于有限责任公司的投资人通常不止一个，所以各投资方的出资方式、出资金额及出资日期必须事先约定、共同遵守。如果投资的某一方未按规定缴纳出资额，企业有权向投资者追缴，追缴无效可依法起诉。

为了反映企业实收资本的增减变动，企业应设置"实收资本"账户。这个账户属于所有者权益类账户，贷方反映企业所有者投入企业的各种资产的价值，借方反映按法定程序减少注册资本的数额，期末贷方余额反映投资人实际投入的资本。"实收资本"账户应按投资人设置明细账户，进行明细分类核算。现举例说明如下：

【例9-1】 宏大有限责任公司创立于2×24年1月1日，当时A、B两位投资人各投资500万元。A投资500万元现款，B投资专利权和使用过的固定资产。经资产评估部门评估，专利权的评估价为80万元，固定资产的评估价为420万元。公司在收到投资者投入的资产时，相关账务处理如下：

（1）收到货币投资时：

借：银行存款　　　　　　　　　　　　　　　　　　　　　　5 000 000

　　贷：实收资本——A　　　　　　　　　　　　　　　　　　　　5 000 000

（2）收到固定资产和无形资产投资时：

借：固定资产　　　　　　　　　　　　　　　　　　　　　　4 200 000

　　无形资产　　　　　　　　　　　　　　　　　　　　　　800 000

　　贷：实收资本——B　　　　　　　　　　　　　　　　　　　5 000 000

　　【例9-2】某合资经营有限责任公司注册资本为人民币320万元，投资双方出资比例为1：1，外方港龙公司以港币出资。收到外币资本日汇率为1：0.8，按此汇率折算港龙公司投入港币外汇200万元。相关账务处理如下：

　　借：银行存款——港元户（2 000 000×0.8）　　　　　　　　1 600 000
　　　　贷：实收资本——港龙公司（2 000 000×0.8）　　　　　　　　1 600 000

（二）股份有限公司的股本

　　股份有限公司是指其全部资本由等额股份构成并通过发行股票筹集资本，股东以其所持股份为限对公司承担责任，公司以其全部资产对公司的债务承担责任的企业法人。设立股份有限公司，发起人应当有1人以上200人以下，其中须有半数以上发起人在中华人民共和国境内有住所。股份有限公司的股本总额应等于股票面值与股份总数的乘积，也应等于注册资本。这个指标反映了企业生存发展的基础和对债务承担责任的底线。为了直观地反映这一指标，股份有限公司应设置"股本"账户，记录股东投入公司的股本金额及其变动情况。

　　1.公司设立方式

　　股份有限公司的设立有发起和募集两种方式。

　　发起式设立的特点是：公司的全部股份由发起人认购，不向发起人之外的任何人募集股份。采用发起式筹集资本，因为股东是固定的，所以无须聘请券商向社会广泛募集资金。在一般情况下，其筹集费用很低，仅发生一些股权证印刷费之类的小额费用，可以直接计入当期管理费用。

　　募集式设立的特点是：公司股份除由发起人认购一部分外，还可以采用向其他法人或自然人发行股票的方式募集，因此需要聘请券商发行股票。《公司法》规定："以募集设立方式设立股份有限公司的，发起人认购的股份不得少于公司章程规定的公司设立时应发行股份总数的百分之三十五。"[①]由于募集过程中从投资者认购到实际缴纳股款，需要经过大量工作并发生比较多的费用。考虑到这部分支付给券商的发行手续费属于股权融资的相关支出，而且数额通常较大，故不宜直接计入开办当期的损益。在会计上比较可行的处理是：如果该公司的股票是溢价发行，则可以从溢价金额中扣除发行费等费用；如果是平价发行，则应依次冲减公司资本公积、盈余公积等资本项目。

　　2.股票的类别

　　股票是股份公司发行的证明股东按其所持股份享有权利和承担义务的有价证券。股份公司的股票按照股东权利不同可以分为普通股和优先股。

　　普通股是股票中的一种最普遍、最重要的形式，也是一种标准型的股票。当公司只发行一种股票时，这种股票就是普通股，此时，每一股普通股股份的权利相同，按照有关规定，在以股份形式筹资的股份公司的股东权益中必须拥有一定数量的普通股。普通股股东具有以下权利：（1）投票表决权，即有权参与股份有限公司的重大经营决策和财务决策。（2）盈余分配权，即对公司实现的税后利润有权按其持股比例予以分享。

---

①　参见《中华人民共和国公司法》第五章第一节第九十七条。

（3）优先认股权，即在增发股份时，为了保护现有股东的控制权，公司往往赋予普通股股东优先认购新增发行股票的权利。（4）剩余财产要求权，即在公司歇业清算时，拍卖资产所得收入在偿还债务以及优先股股东的投资后，剩余资产将在普通股股东之间进行分配。

优先股是相对于普通股而言的，是指优先于普通股股东分配公司收益和剩余资产的股份。其性质介于公司债和普通股之间。优先股股东的权利体现在以下几个方面：（1）在分派给普通股股东股利之前，按约定的股利率或固定的金额，优先分得股利。（2）在公司终止营业清算解散时，清偿了公司全部债务后，先于普通股股东分得剩余财产。如果剩余财产不能足额地偿还优先股股本，就按各优先股股东所持股权比例进行分配。（3）优先股股东通常不享有公司公积金的权益，包括资本公积金和盈余公积金。优先股享有的公司净资产，以优先股股份的面值为限，既无权享有超面值缴入资本部分，也无权分享从税后利润中提取的盈余公积金。（4）优先股股东通常在股东会上没有表决权。

3.股票发行价格

按照《公司法》的有关规定："面额股股票发行价格可以按票面金额，也可以超过票面金额，但不得低于票面金额。"[①]按票面金额发行，称为平价发行；超过票面金额发行，称为溢价发行。无论是平价发行还是溢价发行，记入"股本"账户的金额都必须是股票面值。因此，在溢价发行情况下，企业应将相当于股票面值的部分记入"股本"账户，发行价格超过面值的部分在扣除发行手续费、佣金等发行费以后记入"资本公积"账户。现举例说明如下：

【例9-3】新世纪股份有限公司经中国证监会批准，发行普通股1 000万股，每股面值1元，平价发行，发行手续费为发行收入的3%，发行收入扣除手续费后的股款已全部存入银行。

在平价发行股票的情况下，发行总收入为1 000万元，券商收取手续费30万元（1 000×3%），公司收到券商汇入股款970万元（1 000-30）。相关账务处理如下：

借：银行存款   9 700 000
　　资本公积   300 000
　　贷：股本——普通股   10 000 000

【例9-4】新世纪股份有限公司经中国证监会批准，于2×24年10月20日增发新股300万股，每股发行价5元，在增发过程中，发生各种费用45万元，发行总收入扣除发行费用后的股款已全部存入银行。

在溢价发行股票的情况下，发行总收入为1 500万元（300×5），公司收到券商汇入股款1 455万元（1 500-45）。相关账务处理如下：

借：银行存款   14 550 000
　　贷：股本——普通股   3 000 000
　　　　资本公积（3 000 000×4-450 000）   11 550 000

---

① 参见《中华人民共和国公司法》第六章第一节第一百四十八条。

第三节   资本公积

一、资本公积的来源及用途

（一）资本公积的含义

资本公积是指由投资者投入但不能构成实收资本，或从其他特定来源取得、由投资人共同享有的部分。它属于投入资本的范畴，是所有者权益的重要组成部分。

资本公积与实收资本又有一定的区别，实收资本是投资者为谋求价值增值而对公司的一种原始投入，从法律上讲属于公司的法定资本，其无论是在来源上，还是在金额上，都具有比较严格的限制，加之投资者对公司的原始投入往往都是带有回报要求的，而且这种要求又带有确指性，而不同来源形成的资本公积却归所有投资者共同享有。

（二）资本公积的来源

资本公积的形成来源主要是资本溢价。资本溢价是指投资者缴付的出资额大于注册资本而产生的差额，它是资本公积中最主要的项目。资本溢价的产生包括两种情况：一种是股份公司创办时发行股票，其发行价格超过股票面值的差额部分，与股本一起作为股东的资本投入公司，股票面值部分计入股本，超过股票面值的溢价收入计入资本公积，或者由于资产的不可分割性导致实际投入公司的资产价值超过按出资比例计算的出资额部分；另一种是公司创办后有新股东加入时，为了维护原股东的权益，新股东一般要付出大于原股东的出资额，才能获得与原股东相同的投资比例，新股东投入资本中等于原股东投资比例的出资额部分计入股本，大于原股东投资比例的出资额部分则计入资本公积。

（三）资本公积的用途

公司在经营过程中出于种种考虑，诸如增加投资者持有的股份，从而增加公司股票的流通量，激活股价，提高股票的交易量和资本的流动性，改变公司投入资本的结构，体现公司稳健、持续发展的潜力等，对形成的资本公积金可以按照规定的用途予以使用。资本公积的主要用途就在于转增资本，即在办理增资手续后用资本公积转增资本，按股东原有股份比例发给新股或增加每股面值。

二、资本公积的核算

为了反映资本公积的形成和使用情况，企业需设置"资本公积"账户。该账户属于所有者权益类账户，贷方登记资本公积的增加数，借方登记资本公积的减少数，期末余额在贷方，反映资本公积的结余数。"资本公积"账户应当按资本公积的形成来源设置"资本溢价"或"股本溢价"、"其他资本公积"明细账，进行明细分类核算。

（一）资本溢价的核算

股份有限公司溢价发行股票，在收到款项时，按实际收到的金额借记"库存现金""银行存款"等账户，按股票面值与核定的股份总数的乘积计算的金额贷记"股本"账户，按扣除各种费用后的溢价额贷记"资本公积——股本溢价"账户。其具体账务处理参见本章例9-4，在此不再赘述。

有限责任公司收到投资者的投资，按实际收到的现金或非现金资产的价值借记"银行存款""固定资产"等账户，按其在注册资本中所占的份额贷记"实收资本"账户，按其差额贷记"资本公积——资本溢价"账户。现举例说明如下：

【例9-5】通海公司注册资本为150万元，由甲、乙、丙三方各出资50万元设立。现已经营多年，留存收益已达90万元。为扩大经营规模，三方决定将公司的注册资本增加到200万元，并吸收丁投资者加盟，同意其以现金80万元出资，占增资后公司全部资本的25%。公司在收到丁投资者出资时的账务处理如下：

借：银行存款　　　　　　　　　　　　　　　　　　　　　　　800 000
　　贷：实收资本——丁投资者（2 000 000×25%）　　　　　　　　500 000
　　　　资本公积——资本溢价（800 000-500 000）　　　　　　　300 000

（二）资本公积转增资本的核算

经股东会或类似权力机构决议，企业用资本公积金转增资本时，借记"资本公积"账户，贷记"实收资本"或"股本"账户。现举例说明如下：

【例9-6】承例9-5，通海公司经批准，按10∶1的比例，以资本公积金20万元转增资本。相关账务处理如下：

借：资本公积——资本溢价　　　　　　　　　　　　　　　　　200 000
　　贷：实收资本——甲投资者（500 000×10%）　　　　　　　　　50 000
　　　　　　　　——乙投资者（500 000×10%）　　　　　　　　　50 000
　　　　　　　　——丙投资者（500 000×10%）　　　　　　　　　50 000
　　　　　　　　——丁投资者（500 000×10%）　　　　　　　　　50 000

第四节　留存收益

留存收益是指企业从历年实现的净利润中提取或形成的留存于企业内部的积累，是由企业内部所形成的资本。它来源于公司的生产经营活动所实现的净利润，在性质上与投资者投入资本一样属于所有者权益。

一、留存收益的内容

我们知道，企业存在的目的是生产经营，获取利润，并发展壮大。而企业所有者权益的增加，可以通过两个途径来实现：一是由投资者投资和其他资本性交易而来；二是由经营活动赚取利润而来。投资者投入企业的资本作为投入资本，通过公司的生产经营活动，不仅要保持原有投资的完整，而且要求原投资的增值，即实现利润。企业利润总额扣除按国家规定上缴的所得税后，一般称为税后利润或净利润、收益。税后利润可以按照法律法规、合同、公司章程等有关规定进行分配。在分配税后利润时，一方面应按照规定提取盈余公积（包括法定盈余公积、任意盈余公积），将当年实现的利润留存于企业，形成内部积累，成为留存收益的组成部分；另一方面向投资者分配利润或股利，分配利润或股利后的剩余部分作为未分配利润。未分配利润同样成为企业留存收益的组成部分。

（一）盈余公积

1.盈余公积的形成来源

盈余公积是企业按照规定从税后利润中提取的各种积累资金。提取盈余公积的主要目的是限制股利的过量分派，即向投资者表明，税后利润所代表的资财应提取一部分，以满足将来扩大企业生产规模、弥补日后发生的亏损等的需要，而不能全部以股利的形式分派给投资者。否则，稍有盈余就"分尽吃光"，将会对企业的长期发展造成极为不利的影响。可见，盈余公积带有一定的强制性，并往往有指定的用途。

盈余公积金根据其用途不同，可分为法定盈余公积金和任意盈余公积金两部分。我国《公司法》规定，股份公司应按照净利润的10%提取法定盈余公积金，提取的法定盈余公积金累计额达到注册资本的50%以上时，可以不再提取①；任意盈余公积金是指提足法定盈余公积金后，企业按照公司章程规定或股东会决议自行决定提取的盈余公积金。法定盈余公积金和任意盈余公积金的计提基数和用途完全相同，区别在于二者各自计提的依据不同，前者以国家的法律或行政规章为依据提取，后者则由公司自行决定提取。

2.盈余公积的用途

盈余公积是企业专门用于维持和发展企业生产经营的准备金，其主要用途为：

（1）弥补亏损。按照现行税法规定，企业某年度发生的亏损，在其后五年内可以用实现的税前利润来弥补，从第六年开始，只能用税后利润弥补②。如果企业发生的亏损用税后利润仍不足以弥补的，则可以用发生亏损以前所提取的盈余公积来加以弥补。用盈余公积弥补亏损时，应当由董事会提议，并经股东会批准，或者由类似权力机构批准方可进行。

（2）转增资本。当企业提取的盈余公积累积额较大时，可以将盈余公积转增资本，但是，转增时必须经投资人同意或股东会决议批准并办理相应的增资手续，按照投资人原持股比例予以转增。用盈余公积转增资本后，留存的盈余公积不得少于转增前公司注册资本的25%。

（3）分派现金股利。企业在当年如果没有实现利润，原则上不得分配股利。但在特殊情况下，当企业累积的盈余公积比较多且未分配利润比较少时，为了维护企业形象，给投资者以比较均衡的投资回报，对于符合规定条件的企业，经股东会作出特别决议，也可用盈余公积分派现金股利。

用盈余公积分配股利需要符合以下条件：①若企业有未弥补亏损，应当用盈余公积弥补亏损，弥补亏损后仍有结余的，方可分配股利；②用盈余公积分配股利的股利率不得超过股票面值的6%；③分配股利后法定盈余公积不得低于注册资本的25%；④企业可供分配的利润不足以按不超过股票面值的6%分配股利，可以用盈余公积补到6%，但分配后的法定盈余公积不得低于注册资本的25%。

（二）未分配利润

未分配利润是公司等待分配或留待以后年度再进行分配的结存利润，从数量上来说，未分配利润是期初未分配利润，加上本期实现的税后利润，减去提取的各种盈余公积和分出的利润后的余额，即历年积存的净利润。未分配利润有两层含义：一是这部分税后利润

---

① 参见《中华人民共和国公司法》第十章第二百一十条。
② 参见《中华人民共和国企业所得税法》第二章第十八条。

没有分给投资者，留待以后年度处理；二是这部分税后利润未指定特定用途。这部分留待以后年度分配的利润，可用于企业扩大生产经营活动，也可用于弥补以后年度的亏损，还可以留待以后年度向投资者分配利润。相对于所有者权益的其他部分而言，企业对未分配利润的使用有较大的自主权。

二、留存收益的核算

（一）盈余公积的核算

为了反映盈余公积的增减变动情况，企业应设置"盈余公积"账户。该账户属于所有者权益类账户，贷方登记企业按照规定从净利润中提取而形成的盈余公积，借方登记企业将盈余公积用于弥补亏损、转增资本，以及分配现金股利或利润而减少的数额，期末余额在贷方，反映企业提取的尚未使用的盈余公积结余额。本账户应下设"法定盈余公积"和"任意盈余公积"明细账户。

1.盈余公积形成的核算

企业按照税后利润的一定比例提取盈余公积时，借记"利润分配"账户，贷记"盈余公积——法定盈余公积""盈余公积——任意盈余公积"账户。现举例说明如下：

【例9-7】宏大公司2×24年实现税后利润100万元，按规定提取10%的法定盈余公积、4%的任意盈余公积。相关账务处理如下：

借：利润分配——提取法定盈余公积 100 000
　　　　　　——提取任意盈余公积 40 000
　贷：盈余公积——法定盈余公积 100 000
　　　　　　——任意盈余公积 40 000

2.盈余公积使用的核算

企业按规定用盈余公积弥补亏损时，应借记"盈余公积"账户，贷记"利润分配——其他转入"账户；用盈余公积转增资本时，应借记"盈余公积"账户，贷记"实收资本"或"股本"账户；用盈余公积分派现金股利或利润时，应借记"盈余公积"账户，贷记"利润分配——应付现金股利"账户。

这里需要说明的是，用盈余公积弥补亏损或转增资本，只是所有者权益内部不同项目之间的一种转换，这种转换表明其指定用途的金额发生变化，但并不影响所有者权益总额的增减。现举例说明如下：

【例9-8】宏大公司经股东会批准，用盈余公积金30万元弥补当期亏损。相关账务处理如下：

借：盈余公积 300 000
　贷：利润分配——其他转入 300 000

【例9-9】宏大公司股东会决议，本期将盈余公积金50万元转增资本。相关账务处理如下：

借：盈余公积 500 000
　贷：实收资本 500 000

（二）未分配利润的核算

前已述及，未分配利润是企业留待以后年度进行分配的结存利润，也是所有者权益的一个组成部分。在会计核算上,未分配利润是通过"利润分配"账户下的"未分配利润"明细账户进行核算的。在会计期末,公司将本期实现的各项收入和发生的各项费用全部转入"本年利润"账户,从而计算出本期的经营成果,然后转入"利润分配——未分配利润"账户进行分配,结存于该账户的贷方余额即为未分配利润,如果出现借方余额则为未弥补亏损。

在对未分配利润进行核算时,应注意"利润分配——未分配利润"明细账户的余额反映的是企业历年累积未分配利润或累积未弥补亏损,而不仅仅是一个会计年度的结果。另外,公司用实现的利润弥补亏损不必专门作会计分录,只需在年末结账时,将实现的利润转至"利润分配"账户贷方,结转后自然抵减了借方的未弥补的亏损。用利润弥补亏损,无论是用税前利润补亏,还是用税后利润补亏,会计处理方法均相同,区别在于纳税申报时,税法规定准予税前利润补亏的,可以作为应税利润减少的调整数;而税法规定准予税后利润补亏的,不能调整减少应税利润。现举例说明如下:

【例9-10】宏运公司年初未分配利润为30万元,本年实现净利润100万元,经股东会批准的利润分配方案:本年提取法定盈余公积10万元,提取任意盈余公积5万元,向投资者分配现金股利45万元。相关账务处理如下:

(1)结转本年实现的净利润时:

| 借:本年利润 | 1 000 000 | |
| 贷:利润分配——未分配利润 | | 1 000 000 |

(2)按规定进行利润分配时:

借:利润分配——提取法定盈余公积	100 000	
——提取任意盈余公积	50 000	
——应付现金股利	450 000	
贷:盈余公积——法定盈余公积		100 000
——任意盈余公积		50 000
应付股利		450 000

(3)派发现金股利时:

| 借:应付股利 | 450 000 | |
| 贷:银行存款 | | 450 000 |

(4)结转本年利润分配时:

借:利润分配——未分配利润	600 000	
贷:利润分配——提取法定盈余公积		100 000
提取任意盈余公积		50 000
——应付现金股利		450 000

延伸阅读9-2

公司创建与扩股出资讨论

经过上述分配处理,"利润分配——未分配利润"账户的贷方余额为70万元(30+100-10-5-45),即为公司年末未分配利润的数额。

【思政课堂】　　　　　　　　百善孝为先

企业所有者,亦称股东或投资者,是企业设立时的出资方,也是企业收益的享有人。在现代企业制度下,企业重大决策在一定程度上体现了大股东的意志。由于企业从设立到成长壮大都离不开股东的支持,特别是当企业陷入困境甚至走投无路时,往往都是大股东出手相助才得以峰回路转。因此,将股东视为衣食父母,用最佳的经营业绩来回报股东理应成为企业的首要责任。从会计的视角来看，股东与企业的关系类似于父母和子女的关系。我们每个人从小到大，无论是学习还是工作乃至结婚生子，每一步都离不开父母的默默付出。因而，如何处理好与父母的关系问题，既关系到大学生的情绪管理和身心健康，也是影响和谐社会构建的重要因素。我们认为，从企业反哺股东的关系中我们至少可以获得以下启示：

（1）用进步和成长来反哺父母。感恩父母是一个人从懵懂少年走向成熟的重要标志。作为成年人的大学生，不宜把反哺父母的养育之恩留待将来事业有成时再去完成。"子欲养而亲不待"，孝敬父母应从现在做起，大学生在德智体美劳任何方面所取得的进步和成绩都是送给父母最好的礼物，同时也是父母引为骄傲的资本。

（2）充分听取父母的意见和建议。常言道：不听老人言，吃亏在眼前。父母的话虽然不可能句句是真理，但他们的意见和建议要么来源于实践经验，要么来源于对人生哲理的深刻感悟，这对于子女的决策而言，无疑具有很高的参考价值。很难想象，一个对家长的话始终置若罔闻的孩子，能在学习、工作和生活中从善如流？

（3）珍惜父母给予的每一分钱。大学生依靠父母的经济资助来支付学习期间的各种费用，这原本是无可厚非的事情。然而，现实的大学校园里，学生花钱"大手大脚"甚至铺张浪费的确不是个别现象，尤其是有些学生的家庭经济条件并不好，也要随波逐流"装大方"。这不仅反映某些大学生并不体谅父母赚钱的辛苦，过度消费"股东"提供的经济资源，也表明塑造学生的善良意识和勤俭精神是高校教学中的一项重要而紧迫任务。

复习思考题

1.什么是权益？会计上的权益构成是怎样的？

2.什么是所有者权益？它有何基本特征？它主要包括哪些具体项目？

3.所有者权益与负债有哪些区别？

4.为什么说实收资本是注册资本，但注册资本并不完全等于实收资本？

5.什么是实收资本？其入账价值如何确定？

6.什么是资本公积？它主要来源于哪些方面？用途如何？

7.留存收益包括哪些内容？各有何用途？如何进行核算？

8.为什么说公积金转增资本不属于利润分配范畴？

本章自测题

第十章 费用与成本

第一节 费用与成本概述

一、费用的概念及特征

(一) 费用的概念

按照我国《企业会计准则》的定义，费用是指企业在日常活动中发生的、会导致所有者权益减少的、与向所有者分配利润无关的经济利益的总流出。准则同时规定，费用只有在经济利益很可能流出从而导致企业资产减少或者负债增加且经济利益的流出额能够可靠计量时才能予以确认。

在以上关于费用的定义中，重点强调的是费用与企业的日常经营活动及所有者权益变动之间的关系，其中也蕴含了企业发生的费用与企业实现的收入之间的配比关系。因为企业的所有者权益的增加除吸收所有者投资外，主要取决于企业实现利润的多寡，而利润的多少又直接受到企业在日常活动中发生的费用的影响和制约。可见，准则所定义的费用应是指能够直接影响企业某一会计期间经营成果——利润确定的那部分费用。例如，企业在销售其生产的产品时，应把产品以一定的方式提供给客户，此时，企业的库存商品这种资产的成本（即产品的销售成本）即演变为当期的费用，与销售产品所实现的销售收入之间形成了鲜明的对比关系，并为计算产品销售利润提供了必要条件。当然，有些费用的发生并不会直接给企业带来一定的收入，但也是企业的经营管理所不可缺少的。例如，企业用货币资金支付管理部门发生的办公费和差旅费，支付与产品销售有关的广告费和展销费等，在发生后就不能为企业直接带来相应的收入，但由于其与企业一定会计期间的经营管理有关，按规定也应计入所发生期间的损益，即确认为其所发生期间的费用。在会计期末也要同相关的成本费用一样，与当期实现的营业收入相比较，进而确定企业在该会计期间实现的经营成果。

需要注意的是，企业资产的减少并不都意味着能够直接影响企业经营成果的确定。例如，企业购买材料和设备支付货款会减少企业的货币资金，进行产品生产会消耗货币资金以及材料和设备等实物资产，从一定意义上讲，也属于企业资产的消耗及某种费用的发生。但这类费用的发生，会使企业获得另一种新的资产，说明这种资产的消耗没有引起经济利益流出企业，并且也没有直接地为企业带来相应的收入。因而，这类费用也就不能与当期的收入相配比，不会直接影响企业一定会计期间经营成果的确定。例如，本章中所要重点研究的企业在产品生产过程中发生的可归属于产品成本的费用就属于这种费用。这些费用可称为生产费用。生产费用虽然表现为对企业资产的消耗，而且是确认企业一定会计期间所发生的与收入有着密切关系的费用的基础和前提，但两者之间存在着严格区别，不可混为一谈。

（二）费用的特征

按照我国《企业会计准则》对费用的定义，费用应具有以下三种基本特征：

1.费用是企业在日常活动中形成的

企业的日常活动是指企业为完成其经营目标所从事的经常性活动以及与之相关的活动。在不同的企业，其日常活动的内容是有较大差别的。例如，工业企业制造并销售产品、商业企业销售商品、安装公司提供安装服务，以及租赁公司出租资产等，均属于企业的日常活动。企业因日常活动所产生的费用通常包括营业成本（如销售成本）和期间费用等。日常活动是确认费用的重要判断标准，将费用界定为日常活动而形成的，目的是将其与企业非日常活动所形成的经济利益的流出相区分。非日常活动所形成的经济利益的流出不能确认为费用，而应当计入损失。例如，企业因违反合同规定未及时支付货款而交纳的罚款，或因自然灾害等原因造成的设备和材料的损失等，都不是企业日常活动所发生的事项，由此而产生的损失就不作为费用认定，而应确认为企业的损失（营业外支出）。

2.费用会导致所有者权益的减少

与费用相关的经济利益的流出应当会导致所有者权益的减少，不会导致所有者权益减少的经济利益的流出不符合费用的定义，不应确认为费用。对于费用的发生最终会使企业的所有者权益减少并不难理解，因为一般说来，费用的增加往往是对企业实现收入的一种抵销，会减少企业的利润，而企业实现利润的所有权是属于所有者的，因而，费用的增加最终会减少企业的所有者权益。根据"资产=负债+所有者权益"这一会计等式的平衡关系，如果费用的增加，即资产的减少与负债无关，那么必然会减少企业的所有者权益。当然，有时费用的发生与负债的增加也是有密切关系的。

需要注意的是，企业在生产经营过程中发生的资产的减少并非都会引起企业所有者权益的减少。例如，企业以银行存款偿付一项债务本金，只是一项资产和一项负债的等额减少，不会对企业的所有者权益产生影响，因此，不应确认为企业的费用。

3.费用导致的经济利益总流出与向所有者分配利润无关

费用的发生应当会导致经济利益的流出，从而导致资产的减少或者负债的增加（最终也会导致资产的减少）。其表现形式包括现金或者现金等价物的流出，存货、固定资产和无形资产等的流出或者消耗等。企业向所有者分配利润也会导致经济利益的流出，但该经济利益的流出属于投资者投资回报的分配，是所有者权益的直接抵减项目，不应确认为费用，应当将其排除在费用的定义之外。

二、费用的确认与计量

（一）费用的确认

费用的确认除了应当符合定义外，还应当满足严格的确认条件，即费用只有在经济利益很可能流出从而导致企业资产减少或者负债增加、经济利益的流出额能够可靠计量时才能予以确认。费用的确认至少应当符合以下三个条件：

1.与费用相关的经济利益应当很可能流出企业

从费用的定义来看，费用会导致经济利益流出企业，但所需流出的经济利益带有一定的不确定性，尤其是与预计负债相关的经济利益流出通常需要依赖于大量的经验估计。因此，费用的确认应当与经济利益流出的不确定性程度的判断结合起来。如果有确凿证据表明，有关的经济利益很可能流出企业，就应当将其作为费用予以确认；反之，导致经济利益流出企业的可能性若已不复存在，就不符合费用的确认条件，不应将其作为费用予以确认。

2.经济利益流出企业的结果会导致资产的减少或者负债的增加

对经济利益流出企业的结果会导致资产的减少这一点不难理解，因为一般说来，费用的增加往往是对企业资产的消耗，会引起企业资产的减少。这种减少可具体表现为企业现实的现金支出或非现金支出，也可以是过去的或预期的现金支出或非现金支出。例如，企业在产品销售中用现金或银行存款支付应由企业负担的运输费、装卸费、广告费等销售费用，就属于现金支出，会导致企业资产的直接减少。而企业将库存商品销售给顾客，则属于企业库存商品这种资产的直接减少。经济利益流出企业的结果有时也会导致费用和负债的同时增加。例如，企业在一定会计期末计算确定的当期应当负担但无须当期实际付款支付的短期借款利息，一方面应计入当期的财务费用，反映当期费用的增加，另一方面应确认为企业的负债，反映当期负债的增加。

3.经济利益的流出额能够可靠计量

费用的确认在考虑经济利益流出企业可能性的同时，对未来流出的经济利益的金额应当能够可靠计量。与费用有关的经济利益流出金额，通常可以根据合同或者法律规定的金额予以确定。

（二）费用的计量

费用的计量是指对费用发生额的确认。从理论上讲，费用的计量通常取决于资产的计量。如前所述，费用的发生往往是对企业资产的消耗，根据发生费用所消耗的资产价值，可以较为容易地确定费用的金额。但企业的资产价值是采用不同的计量属性进行计量的。因此，对于由资产的消耗转化而来的费用金额的确定又取决于资产计量的属性。与资产的一般计量方法相一致，费用也通常采用实际成本计量。这是因为在大多数情况下，费用的发生所消耗的资产的价值一般都有一个确切的金额，这个金额就是在交易或事项发生时由企业实际支出的金额，可以直接作为费用计量的依据。例如，企业已经用现金或银行存款实际支付了办公用房屋的租金，或支付了与产品销售直接有关的广告费，以及利用材料用于办公用房屋和成品储存仓库的日常修缮等，都可依据有关凭据直接确认为当期的费用。以企业实际发生的资金耗费的价值作为费用的计量标准是可行的，也是合理的。当然，企业的资产成本是采用多种计量属性计量的，当资产的计量属性发生变化以后，费用的计量方法也要随之改变。例如，按照我国《企业会计准则》的规定，存货的期末计量应根据成本和市价孰低原则来确定，如果与费用有关的耗用材料的价格已经低于了其历史成本，那么，由于材料耗用而产生的费用就应按新确定的成本加以计量了。

三、费用的组成内容及分类

（一）费用的组成内容

费用的组成内容有广义和狭义之分。我国《企业会计准则》所界定的费用可理解为狭义的费用。根据准则定义，费用仅包括企业日常活动所产生的经济利益的总流出。这些费用主要是指企业为取得营业收入进行产品销售等营业活动所发生的企业现金和现金等价物的流出，具体包括主营业务成本、其他业务成本、税金及附加、销售费用、管理费用、财务费用、资产减值损失、公允价值变动损失、投资损失等。这些费用的发生与企业日常活动的开展有着密切关系，是与企业一定会计期间经营成果的确定有着直接关系的经济利益的流出，这些费用的发生最终都会导致企业所有者权益的减少。

从广义的角度来看，费用除了包括企业日常活动所发生的会导致所有者权益减少的经济利益流出外，还应包括损失。按照我国《企业会计准则》的规定，企业在非日常活动中发生的损失（营业外支出）可以直接计入当期利润，虽然这种损失不作为费用的内容加以界定，但不能否认其与狭义的费用具有一定的相同特征，即损失的产生也会引起经济利益从企业流出，也会减少企业当期的利润，并最终导致企业所有者权益的减少。很明显，在前述"收入−费用+利得（营业外收入）−损失（营业外支出）=利润"这个计算公式中，损失是作为一个减项而存在的，这种安排与费用作为利润的减项的效果是相同的，即都是减少当期的营业收入，因而，在一定意义上也可将其视为具有费用性质的一种要素（在有些国家的会计准则中，就是将"损失"作为会计要素之一而加以规定的）。基于以上理由，故将其归入广义的费用之列。

（二）费用的分类

对费用可按其与企业日常活动的关系及经济内容等不同标准分类。

1.按费用与企业日常活动的关系分类

一般而言，企业发生的费用绝大部分与其日常活动有关，而有些费用的发生与其日常活动无关。按照这种方法，可将费用分为如下两类：

（1）企业在日常活动中发生的费用

企业在日常活动中发生的费用包括以下三种：

① 在经营活动中产生的费用。经营活动是指企业投资活动和筹资活动以外的所有交易和事项。各类企业由于行业特点不同，对经营活动的认定存在一定差异。对于产品生产企业而言，经营活动主要包括其生产商品、销售商品和支付税费等。企业在经营活动中发生的费用主要有营业成本和其他营业费用。其中，营业成本包括主营业务成本和其他业务成本；其他营业费用包括税金及附加、销售费用、管理费用、财务费用和资产减值损失等。

② 在投资活动中产生的费用。企业的投资包括内部投资和外部投资两种情形。内部投资活动是指企业长期资产的购建。长期资产是指固定资产、无形资产、在建工程和其他持有期限在一年或一个营业周期以上的资产。企业花费在这些实物资产上的支出即为内部投资产生的费用。外部投资是指企业为获取投资收益而向企业外部的投资，包括所发生的投资净损失和以公允价值计量的投资所产生的公允价值变动净损失等。

③ 在筹资活动中产生的费用。筹资活动是指导致企业资本及债务规模和构成发生变

化的活动。这里所说的资本，既包括实收资本（股本），也包括资本溢价（股本溢价）；这里所说的债务，是指对外举债，包括向银行借款、发行债券以及偿还债务等。在通常情况下，应付账款、应付票据等属于经营活动，不属于筹资活动。在这些活动中发生的费用包括企业在吸收投资者投资过程中发生的相关费用以及应当支付的利息费用等。

（2）企业在非日常活动中发生的费用

非日常活动是指在企业日常活动之外特殊的、不经常发生的特殊事项，例如，自然灾害损失等。这些特殊事项与企业的日常活动无关，可将其视为企业日常活动之外所发生的费用。

2.费用按经济内容分类

就一般意义而言，企业发生的各种费用都是对企业资产的耗费，并形成不同的费用支出。按照这种分类方法，一般可将费用分为如下八类：

（1）外购材料费用，是指企业为进行生产经营管理而耗用的从外部购入材料物资所发生的费用，包括购买原材料、半成品、辅助材料、包装物、修理用备件和低值易耗品等发生的支出。

（2）外购燃料费用，是指企业为进行生产经营管理而耗用的从外部购入燃料所发生的费用，如购买煤炭、油料等发生的支出。

（3）外购动力费用，是指企业为进行生产经营管理而耗用的从外部购入动力所发生的费用，如购入电力等发生的支出。

（4）薪酬费用，是指企业按照一定的标准支付给职工的应计入成本和费用的薪酬费用，主要包括按职工为企业提供服务的数量和质量发放给职工的工资和奖金等，以及按照工资总额的一定比例计提的社会保险费等。

（5）折旧费用，是指企业按照选用的折旧方法和确定的折旧率计算提取并计入成本和费用的固定资产折旧额。

（6）利息费用，是指企业应计入成本费用的利息支出减去利息收入后的净额，包括短期借款利息费用、发行企业债券应付利息费用，以及利用借款进行项目建设所发生的借款费用等。

（7）税费，是指企业应计入成本和费用的各种税金及有关费用，包括税金及附加、所得税费用等。

（8）其他费用，是指除以上费用内容以外的其他各种费用支出，包括销售费用和财务费用等。

四、成本及其组成内容

财务会计学认为，成本是指企业取得资产的代价，或是生产产品和提供劳务等所发生的支出，包括为取得特定的资产而产生的费用计入一定成本核算对象的成本，以及为获取相应的收益所产生的营业成本两个部分。

企业要取得一定的资产必然要付出相应的代价，首先体现为发生各种各样的费用支出，但费用支出的结果却不尽相同。有些费用在支出后，虽然是对企业现有资产的一种消耗，同时也能够形成企业的另外一种资产，原有资产被耗费的价值就应按照规定计入新获取资产的成本。例如，企业在材料采购过程中发生的买价、运输费用等，是对企业货币资产的消耗，最终要按照所购买材料的品种、数量等计入这些材料的采购成本；而在产品生产过程中发生的原材料和设备耗费等，是对企业的存货和固定资产的消耗，应计入产品的生产成本。这种成本可视为仅与企业获取一定的资产有关的成本。

企业的另一种成本则不仅能在消耗一种资产后为企业带来新的资产，而且也能为企业带来相应的营业收入，这种成本是指企业在一定会计期间为获取相应的营业收入所产生的营业成本。例如，企业销售了所生产的产品，一方面体现为对库存产品的消耗，但货款的收回又能为企业增加货币资产，另一方面也可以为企业带来高于所销售产品价值的收益。这种成本的发生不仅与企业获取一定的资产有关，而且也与企业取得一定会计期间的营业收入有关，这种成本不同于上述仅与新资产的取得相关的成本。

五、成本与费用的关系

（一）成本与费用的联系

从以上分析可见，成本与费用之间存在着密切联系。这种密切联系主要体现在两个方面：

1.成本是以费用为基础而确定的。一般说来，虽然费用和成本都是企业在生产经营过程中耗费的经济资源的存在形式，但从两者产生的时间顺序上看，费用往往发生在先，而成本发生在后，费用是成本计算的前提与基础，而成本是已经对象化了的费用，即这部分费用在发生以后已经采取一定的方法归集计入了某一种资产的价值。例如，产品生产企业在生产准备过程中进行材料采购所产生的采购费用支出，经过归集以后会形成材料的采购成本；进行设备采购所产生的购置费用支出，经过归集以后会形成设备的购置成本等。

2.成本与费用之间可以相互转化。如上所述，企业在生产准备过程中进行材料和设备采购所产生的费用支出会形成材料和设备的采购、购置成本；而在产品的生产过程中，企业将购入的材料和设备等用于产品生产，上述采购、购置成本即转化为生产费用；当产品生产完工以后，经过一定的归集，生产费用又构成了产品的生产成本；当生产完工的产品验收入库后，生产成本进而又构成了库存商品的成本；在产品的销售过程中，库存商品成本又会转化为产品销售成本（即主营业务成本）。通过实现的销售收入与产品销售成本的相互配比，可以确定当期销售商品的经营成果（盈利或亏损）。从这个角度来看，主营业务成本又是由企业的产品生产成本转化而来的一种费用。

（二）成本与费用的区别

虽然成本与费用有着密切关系，但二者之间的区别也是很明显的：

1.两者在考察过程中所联系的对象不同。对费用的考察一般与一定的会计期间相联系，体现为在某一特定会计期间内企业的经营活动对资产价值消耗的总额；而对成本的考察则是与一定的成本核算对象相联系，成本是已经计入了一定核算对象的那部分费用，体现为企业资产价值的增加。例如，企业某一会计期间为生产多种产品而发生的生产费用，在没有分配计入一定的产品成本之前，只是表明企业为进行产品生产发生了多少费用，而不能称之为成本。只有采用规定的方法计入一定产品之后，才被称为生产成本。

2.一定会计期间的成本与当期的费用并不完全相等。一种情况是成本小于费用。例如，企业一定会计期间的营业成本仅包括主营业务成本和其他业务成本两项，而当期所确认的费用除以上两项外，还应包括可以直接计入当期损益的管理费用和销售费用等，二者之间并不完全相等。另一种情况是费用小于成本。例如，企业的库存商品是一种资产，其成本即为产品的生产成本。假定某一会计期间只有部分库存商品被销售，那么这部分库存商品成本就可以确认为当期的主营业务成本，即与当期实现的销售收入产生配比关系的费用，而没有被销售的那部分商品的成本则不能确认为当期的主营业务成本。在这种情况下，所确认的主营业务成本明显会小于库存商品成本。

对上述费用和成本进行账务处理是会计核算的重要组成部分。其中，发生在材料、设备的购置等方面的费用与成本的核算方法已经在第五章和第七章中介绍。而主营业务成本、其他业务成本等费用内容，由于它们与企业的营业收入之间有着密切联系，将在"收入与利润"一章中讲述。因此，本章只重点介绍企业发生的生产费用（生产成本）和期间费用的核算方法。

第二节　生产成本

一、生产成本概述

通过对费用与成本关系的研究大家已经知道，在产品生产企业，生产成本的形成是以各种生产费用发生为基础的。在产品生产企业发生的所有费用中，生产费用是重要的组成部分，它也是计算产品的生产成本和主营业务成本的基础，在研究其他费用内容的核算方法之前，我们先来研究生产费用和生产成本的核算内容。

（一）生产成本的概念

生产成本是指企业在一定会计期间生产某种产品所发生的直接费用和间接费用的总和。

从生产成本与生产费用的联系可知，生产成本是对象化了的生产费用，只有当生产费用实际计入了某种产品的成本时才被称为生产成本，或者说成本是相对于一定的产品而言所发生的费用，它是按照产品品种等成本核算对象对当期发生的费用进行归集所形成的。由此可见，生产费用的发生过程同时也就是产品成本的形成过程，成本就是由生产费用转化而来的。由于产品的生产成本是在产品的制造过程中发生的，并且与产品价值的形成有着直接关系的成本，因而也被称为制造成本。

（二）生产成本项目的组成内容

生产费用在计入产品成本时，不仅要按照一定的产品品种等核算对象归集，而且要按照一定的成本组成项目进行归集，这些项目在会计上称为成本项目。企业的产品成本的形成基础是生产费用，因而可以根据生产费用的组成内容确定产品生产成本的项目。生产成本一般包括直接材料、直接人工和制造费用三个组成部分。

1.直接材料。直接材料是指企业在产品生产中消耗并构成产品实体的原料、主要材料以及有助于产品形成的辅助材料、设备配件和外购的半成品等。

2.直接人工。直接人工是指企业支付给直接参加产品生产的工人的工资，以及按不超过生产工人工资总额一定比例发生并计入产品生产成本的职工福利费等。

3.制造费用。制造费用是指直接用于产品生产，但不便于直接计入产品成本的费用，以及间接用于产品生产的各项费用，如生产部门管理人员的工资及职工福利费、生产单位固定资产的折旧费、物料消耗、办公费、水电费、保险费、劳动保护费等。

以上第1、2项生产费用（直接材料、直接人工）是为生产哪一种产品而发生的一般易于辨别，因而在发生时就可按照成本核算对象进行归集，直接计入所生产产品的成本。由于这两项生产费用是可以直接计入产品生产成本的，因而，也被称为直接费用。第3项费用（制造费用）包含的内容比较复杂，发生的频率也比较高，如生产车间为产品生产发生的机器设备使用费、车间管理人员的工资和办公费等。这些费用虽然也与产品生产有关，最终也要计入产品的生产成本，但每发生一笔就计入一笔显得比较麻烦，特别是在生产多个品种产品的情况下，还涉及这些费用在各个产品之间进行分配的问题，核算的过程就显得更为复杂，会计人员需要付出的劳动也就更多，不符合成本效益原则。因而，企业对发生的制造费用一般是先在"制造费用"账户归集其在当期发生的数额，待期末（一般为月末）时再采用一定的分配方法计入有关产品的成本，制造费用正是以这种间接方式而计入产品生产成本的。因而，制造费用也被称为间接费用。生产成本项目的组成内容及其计入方式如图10-1所示。

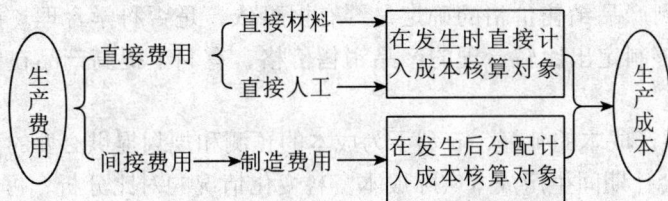

图10-1　生产成本项目的组成内容及其计入方式

（三）计算产品生产成本的意义

成本管理是企业经营管理过程中的一个重要环节，而生产成本的计算又是成本管理中的重要一环，具有重要意义。

1.进行产品生产成本的计算，有利于正确确定企业的财务状况和经营成果

产品的生产成本是计算企业本期已销售产品成本和未销售产品（库存商品）成本的基础，其中本期已销售产品成本（即主营业务成本）在会计期末应作为费用列入当期的利润表，使之能够与当期实现的营业收入相互配合比较，成为据以确定本期的经营成果的主要影响因素。而期末未销售产品成本则作为流动资产列入企业期末编制的资产负债表（"存货"项目），构成企业财务状况中资产的一个组成部分。因而，产品生产成本计算的正确与否，直接关系到企业编制的财务报告能否如实地反映其财务状况和经营成果，影响企业对外报告信息的质量。

2.进行产品生产成本的计算，有利于考核企业成本计划的完成情况

通过成本计算可以获取企业进行产品生产发生成本的实际资料，反映企业在一定会计期间的生产成本水平，将实际成本资料与产品投入生产前所制订的成本计划比较，可以反映预期成本计划的完成情况，据以确定实际成本与计划成本之间的差异，客观地评价当期产品生产状况及其成果；将本期发生的实际成本资料与其他会计期间发生的成本资料进行

对比，可以反映企业的产品生产成本的升降趋势，借以发现企业在产品生产成本管理方面创造的成功经验或存在的不足，进而分析成本升降的原因，进一步挖掘降低成本的潜力，或采取得力措施弥补不足，以便取得更好的经济效益。

3.进行产品生产成本的计算，有利于合理地确定成本耗费的补偿量

生产成本是各种资产的消耗在产品上的具体体现，这些耗费应当用企业在产品销售以后收回的货币资金进行合理补偿，只有在发生的资产耗费不断得以补偿的情况下，企业的持续经营才有可能得以顺利进行。而通过成本计算确定的资产耗费量是量化补偿金额的重要依据。准确地计算产品的生产成本，有利于合理地确定成本耗费的补偿量。在此基础上，企业应当根据其经营规划和产品销售市场的变化情况等，作出维持原有生产规模、扩大生产规模或缩小生产规模的经营决策。

4.进行产品生产成本的计算，有利于为产品销售价格的制定提供参考数据

企业产品的市场销售价格一般是以产品的生产成本为基础确定的，基本的做法是：以产品的生产成本为基数，考虑同行业同类产品的销售价格等因素，根据可行的销售利润率附加一部分价值来确定。只有这样，企业才能够获取高于产品生产成本的那部分收益。可见，产品销售价格的高低取决于经过成本计算确定的产品成本的高低，而销售价格的高低又是决定企业在市场上竞争能力的重要条件，因而，产品的生产成本计算是否正确，直接关系到产品销售价格的确定是否有据可依，是否科学合理。产品的生产成本计算准确，就能够制定出比较合理的产品销售价格，有利于提高产品在销售市场上的竞争能力。

5.进行产品生产成本的计算，有利于为成本的预测和规划提供必要的参考数据

通过对各个会计期间生产成本实际成本资料变化情况的对比分析，可以反映企业生产成本变动的趋势，也可以作为企业预测后续经营期间产品成本升降趋势的重要参考数据，还可以作为企业制订后续会计期间产品生产成本计划的参照依据，使成本计划的制订建立在更加合理的基础上，从而避免成本计划制订上的盲目性。

对产品生产成本计算意义的理解如图10-2所示。

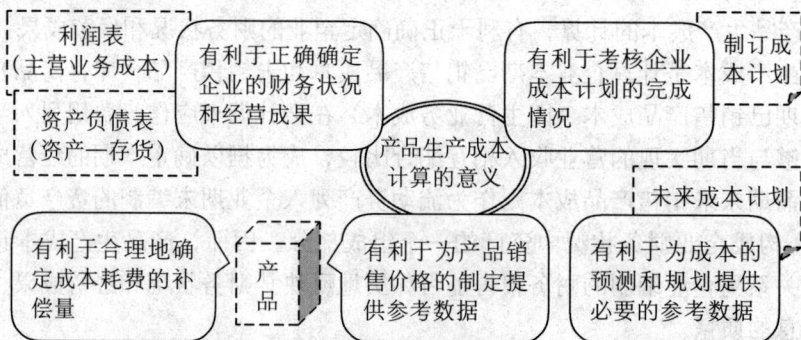

图10-2 产品生产成本计算的意义

（四）生产费用的核算

生产费用是生产成本形成的基础。构成产品生产成本的各种费用主要包括直接材料、直接人工和制造费用。进行这些费用的核算，主要应设置"生产成本"和"制造费用"两个账户。

1. "生产成本"账户

本账户核算企业进行工业性生产发生的各项生产费用，包括生产各种产品（包括产成品、自制半成品等）、自制材料、自制工具和自制设备等。基本生产成本应当分别按照基本生产车间和成本核算对象（如产品的品种、类别、订单、批别、生产阶段等）设置明细账（或成本计算单），并按照规定的成本项目设置专栏。企业发生的各项直接生产费用，一般直接记入本账户（基本生产成本）的借方，记入"原材料"、"库存现金"、"银行存款"和"应付职工薪酬"等账户的贷方；企业生产的各种产品应负担的制造费用，一般应分配记入本账户（基本生产成本）的借方，记入"制造费用"账户的贷方；企业已经生产完成并已验收入库的产成品以及入库的自制半成品，应于月末时记入"库存商品"等账户的借方，记入本账户（基本生产成本）的贷方。本账户期末借方余额，反映企业尚未加工完成的在产品成本。

2. "制造费用"账户

本账户核算企业生产车间、部门为生产产品和提供劳务而发生的各项间接费用。本账户应当按照不同的生产车间、部门和费用项目进行明细核算。生产车间发生的机物料消耗，记入本账户的借方，记入"原材料"等账户的贷方；发生的生产车间管理人员的工资等职工薪酬，记入本账户的借方，记入"应付职工薪酬"账户的贷方；生产车间计提的固定资产折旧，记入本账户的借方，记入"累计折旧"账户的贷方；以货币资金支付的生产车间发生的办公费、水电费等，记入本账户的借方，记入"库存现金"和"银行存款"等账户的贷方；在会计期末将制造费用分配计入有关的成本核算对象的成本时，记入"生产成本——基本生产成本"和"劳务成本"账户等账户的借方，记入本账户的贷方。在一般情况下，该账户贷方的分配数与其借方的实际发生数相等。分配后该账户在期末一般应无余额。

在生产成本核算过程中所涉及的对应账户，将在下面的举例中予以介绍。

下面分别研究构成产品生产成本的各种费用的核算方法。

1. 直接材料的核算

在生产过程中，进行产品的生产所消耗的各种材料的货币表现被称为直接材料，或直接材料费用。在一般情况下，直接材料包括产品在生产过程中消耗的原料、主要材料、辅助材料和外购半成品等。材料费用的归集和分配是会计核算的主要内容，一般由财会部门在月份终了时，根据当月产品生产领用材料的领料单、限额领料单和退料单等各种原始凭证，按产品的品种和用途等进行完整归集，并编制"发出材料汇总表"。对于直接用于产品生产的材料费用，能够直接计入成本核算对象的，直接记入"生产成本"账户中的"直接材料"项下。在几种产品合用一种材料且在使用中难以分清成本核算对象时，可采用适当的方法分配计入各种产品成本。对于产品生产车间进行设备维修所利用的材料，通常被称为一般性材料消耗，这些材料消耗不是直接发生在产品生产上的，因而不能直接记入"生产成本"账户，而应记入"制造费用"账户。

【例10-1】兴海公司编制的本月"发出材料汇总表"汇总结果如下：生产A产品耗用材料45 000元，生产B产品耗用材料38 000元，车间一般性材料消耗3 000元。编制的会计分录为：

借：生产成本——A产品   45 000

             ——B产品   38 000

   制造费用   3 000

  贷：原材料   86 000

2.直接人工的核算

直接人工主要由职工的工资和福利费两个部分组成。企业的各类职工根据其不同的职责分工为企业进行产品生产和经营管理提供不同性质的劳动，企业应根据国家政策以及员工的劳动数量和质量向员工支付劳动报酬，企业发放给员工的劳动报酬称为工资，其中企业应付给直接从事产品生产活动职工的劳动报酬是生产费用的重要组成部分。其他类别的职工的工资应根据其所从事业务活动的不同性质，构成企业的其他成本费用，例如从事企业管理工作的人员的工资应计入管理费用，从事车间产品生产管理的人员的工资应计入制造费用等。企业职工除可根据其对企业的贡献获得劳动报酬外，还可以按照国家的有关规定享受一定的福利待遇。企业用于职工福利方面的资金，一般按工资总额的一定比例计算。企业发生的福利费，可以计入产品生产成本和有关费用，其中计入产品生产成本部分的福利费通过产品的销售收回以后，专门用于职工福利方面的开支。企业的福利费不同于工资，一般不直接发放给职工，而是由企业按照规定的管理办法，主要用于职工的集体福利事业，例如，可以用来建造俱乐部、活动室等，为职工提供娱乐、文化和身体锻炼等场所。但在向家庭困难或伤病职工支付补助等情况下，应用现金或银行存款支付给职工本人或其家属。

核算企业的直接人工应设置"应付职工薪酬"账户。本账户核算企业根据有关规定应付给职工的各种薪酬。本账户应按照"工资"、"职工福利"、"社会保险费"、"住房公积金"、"工会经费"和"职工教育经费"等项目进行明细核算。企业按照有关规定向职工实际支付的工资、奖金、津贴、福利费，应付职工薪酬中扣还的各种款项，如由企业为职工代垫的家属药费、个人所得税等，记入本账户的借方，记入"银行存款""库存现金""其他应收款""应交税费——应交个人所得税"等账户的贷方；企业支付工会组织的活动经费和职工培训教育经费，记入本账户的借方，记入"库存现金"和"银行存款"等账户的贷方。支付给职工的各种薪酬构成了企业在人工费用方面的开支，其中支付给直接从事产品生产活动职工的薪酬（包括工资和福利费等），记入"生产成本"账户的借方，记入本账户的贷方。其他类别人员的薪酬应根据职工提供服务的受益对象，分别以下情况进行处理：产品生产部门管理人员的薪酬应记入"制造费用"账户的借方，记入本账户的贷方；支付给从事企业在建工程和研究开发人员的职工薪酬，记入"在建工程"和"研发支出"等账户的借方，记入本账户的贷方；支付给企业管理部门人员的薪酬，记入"管理费用"账户的借方，记入本账户的贷方；支付给产品销售人员的薪酬，记入"销售费用"账户的借方，记入本账户的贷方。本账户期末贷方余额，反映企业应付职工薪酬的结余额。

在实务中，企业一般在月末对工资费用和福利费按发生的部门和用途等进行归集和分配，可通过编制"薪酬计算及分配表"进行，该表的简单格式参见表10-1。为避免与后续部分内容的重复，在本部分中只反映在产品生产车间发生的职工薪酬内容。

表10-1　　　　　　　　　　　　　　**薪酬计算及分配表（简表）**

2×24 年×月　　　　　　　　　　　　　　　　　金额单位：元

部门	工资	津贴	奖金	应发工资	扣款		福利费	
					个人所得税	代付款项	最高比率	发生额
生产车间								
生产职工								
其中：A产品	30 000			30 000	1 500		14%	4 200
B产品	24 000			24 000	1 200		14%	3 360
管理人员	8 000			8 000	400		14%	1 120
合　计	62 000			62 000	3 100			8 680

【例10-2】兴海公司根据员工的劳动时间和生产产品数量等有关记录，计算出本月应付各类人员的工资数额为：生产A产品工人工资30 000元，生产B产品工人工资24 000元；生产车间管理人员工资8 000元。编制的会计分录为：

```
借：生产成本——A产品                                        30 000
      ——B产品                                             24 000
    制造费用                                               8 000
  贷：应付职工薪酬                                                   62 000
```

【例10-3】兴海公司从职工工资中代扣个人所得税3 100元，暂未上交税务机关。编制的会计分录为：

```
借：应付职工薪酬                                            3 100
  贷：应交税费——应交个人所得税                                       3 100
```

【例10-4】兴海公司用现金58 900元（62 000-3 100）向员工发放工资。编制的会计分录为：

```
借：应付职工薪酬                                            58 900
  贷：库存现金                                                     58 900
```

【例10-5】兴海公司根据国家的有关规定，按各类人员工资数额的14%计算职工福利费的最高限额。其中：按照生产A产品工人工资总额计算的福利费为4 200元，按照生产B产品工人工资总额计算的福利费为3 360元；按照生产车间管理人员工资总额计算的福利费为1 120元。编制的会计分录为：

```
借：生产成本——A产品                                        4 200
      ——B产品                                             3 360
    制造费用                                               1 120
  贷：应付职工薪酬                                                   8 680
```

3.制造费用的核算

从以上举例中可以看出，制造费用也是与产品生产的管理有着密切关系的费用，但由于制造费用的发生往往与多个受益对象有关，例如在举例中，制造费用中的材料一般消耗和车间管理人员的薪酬就是为管理A、B两种产品的生产而共同发生的，因而在发生后不能直接计入产品生产成本，只有按照一定的方法进行分配以后才能计入产品生产成本。另外，产品在生产过程中应当负担的制造费用除上述直接消耗的材料和人工费用外，还包括企业当期用货币资金支付车间用水用电费用，以及车间管理人员办公费、差旅费等费用。

【例10-6】月末，兴海公司计提本月生产车间固定资产折旧3 180元。编制的会计分录为：

借：制造费用　　　　　　　　　　　　　　　　　　　　　　　　　3 180
　　贷：累计折旧　　　　　　　　　　　　　　　　　　　　　　　　　3 180

【例10-7】兴海公司用银行存款支付本月生产车间水电费2 100元。编制的会计分录为：

借：制造费用　　　　　　　　　　　　　　　　　　　　　　　　　2 100
　　贷：银行存款　　　　　　　　　　　　　　　　　　　　　　　　　2 100

【例10-8】兴海公司生产车间某技术人员因公出差报销差旅费1 500元，出差前借款为2 000元，交回现金500元。编制的会计分录为：

借：制造费用　　　　　　　　　　　　　　　　　　　　　　　　　1 500
　　库存现金　　　　　　　　　　　　　　　　　　　　　　　　　　500
　　贷：其他应收款　　　　　　　　　　　　　　　　　　　　　　　2 000

【例10-9】兴海公司将生产车间本月发生的制造费用18 900元（例10-1至例10-8中发生的制造费用总额）以生产工人工资为标准分配计入A、B两种产品的生产成本。

根据所给资料，应先计算制造费用分配率和各种产品应分配的制造费用额。制造费用分配率的计算公式如下：

分配率=制造费用总额÷生产工人工资总额

以上计算公式中的"生产工人工资总额"只是分配制造费用的标准之一，此外，还可以按照生产产品的数量，以及生产产品消耗材料所占比重等进行分配。

在本例中，制造费用的分配率应为：

18 900÷（30 000+24 000）=0.35

各种产品应负担的制造费用的计算公式如下：

各种产品应分配制造费用=该产品生产工人工资总额×分配率

在本例中，各种产品应分配的制造费用为：

A产品应分配的制造费用=30 000×0.35=10 500（元）

B产品应分配的制造费用=24 000×0.35=8 400（元）

根据上面的计算结果编制的会计分录为：

借：生产成本——A产品　　　　　　　　　　　　　　　　　　　10 500
　　　　　　——B产品　　　　　　　　　　　　　　　　　　　　8 400
　　贷：制造费用　　　　　　　　　　　　　　　　　　　　　　　18 900

需要注意的是，企业发生的制造费用分配计入所生产产品的成本以后，就构成了以"生产成本"形式存在的在产品这种资产的价值，与生产成本当中的直接材料、直接人工构成生产费用的整体，全面反映了所生产产品发生的全部费用，即生产费用；当产品完成了全部生产工序，达到对外销售的标准以后，直接材料、直接人工和制造费用又随之构成了产成品（库存商品）这种资产的价值。

分析可见，企业发生的生产费用虽然具有费用性质，但这种费用与"收入－费用＝利润"这一会计等式中的费用是有着很大不同的。处于生产过程中的产品所发生的各种费用，表现为企业的在产品这种资产的价值。因而在发生以后只能先计入企业所生产的产品的价值（成本），以存货这种流动资产的形态存在。即使是已经完成全部生产工序的产成品，在没有被销售前也只能作为存货这种流动资产的形态存在，而不是作为与收入直接联系的费用的形式存在。而"收入－费用＝利润"这一会计等式中的费用是指与企业当期实现的收入有着直接关系的那部分费用，如主营业务成本和各种期间费用等，而不包括进行产品生产所发生的费用。当然，生产完工的产品一旦被销售掉，这些产品的生产所发生的费用（成本）也会转化为销售当期的销售成本（主营业务成本），但这种转化只能发生在产品的销售过程中，而不是现在所探讨的生产过程。

现将生产成本总分类核算中的账户设置及其记录方法内容归纳如下，如图10-3所示。

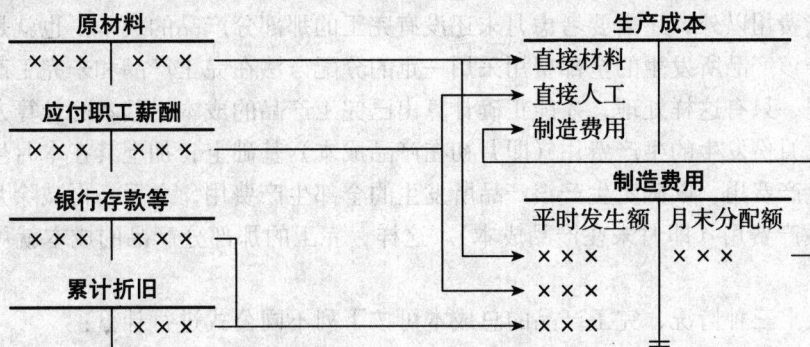

图10-3　生产成本总分类核算中的账户设置及其记录方法

二、完工产品成本的计算与结转

（一）完工产品成本的计算

完工产品是指已经完成了规定的生产工序，并且已经具备了对外销售条件的各种产成品。完工产品成本的计算就是针对这部分产品进行的。例如，某企业在本年2月投产M产品100件。到月末时，已经完成了全部生产工序并可以对外销售的该产品为80件，另20件还处于生产过程当中。那么，完工产品成本的计算就是针对已经完工的80件M产品所进行的，而不是针对本月投产的全部产品进行的。但应注意的是，完工产品成本的计算与全部投产的产品成本的确定是分不开的。这是由于，完工产品成本是全部投产产品成本的一个组成部分，在绝大多数情况下，全部投产产品成本的确定是完工产品成本计算的基础，如果缺少这部分成本资料，完工产品的成本计算将无法进行。

1.完工产品成本的计算

经过对企业在产品生产过程中发生的各项生产费用进行账务处理，这些费用已记录在"生产成本"的总分类账及其明细账中，集中而全面地反映了各种产品在生产过程中所发生的全部耗费，这些生产费用资料是计算完工产品成本的重要依据。企业在会计期末既存在在产品又存在完工产品的情况下进行完工产品成本计算的过程也就是对其中已经完工的那部分产品发生的生产费用进行归集的过程。

进行完工产品成本计算时，不仅要考虑这些产品所发生的直接材料和直接人工等消耗，而且应当考虑已经完工产品的投产时间。由于完工产品的投产时间和完工时间不尽一致，在计算完工产品成本时，应具体考察其投产期间和完工期间。如果完工产品的投产期间和完工期间不同，其费用发生的期间也各不相同，完工产品的计算方法也会有所不同。产品的投产期间和完工期间大体有以下三种情况：（1）企业当月投入生产并且在当月全部完工的产品。在这种情况下，由于在月初和月末都没有在产品，那么本月该完工产品的成本就等于该完工产品在当月所发生的全部生产费用。（2）企业在以前月份投入生产而在本月全部完工。在这种情况下，会存在月初在产品，但没有月末在产品，那么，该完工产品的全部成本就应既包括该产品自投产以后到本月前所发生的生产费用（即本月初在产品成本），也包括其在本月新发生的生产费用。（3）有的产品是在以前月份投入生产的，但在本月并没有全部完工，即有一部分产品到月末时已经生产完工，还有一部分产品没有生产完工。在这种情况下，完工产品成本的计算除了要考虑以前月份已经发生的费用和本月新发生的生产费用以外，还需要考虑月末还没有完工的那部分产品的成本。也就是说，应当将各期生产该产品所发生的全部费用采用一定的分配方法在完工产品和未完工产品之间进行合理分配，只有这样处理，才能正确计算出已完工产品的成本。基本的计算方法是：在该产品以前月份发生的生产费用（即月初在产品成本）基础上，加上其在本月生产过程中新发生的生产费用，以确定生产该产品所发生的全部生产费用，之后，再减除月末在产品所占用的生产费用（即月末在产品成本）。这样，完工的那部分产品的成本就可以计算出来了。

根据以上三种情况，完工产品的总成本可按下列不同公式进行计算：

本月投产本月全部完工产品成本＝本月新发生的全部生产费用

以前月份投产本月全部完工产品成本＝月初在产品成本＋本月新发生的全部生产费用

以前月份投产本月部分完工产品成本＝月初在产品成本＋本月新发生的全部生产费用－月末在产品成本

在以上计算公式中，"月初在产品成本"和"本月新发生的全部生产费用"资料都可以从"生产成本"明细账的记录中获取，而"月末在产品成本"则一般没有现成的资料可供利用。因而，在比较复杂的情况下，"月末在产品成本"的确定就成为计算完工产品成本的关键，也是在计算完工产品成本时必须首先要解决好的一个问题。关于"月末在产品成本"的确定方法，将在下面予以介绍。

根据以上计算公式所计算确定的完工产品成本是成本核算对象（如产品的品种、类别、订单、批别和生产阶段等）的总成本，在此基础上，还应计算该成本核算对象的单位成本，即每一件产品的生产成本。产品的单位生产成本的计算可采用如下公式：

某产品的单位生产成本＝该完工产品的全部成本÷该完工产品的数量

2.在产品成本的计算

在产品是指企业仍处在生产过程中尚未完成全部生产工序，有待进一步加工的产品。虽然这些产品还没有完工，但可以肯定的是，这些产品的生产已经发生了材料和人工等方面的消耗，这些消耗构成了一定会计期末在产品的成本。从前面介绍的完工产品总成本的计算公式中可以看到，在存在期末在产品的情况下，其成本的确定显得特别重要。这是因为，在产品成本确定的正确与否，直接关系到完工产品成本的确定结果。因而，企业应考虑产品的生产特点、月末在产品数量的多少和其中的材料费及人工费等各项费用所占比重的大小等情况，采用适当的方法计算在产品成本。在确定在产品成本时，也应注意考虑以下两种情况：如果在产品数量很少，计算或不计算在产品成本对于完工产品成本的计算影响不大，为了简化成本计算工作，可以不计算在产品成本。即把某种产品每月发生的生产费用，全部作为当月完工产品的成本计算；如果在产品数量较多，而且各月之间变化较大，就要根据实际结存的在产品数量等，合理计算其成本，以便为完工产品成本的计算提供可靠资料。月末在产品成本的计算，一般可采用约当产量法、所耗用原材料费用比例法和定额成本法等。这些方法在成本会计教材中有详细介绍，本教材不作全面探讨，只介绍其中的约当产量法。所谓约当产量法就是月末时根据在产品的完工程度将其折合为已完工产品数量（即假定已经完工数量），并与实际完工产品共同参与所发生的全部生产费用分配的一种方法。约当产量法在完工产品成本计算中的应用举例如下：

【例10-10】 兴海公司本月投产的A产品100件，本月末全部完工；以前月份投产的B产品100件，本月末完工50件，另有50件尚处在加工之中。月末在产品成本采用约当产量法计算。根据技术人员评估，在产品的完工程度为40%。有关资料见表10-2。根据所给资料，计算A、B两种产品的完工产品成本。

表10-2　　　　　　　　兴海公司A、B两种产品生产费用资料统计表　　　　　　　　单位：元

产品名称	月初在产品成本	本月新发生的生产费用			
		直接材料	直接人工	制造费用	合计
A	—	45 000	34 200	10 500	89 700
B	10 240	38 000	27 360	8 400	73 760
合计	10 240	83 000	61 560	18 900	163 460

（1）A产品完工产品成本

根据所给资料，A产品没有期初在产品，也没有期末在产品，其完工产品成本就是本月所发生的全部生产费用。对其完工产品的总成本和单位成本可计算如下：

完工A产品总成本=45 000+34 200+10 500=89 700（元）

完工A产品单位成本=89 700÷100=897（元/件）

（2）B产品完工产品成本

根据所给资料，B产品既有月初在产品，也有月末在产品。因而，应先计算出B产品月末在产品的成本，才能在此基础上计算其已经完工产品的成本。计算步骤为：

首先，根据B在产品完工的程度计算其约当产量：

B产品约当产量=50×40%=20（件）

应予特别注意，这里所计算确定的约当产量并不是B产品的实际完工产量，是将未完工部分进行折合以后的结果，因而不能将其视为已经完工产品。将未完工产品折合为约当产量的目的是使这部分在产品在与实际完工产品共同分配所发生的生产费用时有一个共同的标准。

其次，计算每件B产品（按约当产量）应负担的生产费用：

B产品应负担的生产费用=（10 240+73 760）÷（50+20）=1 200（元/件）

再次，计算B产品的在产品应负担的生产费用，即月末时B产品的在产品成本：

B在产品成本=1 200×20=24 000（元）

最后，根据前面介绍的完工产品成本计算公式，以及例10-10所给资料，计算B产品本月完工产品的成本。

完工B产品总成本=10 240+73 760-24 000=60 000（元）

其实，完工产品的单位成本在按实际完工的B产品及其约当产量计算每件B产品应负担的生产费用时就已经确定下来了，因此，完工B产品的总成本也可以采用以下方法计算：

完工B产品总成本=1 200×50=60 000（元）

对完工B产品的单位成本可计算如下：

完工B产品单位成本=60 000÷50=1 200（元/件）

（二）完工产品成本结转的核算

企业对于已经完工的产品应及时办理验收入库手续，并在计算出本期完工产品成本以后，结转其生产成本。完工产品成本的结转就是将已经完工的那部分产品的成本从"生产成本"账户结转入反映企业产成品的"库存商品"账户的过程。

"库存商品"账户核算企业库存的各种商品的实际成本（或进价）或计划成本（或售价），包括库存产成品、外购商品、存放在门市部准备出售的商品、发出展览的商品以及寄存在外的商品等。工业企业生产的库存商品一般应按实际成本核算，对商品的入库和出库，平时只由仓储部门的保管人员在有关明细账上记录数量而不记录金额，期（月）末时，由会计人员计算入库和出库商品的实际成本，并进行相应的账务处理。对已经生产完工并办理了验收入库手续的产品，按其实际成本记入本账户的借方，记入"生产成本"账户的贷方；对外销售产品（包括采用分期收款方式销售产成品）结转销售成本时，记入"主营业务成本"账户的借方，记入本账户的贷方。本账户期末借方余额，反映企业库存商品的实际成本（或进价）或计划成本（或售价）。

上述计划成本是指企业在对库存商品采用计划成本核算时采用的一种成本，类似材料的日常核算所采用的计划成本，只不过是针对完工产品而制定的；进价和售价是针对商品流通企业而言的。在商品流通企业所销售的商品一般是从其他生产企业采购进来的，而不是其自行生产的，购入商品的价格被称为进价，而销售商品的价格被称为售价。

【例10-11】 兴海公司将本月生产完工的A产品100件、B产品50件验收入库。生产成本分别为89 700元和60 000元。编制的会计分录为：

借：库存商品——A产品   89 700

     ——B产品   60 000

 贷：生产成本——A产品   89 700

      ——B产品   60 000

现将完工产品成本结转总分类核算的账户设置及其记录方法归纳如图10-4所示。

延伸阅读10-1

完工产品成本的确定

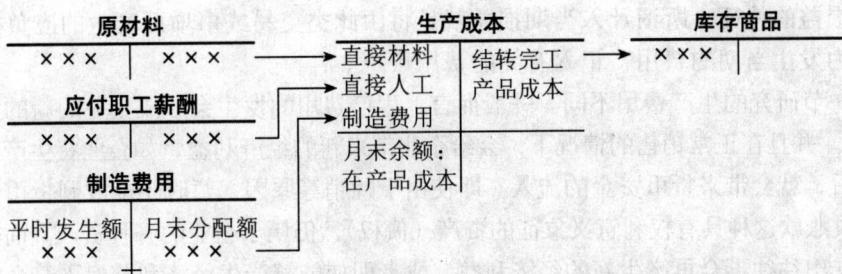

图10-4　完工产品成本结转总分类核算的账户设置及其记录方法

从以上举例可见，企业在产品生产中发生的所有费用，在生产过程完成以后就构成了企业所生产的产品的成本，并形成了库存商品这种流动资产。显而易见，生产费用的发生虽然消耗了企业的资产，但最终形成了企业的另外一种资产，并且仍然存在于企业当中，即生产费用的发生并没有引起经济利益流出企业，因而也就不能将这些耗费确认为《企业会计准则》所定义的费用。一旦这些生产出来的产品被销售给客户，它们就会从生产企业中消失而转移到客户手中。当然，库存商品的销售也会给企业带来销售收入，即经济利益的流入。在对由此产生的收入进行账务处理时，同时应对已销售产品的成本进行相应账务处理。根据我国《企业会计准则》的规定，企业为生产产品、提供劳务等发生的可归属于产品成本、劳务成本等的费用，应当在确认产品销售收入、劳务收入等时，将已销售产品、已提供劳务的成本等计入当期损益，即确认为当期的费用，记入"主营业务成本"和"其他业务成本"等账户。这时，生产费用就转化为具有实质性意义的费用了。这些交易或事项的账务处理方法参见第十一章的相关部分。

三、生产成本的报告

如前所述，企业发生的生产成本表现为企业的在产品形态。在产品属于企业资产中的存货的组成部分。因而，在"资产负债表"上，生产成本包含在"存货"项目中。在该项目中，既要反映生产成本的年末余额，也要反映生产成本的年初余额。在"资产负债表"附注的"在产品"项下，按年初账面余额、年末账面余额、本期增加数和本期减少数四个方面披露。

延伸阅读10-2

方大炭素设备部精细操作降本4.4万元

第三节　期间费用

一、期间费用概述

（一）期间费用概念

期间费用是指企业本期日常活动所发生的不能归属于特定核算对象的成本，而应直接计入当期损益的费用。

根据我国《企业会计准则》的规定，企业发生的支出不产生经济利益的，或者即使能够产生经济利益但不符合或者不再符合资产确认条件的，应当在发生时确认为费用，计入当期损益。并规定，企业发生的交易或者事项导致其承担了一项负债而又不确认为一项资产的，应当在发生时确认为费用，计入当期损益。在本节中所研究的期间费用，符合以上计入当期损益的特征。所谓计入当期损益就是将由此类交易或事项而产生的应负担的费用直接确认为发生当期的费用，记入有关的费用账户。

与上一节研究的生产费用不同。一般而言，生产费用的发生会形成企业的新的资产（如库存商品），并且在正常销售的情况下，会给企业带来新的经济利益，如企业将生产出来的产品销售以后，就会带来货币资金的流入。即使由于赊销等原因，暂时不能收到货币资金，也会形成应收账款这种具有权利意义象征的资产（债权），仍属于企业的一种资产。而期间费用所发生的支出往往不会再产生新的经济利益，或者即使能够产生经济利益但不符合或者不再符合资产确认的条件。例如，企业已经发放给企业行政管理人员的工资（属于期间费用中的管理费用），是对这些职工在过去为企业提供服务所给予的一种报酬，由职工用于个人消费，这种支出就不会再给企业带来任何经济利益。有些期间费用的支出虽然能够产生经济利益但已不符合或者不再符合资产确认的条件。例如，企业支付的产品广告费（属于期间费用中的销售费用），会有利于企业产品在市场上的销售，提高企业的市场竞争能力，也能为企业带来经济利益，但这种支出发生后，就形成了一种耗费，而不再是可供企业使用的一种资源，即不再符合资产确认的条件。另外，企业发生的有些交易或者事项会导致企业承担了一项负债而又不确认为一项资产的，也应当在发生时确认为费用，计入当期损益。例如，某些企业采用预提方式计入短期借款使用期内的借款利息费用（属于期间费用中的"财务费用"），就导致企业承担了一项在未来的某一个会计期间必须偿还的一种负债。根据期间费用的以上特点，在各个会计期间所发生的期间费用，与其他应当计入当期损益的费用一样，应直接计入当期损益，即确认为当期费用。其他应当计入当期损益的费用包括前述主营业务成本、其他业务成本、税金及附加、投资损失、资产减值损失和所得税费用等。

应予指出的是，期间费用属于《企业会计准则》所界定的企业在日常活动中所发生的费用，是企业的日常活动所发生的经济利益流出。它之所以不计入一定成本核算对象的成本，主要是由于期间费用是为组织和管理企业整个生产经营活动而发生的，与企业发生的可以确定一定成本核算对象的材料采购、产品生产等发生的支出没有直接关系或对成本的计算影响不大。因而，期间费用在发生以后不再计入有关核算对象的成本，而是直接计入当期损益。

（二）期间费用的组成内容

期间费用包括销售费用、管理费用和财务费用。

1.销售费用

销售费用是指企业销售商品和材料、提供劳务的过程中发生的各种费用以及为销售本企业商品而专设的销售机构（含销售网点、售后服务网点等）的经营费用，包括保险费、包装费、展览费和广告费、商品维修费、预计产品质量保证损失、运输费、装卸费等以及为销售本企业商品而专设的销售机构（含销售网点、售后服务网点等）的职工薪酬、业务费和折旧费等经营费用。

应予注意的是，销售费用是与企业销售商品活动等有关的费用，但不包括销售商品本身的成本和劳务成本。已经销售的产品的成本属于企业的"主营业务成本"，提供劳务所发生的成本属于企业的"劳务成本"，均不属于企业的销售费用。

2.管理费用

管理费用是指企业为组织和管理企业生产经营所发生的管理费用，包括企业的董事会和行政管理部门在企业的经营管理中发生的或者应由企业统一负担的公司经费（包括行政管理部门职工薪酬、修理费、物料消耗、低值易耗品摊销、办公费和差旅费等）、工会经费、董事会费（包括董事会成员津贴、会议费和差旅费等）、聘请中介机构费、咨询费（含顾问费）、诉讼费、业务招待费、技术转让费、矿产资源补偿费和研究费用等。

应当注意管理费用与制造费用之间的区别：管理费用一般发生在企业管理部门，而制造费用发生在产品的生产车间（部门）；管理费用是企业的一种期间费用，发生后应计入当期损益，而制造费用是企业的一种生产费用，发生后应分配计入一定的产品核算对象；尽管管理费用与制造费用的有些费用内容（如办公费和差旅费等）是相同的，但应利用不同的账户组织核算。

3. 财务费用

财务费用是指企业为筹集生产经营所需资金等而发生的筹资费用，包括利息支出（减利息收入）、汇兑差额以及相关的手续费等。

应予注意的是，财务费用构成内容有的会增加企业的财务费用，有的会减少企业的财务费用。例如，利息支出会增加企业的财务费用，而利息收入则会减少企业的财务费用。在核算中应注意区分不同的情况，采用不同的处理方法。

【思政课堂】　　　　　　弘扬节约精神，控制成本

党的二十大报告提出，"在全社会弘扬劳动精神、奋斗精神、奉献精神、创造精神、勤俭节约精神，培育时代新风新貌"。勤俭节约是中华民族的传统美德，是中华文明的智慧结晶和精华所在，是中国共产党人的光荣传统和政治本色。新征程上在全社会大力弘扬勤俭节约精神，就是要认真汲取蕴含其中的思想精华和文化精髓，深刻把握其时代内涵，让勤俭节约精神在新时代绽放更加璀璨的光芒，为管党治党、兴党强党提供精神滋养和力量支撑。

在新征程上大力弘扬勤俭节约精神，要融入日常，贴近生活。人是现实的人，生活在现实世界之中，人的德性也植根于社会现实生活之中。从日常生活中的点滴做起，节约一粒米、一滴水、一度电，杜绝铺张浪费，这种融入日常、贴近生活的勤俭节约精神更加鲜活、更可感知、更易遵循。

在新征程上大力弘扬勤俭节约精神，要注重经常，久久为功。要坚决克服时紧时松现象，坚决摒弃"毕其功于一役"的焦躁心态，把弘扬勤俭节约精神作为一项系统工程、长期性任务，锲而不舍、持久进行，常抓不懈、久久为功。只要每个人都坚持从平常做起，从具体事情抓起，一锤一锤接着敲，持之以恒地将勤俭节约精神弘扬下去，就必定能使勤俭节约成为一种行为习惯、一种生活方式，必然会让勤俭节约精神永远绽放时代光芒。

资料来源：谢卫平. 大力弘扬勤俭节约精神［N］. 光明日报，2023-03-27.

二、期间费用的核算

（一）销售费用的核算

进行销售费用的核算，企业应设置"销售费用"账户。本账户核算企业在销售商品和材料、提供劳务的过程中发生的各种费用。企业在销售商品过程中发生的保险费、包装费、展览费和广告费、运输费和装卸费等费用，记入本账户的借方，记入"库存现金"和"银行存款"等账户的贷方；企业发生的为销售本企业商品而专设的销售机构的职工薪酬、业务费等经营费用，记入本账户的借方，记入"应付职工薪酬"、"银行存款"和"累计折旧"等账户的贷方。会计期末时，应将本账户余额转入"本年利润"账户，结转后本账户应无余额。

【例 10-12】兴海公司用银行存款支付产品保险费 5 000 元。编制的会计分录为：

借：销售费用——保险费   5 000

    贷：银行存款   5 000

【例 10-13】兴海公司用银行存款支付产品广告费 3 000 元。编制的会计分录为：

借：销售费用——广告费   3 000

    贷：银行存款   3 000

【例 10-14】兴海公司用现金支付应由本公司负担的销售 A 产品的运输费 600 元。编制的会计分录为：

借：销售费用——运输费   600

    贷：库存现金   600

【例 10-15】兴海公司计算出本月应付给为销售本企业商品而专设的销售机构的职工工资 4 000 元。编制的会计分录为：

借：销售费用——工资   4 000

    贷：应付职工薪酬   4 000

【例 10-16】兴海公司本月专设销售机构的职工福利费发生额为 560 元。编制的会计分录为：

借：销售费用——职工福利   560

    贷：应付职工薪酬   560

【例 10-17】兴海公司计算出专设销售机构使用房屋应提取的折旧 540 元。编制的会计分录为：

借：销售费用——折旧费   540

    贷：累计折旧   540

【例 10-18】月末，兴海公司将"销售费用"账户的发生额结转入"本年利润"账户。编制的会计分录为：

借：本年利润   13 700

    贷：销售费用   13 700

延伸阅读 10-3

2022 年 A 股行业销售费用简析

前已述及，企业发生的销售费用、管理费用和财务费用属于期间费用，在发生以后不能计入产品的生产成本，而应直接确认为当期损益，即作为费用直接冲减当期收入。因而在会计期末时（月末或年末），企业应将这些费用的余额结转入"本年利润"账户（借方），以便与该账户贷方转入的各种收入进行比较，并确定企业当期的利润总额。下面介绍的管理费用和财务费用，在会计期末时也要做同样的账务处理。

（二）管理费用的核算

进行管理费用的核算，企业应设置"管理费用"账户。本账户核算企业为组织和管理企业生产经营所发生的管理费用。企业在筹建期间内发生的开办费，包括人员工资、办公费、培训费、差旅费、印刷费、注册登记费以及不计入固定资产价值的借款费用等，记入本账户（开办费）的借方，记入"银行存款"等账户的贷方；应付管理部门人员的薪酬，记入本账户的借方，记入"应付职工薪酬"账户的贷方；对企业管理部门使用的固定资产计提的折旧，记入本账户的借方，记入"累计折旧"账户的贷方；企业管理部门发生的办公费、水电费、业务招待费、聘请中介机构费、咨询费、诉讼费、技术转让费和研发费用（应予费用化的部分），记入本账户的借方，记入"银行存款"和"研发支出"等账户的贷方。会计期末时，应将本账户的余额转入"本年利润"账户，结转后本账户应无余额。

【例10-19】兴海公司用银行存款支付业务培训费8 000元。编制的会计分录为：

借：管理费用——培训费　　　　　　　　　　　　　　　　8 000
　　贷：银行存款　　　　　　　　　　　　　　　　　　　　　　8 000

【例10-20】兴海公司用银行存款支付企业管理部门发生的水电费5 600元。编制的会计分录为：

借：管理费用——水电费　　　　　　　　　　　　　　　　5 600
　　贷：银行存款　　　　　　　　　　　　　　　　　　　　　　5 600

【例10-21】兴海公司因进行资产评估，用银行存款支付聘请中介机构费9 000元。编制的会计分录为：

借：管理费用——聘请中介机构费　　　　　　　　　　　　9 000
　　贷：银行存款　　　　　　　　　　　　　　　　　　　　　　9 000

【例10-22】兴海公司用现金支付业务招待费600元。编制的会计分录为：

借：管理费用——业务招待费　　　　　　　　　　　　　　　600
　　贷：库存现金　　　　　　　　　　　　　　　　　　　　　　600

【例10-23】兴海公司本月计提企业行政管理部门使用的固定资产折旧费6 000元。编制的会计分录为：

借：管理费用——折旧费　　　　　　　　　　　　　　　　6 000
　　贷：累计折旧　　　　　　　　　　　　　　　　　　　　　　6 000

【例10-24】兴海公司本月分配企业管理人员工资12 000元，发生职工福利费1 680元。编制的会计分录为：

借：管理费用——工资及福利费　　　　　　　　　　　　13 680
　　贷：应付职工薪酬　　　　　　　　　　　　　　　　　　　13 680

【例10-25】月末，兴海公司将"管理费用"账户的发生额结转入"本年利润"账户。编制的会计分录为：

借：本年利润　　　　　　　　　　　　　　　　　　　　42 880
　　贷：管理费用　　　　　　　　　　　　　　　　　　　　　42 880

（三）财务费用的核算

进行财务费用的核算，企业应设置"财务费用"账户。本账户核算企业为筹集生产经营所需资金等而发生的筹资费用，包括利息支出（减利息收入）、汇兑差额以及相关的手续费等。企业发生的财务费用，记入本账户的借方，记入"银行存款"等账户的贷方；企业获取的应冲减财务费用的利息收入以及汇兑收益等，记入"银行存款"等账户的借方，记入本账户的贷方。会计期末时，应将本账户余额转入"本年利润"账户，结转后本账户应无余额。

【例10-26】兴海公司用银行存款支付本月应负担的短期借款利息1 500元。编制的会计分录为：

借：财务费用   1 500

     贷：银行存款   1 500

注：如果企业的短期借款利息是通过预提的方式形成的，应借记"财务费用"账户，贷记"应付利息"账户。

【例10-27】兴海公司用银行存款支付在银行办理业务的手续费500元。编制的会计分录为：

借：财务费用   500

     贷：银行存款   500

【例10-28】兴海公司收到银行通知，本季度公司在银行的存款利息为1 200元。已划入公司的银行存款户。编制的会计分录为：

借：银行存款   1 200

     贷：财务费用   1 200

注：按照《企业会计准则》的规定，企业发生的利息收入应冲减企业的财务费用。

【例10-29】月末，兴海公司将"财务费用"账户的发生额转入"本年利润"账户。编制的会计分录为：

借：本年利润   800

     贷：财务费用   800

案例10-1

期间费用的处理

注：在以上销售费用核算和管理费用核算的举例中，"销售费用"和"管理费用"只有借方发生额，而没有贷方发生额，月末时结转的发生额即为各个账户借方发生额的合计数，按该合计数结转入"本年利润"账户即可。而在财务费用核算的举例中，"财务费用"账户的借贷双方都有发生额，因而，企业在期末将"财务费用"账户的发生额转入"本年利润"账户时，应先根据"财务费用"账户借贷双方的记录计算出其实际发生额，之后才能根据实际发生额进行相应结转。在本部分的举例中，"财务费用"的本月实际发生额应为800元（1 500+500-1 200）。如果在"销售费用""管理费用"账户中存在相同的情况时，其发生额在月末结转过程中也应作同样的处理。

现将期间费用总分类核算的账户设置及其记录方法归纳如图10-5所示。

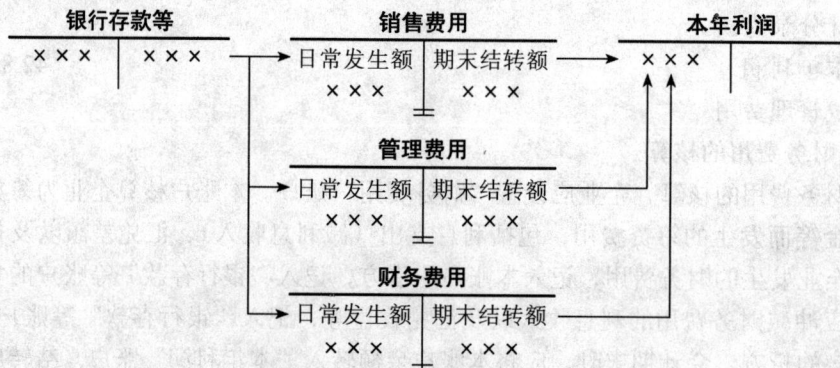

图10-5 期间费用总分类核算的账户设置及其记录方法

三、期间费用的报告

企业的期间费用属于应计入当期损益的费用，符合《企业会计准则》中关于费用的定义及其确认条件，应当列入当期的利润表。在利润表中，销售费用、管理费用和财务费用作为减项列在"营业收入"项目下，既要反映本期金额，也要反映上期金额。

案例 10-2

装备制造业营业收入利润率提高，主要源于期间费用的下降

☐ 复习思考题

1. 什么是费用？费用具有哪些基本特征？

2. 从广义的角度来看，企业的费用主要包括哪些内容？

3. 什么是成本？成本与费用之间的关系如何？

4. 什么是生产费用？生产费用计入产品生产成本的方法有哪些？

5. 什么是生产成本？生产成本由哪些成本项目组成？

6. 什么是约当产量？如何采用约当产量法计算在产品成本？

7. 什么是完工产品成本？怎样计算完工产品成本？

8. 什么是期间费用，主要包括哪些内容？

本章自测题

第十一章　收入与利润

第一节　收入及其分类

一、收入的定义与特征

收入，是指企业在日常活动中形成的、会导致所有者权益增加的、与所有者投入资本无关的经济利益的总流入。收入具有如下特征：

（1）收入是企业日常活动形成的经济利益流入。日常活动，是指企业为完成其经营目标所从事的经常性活动以及与之相关的其他活动。企业的有些活动属于为完成其经营目标所从事的经常性活动，如工业企业制造并销售产品、商业企业购进和销售商品、租赁企业出租资产、商业银行对外贷款、保险公司签发保单、咨询公司提供咨询服务、软件企业为客户开发软件、安装公司提供安装服务、建筑企业提供建造服务、广告商提供广告策划服务等，由此产生的经济利益的总流入构成收入；企业还有一些活动属于与经常性活动相关的活动，如工业企业出售不需用的原材料、出售或出租固定资产及无形资产、对外投资等，由此产生的经济利益的总流入也构成收入。除了日常活动以外，企业的有些活动不是为完成其经营目标所从事的经常性活动，也不属于与经常性活动相关的其他活动，如企业处置报废或毁损的固定资产和无形资产、接受捐赠等活动，由此产生的经济利益的总流入不构成收入，应当确认为营业外收入。

（2）收入必然导致所有者权益的增加。收入无论表现为资产的增加还是负债的减少，根据"资产=负债+所有者权益"的会计恒等式，最终必然导致所有者权益的增加。不符合这一特征的经济利益流入，不属于企业的收入。例如，企业代税务机关收取的税款，旅行社代客户购买门票、飞机票等收取的票款等，性质上属于代收款项，应作为暂收应付款记入相关的负债类科目，而不能作为收入处理。

（3）收入不包括所有者向企业投入资本导致的经济利益流入。收入只包括企业自身活动获得的经济利益流入，而不包括企业的所有者向企业投入资本导致的经济利益流入。所有者向企业投入的资本，在增加资产的同时，直接增加所有者权益，不能作为企业的收入。

二、收入的分类

（一）按交易性质分类

按交易性质，收入可分为转让商品收入和提供服务收入。

（1）转让商品收入，是指企业通过销售产品或商品实现的收入，如工业企业销售产成品、半成品、原材料等实现的收入、商业企业销售商品实现的收入、房地产开发商销售自行开发的房地产实现的收入等。

（2）提供服务收入，是指企业通过提供各种服务实现的收入，如工业企业提供工业性劳务作业服务实现的收入、商业企业提供代购代销服务实现的收入、建筑企业提供建造服务实现的收入、金融企业提供各种金融服务实现的收入、交通运输企业提供运输服务实现的收入、咨询公司提供咨询服务实现的收入、软件开发企业为客户开发软件实现的收入、安装公司提供安装服务实现的收入、服务性企业提供餐饮等各类服务实现的收入等。

（二）按在经营业务中所占比重分类

按在经营业务中所占的比重，收入可分为主营业务收入和其他业务收入。

（1）主营业务收入，或称基本业务收入，是指企业为完成其经营目标所从事的主要经营活动实现的收入。不同行业的企业具有不同的主营业务，例如工业企业的主营业务是制造和销售产成品及半成品，商业企业的主营业务是销售商品，商业银行的主营业务是存贷款和办理结算，保险公司的主营业务是签发保单，租赁公司的主营业务是出租资产，咨询公司的主营业务是提供咨询服务，软件开发企业的主营业务是为客户开发软件，安装公司的主营业务是提供安装服务，旅游服务企业的主营业务是提供景点服务以及客房、餐饮服务等。企业通过主营业务形成的经济利益的总流入，属于主营业务收入。主营业务收入经常发生，并在收入中占有较大的比重。

（2）其他业务收入，或称附营业务收入，是指企业除主要经营业务以外的其他经营活动实现的收入，如工业企业出租固定资产、出租无形资产、出租周转材料、销售不需用的原材料等实现的收入。其他业务收入不经常发生，金额一般较小，在收入中所占比重较低。

延伸阅读11-1

收入的范围

在日常核算中，企业应当设置"主营业务收入"和"其他业务收入"科目，分别核算主营业务形成的经济利益的总流入和其他业务形成的经济利益的总流入，但在利润表中，应将二者合并为"营业收入"项目反映。

第二节　收入的确认与计量

一、收入确认与计量的基本方法

企业确认收入的方式应当反映其向客户转让商品或提供服务（以下简称"转让商品"）的模式，收入的金额应当反映企业因转让这些商品或服务（以下简称"商品"）而预期有权收取的对价金额。具体来说，收入的确认与计量应当采用五步法模型，即识别与客户订立的合同、识别合同中的单项履约义务、确定交易价格、将交易价格分摊至各单项履约义务、履行每一单项履约义务时确认收入。其中，识别与客户订立的合同、识别合同中的单项履约义务、履行每一单项履约义务时确认收入，基本属于收入的确认；确定交易价格、将交易价格分摊至各单项履约义务，基本属于收入的计量。

（一）识别与客户订立的合同

合同，是指双方或多方之间订立有法律约束力的权利义务的协议，包括书面形式、口头形式以及其他可验证的形式。客户，是指与企业订立合同以向该企业购买其日常活动产出的商品并支付对价的一方。

1.收入确认的原则

企业应当在履行了合同中的履约义务，即在客户取得相关商品控制权时确认收入。

取得相关商品控制权，是指能够主导该商品的使用并从中获得几乎全部的经济利益。取得商品控制权包括以下三个要素：

（1）能力，是指客户必须拥有主导该商品的使用并从中获得几乎全部的经济利益的现时权利。

（2）主导该商品的使用，是指客户拥有在其活动中使用该商品、允许其他方在其活动中使用该商品或者阻止其他方使用该商品的权利。

（3）能够获得几乎全部的经济利益，是指客户能够获得该商品几乎全部的潜在现金流量，既包括现金流入的增加，又包括现金流出的减少。客户可以通过多种方式（如通过使用、消耗、出售、交换、偿债、抵押、持有等）直接或间接地获得商品的经济利益。

2.收入确认的前提条件

企业在履行了合同中的履约义务，即客户取得了相关商品的控制权时确认收入，强调的是确认收入的时点或标志。只有当企业与客户之间的合同同时满足下列条件时，企业才能在客户取得相关商品控制权时确认收入：

（1）合同各方已批准该合同并承诺将履行各自义务；

（2）该合同明确了合同各方与所转让商品相关的权利和义务；

（3）该合同有明确的与所转让商品相关的支付条款；

（4）该合同具有商业实质，即履行该合同将改变企业未来现金流量的风险、时间分布或金额；

（5）企业因向客户转让商品而有权取得的对价很可能收回。

此外，企业还应当注意识别合同合并与合同变更及其对收入确认的影响。

（二）识别合同中的单项履约义务

履约义务，是指合同中企业向客户转让可明确区分商品的承诺。履约义务既包括合同中明确的承诺，又包括由于企业已公开宣布的政策、特定声明或以往的习惯做法等导致合同订立时客户合理预期企业将履行的承诺。企业为履行合同而应开展的初始活动，通常不构成履约义务，除非该活动向客户转让了承诺的商品。

合同开始日，企业应当对合同进行评估，识别该合同所包含的各单项履约义务。企业应当将下列向客户转让商品的承诺作为单项履约义务：

1.企业向客户转让可明确区分商品（或商品组合）的承诺。

可明确区分商品，是指企业向客户承诺的商品同时满足下列条件：

（1）客户能够从该商品本身或从该商品与其他易于获得资源一起使用中受益，即该商品本身能够明确区分。

（2）企业向客户转让该商品的承诺与合同中其他承诺可单独区分，即转让该商品的承诺在合同中是可以明确区分的。下列情形通常表明企业向客户转让该商品的承诺与合同中的其他承诺不可明确区分：

① 企业需提供重大的服务以将该商品与合同中承诺的其他商品整合成合同约定的组合产出转让给客户。

② 该商品将对合同中承诺的其他商品予以重大修改或定制。

③ 该商品与合同中承诺的其他商品具有高度关联性。

2.企业向客户转让一系列实质相同且转让模式相同的、可明确区分商品的承诺。

转让模式相同，是指每一项可明确区分商品均满足在某一时段内履行履约义务的条件，且采用相同方法确定其履约进度。

企业在判断所转让的一系列商品是否实质上相同时，应当考虑合同中承诺的性质：如果企业承诺的是提供确定数量的商品，需要考虑这些商品本身是否实质相同；如果企业承诺的是在某一期间内随时向客户提供某项服务，则需要考虑企业在该期间内各个时间段的服务承诺是否相同，而不是具体的服务行为是否相同。例如，企业与客户签订一项为期3年的服务合同。合同约定，企业为客户的写字楼提供保洁、维修服务，但没有具体的服务次数或时间要求。本例中，企业为客户提供的保洁服务和维修服务是可明确区分的，而且均满足在某一时段内履行履约义务的条件；虽然每天具体的服务行为可能并不相同，但每天对客户的服务承诺都是相同的，符合"实质相同"的条件。因此，企业为客户提供的保洁服务和维修服务属于一系列实质上相同且转让模式相同、可明确区分的服务承诺，企业应将其作为单项履约义务。

（三）确定交易价格

交易价格，是指企业因向客户转让商品而预期有权收取的对价金额。企业代第三方收取的款项以及企业预期将退还给客户的款项，应当作为负债进行会计处理，不计入交易价格。

合同标价并不一定代表交易价格，企业应当根据合同条款，并结合其以往的习惯做法确定交易价格。在确定交易价格时，企业应当考虑可变对价、合同中存在的重大融资成分、非现金对价、应付客户对价等因素的影响。

1.可变对价

企业与客户在合同中约定的对价金额可能会因折扣、价格折让、返利、退款、奖励积分、激励措施、业绩奖金、索赔等因素而发生变化。此外，根据某些或有事项的发生或不发生而收取不同对价金额的合同，也属于可变对价的情形。

【例11-1】华联实业股份有限公司与客户签订了一项资产建造合同，客户已承诺的合同对价为600万元。合同同时规定，如果华联公司未能在合同指定的日期完工，则每延期完工一天，已承诺的合同对价将减少2万元；但若华联公司能提前完工，则每提前完工一天，已承诺的合同对价将增加2万元。此外，资产完工后，将由第三方对资产实施检查并基于合同界定的标准给予评级。如果资产达到特定评级，华联公司将有权获得奖励性付款30万元。

本例中，对华联公司来说，合同中包含了两项可变对价：一项是已承诺合同对价600万元加上或减去每天2万元的提前完工奖励或延期完工罚金；另一项是根据资产是否能达到特定评级而给予的金额为30万元或者0的奖励性付款。

合同中存在可变对价的，企业应当按照期望值或最可能发生金额确定计入交易价格的可变对价最佳估计数。

（1）期望值是按照各种可能发生的对价金额及相关概率计算确定的金额。如果企业拥有大量具有类似特征的合同，并估计可能产生多个结果时，通常按照期望值估计可变对价金额。例如，【例11-1】中的提前完工奖励或延期完工罚金应按照期望值进行估计。

（2）最可能发生金额是一系列可能发生的对价金额中最可能发生的单一金额，即合同最可能产生的单一结果。当合同仅有两个可能结果时，通常按照最可能发生金额估计可变对价金额。例如，【例11-1】中根据资产是否能达到特定评级而给予的金额为30万元或者0的奖励性付款应按照最可能发生金额进行估计。

企业按照期望值或最可能发生金额确定可变对价金额之后，计入交易价格的可变对价金额还应该满足限制条件，即包含可变对价的交易价格，应当不超过在相关不确定性消除时累计已确认收入极可能不会发生重大转回的金额，以避免因某些不确定性因素的发生导致之前已经确认的收入发生转回。

2.合同中存在的重大融资成分

在企业将商品的控制权转移给客户的时间与客户实际付款的时间不一致的情况下（如企业以赊销的方式销售商品，或者要求客户支付预付款等），如果合同各方以在合同中（或者以隐含的方式）约定的付款时间为客户或企业就该交易提供了重大融资利益，则合同中存在重大融资成分。

合同中存在重大融资成分的，企业应当按照假定客户在取得商品控制权时即以现金支付的应付金额确定交易价格。该交易价格与合同对价之间的差额，应当在合同期间内采用实际利率法摊销。

【例11-2】2×23年1月1日，华联实业股份有限公司与B公司签订了一项出售资产的合同。合同约定，华联公司于2×24年12月31日将资产的控制权转移给B公司。合同为B公司提供了两种可供选择的付款方式：（1）在签订合同时支付500万元，另支付增值税65万元；（2）在B公司取得对资产的控制权时支付561.8万元，另支付增值税73.034万元。B公司选择在签订合同时支付500万元和相应的增值税65万元，华联公司为其开具了增值税专用发票并产生增值税纳税义务。

在该项交易中，按照上述两种付款方式计算的内含利率为6%。基于客户为获得资产进行付款至取得资产的控制权之间的时间间隔和现行市场利率，华联公司认为在该合同中客户为华联公司提供了重大融资利益，即合同包含重大融资成分。华联公司在确定交易价格时，应当对合同承诺的对价金额进行调整，以反映该重大融资成分的影响。华联公司的有关会计处理如下：

（1）2×23年1月1日，收取价款并确认合同负债。

借：银行存款	5 650 000	
未确认融资费用	618 000	
贷：合同负债		5 618 000
应交税费——应交增值税（销项税额）		650 000

其中，合同负债，是指企业已收或应收客户对价而应向客户转让商品的义务。

（2）2×23年12月31日，分摊融资费用。

融资费用=500×6%=30（万元）

借：财务费用 300 000
　　贷：未确认融资费用 300 000

（3）2×24年12月31日，分摊融资费用。

融资费用=（500+30）×6%=31.8（万元）

借：财务费用 318 000
　　贷：未确认融资费用 318 000

（4）2×24年12月31日，向客户交付资产，即客户取得资产控制权。

借：合同负债 5 618 000
　　贷：主营业务收入 5 618 000

合同开始日，企业预计客户取得商品控制权与客户支付价款间隔不超过一年的，可以不考虑合同中存在的重大融资成分。

3.非现金对价

非现金对价包括客户以存货、固定资产、无形资产、股权投资、客户提供的广告服务等方式支付的对价。客户支付非现金对价的，企业应当按照非现金对价的公允价值确定交易价格。非现金对价的公允价值不能合理估计的，企业应当参照其承诺向客户转让商品的单独售价间接确定交易价格。

4.应付客户对价

企业应付客户对价的，应当将该应付对价冲减交易价格，并在确认相关收入与支付（或承诺支付）客户对价二者孰晚的时点冲减当期收入，但应付客户对价是为了向客户取得其他可明确区分商品的除外。

【例11-3】华联实业股份有限公司与一家大型连锁超市签订了一项销售B产品的一年期合同，客户承诺在合同期内至少购买价值2 000万元的B产品。合同同时规定，华联公司须在合同开始时，向客户支付200万元的不可返还款项，作为客户改造货架以适合摆放B产品的补偿。

本例中，由于华联公司并未取得对客户货架的任何控制权，因而向客户支付对价的目的并不是取得可明确区分的商品。华联公司应将该笔向客户支付的对价作为对合同交易价格的抵减，在确认转让B产品的收入时，按应付客户对价占商品交易价格的比例10%（200÷2 000×100%）冲减收入。假定华联公司在合同期内的第一个月向客户转让了发票金额为250万元的B产品，则华联公司应确认的收入为225万元（250-250×10%）。

（四）将交易价格分摊至各单项履约义务

合同中包含两项或多项履约义务的，企业应当在合同开始日，按照各单项履约义务所承诺商品的单独售价的相对比例，将交易价格分摊至各单项履约义务，并按照分摊至各单项履约义务的交易价格计量收入。企业不得因合同开始日之后单独售价的变动而重新分摊交易价格。

1.确定单独售价

单独售价，是指企业向客户单独销售商品的价格。企业在类似环境下向类似客户单独销售商品的价格，应作为确定该商品单独售价的最佳证据。单独售价无法直接观察的，企业应当综合考虑其能够合理取得的全部相关信息，采用市场调整法、成本加成法、余值法等方法合理估计单独售价。在估计单独售价时，企业应当最大限度地采用可观察的输入值，并对类似的情况采用一致的估计方法。

2.分摊合同折扣

合同折扣，是指合同中各单项履约义务所承诺商品的单独售价之和高于合同交易价格的金额。合同折扣的分摊，需要区分以下三种情况：

（1）通常情况下，企业应当在各单项履约义务之间按比例分摊合同折扣。

（2）有确凿证据表明合同折扣仅与合同中一项或多项（而非全部）履约义务相关的，企业应当将该合同折扣分摊至相关一项或多项履约义务。

【例11-4】华联实业股份有限公司与客户签订了一项合同，以250 000元的价格向客户销售A、B、C三种产品。A产品单独售价80 000元，B产品单独售价88 000元，C产品单独售价132 000元。由于三种产品单独售价之和300 000元超过了合同对价250 000元，因此，华联公司实际上是因为客户一揽子购买商品而给予了客户50 000元的折扣。华联公司在日常销售中，以80 000元的价格销售A产品，并定期以170 000元的价格将B产品和C产品组合在一起销售。由于华联公司将B产品和C产品组合在一起进行销售的价格170 000元与B产品和C产品单独售价之和220 000元的差额为50 000元，与合同的整体折扣一致，而A产品日常销售价格与其单独售价一致，证明合同折扣只是针对B产品和C产品的。因此，华联公司在分摊合同折扣时，只将合同折扣按单独售价的相对比例分摊给B产品和C产品。B产品和C产品合同折扣的分摊见表11-1。

表11-1　　　　　　　　　　　　　合同折扣分摊表　　　　　　　　　　　　　单位：元

合同产品	按比例分摊	交易价格
B产品	88 000÷（88 000+132 000）×170 000	68 000
C产品	132 000÷（88 000+132 000）×170 000	102 000
合计		170 000

（3）合同折扣仅与合同中一项或多项（而非全部）履约义务相关，且企业采用余值法估计单独售价的，应当首先在该一项或多项（而非全部）履约义务之间分摊合同折扣，然后采用余值法估计单独售价。

【例11-5】沿用【例11-4】的资料，现假定华联实业股份有限公司以280 000元的价格向客户销售A、B、C、D四种产品。其中，D产品因其近期售价波动幅度巨大而无法可靠确定售价，华联公司采用余值法估计其单独售价，其他资料不变。华联公司对D产品单独售价的估计，见表11-2。

表11-2　　　　　　　　　　　　　　单独售价估计表　　　　　　　　　　　　　单位：元

合同产品	单独售价	方法
A产品	80 000	直接观察法
B产品	68 000	直接观察法（已扣除折扣）
C产品	102 000	直接观察法（已扣除折扣）
D产品	30 000	余值法
合计	280 000	

3.分摊可变对价

对于可变对价及可变对价的后续变动额，企业应当按照与分摊合同折扣相同的方法，将其分摊至与之相关的一项或多项履约义务，或者分摊至构成单项履约义务的一系列可明确区分商品中的一项或多项商品。

对于已履行的履约义务，其分摊的可变对价后续变动额应当调整变动当期的收入。

【例11-6】 2×24年8月20日，华联实业股份有限公司与乙公司签订合同，向其销售A产品和B产品。合同约定，A产品于2×24年10月31日前交付乙公司，B产品于2×25年1月31日前交付乙公司；合同约定的对价包括50 000元的固定对价和估计金额为6 000元的可变对价，将该可变对价应计入交易价格，可以满足将可变对价计入交易价格的限制条件。A产品的单独售价为36 000元，B产品的单独售价为24 000元，二者合计大于合同对价，说明华联公司因为客户一揽子购买商品而给予了客户折扣。华联公司认为，没有可观察的证据表明可变对价和合同折扣是专门针对A产品或者B产品的，因此，将可变对价和合同折扣在A、B两种产品之间按单独售价的比例进行分摊。合同开始日，华联公司对可变对价和合同折扣的分摊，见表11-3。

表11-3　　　　　　　　　　　**可变对价与合同折扣分摊表**　　　　　　　　　　单位：元

合同产品	按比例分摊	交易价格
A产品	36 000÷（36 000+24 000）×56 000	33 600
B产品	24 000÷（36 000+24 000）×56 000	22 400
合计		56 000

（五）履行每一单项履约义务时确认收入

合同开始日，企业应当在对合同进行评估并识别该合同所包含的各单项履约义务的基础上，确定各单项履约义务是在某一时段内履行，还是在某一时点履行，然后，在履行了各单项履约义务即客户取得相关商品控制权时确认收入。企业应当首先判断履约义务是否满足属于在某一时段内履行履约义务的条件。如果不能满足，则属于在某一时点履行履约义务。

满足下列条件之一的，属于在某一时段内履行履约义务：

（1）客户在企业履约的同时即取得并消耗企业履约所带来的经济利益。企业向客户提供的服务，大多属于在履约过程中持续向客户提供服务，而客户在企业提供服务的同时持续取得并消耗该服务所带来的经济利益。企业在进行判断时，可以假定在企业履约过程中更换为其他企业继续履行剩余履约义务。如果该继续履行合同的企业实质上无须重新执行企业累计至今已经完成的工作，则表明客户在企业履约的同时即取得并消耗了企业履约所带来的经济利益。例如，甲运输公司承诺将客户的一批货物由A地运至B地，假定途经C地时，甲运输公司将该批货物交由乙运输公司继续运往B地。由于乙运输公司无须重新执行A地到C地的运输服务，表明客户在企业履约的同时即取得并消耗了企业履约所带来的经济利益，该运输服务属于在某一时段内履行的履约义务。

（2）客户能够控制企业履约过程中在建的商品。企业在履约过程中在建的商品包括在产品、在建工程、尚未完成的研发项目、正在进行的服务等。如果客户能够控制企业在履约过程中形成的这些在建商品，则表明该合同义务属于在某一时段内履行的履约义务。例如，建造承包商应客户要求为其扩建厂房，在扩建过程中，客户有权根据需要变更扩建方案并重新协商合同价款，客户每月按扩建进度向建造承包支付工程款，如果客户终止合同，则已部分完成扩建的厂房归客户所有。由于客户能够控制企业履约过程中在建的商品，因此，该厂房扩建工程属于在某一时段内履行的履约义务。

（3）企业履约过程中所产出的商品具有不可替代用途，且该企业在整个合同期间内有权就累计至今已完成的履约部分收取款项。具有不可替代用途，是指因合同限制或实际可行性限制，企业不能轻易地将商品用于其他用途；有权就累计至今已完成的履约部分收取款项，是指在由于客户或其他方原因终止合同的情况下，企业有权就累计至今已完成的履约部分收取能够补偿其已发生成本和合理利润的款项，并且该权利具有法律约束力。例如，甲设备制造企业为一客户专门设计并制造一台大型专用设备，如果客户终止合同，甲设备制造企业需要支付重大的改制成本，才能将其出售给其他客户，因此，该专用设备具有不可替代用途。如果合同约定，在客户单方面终止合同的情况下，客户须按设备完工进度支付已完工部分的合同价款，该价款能够补偿甲设备制造企业已发生成本和合理利润，则该项设备制造属于在某一时段内履行的履约义务；如果合同约定，在客户单方面终止合同的情况下，客户只需按合同价款的20%支付违约金，则该项设备制造属于在某一时点履行的履约义务。

二、收入确认与计量的一般会计处理

收入确认与计量的五步法模型是为了满足企业在各种合同安排下，特别是在某些包含多重交易、可变对价等复杂合同安排下，对相关收入进行确认和计量的需要而设定的。在会计实务中，企业转让商品的合同在相当多的情况下属于履约义务单一、交易价格固定的简单合同。对于简单合同，企业在应用五步法模型时，可以简化或者省略其中的某些步骤，如在区分属于在某一时段内履行的履约义务还是在某一时点履行的履约义务的前提下，重点关注企业是否已经履行了履约义务即客户是否已经取得了相关商品的控制权、企业因向客户转让商品而有权取得的对价是否很可能收回等。

（一）在某一时段内履行的履约义务

对于在某一时段内履行的履约义务，如提供期间服务、提供建筑安装服务等，企业应当在该段时间内按照履约进度确认收入，但是，履约进度不能合理确定的除外。资产负债表日，企业应当按照合同收入总额乘以履约进度再扣除以前会计期间累计确认的合同收入后的金额，确认当期收入；同时，按照履行合同估计发生的总成本乘以履约进度再扣除以前会计期间累计确认的合同成本后的金额，结转当期成本。用公式表示如下：

本期确认的收入=合同总收入×本期末止履约进度-以前期间已确认的收入

本期确认的成本=合同总成本×本期末止履约进度-以前期间已确认的成本

企业应当考虑商品的性质，采用产出法或投入法确定恰当的履约进度。其中，产出法是根据已转移给客户的商品对于客户的价值确定履约进度的方法，如按照实际测量的完工进度、已实现的结果、已达到的里程碑、已完成的时间进度、已生产或已交付的产品单位等产出指标确定履约进度；投入法是根据企业为履行履约义务的投入确定履约进度的方法，如按照已投入的材料数量、已花费的工时、已发生的成本、已完成的时间进度等投入指标确定履约进度。对于类似情况下的类似履约义务，企业应当采用相同的方法确定履约

进度。在会计实务中，常用的确定履约进度的方法是成本法（投入法的一种），即按照已经发生的成本占预计总成本的比例确定履约进度。

当履约进度不能合理确定时，企业已经发生的成本预计能够得到补偿的，应当按照已经发生的成本金额确认收入，直到履约进度能够合理确定为止。

【例11-7】2×21年3月20日，华联实业股份有限公司与甲公司签订了一项为期3年的劳务合同，为其写字楼提供保洁服务。合同约定的服务费总额为1 800 000元（不含增值税），于每年的12月31日按已完成的时间进度结算一次。该合同于2×21年4月1日开始执行。

由于甲公司在华联公司履约的同时即取得并消耗华联公司履约所带来的经济利益，因而该项服务属于在某一时段内履行的履约义务。华联公司判断，因向客户提供保洁服务而有权取得的对价很可能收回，华联公司于每年的12月31日根据实际结算的服务费金额确认收入。假定华联公司提供的保洁服务适用的增值税税率为6%，于结算服务费时发生纳税义务。

（1）2×21年12月31日，结算服务费并确认收入。

本年应确认合同收入=1 800 000×$\frac{9}{3×12}$=450 000（元）

本年应收合同价款（含增值税）=450 000×（1+6%）=477 000（元）

借：银行存款（或应收账款） 477 000
 贷：主营业务收入 450 000
   应交税费——应交增值税（销项税额） 27 000

（2）2×22年12月31日，结算服务费并确认收入。

本年应确认合同收入=1 800 000×$\frac{9+12}{3×12}$-450 000=600 000（元）

本年应收合同价款（含增值税）=600 000×（1+6%）=636 000（元）

借：银行存款（或应收账款） 636 000
 贷：主营业务收入 600 000
   应交税费——应交增值税（销项税额） 36 000

（3）2×23年12月31日，结算服务费并确认收入。

本年应确认合同收入=1 800 000×$\frac{9+12×2}{3×12}$-（450 000+600 000）=600 000（元）

本年应收合同价款（含增值税）=600 000×（1+6%）=636 000（元）

借：银行存款（或应收账款） 636 000
 贷：主营业务收入 600 000
   应交税费——应交增值税（销项税额） 36 000

（4）2×24年3月31日，合同到期，结算剩余服务费并确认收入。

本年应确认合同收入=1 800 000-（450 000+600 000+600 000）=150 000（元）

本年应收合同价款（含增值税）=150 000×（1+6%）=159 000（元）

借：银行存款（或应收账款） 159 000
 贷：主营业务收入 150 000
   应交税费——应交增值税（销项税额） 9 000

【例11-8】2×23年11月25日，华联实业股份有限公司与乙公司签订了一项设备安装劳务合同。根据合同约定，设备安装费总额为200 000元（不含增值税），于设备安装完成、验收合格后一次结清。2×23年12月1日，华联公司开始进行设备安装，至2×23年12

月31日，实际发生安装成本60 000元，其中，支付安装人员薪酬36 000元，领用库存原材料5 000元，以银行存款支付其他费用19 000元；据合理估计，至设备安装完成，还会发生安装成本90 000元。2×24年2月10日，设备安装完成，本年实际发生安装成本92 000元，其中，支付安装人员薪酬65 000元，领用库存原材料2 000元，以银行存款支付其他费用25 000元。设备经检验合格后，乙公司如约支付安装费。

由于乙公司能够控制华联公司履约过程中的在安装设备，因而该项安装服务属于在某一时段内履行的履约义务。华联公司判断，因向客户提供安装服务而有权取得的对价很可能收回。华联公司按已经发生的劳务成本占估计劳务总成本的比例确定履约进度。假定华联公司提供的安装服务适用的增值税税率为9%，结算安装费时发生纳税义务。

（1）支付2×23年实际发生的安装成本。

借：合同履约成本——服务成本　　　　　　　　　　　36 000
　　贷：应付职工薪酬　　　　　　　　　　　　　　　　　　36 000
借：合同履约成本——服务成本　　　　　　　　　　　5 000
　　贷：原材料　　　　　　　　　　　　　　　　　　　　　5 000
借：合同履约成本——服务成本　　　　　　　　　　　19 000
　　贷：银行存款　　　　　　　　　　　　　　　　　　　　19 000

（2）2×23年12月31日，确认收入并结转成本。

$$履约进度=\frac{60\ 000}{60\ 000+90\ 000}\times100\%=40\%$$

本年应确认合同收入=200 000×40%=80 000（元）

本年应结转合同成本=150 000×40%=60 000（元）

本年应收合同价款（含增值税）=80 000×（1+9%）=87 200（元）

借：应收账款——乙公司　　　　　　　　　　　　　　87 200
　　贷：主营业务收入　　　　　　　　　　　　　　　　　　80 000
　　　　应交税费——待转销项税额　　　　　　　　　　　　7 200
借：主营业务成本　　　　　　　　　　　　　　　　　60 000
　　贷：合同履约成本——服务成本　　　　　　　　　　　　60 000

其中，"待转销项税额"明细科目核算一般纳税人销售货物，提供加工修理修配劳务，销售服务、无形资产或不动产，已确认相关收入或收取合同价款但尚未发生增值税纳税义务而需于以后期间确认为销项税额的增值税税额。

（3）支付2×24年发生的安装成本。

借：合同履约成本——服务成本　　　　　　　　　　　65 000
　　贷：应付职工薪酬　　　　　　　　　　　　　　　　　　65 000
借：合同履约成本——服务成本　　　　　　　　　　　2 000
　　贷：原材料　　　　　　　　　　　　　　　　　　　　　2 000
借：合同履约成本——服务成本　　　　　　　　　　　25 000
　　贷：银行存款　　　　　　　　　　　　　　　　　　　　25 000

（4）设备经检验合格后收到安装费，同时，确认收入并结转成本。

本年应确认合同收入=200 000-80 000=120 000（元）

本年应结转合同成本=152 000-60 000=92 000（元）

应收合同价款总额（含增值税）=200 000×（1+9%）=218 000（元）

借：银行存款　　　　　　　　　　　　　　　　　　　　218 000
　　应交税费——待转销项税额　　　　　　　　　　　　　7 200
　　贷：应收账款——乙公司　　　　　　　　　　　　　　　　　87 200
　　　　主营业务收入　　　　　　　　　　　　　　　　　　　120 000
　　　　应交税费——应交增值税（销项税额）　　　　　　　　18 000
借：主营业务成本　　　　　　　　　　　　　　　　　　92 000
　　贷：合同履约成本——服务成本　　　　　　　　　　　　　92 000

（二）在某一时点履行的履约义务

对于在某一时点履行的履约义务，如销售商品、提供一次性服务等，企业应当在客户取得相关商品控制权时点确认收入。在判断客户是否已取得商品控制权时，企业应当考虑下列迹象：

（1）企业就该商品享有现时收款权利，即客户就该商品负有现时付款义务。

（2）企业已将该商品的法定所有权转移给客户，即客户已拥有该商品的法定所有权。

（3）企业已将该商品实物转移给客户，即客户已实物占有该商品。

（4）企业已将该商品所有权上的主要风险和报酬转移给客户，即客户已取得该商品所有权上的主要风险和报酬。

（5）客户已接受该商品。

（6）其他表明客户已取得商品控制权的迹象。

需要注意的是，上述判断客户是否已取得商品控制权所应当考虑的迹象中，没有哪一项是决定性的。企业应当根据合同条款和交易实质进行综合分析，以判断客户是否以及何时取得商品的控制权，据以确定收入确认的时点。

当客户取得相关商品控制权时，企业应当按已收或预期有权收取的合同价款确认销售收入，同时或在资产负债表日，按已销售商品的账面价值结转销售成本。如果销售的商品已经发出，但客户尚未取得相关商品的控制权或者尚未满足收入确认的前提条件，则发出的商品应通过"发出商品"科目进行核算，企业不应确认销售收入。资产负债表日，"发出商品"科目的余额，应在资产负债表的"存货"项目中反映。

【例11-9】 2×23年1月20日，华联实业股份有限公司与甲公司签订合同，向甲公司销售一批A产品。A产品的生产成本为120 000元，合同约定的销售价格为150 000元，增值税销项税额为19 500元。华联公司开出发票账单并按合同约定的品种和质量发出A产品，甲公司收到A产品并验收入库。根据合同约定，甲公司须于30天内付款。

在这项交易中，华联公司已按照合同约定的品种和质量发出商品，甲公司也已将该批商品验收入库，表明华联公司已经履行了合同中的履约义务，甲公司也已经取得了该批商品的控制权；同时，华联公司判断，因向甲公司转让A产品而有权取得的对价很可能收回。因此，华联公司应于甲公司取得该批商品控制权时确认收入。

借：应收账款——甲公司　　　　　　　　　　　　　　　169 500
　　贷：主营业务收入　　　　　　　　　　　　　　　　　　　150 000
　　　　应交税费——应交增值税（销项税额）　　　　　　　　19 500
借：主营业务成本　　　　　　　　　　　　　　　　　　120 000

　　　贷：库存商品 120 000

　　【例11-10】按【例11-9】的资料，现假定华联公司在向甲公司销售A产品时，已知悉甲公司资金周转发生困难，近期内难以收回货款，但为了减少存货积压以及考虑到与甲公司长期的业务往来关系，仍将A产品发运给甲公司并开出发票账单。甲公司于2×23年12月1日给华联公司开出、承兑一张面值169 500元、为期6个月的不带息商业汇票。2×24年6月1日，华联公司收回票款。

　　本例与【例11-8】唯一不同的是，华联公司在向甲公司销售A产品时已知悉甲公司资金周转发生困难，近期内几乎不可能收回货款，而能否收回货款以及何时收回货款，尚存在重大不确定因素，即不能满足"企业因向客户转让商品而有权取得的对价很可能收回"的条件。因此，华联公司在发出商品时不能确认销售收入，而应待将来满足上列条件后再确认销售收入。华联公司的有关会计处理如下：

　　（1）2×23年1月20日，发出商品。

　　借：发出商品 120 000
　　　贷：库存商品 120 000
　　借：应收账款——甲公司（应收销项税额） 19 500
　　　贷：应交税费——应交增值税（销项税额） 19 500

　　（2）2×23年12月1日，收到甲公司开来的不带息商业汇票，华联公司判断已经满足"企业因向客户转让商品而有权取得的对价很可能收回"的条件，因而据以确认销售收入。

　　借：应收票据 169 500
　　　贷：主营业务收入 150 000
　　　　　应收账款——甲公司（应收销项税额） 19 500
　　借：主营业务成本 120 000
　　　贷：发出商品 120 000

　　（3）2×24年6月1日，收回票款。

　　借：银行存款 169 500
　　　贷：应收票据 169 500

　　【例11-11】2×24年4月1日，华联实业股份有限公司与乙公司签订了一项合同，以195 000元的价格（不含增值税）向乙公司出售A、B、C三种产品。A、B、C三种产品的生产成本依次为65 000元、50 000元和35 000元；单独售价（不含增值税）依次为80 000元、70 000元和50 000元。华联公司按合同约定的品种和质量发出A、B、C三种产品，乙公司收到上述产品并验收入库。根据合同约定，乙公司须于2×24年4月1日、6月30日、9月30日和12月31日分四次等额付款（包括相应的增值税），华联公司按付款进度给乙公司开具增值税专用发票并产生增值税纳税义务。

　　由于A、B、C三种产品单独售价之和200 000元（80 000+70 000+50 000）超过了合同对价195 000元，因此，华联公司实际上是因为乙公司一揽子购买商品而给予了乙公司折扣。华联公司认为，没有可观察的证据表明该项折扣是针对一项或多项特定产品的，因此，将该项折扣在A、B、C三种产品之间按比例进行分摊。A、B、C三种产品合同折扣的分摊，见表11-4。

表11-4	合同折扣分摊表	单位：元
合同产品	按比例分摊	交易价格
A产品	80 000÷200 000×195 000	78 000
B产品	70 000÷200 000×195 000	68 250
C产品	50 000÷200 000×195 000	48 750
合计		195 000

在这项交易中，华联公司采用的是分期收款销售方式。分期收款销售，是指商品已经交付客户，但货款分期收回的一种销售方式。在分期收款销售方式下，如果企业仅仅是为了确保到期收回货款而保留了商品的法定所有权，则企业保留的这项权利通常不会对客户取得对所购商品的控制权形成障碍。因此，企业将商品交付给客户，通常可以表明客户已经取得了对该批商品的控制权，企业应于向客户交付商品时确认销售收入。需要注意的是，在分期收款销售方式下，货款按照合同约定的收款日期分期收回，强调的只是分期结算货款而已，与客户是否取得对商品的控制权没有关系，企业不应当按照合同约定的收款日期分期确认收入。华联公司的有关会计处理如下：

（1）2×24年4月1日，销售商品并收到乙公司支付的货款。

已收合同价款（不含增值税）$=\dfrac{195\,000}{4}=48\,750$（元）

已收增值税销项税额=48 750×13%=6 337.5（元）

已收账款合计=48 750+6 337.50=55 087.50（元）

应收合同价款（不含增值税）=195 000-48 750=146 250（元）

应收增值税销项税额=195 000×13%-6 337.5=19 012.5（元）

应收账款合计=146 250+19 012.50=165 262.50（元）

借：银行存款	55 087.50	
应收账款——乙公司	165 262.50	
贷：主营业务收入——A产品		78 000
——B产品		68 250
——C产品		48 750
应交税费——应交增值税（销项税额）		6 337.50
——待转销项税额		19 012.50
借：主营业务成本——A产品	65 000	
——B产品	50 000	
——C产品	35 000	
贷：库存商品——A产品		65 000
——B产品		50 000
——C产品		35 000

（2）2×24年6月30日，收到乙公司支付的货款。

借：银行存款	55 087.50	
应交税费——待转销项税额	6 337.50	

贷：应收账款——乙公司	55 087.50
应交税费——应交增值税（销项税额）	6 337.50

（3）2×24年9月30日，收到乙公司支付的货款。

借：银行存款	55 087.50
应交税费——待转销项税额	6 337.50
贷：应收账款——乙公司	55 087.50
应交税费——应交增值税（销项税额）	6 337.50

（4）2×24年12月31日，收到乙公司支付的货款。

借：银行存款	55 087.50
应交税费——待转销项税额	6 337.50
贷：应收账款——乙公司	55 087.50
应交税费——应交增值税（销项税额）	6 337.50

【例11-12】2×24年6月1日，华联实业股份有限公司与丙公司签订了一项合同，以30 000元的价格（不含增值税）向丙公司出售A、B两种产品。A、B两种产品的生产成本依次为13 500元和9 000元；单独售价（不含增值税）依次为18 000元和12 000元。合同约定，A产品于6月1日交付丙公司，B产品于7月1日交付丙公司，只有当A、B两种产品全部交付丙公司后，华联公司才有权收取30 000元的合同对价。华联公司按合同约定的日期先后发出A产品和B产品，丙公司收到上列产品并验收入库。

在这项交易中，华联公司于6月1日将A产品交付丙公司后，其收取对价的权利还要取决于时间流逝之外的其他因素——必须向丙公司交付B产品，因此，该项收款权利是有条件的，从而形成一项合同资产。合同资产，是指企业已向客户转让商品而有权收取对价的权利，且该权利取决于时间流逝之外的其他因素。合同资产不同于应收款项。应收款项是企业拥有的无条件向客户收取对价的权利，即企业仅仅随着时间的流逝即可收款。合同资产并不是一项无条件的收款权，该权利除了时间流逝之外，还取决于其他条件（如履行合同中的其他履约义务）是否得以满足。只有当这些其他条件也得以满足时，该项有条件的收款权利才能转化为无条件的收款权利，即合同资产才能转化为应收款项。因此，合同资产和应收款项的风险是不同的，二者都面临信用风险，但是合同资产同时还面临其他风险，如履约风险。华联公司的有关会计处理如下：

（1）2×24年6月1日，向丙公司交付A产品。

借：合同资产——丙公司	20 340
贷：主营业务收入	18 000
应交税费——应交增值税（销项税额）	2 340
借：主营业务成本	13 500
贷：库存商品	13 500

（2）2×24年7月1日，向丙公司交付B产品。

借：应收账款——丙公司	33 900
贷：主营业务收入	12 000
应交税费——应交增值税（销项税额）	1 560
合同资产——丙公司	20 340

借：主营业务成本　　　　　　　　　　　　　　　　　　　　　　　　　　9 000
　　贷：库存商品　　　　　　　　　　　　　　　　　　　　　　　　　　　　　9 000

【例11-13】2×24年1月1日，华联实业股份有限公司与乙公司签订了一项合同对价为56 500元（含增值税）的商品转让合同。合同约定，乙公司应于2×24年1月31日向华联公司预付全部合同价款，华联公司则于2×24年3月31日向乙公司交付商品。乙公司未能按合同约定的日期支付价款，而是推迟到2×24年3月1日才支付价款；华联公司于2×24年3月31日向乙公司交付了商品。

1.假定华联公司与乙公司签订的是一项可撤销的合同，乙公司在向华联公司支付合同价款之前均可以撤销合同。

由于合同可撤销，因此，在乙公司向华联公司支付合同价款之前，华联公司并不拥有无条件收取合同价款的权利。华联公司应将2×24年3月1日收到的款项确认为负债，待向乙公司交付商品时再转为收入。

（1）2×24年3月1日，华联公司收到乙公司预付的价款。

借：银行存款　　　　　　　　　　　　　　　　　　　　　　　　　　　56 500
　　贷：合同负债　　　　　　　　　　　　　　　　　　　　　　　　　　　50 000
　　　　应交税费——待转销项税额　　　　　　　　　　　　　　　　　　　6 500

（2）2×24年3月31日，华联公司向乙公司交付商品。

借：合同负债　　　　　　　　　　　　　　　　　　　　　　　　　　　50 000
　　应交税费——待转销项税额　　　　　　　　　　　　　　　　　　　　6 500
　　贷：主营业务收入　　　　　　　　　　　　　　　　　　　　　　　　　50 000
　　　　应交税费——应交增值税（销项税额）　　　　　　　　　　　　　　6 500

2.假定华联公司与乙公司签订的是一项不可撤销的合同。

由于合同不可撤销，因此，在合同约定的乙公司预付合同价款日（2×24年1月31日），华联公司即已拥有无条件收取合同价款的权利。华联公司应于2×24年1月31日确认应收账款，同时确认合同负债；收到乙公司预付的价款时，作为应收账款的收回；待向乙公司交付商品时，将合同负债转为收入。

（1）2×24年1月31日，华联公司确认应收账款和合同负债。

借：应收账款　　　　　　　　　　　　　　　　　　　　　　　　　　　56 500
　　贷：合同负债　　　　　　　　　　　　　　　　　　　　　　　　　　　50 000
　　　　应交税费——待转销项税额　　　　　　　　　　　　　　　　　　　6 500

（2）2×24年3月1日，华联公司收到乙公司预付的价款。

借：银行存款　　　　　　　　　　　　　　　　　　　　　　　　　　　56 500
　　贷：应收账款　　　　　　　　　　　　　　　　　　　　　　　　　　　56 500

（3）2×24年3月31日，华联公司向乙公司交付商品。

借：合同负债　　　　　　　　　　　　　　　　　　　　　　　　　　　50 000
　　应交税费——待转销项税额　　　　　　　　　　　　　　　　　　　　6 500
　　贷：主营业务收入　　　　　　　　　　　　　　　　　　　　　　　　　50 000
　　　　应交税费——应交增值税（销项税额）　　　　　　　　　　　　　　6 500

第三节　利润及其分配

一、利润的定义与构成

（一）利润的定义

利润，是指企业在一定会计期间的经营成果，包括收入减去费用后的净额、直接计入当期利润的利得和损失等。其中，直接计入当期利润的利得和损失，是指应当计入当期损益、最终会引起所有者权益发生增减变动的、与所有者投入资本或者向所有者分配利润无关的利得或者损失。

收入减去费用后的净额反映的是企业日常活动的业绩，直接计入当期利润的利得和损失反映的是企业非日常活动的业绩。企业应当严格划分收入和利得、费用和损失之间的界线，以更加准确地反映企业的经营业绩。

利润的确认主要依赖于收入和费用以及直接计入当期利润的利得和损失的确认，利润金额的计量主要取决于收入和费用以及直接计入当期利润的利得和损失金额的计量。

（二）利润的构成

在利润表中，利润的金额分为营业利润、利润总额和净利润三个层次计算确定。

1.营业利润

营业利润，是指企业一定期间的日常活动取得的利润。营业利润的具体构成，可用公式表示如下：

$$
\begin{aligned}
\text{营业利润} =\ & \text{营业收入} - \text{营业成本} - \text{税金及附加} - \text{销售费用} - \text{管理费用（不含研发费用）} - \text{研发费用} - \text{财务费用} + \text{其他收益} \pm \text{投资净损益} \\
& \pm \text{公允价值变动净损益} - \text{资产减值损失} \pm \text{资产处置净损益}
\end{aligned}
$$

其中，营业收入是指企业经营业务所实现的收入总额，包括主营业务收入和其他业务收入；营业成本是指企业经营业务所发生的实际成本总额，包括主营业务成本和其他业务成本；税金及附加是指企业经营业务应负担的税金及附加费用，如消费税、城市维护建设税、资源税、教育费附加、房产税、城镇土地使用税、车船税、印花税等；研发费用是指企业在研究与开发过程中发生的费用化支出以及计入管理费用的无形资产摊销金额，是管理费用的一部分，在利润表中应将其从管理费用当中分离出来，单独列报；其他收益是指与企业日常活动相关但不属于营业收入的经济利益流入，主要包括与企业日常活动相关但不宜冲减成本费用而应计入其他收益的政府补助、代扣代缴税款手续费、增值税减免、债务人以单项或多项非金融资产清偿债务或者以包括金融资产和非金融资产在内的多项资产清偿债务所获得的债务重组收益等；资产处置净损益是指企业出售划分为持有待售的非流动资产（金融资产、长期股权投资和投资性房地产除外）或处置组（子公司和业务除外）时确认的处置利得或损失，以及处置（包括抵债、投资、非货币性资产交换、捐赠等）未划分为持有待售的固定资产、在建工程、无形资产等而产生的处置利得或损失。

2.利润总额

利润总额，是指企业一定期间的营业利润，加上营业外收入减去营业外支出后的所得税前利润总额，即：

延伸阅读11-2

其他收益释义

利润总额=营业利润+营业外收入-营业外支出

其中，营业外收入是指企业取得的与日常活动没有直接关系从而不构成营业利润的各项利得，主要包括非流动资产毁损报废利得、政府补助利得、捐赠利得、盘盈利得等；营业外支出是指企业发生的与日常活动没有直接关系从而不构成营业利润的各项损失或支出，主要包括非流动资产毁损报废损失、公益性捐赠支出、非常损失、盘亏损失等。

3.净利润

延伸阅读11-3

所得税会计概述

净利润，是指企业一定期间的利润总额减去所得税费用后的净额，即：

净利润=利润总额-所得税费用

其中，所得税费用是指企业按照企业会计准则的规定确认的应从当期利润总额中扣除的当期所得税费用和递延所得税费用。

【例11-14】华联实业股份有限公司2×24年度取得主营业务收入5 000万元，其他业务收入1 800万元，其他收益120万元，投资收益780万元，营业外收入250万元；发生主营业务成本3 500万元，其他业务成本1 400万元，税金及附加60万元，销售费用380万元，管理费用340万元（其中，研发费用150万元），财务费用120万元，公允价值变动净损失100万元，资产减值损失150万元，资产处置净损失190万元，营业外支出210万元；本年度确认的所得税费用为520万元。

根据上述资料，华联公司2×24年度的利润构成情况，见表11-5。

表11-5　　　　　　　　　　　　利润表（简表）

编制单位：华联实业股份有限公司　　　　　2×24年度　　　　　　　　　　　　单位：元

项　目	本年金额
一、营业收入	68 000 000
减：营业成本	49 000 000
税金及附加	600 000
销售费用	3 800 000
管理费用	1 900 000
研发费用	1 500 000
财务费用	1 200 000
加：其他收益	1 200 000
投资收益（损失以"-"号填列）	7 800 000
公允价值变动收益（损失以"-"号填列）	-1 000 000
资产减值损失（损失以"-"号填列）	-1 500 000
资产处置收益（损失以"-"号填列）	-1 900 000
二、营业利润（亏损以"-"号填列）	14 600 000
加：营业外收入	2 500 000
减：营业外支出	2 100 000
三、利润总额（亏损总额以"-"号填列）	15 000 000
减：所得税费用	5 200 000
四、净利润（净亏损以"-"号填列）	9 800 000

二、利润的结转与分配

(一) 利润的结转

企业应设置"本年利润"科目，用于核算企业当期实现的净利润或发生的净亏损。利润计算与结转的基本会计处理程序如下：

(1) 会计期末，企业应将各损益类科目的余额转入"本年利润"科目，结平各损益类科目。期末结转损益类科目余额后，"本年利润"科目如为贷方余额，反映年初至本期末累计实现的净利润；如为借方余额，反映年初至本期末累计发生的净亏损。

(2) 年度终了，企业应将收入和支出相抵后结出的本年实现的净利润，转入"利润分配——未分配利润"科目贷方；如果为净亏损，则转入"利润分配——未分配利润"科目借方。结转后，"本年利润"科目应无余额。

【例 11-15】承【例 11-14】，假定华联公司中期期末不进行利润结转，年末一次结转利润。华联公司结转利润的会计处理如下：

(1) 2×24 年 12 月 31 日，结转本年损益类科目余额：

借：主营业务收入	50 000 000	
其他业务收入	18 000 000	
投资收益	7 800 000	
营业外收入	2 500 000	
其他收益	1 200 000	
贷：本年利润		79 500 000
借：本年利润	69 700 000	
贷：主营业务成本		35 000 000
其他业务成本		14 000 000
税金及附加		600 000
销售费用		3 800 000
管理费用		3 400 000
财务费用		1 200 000
资产减值损失		1 500 000
公允价值变动损益		1 000 000
资产处置损益		1 900 000
营业外支出		2 100 000
所得税费用		5 200 000

(2) 2×24 年 12 月 31 日，结转本年净利润：

借：本年利润	9 800 000	
贷：利润分配——未分配利润		9 800 000

(二) 利润的分配

企业当期实现的净利润，加上年初未分配利润（或减去年初未弥补亏损）后的余额，为可供分配的利润。可供分配的利润，一般按下列顺序分配：

(1) 提取法定盈余公积，是指企业根据有关法律的规定，按照净利润的 10% 提取的盈余公积。

（2）提取任意盈余公积，是指企业按股东大会决议提取的盈余公积。

（3）应付现金股利或利润，是指企业按照利润分配方案分配给股东的现金股利，也包括非股份有限公司分配给投资者的利润。

（4）转作股本的股利，是指企业按照利润分配方案以分派股票股利的形式转作股本的股利，也包括非股份有限公司以利润转增的资本。

企业应当设置"利润分配"科目，核算利润的分配（或亏损的弥补）情况，以及历年积存的未分配利润（或未弥补亏损）。该科目还应当分别"提取法定盈余公积"、"提取任意盈余公积"、"应付现金股利（或利润）"、"转作股本的股利"、"盈余公积补亏"和"未分配利润"等进行明细核算。年度终了，企业应将"利润分配"科目所属其他明细科目余额转入"未分配利润"明细科目。结转后，除"未分配利润"明细科目外，其他明细科目应无余额。

【例11-16】华联实业股份有限公司2×24年度实现净利润980万元，按净利润的10%提取法定盈余公积，按净利润的15%提取任意盈余公积，向股东分派现金股利350万元，同时分派每股面值1元的股票股利250万股。

（1）提取盈余公积：

借：利润分配——提取法定盈余公积		980 000
——提取任意盈余公积		1 470 000
贷：盈余公积——法定盈余公积		980 000
——任意盈余公积		1 470 000

（2）分配现金股利：

借：利润分配——应付现金股利	3 500 000
贷：应付股利	3 500 000

（3）分配股票股利，已办妥增资手续：

借：利润分配——转作股本的股利	2 500 000
贷：股本	2 500 000

（4）结转"利润分配"科目所属其他明细科目余额：

借：利润分配——未分配利润	8 450 000
贷：利润分配——提取法定盈余公积	980 000
——提取任意盈余公积	1 470 000
——应付现金股利	3 500 000
——转作股本的股利	2 500 000

【思政课堂】　　　　　　　　坚持把社会效益放在首位

商业利益和社会责任往往被认为是两个相互矛盾的领域。一方面，企业需要追求利润最大化，为股东和投资者创造价值；另一方面，社会要求企业承担更多的社会责任和义务，促进社会进步和发展。如何把商业利益和社会责任结合起来，协调好追求利润与社会责任之间的关系，是企业发展过程中不能回避的问题。

盈利是企业的目标，也是企业生存、发展的基础。企业只有不断增加利润，才能不断发展壮大，从而为国家税收、股东分红、员工就业作出更多的贡献。但是，盈利不应当成为企业追求的唯一目标。在中外企业发展史上，不乏规模巨大、盈利高速增长的企业，但是要成为一家伟大的企业，除了在商业上取得成功之外，其抱负还应上升到为实现社会美好愿景作出贡献的层面。

社会是企业持续健康发展的沃土，任何企业都不能脱离社会的发展而独善其身。企业的社会责任，就是企业在创造利润、对股东和员工承担法律责任的同时，还要承担对消费者、环境和社区的责任。这就要求企业必须超越把利润作为唯一目标的传统理念，注重其社会责任和社会贡献。

企业履行社会责任，不仅对保护生态环境、合理利用资源、发展地区经济具有积极的影响，也有助于提升企业自身的社会形象和美誉度、增强品牌竞争力、促进商业成功、实现良性循环。企业只有把商业利益和社会责任相协调，把创造出自身价值与社会价值相结合，才能成长为伟大的企业。

党的二十大报告指出："坚持把社会效益放在首位、社会效益和经济效益相统一。"这为企业的发展提出了要求、确立了目标、指明了方向。不断增加利润、承担更多的社会责任，将社会效益和经济效益相统一，是新时代企业可持续发展的必由之路。

□ 复习思考题

1. 什么是收入？有何主要特征？
2. 什么是收入确认与计量的五步法模型？
3. 什么是在某一时段内履行的履约义务？如何确认与计量？
4. 什么是在某一时点履行的履约义务？如何确认与计量？
5. 什么是营业利润？营业利润由哪些损益项目构成？
6. 营业外收入和营业外支出各包括哪些主要内容？
7. 净利润应按什么顺序进行分配？如何进行会计处理？

本章自测题

第十二章　财务报表列报

第一节　财务报表列报概述

一、财务报表的概念及种类

财务报表是会计人员根据日常会计核算资料归集、加工、汇总而形成的结果，它综合地反映了企业资产、负债和所有者权益的情况及一定时期的经营成果和现金流量，它是对会计要素确认、计量的结果和综合性描述，是对企业财务状况、经营成果和现金流量的结构性表述。

企业在生产经营过程中通过应用会计准则实现发展战略，需要通过一套完整的结构化的报表体系，科学地进行列报，以满足投资者等报表使用者的需求。一套完整的财务报表至少应当包括下列组成部分："四表一注"，即资产负债表、利润表、现金流量表、所有者权益（或"股东权益"，下同）变动表及附注。财务报表上述组成部分具有同等的重要程度。

财务报表可按不同标准进行分类：（1）按照财务报表的编报期间不同，可以分为中期财务报表和年度财务报表。中期财务报表是以短于一个完整会计年度的报告期间为基础编制的财务报表，包括月报、季报和半年报。中期财务报表与年度财务报表一样，都应当包括资产负债表、利润表、现金流量表和财务报表附注，只是在附注披露方面，中期财务报表要比年度财务报表适当简略。（2）按照财务报表的编制主体不同，可以分为个别财务报表和合并财务报表。个别财务报表各项目数字所反映的内容，仅仅包括单个企业的财务数据；合并财务报表是由母公司编制的，一般包括所有控股子公司财务报表的数字，通过编制和提供合并财务报表，可以向财务报表使用者提供公司集团总体的财务状况、经营成果和现金流量。

二、财务报表列报的基本要求

列报是指交易和事项在报表中的列示和在附注中的披露。为了保证财务报表所提供的信息能够及时、准确、完整地反映企业的财务状况、经营成果和现金流量，满足信息使用者的需要，《企业会计准则第30号——财务报表列报》规范了财务报表的列报。

（一）根据各项会计准则进行确认和计量的结果编制财务报表

企业应当根据实际发生的交易和事项，遵循各项具体会计准则的规定进行确认和计量，并在此基础上编制财务报表。企业应当在附注中声明，财务报表是按照《企业会计准则》的所有规定进行编制的。值得注意的是，企业不应以在附注中披露来代替对交易和事项的确认和计量，即企业要对其交易和事项进行正确的确认与计量，而不得通过在附注中披露等其他形式予以更正。但是，如果按照各项会计准则规定披露的信息不足以让信息使用者了解特定交易或事项对企业财务状况和经营成果的影响，则企业还应当披露其他必要信息。

（二）财务报表列报基础

企业会计准则规范的是持续经营条件下的企业对所发生交易和事项的确认、计量和报表列报。换言之，财务报表列报准则是以持续经营为前提条件的。在编制财务报表的过程中，企业管理层应当对企业自报告期末起至少12个月的持续经营能力进行评价，充分考虑市场经营风险、企业目前或长期的盈利能力、偿债能力、财务弹性及企业管理层改变经营政策的意向等方面的因素。评价后对企业持续经营的能力产生严重怀疑的，应当在附注中披露导致对持续经营能力产生重大怀疑的重要的不确定性因素。企业如有近期获利经营的历史且有财务资源支持，则通常表明以持续经营为基础编制的财务报表是合理的。

在非持续经营情况下，即企业正式决定或被迫在当期或将在下一个会计期间进行清算或停止营业的，企业应当采用其他基础编制财务报表，在附注中声明财务报表未以持续经营为基础列报，并披露未以持续经营为基础列报的原因及财务报表的编制基础。

同时，除现金流量表按照收付实现制原则编制外，企业应当按照权责发生制原则编制财务报表，这与国际列报准则相一致。

（三）重要性和项目列报

关于项目在财务报表中是单独列报还是合并列报，应当依据重要性原则来判断。具体而言：

1.性质或功能不同的项目，一般应当在财务报表中单独列报，但是不具有重要性的项目可以合并列报。例如，现金和存货在性质上和功能上都有本质差别，所以必须分别在资产负债表上单独列报。

2.性质或功能类似的项目，一般可以合并列报，但是对其具有重要性的类别应该单独列报。例如，原材料和库存商品等项目在性质上类似，因此可以合并列报，合并之后的类别统称为"存货"在资产负债表上列报。

3.项目单独列报的原则不仅适用于报表，还适用于附注。换言之，某些重要的项目不仅应在报表中列示，还应在附注中作出详细披露。例如，对某制造业企业而言，原材料、包装物及低值易耗品、在产品、库存商品等项目的重要性程度不足以在资产负债表上单独列示，因此在资产负债表上合并列示，但是鉴于其对该制造业企业的重要性，应当在附注中单独披露。

4.无论是财务报表列报准则规定的单独列报项目，还是其他具体会计准则规定单独列报的项目，企业都应该单独列报。

企业会计准则首次对"重要性"概念进行了定义，即如果财务报表某项目的省略或错报会影响使用者据此作出经济决策的，则该项目就具有重要性。企业在进行重要性判断时，应当根据所处的环境，从项目的性质和金额大小两方面予以判断。对各项目重要性的判断标准一经确定，不得随意变更。

（四）列报的一致性

企业会计准则要求，财务报表列报应当在各个会计期间保持一致，不得随意变更。这一要求不仅针对财务报表中的项目名称，而且包括财务报表项目的分类、排列顺序等方面。然而，财务报表项目的列报并不是一成不变的，在以下规定的特殊情况下，财务报表项目的列报是可以改变的：（1）会计准则要求改变；（2）企业经营业务的性质发生重大变化后，变更财务报表项目的列报能够提供更可靠、更相关的会计信息。

（五）财务报表项目金额间的相互抵销

资产项目和负债项目的金额、收入项目和费用项目的金额、直接计入当期利润的利得项目和损失项目的金额不能相互抵销，即不得以净额列报（但《企业会计准则》另有规定的除外）。比如，企业欠客户的应付账款不得与其他客户欠本企业的应收账款相互抵销，如果相互抵销就掩盖了交易的实质，所提供的信息就不完整了，信息的可比性也会大大降低。一组类似交易形成的利得和损失应当以净额列示，资产或负债项目按扣除备抵项目后的净额列示，不属于抵销。非日常活动产生的利得和损失，以同一交易形成的收益扣减费用后的净额列示，也不属于抵销。

（六）比较信息的列报

为了向报表使用者提供对比数据，提高信息在会计期间的可比性，企业在列报当期财务报表时，至少应当提供所有列报项目前一期可比的数据及理解本期财务报表的相关说明，目的在于了解企业财务状况、经营成果和现金流量的发展趋势，提高报表使用者的判断与决策能力。

在财务报表项目的列报确需发生变更的情况下，企业应当对上期比较数据按照当期的列报要求进行调整，并在附注中披露调整的原因和性质，以及调整的各项目金额。但是，在某些情况下，对上期比较数据进行调整不是切实可行的，则应当在附注中披露不能调整的原因。

（七）财务报表表首的列报要求

财务报表一般分为表首、正表两部分。其中，在表首部分，企业应当概括地说明下列基本信息：（1）编报企业的名称。（2）对资产负债表而言，应当列示资产负债表日；对利润表、现金流量表、所有者权益变动表而言，应列示涵盖的会计期间。（3）货币名称和单位。（4）财务报表是合并财务报表的，应当予以标明。

（八）报告期间

企业至少应当编制年度财务报表，会计年度自公历1月1日起至12月31日止。在编制年度财务报表时，可能存在年度财务报表涵盖的期间短于一年的情况。企业应当披露年度财务报表的实际涵盖期间及其短于一年的原因，并说明由此引起财务报表项目与比较数据不具可比性这一事实。

【思政课堂】　　　　　　　　　　　　**诚信为本**

诚信是一个既古老又常新的话题，无论古今、无论中外，诚信一直是一项根本性道德原则和行为规范。早在我国春秋时期，管子将"诚信"二字连用，自此诚信逐步被赋予了鲜明的伦理指向与道德寓意。孔子说："人而无信，不知其可也"；孟子说："诚者，天之道也；思诚者，人之道也"；荀子说："言无常信，行无常贞，惟利所在，无所不倾，若是则可谓小人矣"。我们的祖先们把诚信视为安身立命之本，尤其是在经济全球化浪潮中，在提倡构建人类命运共同体的大变局中，诚信可谓一个国家同世界接轨不可或缺的通行证，一个拥有诚信精神的国家才能赢得全世界的尊重和信任，才能不断发展壮大，屹立于世界之林。

党的二十大报告中指出："坚持和发展马克思主义，必须同中华优秀传统文化相结合。"党的二十大报告还提到了10个与科学社会主义主张具有高度契合性的传统文化理念，其中包括"讲信修睦"这一传统道德观念。"讲信修睦"出自《礼记·礼运》大同篇："大道之行也，天下为公，选贤与能，讲信修睦。"意思是讲求诚信，建立和睦关系。古人认为，一个社会，只有人人讲诚信，社会才能展现和谐之美。以诚信为本是中华民族的文化传统。诚信之德是维系良好社会秩序的纽带，在传统道德理念中居于核心地位。在儒家看来，诚信在个人发展、人际交往、国家治理以及经济活动中发挥着十分重要的作用，诚信的重要品格在于力行。

中国特色社会主义进入新时代，诚信的重要作用更加凸显。诚信是公民基本道德规范的要求，为社会主义市场经济运行、社会主义精神文明建设、国家治理能力提升提供了重要思想支撑。诚信建设是人的全面发展和社会的全面进步的内在要求。党的二十大报告中指出，要"弘扬诚信文化，健全诚信建设长效机制"。在新时代新征程中我们贯彻落实这一要求，就要树立诚信文化理念、弘扬诚信传统美德。在传承传统诚信文化时，既要吸取传统诚信思想中的积极因素，又要摒弃其中的落后成分，同时根据时代发展要求，不断丰富其文化内涵，促进传统诚信文化与现代社会文明的交融，实现诚信文化的时代升华。要构建现代诚信文化体系，培育诚信文化意识，发挥诚信文化的价值引领作用，推动高质量诚信建设。

资料来源：作者根据相关资料整理。

第二节　利润表

一、利润表的概述

利润表是反映企业在一定会计期间内的经营成果的财务报表。利润表将一定期间内的营业收入与同一会计期间相关的营业成本、费用及税费相配比，从而计算出企业一定时期的税后利润。通过编制利润表，可以反映企业的生产经营的收益情况、成本耗费情况，表明企业的生产经营成果。利润表的列报，必须充分反映企业经营业绩的主要来源和构成，从而有助于使用者判断净利润的质量及其风险，分析企业利润的发展趋势和获利能力，帮助使用者预测净利润的持续性，判断资本保值、增值等情况，以此作出正确的决策。

根据财务报表列报准则的规定，对于费用的列报，企业应当采用"功能法"列报，即按照费用在企业所发挥的功能进行分类列报，通常分为从事经营业务发生的成本、管理费用、销售费用和财务费用等，并且将营业成本与其他费用分开披露。

对企业而言，其活动通常可以划分为生产、销售、管理、融资等环节，每一种活动中发生的费用所发挥的功能并不相同，因此，按照费用功能法将其分开列报，有助于使用者了解费用发生的活动领域。例如，企业为销售产品发生了多少费用、为一般行政管理发生了多少费用、为筹措资金发生了多少费用等。这种方法通常能向报表使用者提供结构性信息，更能清楚地揭示企业经营业绩的主要来源和构成，提供的信息更为相关。

由于关于费用性质的信息有助于预测企业未来现金流量，企业可以在附注中披露费用按照性质分类的利润表补充资料。费用按照性质分类是指将费用按其性质分为耗用的原材料、职工薪酬、折旧费、摊销费等，而不是按照费用在企业所发挥的不同功能分类。

二、一般企业利润表的列报格式和列报方法

(一)一般企业利润表的列报格式

目前国际上比较普遍的利润表的格式主要有单步式和多步式两种。单步式利润表是指以收入总额减去一切费用总额而计算出的净利润。多步式利润表是指通过对当期的收入、费用、支出项目按性质加以归类,按利润形成的主要环节列示一些中间性利润指标,分步计算当期净利润。根据财务报表列报准则的规定,我国企业采用多步式利润表格式。多步式利润表的编制分三个步骤进行,其格式见表12-1。

表12-1

利润表(多步式)

编制单位:　　　　　　　　　　2×24 年 8 月　　　　　　　　　单位:元

项　目	本期金额	上期金额
一、营业收入		
减:营业成本		
税金及附加		
销售费用		
管理费用		
研发费用		
财务费用		
其中:利息费用		
利息收入		
加:其他收益		
投资收益(损失以"-"号填列)		
其中:对联营企业和合营企业的投资收益		
以摊余成本计量的金融资产终止确认收益(损失以"-"号填列)		
净敞口套期收益(损失以"-"号填列)		
公允价值变动收益(损失以"-"号填列)		
信用减值损失(损失以"-"号填列)		
资产减值损失(损失以"-"号填列)		
资产处置收益(损失以"-"号填列)		
二、营业利润(亏损以"-"号填列)		
加:营业外收入		
减:营业外支出		
三、利润总额(亏损总额以"-"号填列)		

续表

项　目	本期金额	上期金额
减：所得税费用		
四、净利润（净亏损以"-"号填列）		
（一）持续经营净利润（净亏损以"-"号填列）		
（二）终止经营净利润（净亏损以"-"号填列）		
五、其他综合收益的税后净额		
（一）不能重分类进损益的其他综合收益		
1.重新计量设定受益计划变动额		
2.权益法下不能转损益的其他综合收益		
3.其他权益工具投资公允价值变动		
4.企业自身信用风险公允价值变动		
……		
（二）将重分类进损益的其他综合收益		
1.权益法下可转损益的其他综合收益		
2.其他债权投资公允价值变动		
3.金融资产重分类计入其他综合收益的金额		
4.其他债权投资信用减值准备		
5.现金流量套期储备		
6.外币财务报表折算差额		
……		
六、综合收益总额		
七、每股收益：		
（一）基本每股收益		
（二）稀释每股收益		

　　一是以营业收入为基础，扣除企业或其他经济组织日常主要经营活动中所发生的营业成本、税金及附加、期间费用及资产减值损失，加上公允价值变动收益（减去公允价值变动损失）和投资收益（减去投资损失）等，从而计算出营业利润。

　　二是在营业利润的基础之上，加减营业外收支项目，从而计算出利润总额。

　　三是以利润总额扣除所得税后，得出净利润（或净亏损）。

　　四是其他综合收益各项目分别扣除所得税影响后的净额以及综合收益总额。

　　五是利润表必须列示每股收益信息，包括基本每股收益和稀释每股收益项目。

（二）一般企业利润表的列报方法

　　根据财务报表列报准则的规定，企业需要提供比较利润表，以使报表使用者通过比较不同期间利润的实现情况，判断企业经营成果的未来发展趋势。所以，利润表还将各项目再分为"本期金额"和"上期金额"两栏分别填列。利润表的具体格式参见《〈企业会计准则第30号——财务报表列报〉应用指南》。

编制月报时，利润表中"本期金额"栏反映各项目的本月实际发生数，"本期累计金额"栏反映各项目自年初起至报告期末止的累计实际发生数。编制年报时，"上期金额"栏内各项数字，应根据上年度利润表"本期金额"栏内所列数字填列。如果上年度利润表与本年度利润表的项目名称和内容不一致，应对上年度利润表项目的名称和数字按本年度的规定进行调整，填入本表"上期金额"栏内。

利润表中"本期金额"栏内各项目的填列方法如下：

（1）"营业收入"项目，反映企业经营业务所取得的收入总额。本项目应根据"主营业务收入"账户和"其他业务收入"账户的发生额合计填列。

（2）"营业成本"项目，反映企业经营业务发生的实际成本。本项目应根据"主营业务成本"账户和"其他业务成本"账户的发生额合计填列。

（3）"税金及附加"项目，反映企业经营业务应负担的消费税、城市维护建设税、资源税、教育费附加及房产税、车船税、城镇土地使用税和印花税等。本项目应根据"税金及附加"账户的发生额分析填列。

（4）"销售费用"项目，反映企业在销售商品过程中发生的包装费、广告费等费用和为销售本企业商品而专设的销售机构的职工薪酬、业务费等经营费用。本项目应根据"销售费用"账户的发生额分析填列。

（5）"管理费用"项目，反映企业为组织和管理生产经营发生的管理费用。本项目应根据"管理费用"账户的发生额分析填列。

（6）"研发费用"项目，反映企业进行研究与开发过程中发生的费用化支出，以及计入管理费用的自行开发无形资产的摊销。该项目应根据"管理费用"科目下的"研究费用"和"无形资产摊销"明细科目的发生额分析填列。

（7）"财务费用"项目，反映企业发生的财务费用。本项目应根据"财务费用"账户的发生额分析填列。其中："利息费用"项目，反映企业为筹集生产经营所需资金等而发生的应予费用化的利息支出，该项目应根据"财务费用"科目的相关明细科目的发生额分析填列。"利息收入"项目，反映企业按照相关会计准则确认的应冲减财务费用的利息收入。该项目应根据"财务费用"科目的相关明细科目的发生额分析填列。

（8）"资产减值损失"项目，反映企业因资产减值而发生的损失。本项目应根据"资产减值损失"账户的发生额分析填列。

（9）"信用减值损失"项目，反映企业按照《企业会计准则第22号——金融工具确认和计量》（财会〔2017〕7号）的要求计提的各项金融工具信用减值准备所确认的信用损失。该项目应根据"信用减值损失"账户的发生额分析填列。

（10）"公允价值变动收益"项目，反映企业资产因公允价值变动而发生的损益。本项目应根据"公允价值变动损益"账户的发生额分析填列；如为公允价值变动损失，以"-"号填列。

（11）"投资收益"项目，反映企业以各种方式对外投资所取得的收益，该项目根据"投资收益"账户的发生额分析填列；如为投资损失，本项目以"-"号填列。

"以摊余成本计量的金融资产终止确认收益"项目，反映企业因转让等情形导致终止确认以摊余成本计量的金融资产而产生的利得或损失，该项目根据"投资收益"账户的相关明细账户的发生额分析填列；如为损失，以"－"号填列。

（12）"资产处置收益"项目，反映企业出售划分为持有待售的非流动资产（金融工具、长期股权投资和投资性房地产除外）或处置组时确认的处置利得或损失，以及处置未划分为持有待售的固定资产、在建工程、生产性生物资产及无形资产而产生的处置利得或损失。债务重组中因处置非流动资产产生的利得或损失和非货币性资产交换产生的利得或损失也包括在本项目内。本项目应根据"资产处置损益"账户的发生额分析填列；如为处置损失，以"－"号填列。

（13）"其他收益"项目，反映计入其他收益的政府补助，以及其他与日常活动相关且计入其他收益的项目等。本项目应根据"其他收益"账户的发生额分析填列。企业作为个人所得税的扣缴义务人，根据《中华人民共和国个人所得税法》的规定，收到的扣缴税款手续费，应作为其他与日常活动相关的收益在该项目中填列。

（14）"净敞口套期收益"项目，反映净敞口套期下被套期项目累计公允价值变动转入当期损益的金额或现金流量套期储备转入当期损益的金额，该项目根据"净敞口套期损益"账户的发生额分析填列；如为套期损失，以"－"号填列。

（15）"营业利润"项目，反映企业实现的营业利润；如为亏损，本项目以"－"号填列。本项目由以上项目计算得来。

（16）"营业外收入"项目，反映企业发生的营业利润以外的收益，主要包括债务重组利得、与企业日常活动无关的政府补助、盘盈利得、捐赠利得等。本项目应根据"营业外收入"账户的发生额分析填列。

（17）"营业外支出"项目，反映企业发生的营业利润以外的支出，主要包括债务重组损失、公益性捐赠支出、非常损失、盘亏损失、非流动资产毁损报废损失等。本项目应根据"营业外支出"账户的发生额分析填列。

（18）"所得税费用"项目，反映企业按规定从本期损益中减去的所得税费用。本项目应根据"所得税费用"账户的发生额分析填列。

（19）"净利润"项目，分为"（一）持续经营净利润"和"（二）终止经营净利润"项目，分别反映净利润中与持续经营相关的净利润和与终止经营相关的净利润；如为净亏损，以"－"号填列。

（20）"（一）持续经营净利润"项目，反映净利润中与持续经营相关的净利润，该项目按照《企业会计准则第42号——持有待售的非流动资产、处置组和终止经营》的相关规定分别列报。

（21）"（二）终止经营净利润"项目，反映净利润中与终止经营相关的净利润，该项目按照《企业会计准则第42号——持有待售的非流动资产、处置组和终止经营》的相关规定分别列报。

（22）"其他权益工具投资公允价值变动"项目，反映企业指定为以公允价值计量且其变动计入其他综合收益的非交易性权益工具投资发生的公允价值变动，该项目根据"其他综合收益"账户的相关明细账户的发生额分析填列。

（23）"企业自身信用风险公允价值变动"项目，反映企业指定为以公允价值计量且其变动计入当期损益的金融负债，由企业自身信用风险变动引起的公允价值变动而计入其他综合收益的金额。该项目根据"其他综合收益"账户的相关明细账户的发生额分析填列。

（24）"其他债权投资公允价值变动"项目，反映企业分类为以公允价值计量且其变动计入其他综合收益的债权投资发生的公允价值变动。该项目根据"其他综合收益"账户下的相关明细账户的发生额分析填列。

（25）"金融资产重分类计入其他综合收益的金额"项目，反映企业将一项以摊余成本计量的金融资产重分类为以公允价值计量且其变动计入其他综合收益的金融资产时，计入其他综合收益的原账面价值与公允价值之间的差额。该项目根据"其他综合收益"账户下的相关明细账户的发生额分析填列。

（26）"其他债权投资信用减值准备"项目，反映企业按照《企业会计准则第22号——金融工具确认和计量》（财会〔2017〕7号）第十八条分类为以公允价值计量且其变动计入其他综合收益的金融资产的损失准备。该项目根据"其他综合收益"账户下的"信用减值准备"明细账户的发生额分析填列。

（27）"现金流量套期储备"项目，反映企业套期工具产生的利得或损失中属于套期有效的部分。该项目根据"其他综合收益"账户下的"套期储备"明细账户的发生额分析填列。

（28）"其他综合收益的税后净额"项目，反映企业根据其他会计准则的规定未在当期损益中确认的各项利得或损失扣除所得税影响后的净额。

（29）"综合收益总额"项目，反映净利润和其他综合收益扣除所得税影响后的净额相加后的合计金额。

（30）"基本每股收益"和"稀释每股收益"项目，反映企业根据每股收益准则计算的两种每股收益指标的金额。基本每股收益，按照归属于普通股股东的当期净利润除以当期实际发行在外普通股的加权平均数计算。稀释每股收益是指在将来的某一时点有可能转化为上市公司股权的工具，如可转债、认股期权或股票期权等，在当期全部转换为普通股股份后计算的每股收益。

【例12-1】长城公司2×24年8月份有关账户发生额数据如下：

主营业务收入	3 600 000元
其他业务收入	200 000元
主营业务成本	2 040 000元
其他业务成本	80 000元
税金及附加	120 000元
管理费用	288 000元
财务费用	72 000元
销售费用	180 000元
投资收益	240 000元
营业外收入	45 000元
营业外支出	28 500元
所得税费用	421 245元

该企业2×24年7月的利润表中的"本期累计金额"栏内有关数据见表12-2。

表12-2　　　　　　　　　　　　　　**利润表**　　　　　　　　　　　会企02表

编制单位：长城公司　　　　　　　2×24 年 7 月　　　　　　　　　　单位：元

项　　目	本期金额（略）	本期累计金额
一、营业收入		6 150 000
减：营业成本		2 520 000
税金及附加		450 000
销售费用		390 000
管理费用		462 000
研发费用		0
财务费用		258 000
其中：利息费用		
利息收入		
加：其他收益		0
投资收益（损失以"-"号填列）		360 000
公允价值变动收益（损失以"-"号填列）		0
信用减值损失（损失以"-"号填列）		0
资产减值损失（损失以"-"号填列）		0
资产处置收益（损失以"-"号填列）		0
二、营业利润（亏损以"-"号填列）		2 430 000
加：营业外收入		135 000
减：营业外支出		43 500
三、利润总额（亏损总额以"-"号填列）		2 521 500
减：所得税费用		832 095
四、净利润（净亏损以"-"号填列）		1 689 405
（一）持续经营净利润（损失以"-"号填列）		
（二）终止经营净利润（损失以"-"号填列）		
五、其他综合收益的税后净额		
（一）不能重分类进损益的其他综合收益		
（二）将重分类进损益的其他综合收益		
六、综合收益总额		
七、每股收益：		
（一）基本每股收益		
（二）稀释每股收益		

根据上述2×24年7月利润表及8月的有关资料，编制2×24年8月利润表，见表12-3。

表12-3　　　　　　　　　　　　　　**利润表**　　　　　　　　　　会企02表

编制单位：长城公司　　　　　　　　　　2×24年8月　　　　　　　　　　单位：元

项　目	本期金额	本期累计金额
一、营业收入	3 800 000	9 950 000
减：营业成本	2 120 000	4 640 000
税金及附加	120 000	570 000
销售费用	180 000	570 000
管理费用	288 000	750 000
研发费用	0	0
财务费用	72 000	330 000
其中：利息费用		
利息收入		
加：其他收益	0	0
投资收益（损失以"-"号填列）	240 000	600 000
公允价值变动收益（损失以"-"号填列）	0	0
信用减值损失（损失以"-"号填列）	0	0
资产减值损失（损失以"-"号填列）	0	0
资产处置收益（损失以"-"号填列）	0	0
二、营业利润（亏损以"-"号填列）	1 260 000	3 690 000
加：营业外收入	45 000	180 000
减：营业外支出	28 500	72 000
三、利润总额（亏损总额以"-"号填列）	1 276 500	3 798 000
减：所得税费用	421 245	1 253 340
四、净利润（净亏损以"-"号填列）	855 255	2 544 660
（一）持续经营净利润（损失以"-"号填列）		
（二）终止经营净利润（损失以"-"号填列）		
五、其他综合收益的税后净额		
（一）不能重分类进损益的其他综合收益		
（二）将重分类进损益的其他综合收益		
六、综合收益总额		
七、每股收益：		
（一）基本每股收益		
（二）稀释每股收益		

利用本表本期和上期净利润可以计算生成净利润增长率，反映企业获利能力的增长情况和长期盈利能力的发展趋势；利用净利润和营业收入可以计算生成销售利润率，反映企业经营的获利能力；利用净利润、营业成本、销售费用、管理费用和财务费用可以计算生成成本费用利润率，反映企业投入产出情况。

第三节　资产负债表

一、资产负债表概述

（一）资产负债表的定义和作用

资产负债表是反映企业某一特定日期财务状况的财务报表。它是根据"资产＝负债＋所有者权益"或"资产－负债＝所有者权益"的会计等式，按照一定的分类标准和一定的顺序，把企业在一定日期的资产、负债、所有者权益各项目予以适当排列，并对日常工作中形成的大量数据进行高度浓缩整理后编制而成的。

资产负债表能够提供资产、负债和所有者权益的全貌。通过编制该表，可以提供某一日期资产的总额，表明企业拥有的经济资源及其分布情况，是分析企业生产经营能力的重要资料；通过编制该表，可以反映某一日期的负债总额及其结构，表明企业未来需用多少资产或劳务清偿债务；通过编制该表，可以反映所有者权益的情况，表明投资者在企业资产中所占的份额，了解权益的结构情况。资产负债表还能够提供进行财务分析所需的基本资料，即可以通过该表计算流动比率、速动比率、资产负债率等，以了解企业的短期和长期偿债能力等。

（二）资产负债表列报的总体要求

1.分类别列报

资产负债表列报，最根本的目标就是如实地反映企业在资产负债表日所拥有的资源、所承担的负债以及所有者所拥有的权益。因此，资产负债表应当按照资产、负债和所有者权益三大类别分类列报。

2.资产和负债按流动性列报

资产和负债应当按照流动性分别流动资产和非流动资产、流动负债和非流动负债列示。流动性，通常按资产的变现或耗用时间长短或者负债的偿还时间长短来确定。按照财务报表列报准则的规定，应先列报流动性强的资产或负债，再列报流动性弱的资产或负债。

3.列报相关的合计、总计项目

资产负债表中的资产类至少应当列示流动资产和非流动资产的合计项目；负债类至少应当列示流动负债、非流动负债以及负债的合计项目；所有者权益类应当列示所有者权益的合计项目。

资产负债表遵循了"资产＝负债＋所有者权益"这一会计恒等式，将企业在特定时日所拥有的经济资源和与之相对应的企业所承担的债务及偿债以后属于所有者的权益均充分反映出来。因此，资产负债表应当分别列示资产总计项目和负债与所有者权益之和的总计项目，并且这二者的金额应当相等。

二、一般企业资产负债表的列报格式和列报方法

（一）一般企业资产负债表的列报格式

资产负债表包括的内容有：企业的各项资产的总额及其构成，包括流动资产和非流动资产；负债总额及其构成，包括流动负债和非流动负债；所有者权益总额及其构成，包括投资者投入的资本以及留存收益。

资产负债表的格式，目前在国际上流行的主要有账户式和报告式（见表12-4）两种。报告式资产负债表是上下结构，上半部分列示资产，下半部分列示负债和所有者权益。具体排列形式又有两种：一是按"资产=负债+所有者权益"的原理排列；二是按"资产-负债=所有者权益"的原理排列。账户式资产负债表是左右结构，左边列示资产，右边列示负债和所有者权益。根据财务报表列报准则的规定，资产负债表采用账户式的格式，即左侧列报资产方，一般按资产的流动性大小排列；右侧列报负债方和所有者权益方，一般按要求清偿时间的先后顺序排列。账户式资产负债表中的资产各项目的合计等于负债和所有者权益各项目的合计，即资产负债表左方和右方平衡。因此，通过账户式资产负债表，可以反映资产、负债、所有者权益之间的内在关系，即"资产=负债+所有者权益"。

表12-4　　　　　　　　　　简易报告式资产负债表

资产：	
流动资产	×××
非流动资产	×××
资产合计	×××
负债：	
流动负债	×××
非流动负债	×××
负债合计	×××
资产-负债	×××
所有者权益：	
实收资本	×××
留存收益	×××
所有者权益合计	×××

（二）一般企业资产负债表的列报方法

根据财务报表列报准则的规定，企业需要提供比较资产负债表，以便报表使用者通过比较不同时点资产负债表的数据，掌握企业财务状况的变动情况及发展趋势。所以，资产负债表还将各个项目再分为"年初余额"和"期末余额"两栏分别填列。

1.资产负债表"年初余额"栏的填列方法

资产负债表"年初余额"栏内各项数字，应根据上年年末资产负债表"期末余额"栏内所列数字填列。如果上年度资产负债表规定的各个项目的名称和内容同本年度不一致，应对上年年末资产负债表各项目的名称和数字按照本年度的规定进行调整，填入表中"年初余额"栏内。

2.资产负债表"期末余额"栏的填列方法

资产负债表"期末余额"栏内各项数字，一般应根据资产、负债和所有者权益类科目的期末余额填列。主要包括以下方式：

（1）根据总账科目的余额填列。资产负债表中的一些项目，可直接根据有关总账科目的余额填列，如"交易性金融资产"、"递延所得税资产"、"短期借款"、"交易性金融负债"、"应付职工薪酬"、"应交税费""专项应付款"、"预计负债"、"递延所得税负债"、"实收资本"、"资本公积"、"盈余公积"和"库存股"等项目应根据总账科目的余额填列。

有些项目则应根据几个总账科目的期末余额计算填列。如"货币资金"项目，应根据"库存现金"、"银行存款"和"其他货币资金"三个总账科目余额的合计数填列。

（2）根据有关明细科目的余额计算填列。如"开发支出"项目，应根据"研发支出"科目中所属的"资本化支出"明细科目期末余额填列；"应收账款"项目，应根据"应收账款"和"预收账款"两个科目所属的相关明细科目的期末借方余额合计数减去"坏账准备"科目中相关坏账准备贷方余额计算填列；"预收款项"项目，应根据"应收账款"和"预收账款"两个科目所属的相关明细科目的期末贷方余额合计数填列；"应付账款"项目，应根据"应付账款"和"预付账款"科目所属的相关明细科目的期末贷方余额合计数填列；"预付款项"项目，应根据"应付账款"科目借方余额和"预付账款"科目借方余额合计数减去与"预付账款"有关的坏账准备贷方余额计算填列；"其他应付款"项目，应根据"应付利息"、"应付股利"和"其他应付款"科目的期末余额合计数填列，其中的"应付利息"仅反映相关金融工具已到期应支付但于资产负债表日尚未支付的利息。基于实际利率法计提的金融工具的利息应包含在相应金融工具的账面余额中。"一年内到期的非流动资产""一年内到期的非流动负债"项目，应根据有关非流动资产或负债项目的明细科目余额分析填列；"未分配利润"项目，应根据"利润分配"科目中所属的"未分配利润"明细科目的期末余额填列。

（3）根据总账科目和明细科目的余额分析计算填列。如"长期借款"项目，应根据"长期借款"总账科目余额扣除"长期借款"科目所属的明细科目中将在资产负债表日起一年内到期且企业不能自主地将清偿义务展期的长期借款后的金额计算填列；"其他非流动资产"项目，应根据有关科目的期末余额减去将于一年内（含一年）收回的金额计算填列；"其他非流动负债"项目，应根据有关科目的期末余额减去将于一年内（含一年）到期偿还的金额计算填列。

（4）根据有关科目余额减去其备抵科目余额后的净额填列。如"持有待售资产"、"长期股权投资"、"在建工程"和"商誉"项目，应根据相关科目的期末余额填列，已计提减值准备的，还应扣减相应的减值准备；"固定资产"、"无形资产"、"投资性房地产"、"生产性生物资产"和"油气资产"项目，应根据相关科目的期末余额扣减相关的累计折旧（或摊销、折耗）填列，已计提减值准备的，还应扣减相应的减值准备，采用公允价值计量的上述资产，应根据相关科目的期末余额填列；"长期应收款"项目，应根据"长期应收款"科目的期末余额，减去相应的"未实现融资收益"科目和"坏账准备"科目所属相关明细科目的期末余额后的金额填列；"长期应付款"项目，应根据"长期应付款"科目的期末余额，减去相应的"未确认融资费用"科目期末余额后的金额，以及"专项应付款"科目的期末余额填列。

（5）综合运用上述填列方法分析填列。如"存货"项目，应根据"材料采购"、"原材料"、"发出商品"、"库存商品""周转材料""委托加工物资"和"生产成本"等科目的期末余额合计，减去"受托代销商品""存货跌价准备"科目期末余额后的金额填列，材料采用计划成本核算，以及库存商品采用计划成本核算或售价核算的企业，还应加上"材料成本差异"借方余额（或减去"材料成本差异"贷方余额）。如果采用售价金额对存货核算，应按减去"商品进销差价"余额后的金额填列。

【例12-2】长城公司2×24年12月31日全部总账和有关明细账余额见表12-5。

表12-5 　　　　　　　　　　**长城公司总账和有关明细账余额**

2×24年 12 月 31 日 　　　　　　　　　　单位：元

总 账	明细账户	借方余额	贷方余额	总 账	明细账户	借方余额	贷方余额
库存现金		6 000		短期借款			360 000
银行存款		90 000		应付账款			60 000
交易性金融资产		84 000			F企业		42 000
应收账款		138 000			H企业	30 000	
	A企业	60 000			W企业		48 000
	B企业		12 000	预收账款			6 000
	C企业	90 000			U企业		24 000
预付账款		28 200			V企业	18 000	
	D企业	30 000		其他应付款			192 000
	E企业		1 800	应付职工薪酬			208 200
其他应收款		60 000		应交税费			360 000
原材料		162 000		长期借款			384 000
生产成本		48 000		实收资本			1 680 000
库存商品		120 000		盈余公积			132 480
长期股权投资		1 362 000		利润分配	未分配利润		959 520
固定资产		2 400 000					
累计折旧			360 000				
无形资产		180 000					
长期待摊费用		24 000					

根据上述资料，编制该企业2×24年12月31日的资产负债表，见表12-6。

表12-6   **资产负债表**   会企01表

编制单位：长城公司   2×24 年 12 月 31 日   单位：元

资产	行次	期末余额	上年年末余额（略）	负债和所有者权益（或股东权益）	行次	期末余额	上年年末余额（略）
流动资产：				流动负债：			
货币资金		96 000		短期借款		360 000	
交易性金融资产		84 000		交易性金融负债			
衍生金融资产				衍生金融负债			
应收票据				应付票据			
应收账款		168 000		应付账款		91 800	
预付款项		60 000		预收款项		36 000	
其他应收款		60 000		合同负债			
存货		330 000		应付职工薪酬		208 200	
合同资产				应交税费		360 000	
持有待售资产				其他应付款		192 000	
一年内到期的非流动资产				持有待售负债			
其他流动资产				一年内到期的非流动负债			
流动资产合计		798 000		其他流动负债			
非流动资产：				流动负债合计		1 248 000	
债权投资				非流动负债：			
其他债权投资				长期借款		384 000	
长期应收款				应付债券			
长期股权投资		1 362 000		其中：优先股			
投资性房地产				永续股			
固定资产		2 040 000		长期应付款			
在建工程				预计负债			
生产性生物资产				递延收益			
油气资产				递延所得税负债			
无形资产		180 000		其他非流动负债			
开发支出				非流动负债合计		384 000	
商誉				负债合计		1 632 000	
长期待摊费用		24 000		所有者权益（或股东权益）：			
递延所得税资产				实收资本（或股本）		1 680 000	
其他非流动资产				其他权益工具			
非流动资产合计		3 606 000		其中：优先股			
				永续股			
				资本公积			
				减：库存股			
				其他综合收益			
				专项储备			
				盈余公积		132 480	
				未分配利润		959 520	
				所有者权益（或股东权益）合计		2 772 000	
资产总计		4 404 000		负债和所有者权益（或股东权益）总计		4 404 000	

3.资产负债表可以生成的经济指标

本表所反映的期初和期末数据，通过计算可以生成反映企业财务状况的重要指标，如利用流动资产与流动负债可以计算生成流动比率；利用负债总额与所有者权益总额可以计算生成产权比率；利用期初和期末所有者权益总额可以计算生成资本保值增值率等指标。

4.利润表与资产负债表相结合可以生成的经济指标

将利润表中的信息与资产负债表中的信息相结合，可以提供进行财务分析的基本资料，如将赊销收入净额与应收账款平均余额进行比较，计算出应收账款周转率；将销货成本与存货平均余额进行比较，计算出存货周转率；将净利润与资产总额进行比较，计算出资产收益率等，可以反映企业资金周转情况及企业的盈利能力和水平。

案例 12-1

财务报表暴露
的问题一

案例 12-2

财务报表暴露
的问题二

第四节　现金流量表

现金流量表是反映企业在一定会计期间内有关现金和现金等价物的流入和流出的报表。编制现金流量表，主要是为企业提供一定会计期间内现金和现金等价物流入和流出的信息，以便于报表使用者了解和评价企业获得现金和现金等价物的能力和企业偿债、支付股利的能力，并据以预测企业未来现金流量，分析企业投资和理财活动对经营成果和财务状况的影响。

（一）现金的概念

现金流量表实际上是以现金为基础编制的财务状况变动表。这里的现金是相对广义的现金，不仅包括库存现金，还包括企业可随时支用的银行存款和其他货币资金，以及现金等价物。

（1）库存现金，是指企业持有的可以随时支用的现金。

（2）银行存款，是指企业存放在银行或其他金融机构随时可以支用的存款。

（3）其他货币资金，是指企业存放在银行有特定用途的资金或在途尚未收到的资金，包括外埠存款、银行汇票存款、银行本票存款和在途货币资金等。

（4）现金等价物，是指企业持有的期限短、流动性强、容易转换为已知金额现金、价值变动风险很小的投资，比较常见的有企业购入的在证券市场上流通的三个月内到期的短期债券投资等。

（二）现金流量及其分类

企业一定时期内现金流入和流出是由各种原因引起的，现金流量表首先要对企业各项经济业务发生的现金流量进行合理的分类。根据我国《企业会计准则》的规定，企业一定时期内发生的现金流量可分为三大类，即经营活动产生的现金流量、投资活动产生的现金流量和筹资活动产生的现金流量。

（三）现金流量表的基本格式

现金流量表属于年报，由报表主表和补充资料两部分组成。具体格式见表12-7。

表12-7 现金流量表 会企03表

编制单位：长城公司　　　　　　　　　2×24年度　　　　　　　　　单位：元

项　目	本期金额	上期金额（略）
一、经营活动产生的现金流量：		
销售商品、提供劳务收到的现金	3 432 780	
收到的税费返还		
收到其他与经营活动有关的现金	40 350	
经营活动现金流入小计	3 473 130	
购买商品、接受劳务支付的现金	1 853 280	
支付给职工以及为职工支付的现金	374 400	
支付的各项税费	367 200	
支付其他与经营活动有关的现金	146 520	
经营活动现金流出小计	2 741 400	
经营活动产生的现金流量净额	731 730	
二、投资活动产生的现金流量：		
收回投资收到的现金		
取得投资收益收到的现金	4 500	
处置固定资产、无形资产和其他长期资产收回的现金净额	13 500	
处置子公司及其他营业单位收到的现金净额		
收到其他与投资活动有关的现金		
投资活动现金流入小计	18 000	
购建固定资产、无形资产和其他长期资产支付的现金	33 000	
投资支付的现金	132 000	
取得子公司及其他营业单位支付的现金净额		
支付其他与投资活动有关的现金		
投资活动现金流出小计	165 000	
投资活动产生的现金流量净额	−147 000	
三、筹资活动产生的现金流量：		
吸收投资收到的现金	33 000	
取得借款收到的现金	33 000	
收到其他与筹资活动有关的现金		
筹资活动现金流入小计	66 000	
偿还债务支付的现金	49 500	
分配股利、利润或偿付利息支付的现金	497 940	
支付其他与筹资活动有关的现金		
筹资活动现金流出小计	547 440	
筹资活动产生的现金流量净额	−481 440	
四、汇率变动对现金及现金等价物的影响		
五、现金及现金等价物净增加额	103 290	
加：期初现金及现金等价物余额	略	
六、期末现金及现金等价物余额	略	

（四）现金流量表的编制基础及披露

现金流量表的编制基础是收付实现制。编制现金流量表时，应当调整那些由于运用权责发生制原则而增减了本期的净利润但并没有增加或减少现金的一些收益和费用、支出以及存货、应收应付等项目。

现金流量表附注主要披露以下三个方面的内容：

（1）企业应当采用间接法在现金流量表附注中披露将净利润调节为经营活动现金流量的信息；

（2）企业应当披露当期取得或处置子公司及其他营业单位的有关信息；

（3）企业应当披露现金及现金等价物的信息。

第五节　所有者权益（或股东权益）变动表

所有者权益（或股东权益）变动表是反映企业构成所有者权益各组成部分当期增减变动情况的报表。它不仅包括所有者权益总量的增减变动，还包括所有者权益增减变动的重要结构性信息，使信息使用者能够理解其增减变动的根源。

按照《企业会计准则第30号——财务报表列报》的规定，所有者权益（或股东权益）变动表至少应当单独列示下列信息的项目：（1）综合收益总额；（2）会计政策变更和差错更正的累积影响金额；（3）所有者投入资本和向所有者分配利润等；（4）按照规定提取的盈余公积；（5）实收资本（或股本）、资本公积、盈余公积、未分配利润的期初和期末余额及其调节情况。

所有者权益（或股东权益）变动表的具体格式见表12-8。

表12-8　　　　　　　　　　　　**所有者权益变动表**　　　　　　　　　　　　会企04表

编制单位：长城公司　　　　　　　　　　2×24年度　　　　　　　　　　金额单位：元

项目	本年金额									上年金额								
	实收资本（或股本）	其他权益工具			资本公积	减：库存股	其他综合收益	专项储备	盈余公积	未分配利润	所有者权益合计	实收资本（或股本）	其他权益工具			资本公积	减：库存股	其他综合收益	专项储备	盈余公积	未分配利润	所有者权益合计
		优先股	永续债	其他									优先股	永续债	其他							
一、上年年末余额																						
加：会计政策变更																						
前期差错更正																						
其他																						
二、本年年初余额																						
三、本年增减变动金额（减少以"-"号填列）																						
（一）综合收益总额																						
（二）所有者投入和减少资本																						

| 项目 | 本年金额 | | | | | | | | | | | 上年金额 | | | | | | | | | | |
| | 实收资本（或股本） | 其他权益工具 | | | 资本公积 | 减：库存股 | 其他综合收益 | 专项储备 | 盈余公积 | 未分配利润 | 所有者权益合计 | 实收资本（或股本） | 其他权益工具 | | | 资本公积 | 减：库存股 | 其他综合收益 | 专项储备 | 盈余公积 | 未分配利润 | 所有者权益合计 |
		优先股	永续债	其他									优先股	永续债	其他							
1.所有者投入的普通股																						
2.其他权益工具持有者投入资本																						
3.股份支付计入所有者权益的金额																						
4.其他																						
（三）利润分配																						
1.提取盈余公积																						
2.对所有者（或股东）的分配																						
3.其他																						
（四）所有者权益内部结转																						
1.资本公积转增资本（或股本）																						
2.盈余公积转增资本（或股本）																						
3.盈余公积弥补亏损																						
4.设定受益计划变动额结转留存收益																						
5.其他综合收益结转留存收益																						
4.其他																						
四、本年年末余额																						

第六节　财务报表附注

一、财务报表附注的意义

财务报表附注是对在资产负债表、利润表、所有者权益变动表和现金流量表等报表中列示项目的文字描述或明细资料，以及对未能在这些报表中列示项目的说明等。

附注应当披露财务报表的编制基础，相关信息应当与资产负债表、利润表、所有者权益变动表和现金流量表等报表中列示的项目相互参照。

二、财务报表附注的内容

财务报表附注是财务报表的重要组成部分。按照《企业会计准则——财务报表列报》

的规定，财务报表附注应当按照如下顺序披露有关内容：

（一）企业的基本情况

1.企业注册地、组织形式和总部地址。

2.企业的业务性质和主要经营活动。

3.母公司以及集团最终母公司的名称。

4.财务报告的批准报出者和财务报告批准报出日，或者以签字人及其签字日期为准。

5.营业期限有限的企业还应当披露有关其营业期限的信息。

（二）财务报表的编制基础

（三）遵循企业会计准则的声明

企业应当明确说明编制的财务报表符合《企业会计准则》的要求，真实、完整地反映了企业的财务状况、经营成果和现金流量等有关信息，以此明确企业编制财务报表所依据的制度基础。如果企业编制的财务报表只是部分地遵循了《企业会计准则》，附注中不得作出这种表述。

（四）重要会计政策和会计估计

按照《企业会计准则——财务报表列报》的规定，企业应当披露采用的重要会计政策和会计估计，不重要的会计政策和会计估计可以不披露。

1.重要会计政策的说明

由于企业经济业务的复杂性和多样化，企业可以选择不同的会计处理方法。为了有助于使用者理解，有必要对这些会计政策加以披露，包括：

（1）财务报表项目的计量基础。会计计量属性包括历史成本、重置成本、可变现净值、现值和公允价值，这直接影响报表使用者的分析。这项披露要求便于使用者了解企业财务报表中的项目是按何种计量基础予以计量的。

（2）会计政策的重要判断依据。其主要是指企业在运用会计政策过程中所作的对报表中确认的项目金额最具影响的判断。例如，企业如何判断与租赁资产相关的所有风险和报酬已转移给企业，从而符合融资租赁的标准等。这项披露要求有助于使用者理解企业选择和运用会计政策的背景，增加财务报表的可理解性。

2.重要会计估计的说明

财务报表列报准则强调了对会计估计不确定因素的披露要求，企业应当披露会计估计中所采用的关键假设和不确定因素的确定依据，这些关键假设和不确定因素在下一会计期间内很可能导致对资产、负债账面价值进行重大调整。

在确定报表中确认的资产和负债的账面金额过程中，企业有时需要对不确定的未来事项在资产负债表日对这些资产和负债的影响加以估计。例如，固定资产可收回金额的计算需要根据其公允价值减去处置费用后的净额与预计未来现金流量的现值两者之间的较高者确定，在计算资产预计未来现金流量的现值时需要对未来现金流量进行预测，并选择适当的折现率，应当在附注中披露未来现金流量预测所采用的假设及其依据、所选择的折现率为什么是合理的等。因此，强调这一披露要求，有助于提高财务报表的可理解性。

（五）会计政策和会计估计变更以及差错更正的说明

企业应当按照《企业会计准则第28号——会计政策、会计估计变更和差错更正》及其应用指南的规定，披露会计政策和会计估计变更以及差错更正的有关情况。

（六）报表重要项目的说明

企业应当将文字和数字描述相结合，尽可能以列表形式披露报表重要项目的构成或当期增减变动情况，并且报表重要项目的明细金额合计，应当与报表项目金额相衔接。在披露顺序上，一般应当按照资产负债表、利润表、现金流量表、所有者权益变动表的顺序及其报表项目的顺序列示。企业应当在附注中披露费用按照性质分类的利润表补充资料，可将费用分为耗用的原材料、职工薪酬、折旧费用、摊销费用等。

（七）其他需要说明的重要事项

这些重要事项主要包括或有和承诺事项、资产负债表日后非调整事项、关联方关系及其交易等，具体的披露要求遵循相关准则的规定，分别参见相关章节的内容。

（八）有助于财务报表使用者评价企业管理资本的目标、政策及程序的信息

企业不仅需要披露企业管理资本的目标、政策及程序的信息，还应披露其他综合收益各项目的信息，终止经营的收入、费用、利润总额、所得税费用和净利润及归属于母公司所有者的终止经营利润。在资产负债表日后、财务报告批准报出日前提议或宣告发放的股利总额和每股股利金额。

□ 复习思考题

1. 为什么要编制财务报表？财务报表列报的作用是什么？
2. 财务报表列报有哪些要求？
3. 为什么要编制资产负债表？资产负债表项目的填列方法有哪几种？试举例说明。
4. 利润表能够提供哪些重要的会计信息？
5. 所有者权益变动表有何作用及包括哪些主要内容？
6. 现金流量表有何作用？其编制的基础是什么？
7. 财务报表附注主要包括哪些内容？

本章自测题

第十三章 财务报表的分析与利用

第一节 财务报表之间的钩稽关系

财务报表之间存在着一定的钩稽关系，它们从不同的角度说明企业的财务状况、经营成果和现金流量情况。财务报表的钩稽关系主要存在于主表与主表之间、主表与附表之间等。

（一）资产负债表与利润表之间的钩稽关系

资产负债表反映的是某一个时点上的财务状况，属于静态报表。而利润表反映的是某一时期的经营成果，属于动态报表。利润表中的净利润是所有者权益的一个组成部分，在资产负债表中以留存收益的形式存在，作为资产负债表的一个投入量。相应地，资产负债表将各个会计期间的经营成果联结在一起，它是联系两个会计期间利润表之间的桥梁。从具体项目来看，利润表中的收入、费用和利润的变化会直接影响到资产负债表中的资产、负债和所有者权益的变化，反之亦然。

（二）资产负债表、利润表与现金流量表之间的关系

经过大量的研究，得出的一个结论是，将现金流量表与以应计制为基础的资产负债表和利润表结合起来使用，要比单独使用一张报表更为有用，也就是说，在评价企业经营业绩和未来前景时，两者都是必需的。换言之，现金流量表是应计制报表——资产负债表和利润表的补充，通过对计入现金流量表中的应计制数据的分解和调整，能够提供更新、更有用的信息。从某种意义上说，现金流量表与资产负债表、利润表的钩稽关系直接体现在现金流量表的编制方法之中。现金流量表的编制以利润表和资产负债表数据为基础，通过对这两种报表的收入、费用等一些项目进行调整，把权责发生制转换成收付实现制下的现金流入、现金流出和现金流量净增加额。其主要体现在以下几点：

（1）在现金流量表的编制基础不包括现金等价物的情况下，年末资产负债表中"货币资金"的年末数与年初数之差必须与现金流量表正表和补充资料中的"现金及现金等价物净增加额"相等。

（2）现金流量表中的"投资活动产生的现金流量净额"主要是指企业长期资产增减变动所引起的现金流量的增减变动，它主要依据资产负债表中的"固定资产""无形资产"等非流动资产项目及相关账户资料来反映；筹资活动是指导致企业所有者权益及借款规模和构成发生变化的活动所引起的现金流量的增减变动，它主要依据资产负债表中的"短期借款""应付账款"等负债项目来反映。

（3）现金流量表与利润表之间的关系可以通过现金流量表中经营活动产生的现金流量

与利润表中的收入与费用之间的关系来体现。将利润和经营活动现金流量信息进行比较分析，可以更为客观、全面地了解企业利润中的"现金"成分，以此判断企业真正的收益质量。

财务报表之间的钩稽关系如图13-1所示。

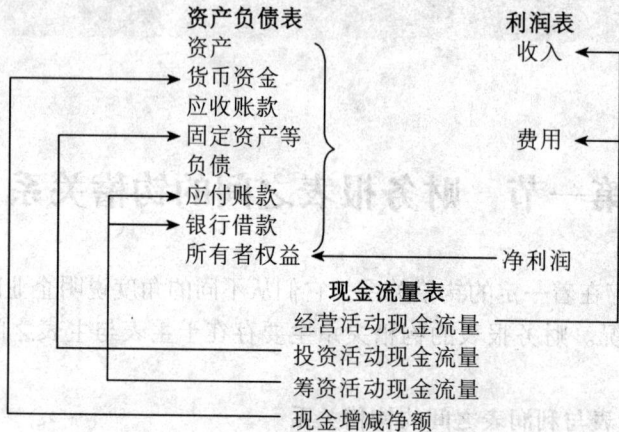

图13-1 财务报表之间的钩稽关系

第二节 财务报表分析的意义与作用

一、财务报表分析的意义

虽然企业编制的对外报送的财务报表可以从不同的角度反映企业的财务状况、经营成果和现金流量的变动状况，但是它们所显示的都只是过去的历史资料，而且每一张报表只表明某一部分的事实，不能直接地揭示各报表项目之间的内在联系，也很难使报表使用者充分地了解企业的发展趋势及在同行业中处于何种地位，所以只有充分地运用财务分析方法和相关的技术，将财务报表的各个项目紧密地联系起来，全面、综合地进行分析，才能合理地利用财务报表并达到最佳效果。

所谓财务报表分析，就是以财务报表和其他相关资料为依据和起点，采用一系列专门方法和技术，对企业的基本财务状况和企业的偿债能力、盈利能力和营运能力进行分析，为企业的投资者、债权人和管理层等会计信息使用者了解过去、分析现状、预测未来，作出正确决策提供准确的会计信息的一种科学方法。

尽管财务报表使用者作出的经济决策差异很大，但只要对财务报表作出不同的分析，均可使财务报表提供的分析资料得到有效的利用。例如，债权人利用财务报表分析资料，探析企业的偿债能力、资产运转情况及企业获利能力，从而作出信贷决策。企业投资者利用财务报表分析资料，可以分析企业的资产报酬率，进而评价投资收益，再作出相应的投资决策。企业管理层也能充分利用财务报表分析数据，发现目前存在的问题，从而及时采取有效的对策。

然而，需要指出的是，财务报表分析还必须结合目前的经济与技术发展情况，以及社会经济现状与发展趋向等相关情况加以综合分析，才能对企业生产经营情况作出正确的判断，从而提高财务报表分析资料的利用效率。

二、财务报表分析的作用

财务报表分析的主要作用在于充分揭示企业的现有状况，研究企业未来的发展趋势，为财务报表使用者提供评价、预测和决策等相关有用的信息。具体的作用可以表述如下：

（一）评价企业已经发生的经济业务

财务报表分析，主要是通过对企业财务报表等相关资料的分析，能够基本判断企业过去的财务状况和经营成果，即根据相关的法规和企业理财目标，分析企业目前的偿债能力、盈利能力和营运能力是否存在问题，并剖析问题产生的原因，为企业所有者、管理层、政府部门、投资者和债权人的考评与决策提供一定的参考。

（二）预测企业的未来前景

财务报表分析不仅可以评价过去，而且可以通过对已经发生的经济业务的分析，预测企业的未来发展状况及趋势。通过财务报表分析，不仅可以评估企业未来的价值及价值创造，还可以为企业未来的财务预测、财务决策指明方向，并为企业进行财务危机预测提供必要的信息。

第三节 财务报表分析的程序与基本方法

一、财务报表分析的程序

对财务报表的分析，一般由以下几个相互联系的步骤所组成：

1.确定财务报表分析的目标，制订分析工作计划

会计信息使用者希望依据财务报表分析作出不同的决策，所以在进行报表分析之前，首要的任务就是确定分析的目标，并制订分析工作计划，以期提供公允、恰当的会计信息。

2.收集财务报表分析所必备的信息数据

目标确定之后就应着手收集相关的会计信息资料，以供分析使用。这些信息资料一般包括对外报送的财务报表主表及附表、财务报表附注、财务情况说明书等，以及来自审计人员、资信部门、证券监督管理委员会、行业主管部门的信息数据。

3.根据分析目的，运用科学的分析方法，深入比较、研究所收集的资料

在报表分析时，应首先选定适用的财务报表分析方法，对分析资料数据进行深入比较、研究，并用简明的文字加以解释。

4.得出分析结论，提出分析报告，为信息使用者提供决策参考

在深入比较、研究的基础上，将分析的结果形成书面报告，向会计报告使用者提供财务信息，以满足其决策的需要。

二、财务报表分析的基本方法

为了使信息使用者掌握会计报告各种数据之间的重要关系，通常采用结构分析法、比较分析法、因素分析法、趋势分析法及比率分析法等财务报表分析方法进行分析。

（一）结构分析法

结构分析法主要是以企业的资产负债表、利润表、现金流量表等资料为依据，对企业财务状况构成的合理性、利润的构成和现金流量的来源及流向等进行总体的测算与分析，以便从财务的角度发现企业面临的潜在风险。

【思政课堂】   ESG 报告与社会责任

2023 年 11 月，由中国上市公司协会联合中证指数有限公司编写并发布的《中国上市公司 ESG 发展报告（2023 年）》数据显示，2023 年近 1 800 家 A 股上市公司单独发布 ESG（环境 Environmental、社会 Social 与治理 Governance）报告，披露率超过 35%，相较 2022 年有大幅增长。企业的财务报告不仅披露了企业的财务信息，还需要披露如何服务于更大的社会目标，特别是环境保护和社会福利。会计不止关乎利润，更关乎责任——它要求我们透明地报告企业的环境和社会影响，引导企业采取对环境有益、对社会负责的行为。通过环境、社会和治理报告，企业展现其对可持续发展的承诺，而我们作为会计专业人士，有责任确保这些报告的真实性和透明度。这样，我们不仅促进了企业的负责任管理，还为投资者、消费者和政策制定者等提供了重要信息，帮助他们作出更加英明的决策。

资料来源：作者根据相关资料整理。

（二）比较分析法

比较分析法是一贯性和可比性的集中体现。它通常是利用同一企业的不同时期，或同一时期的不同企业有关相同性质或类别的指标，进行横向和纵向对比分析，进而确定差异，分析原因。

比较分析法的主要形式有：

（1）将实际指标与计划指标进行对比，以便分析检查计划的完成情况。

（2）将本期实际指标与上期实际指标对比，其结果可以提示企业有关指标的变动情况。

（3）将本企业实际指标与同行业相应指标的平均水平或先进水平对比，从中可以分析企业的现状，以及其在行业中所处位置，并分析存在的差异及原因，以便采取相应的对策。

在运用比较分析法时，对比的指标可以是绝对数指标，如产品销售收入、利润总额等，也可以是相对数指标，如产品毛利率、资金周转率。但需要注意的是，无论进行何种指标的对比，其指标的计算口径、计价基础和时间单位都应保持一致，这样才具有可比性，才能保证比较结果的准确性。

（三）因素分析法

因素分析法是用来揭示经济指标变化的原因，测定各个因素对经济指标变动的影响程度的分析方法。它又可具体划分为主次因素分析法、因果分析法及连环替代法等。

（1）主次因素分析法是将影响经济指标的各因素区分为主要因素、次要因素，然后对主要因素进行深入分析，对次要因素则花费较少时间，以取得事半功倍之效果。

（2）因果分析法是将经济指标分解为若干因素，对每个因素再进一步分析，以揭示经济指标变化的原因。

（3）连环替代法是一种因素分析法，它不仅能定性，而且能定量地测定影响经济指标的各个因素对该指标变动差异的影响程度。该方法是将经济指标分解为两个或两个以上的因素，逐一变动各个因素，从数量上测算每一因素变动对经济指标总体的影响。

（四）趋势分析法

趋势分析法是对一家企业连续数期的财务报表资料的各个项目进行比较，以求出金额和百分比增减变动的方向和幅度，从而揭示当期财务状况和经营状况增减变化的性质及趋向。趋势分析法通常采用图示方法，即做成统计图表，但财务人员通常采用的方法是编制比较财务报表。具体做法有两种：

（1）编制绝对数比较财务报表，即将一般财务报表的"金额栏"划分为若干期的金额，以便进行比较，作进一步的了解与研究。

（2）编制相对数比较财务报表，即将财务报表上的某一关键项目的金额当作100%，计算出其他项目对关键项目的百分比，以显示各个项目的相对地位，然后把连续若干按相对数编制的财务报表合并为比较财务报表，以反映各个项目结构上的变化。

（五）比率分析法

比率分析法是研究财务报表内两个或两个以上项目之间关系的分析方法，用相对数来表示。该比率指标可以揭示企业的财务状况及经营成果。财务比率的种类较多，概括起来主要有：反映偿债能力的比率、反映营运能力的比率和反映获利能力的比率。

第四节 财务报表及其附注的分析

本节主要针对资产负债表、利润表和现金流量表的基本结构及其要素进行一般性分析，并利用报表中的数据进行各种能力的财务比率分析以及综合能力分析，同时对财务报表附注进行重点项目的分析。

一、财务报表基本结构及其要素的一般性分析

为了更好地说明财务报表分析的方法，现以H股份有限公司2×24年度的财务报表（未列示全部项目）和相关数据为例，对该公司财务报表的结构及其构成要素进行一般性分析，从而得出基本结论。H股份有限公司财务报表列示见表13-1、表13-2和表13-3。

表13-1 　　　　　　　　　　　　　　**资产负债表**　　　　　　　　　　　　会企01表

编制单位：H股份有限公司　　　　　　　2×24年12月31日　　　　　　　　　单位：元

资　产	期末余额	年初余额	负债和所有者权益 （或股东权益）	期末余额	年初余额
流动资产：			流动负债：		
货币资金	209 409 076.41	262 015 644.70	短期借款	20 000 000.00	20 000 000.00

续表

资　产	期末余额	年初余额	负债和所有者权益 （或股东权益）	期末余额	年初余额
交易性金融资产	0	0	交易性金融负债		
应收票据	5 000 000.00	8 000 000.00	应付票据	16 000 000.00	0
应收账款	143 744 488.57	128 404 662.15	应付账款	216 493 116.25	158 833 597.08
预付款项	40 041 961.04	38 427 486.65	预收款项	20 448 477.07	2 930 359.75
其他应收款	1 119 602.84	450 813.16	应付职工薪酬	7 563 338.26	6 404 637.47
存货	332 652 679.34	240 805 631.09	应交税费	1 745 160.76	5 160 705.97
持有待售资产	0	0	其他应付款	38 776 360.17	50 286 017.20
一年内到期的非流动资产	0	0	持有待售负债	0	0
其他流动资产	0	0	一年内到期的非流动负债	0	0
流动资产合计	731 967 808.20	678 104 237.75	其他流动负债	0	0
非流动资产：			流动负债合计	321 026 452.51	243 615 317.47
债权投资	0	0	非流动负债：		
其他债权投资	0	0	长期借款	0	0
长期应收款	0	0	预计负债	0	0
长期股权投资	2 173 083.12	0	递延所得税负债	0	0
投资性房地产	0	0	非流动负债合计	25 000 000.00	10 000 000.00
固定资产	287 481 932.4	195 332 408.33	负债合计	346 026 452.51	253 615 317.47
在建工程	45 908 199.16	49 292 748.00	所有者权益（或股东权益）：		
生产性生物资产	0	0	实收资本（或股本）	240 000 000.00	150 000 000.00
油气资产	0	0	资本公积	382 241 084.70	442 241 084.70
无形资产	831 966.60	741 206.64	盈余公积	39 803 234.57	27 683 431.09
长期待摊费用	8 117 723.67	0	未分配利润	68 409 981.37	49 930 767.46
递延所得税资产	0	0	所有者权益（或股东权益）合计	730 454 300.64	669 855 283.25
其他非流动资产	0	0			
非流动资产合计	344 512 944.95	245 366 362.97			
资产总计	1 076 480 753.15	923 470 600.72	负债和所有者权益 （或股东权益）总计	1 076 480 753.15	923 470 600.72

表13-2 利润表 会企02表

编制单位：H 股份有限公司　2×24 年度　单位：元

项　目	本期金额	上期金额
一、营业收入	538 163 454.86	323 400 755.91
减：营业成本	447 824 402.52	250 274 776.66
税金及附加		
销售费用	5 589 605.64	1 910 063.05
管理费用	30 825 262.92	23 848 936.07
研发费用		
财务费用	−4 507 262.44	−1 313 145.74
其中：利息费用		
利息收入		
加：其他收益		
投资收益（损失以"−"号填列）		2 050 000.00
公允价值变动收益（损失以"−"号填列）		
信用减值损失（损失以"−"号填列）		
资产减值损失（损失以"−"号填列）		
资产处置收益（损失以"−"号填列）		
二、营业利润（亏损以"−"号填列）	58 431 446.22	50 730 125.87
加：营业外收入	8 246 474.74	14 313 615.85
减：营业外支出	674 299.86	445 442.40
三、利润总额（亏损总额以"−"号填列）	66 003 621.10	64 598 299.32
减：所得税费用	5 404 603.71	10 080 111.47
四、净利润（净亏损以"−"号填列）	60 599 017.39	54 518 187.85
五、其他综合收益的税后净额		
六、综合收益总额		
七、每股收益：		
（一）基本每股收益		
（二）稀释每股收益		

表13-3   现金流量表   会企03表

编制单位：H 股份有限公司   2×24 年度   单位：元

项 目	本期金额	上期金额
一、经营活动产生的现金流量：		
销售商品、提供劳务收到的现金	562 842 812.11	219 113 133.60
收到的税费返还	3 457 163.58	1 177 346.11
收到其他与经营活动有关的现金	1 784 054.35	4 654 674.36
经营活动现金流入小计	568 084 030.04	224 945 154.07
购买商品、接受劳务支付的现金	471 510 520.52	198 918 722.18
支付给职工以及为职工支付的现金	57 395 759.83	33 330 036.62
支付的各项税费	9 040 395.03	1 759 008.22
支付其他与经营活动有关的现金	6 655 038.03	2 150 694.01
经营活动现金流出小计	544 601 713.41	236 158 461.03
经营活动产生的现金流量净额	23 482 316.63	−11 213 306.96
二、投资活动产生的现金流量：		
收回投资收到的现金	0	50 000 000.00
取得投资收益收到的现金	0	2 050 000.00
处置固定资产、无形资产和其他长期资产收回的现金净额	494 985.56	2 179 546.22
处置子公司及其他营业单位收到的现金净额	0	0
收到其他与投资活动有关的现金	0	0
投资活动现金流入小计	494 985.56	54 229 546.22
购建固定资产、无形资产和其他长期资产支付的现金	75 772 001.63	114 473 930.28
投资支付的现金	0	50 000 000.00
取得子公司及其他营业单位支付的现金净额	0	0
支付其他与投资活动有关的现金	0	0
投资活动现金流出小计	75 772 001.63	164 473 930.28
投资活动产生的现金流量净额	−75 277 016.07	−110 244 384.06
三、筹资活动产生的现金流量：		
吸收投资收到的现金	0	0
取得借款收到的现金	20 000 000.00	20 000 000.00
收到其他与筹资活动有关的现金	15 000 000.00	0
筹资活动现金流入小计	35 000 000.00	20 000 000.00
偿还债务支付的现金	20 000 000.00	0
支付股利、利润或偿付利息支付的现金	15 334 750.00	0
支付其他与筹资活动有关的现金	605 776.96	17 415.00
筹资活动现金流出小计	35 940 526.96	17 415.00
筹资活动产生的现金流量净额	−940 526.96	19 982 585.00
四、汇率变动对现金及现金等价物的影响	128 658.11	0
五、现金及现金等价物净增加额	−52 606 568.29	−101 475 106.02

（一）资产负债表基本结构及其要素的一般性分析

在所有财务报表中，资产负债表是最为复杂、内涵信息最为丰富的一张报表。企业正常运行的资金不仅要有合理的来源，还要有合理的构成。如果企业资金来源及其构成比较混乱，那么就会伴随着各种风险损失。一般来讲，资产、负债、所有者权益三者之间存在着合理的比例关系，企业财务结构是否合理一般通过这些比例关系就可以反映出来。

以下仅以H股份有限公司2×24年年末资产负债表为例，分析该公司的基本财务结构，并对其要素作进一步的分析（见表13-4）。

表13-4　　　　　　　　　　　　　　H股份有限公司资产负债表的结构

项　目	2×23年比重（%）	2×24年比重（%）	项　目	2×23年比重（%）	2×24年比重（%）
流动资产	73.43	68	流动负债	26.38	29.8
非流动资产	26.57	32	非流动负债	1.10	2.3
			所有者权益（或股东权益）	72.52	67.9
资产总计	100	100	负债和所有者权益（或股东权益）总计	100	100

根据H股份有限公司两年来资产负债表的结构进行分析，从理论上说，可以初步判断该公司属于稳健型的财务结构。相对而言，虽然该公司的流动资产比例2×24年比2×23年小幅下降了5.43%，但总体来说，两年来流动资产比例均超过了60%，保持在较高的水平上，表明公司拥有充足的流动资产可以偿债；同时，虽然股东权益比例2×24年比2×23年小幅下降了4.62%，但两年来也一直维持较高的比重，说明公司的自有资金比较充裕，其负债成本相对较低，财务风险也较低。同时应注意，从某种程度上说，这种稳健型的结构可能也会降低企业的盈利水平。不过，需要说明的是，资产负债表的基本结构分析只是一种大致的推断。从实务分析的角度来看，报表的各个项目内部构成其实是非常复杂的，如果不通过详细分析而盲目下结论，往往会被一些表象所迷惑，所以尚需对各个要素作进一步的分析。

1. 资产项目结构百分比的分析

仍以H股份有限公司为例，首先对该公司资产项目结构百分比进行分析，见表13-5。

表13-5　　　　　　　　　　　　　　　各项资产比重及差异

项　目	2×23年比重（%）	2×24年比重（%）	差异（%）
流动资产	73.43	68	-5.43
长期股权投资	0	0.2	0.2
固定资产	26.49	30.97	4.48
无形资产	0.08	0.08	0
长期待摊费用	0	0.75	0.75
资产总计	100	100	0

表 13-5 表明，在该公司的全部资产中，除了流动资产所占总资产的比重下降了 5.43% 外，其余的资产项目基本上呈现出不同程度的增长。固定资产增长的幅度较大，占总资产的比重从 2×23 年的 26.49% 增长到 2×24 年的 30.97%，增长了 4.48%。根据对资产负债表的项目分析，固定资产增加的原因可能包括公司新购置或新建了固定资产和以前年度的在建工程项目本期完工转入等方面。这种性质的增加说明公司的固定资产投资能力有所增强，对于提高企业的生产能力是有好处的。另外，从固定资产占总资产的比重来看，其构成比率较高（30.97%），有利于增加公司的获利能力。但是，在其他因素不变的情况下，由于固定资产的变现能力较差，固定资产比重的增加可能不利于企业充分调度资金，造成资金循环缓慢，现金流转受阻，因而增加了财务风险。

2. 流动资产项目结构百分比的分析

要明确流动资产下降的原因，有必要进一步分析流动资产各个因素占总资产的比重以及其增减变动情况（见表 13-6）。

表13-6 **流动资产比重及差异**

项 目	2×23年比重（%）	2×24年比重（%）	差异（%）
货币资金	28.37	19.45	−8.92
应收票据	0.87	0.46	−0.41
应收账款	13.90	13.35	−0.55
预付款项	4.16	3.72	−0.44
存货	26.08	30.9	4.82
资产总计	100	100	0

表 13-6 表明，在 H 股份有限公司的流动资产中，除了存货有一定的增幅，货币资金、应收票据、预付账款则普遍下降（其他应收款等项目由于数额过小，在此忽略不计），说明企业采取了一定的信用措施，尽量减少或避免发生坏账。尤其货币资金的下降幅度之大，可能会造成公司临时货币资金短缺，短期偿债能力也会有所减弱。至于货币资金急剧减少的原因，可以进一步分析该公司的现金流量表。经查实该公司 2×24 年现金流量表得知，该公司的现金及现金等价物净增加额为 −52 606 568 元，其现金主要用于购买商品、购置固定资产、进行权益性投资、偿还债务和分配股利等。

案例　　　　　　　广州浪奇逾期应收账款高达 26.35 亿元

一、案例育人主题

社会主义核心价值观遵纪守法的法治意识，真实客观、细心谨慎的做事做人原则。

二、案例内容介绍

广州浪奇同时披露的三季报显示，前三季度，公司实现营收 53.42 亿元，同比下滑 47.81%；净亏损 11.70 亿元，较上年同期由盈转亏。其中，第三季度亏损 10.55 亿元。半个月前，广州浪奇预计，公司前三季度亏损额在 8 亿元至 10 亿元。其中，三季度亏损 6.85 亿元至 8.85 亿元。短短半个月时间，广州浪奇的实际亏损额从预期最高 10 亿元，直接飙升至 11.70 亿元。亏损大举超出预期源自坏账计提。广州浪奇披露，2020 年三季度计提各项资产减值准备高达 12.09 亿元，并计入当期损益。据广州浪奇最新披露，截至 2020 年 9 月 30 日，公司贸易业务应收账款账面余额为 30.66 亿元，逾期金额为 26.35 亿元，贸易业务预付账款账面余额为 16.42 亿元，账龄超过 90 天的金额为 9.61 亿元。

三、案例意义

通过案例介绍，让同学们思考广州浪奇丢失的存货和大额计提坏账准备背后的原因，进而引导学生发现广州浪奇财务造假的目的。讲授课程内容"应收账款的后续计量"，企业随意大额计提坏账准备和跌价准备不仅违反法律准则而且误导报表使用者，引导学生要正确运用审慎性原则，合理合法计提坏账准备和减值损失。企业通过多计提减值损失进而造成应交所得税的减少，达到偷税漏税目的是错误的，应教导学生做诚信守法、依法纳税的合格公民。

3.权益项目结构百分比的分析

与资产项目相类似，资产负债表权益方也是极为重要的。资产负债表权益结构，尤其是非流动负债与股权资本的结构，直接决定着企业财务风险的大小，见表 13-7。

表13-7 　　　　　　　　　　　　　　权益项目的比重及差异

项　目	2×23年比重（%）	2×24年比重（%）	差异（%）
短期借款	2.20	1.86	-0.34
应付票据	0	1.50	1.50
应付账款	17.2	20.10	2.90
预收款项	0.32	1.90	1.58
应付职工薪酬	0.69	0.70	0.01
应付股利	1.62	0	-1.62
应交税费	0.56	0.16	-0.40
其他应付款	3.80	3.58	-0.22
非流动负债	1.10	2.30	1.20
实收资本（或股本）	16.23	22.30	6.07
资本公积	47.88	35.50	-12.38
盈余公积	2.99	3.70	0.71
未分配利润	5.41	6.40	0.99
负债和所有者权益（或股东权益）总计	100	100	0

分析 2×23 年和 2×24 年 H 股份有限公司的资产负债表和权益项目的结构，我们可以得到如下信息：

（1）2×24 年与 2×23 年相比，流动负债呈增长趋势，增长额为 7 741 万元，增长率为 31.78%，占权益比重从 2×23 年的 26.38% 增长到 2×24 年的 29.80%。除了短期借款、应付股利、应交税费和其他应付款项目下降以外，其他的流动负债项目均出现上升趋势，其中增长幅度较大的是应付票据、应付账款等项目。这说明公司2×24年短期负债的压力比2×23年有所增加。公司应注意能否及时筹措到足够的资金来偿还即将到期的流动负债。

（2）该公司的非流动负债2×24年比2×23年增长了1 500万元，占权益的比重从2×23年的1.1%增长到2×24年的2.3%，一方面说明公司的财务杠杆的作用正在增强，另一方面说明公司的非流动负债负担有所加重，资金成本也有所提高。但从总体来看，由于非流动负债占权益的比重很小，所以公司长期偿债风险很小。

（3）由于公司调整了权益结构，致使2×24年比2×23年所有者权益占权益的比重有所下降，但所有者权益绝对额却有所增加，除了资本公积项目降低了6 000万元，占权益的比重降低了12.38%，其余的股东权益项目均呈现出不同程度的增长，尤其是实收资本增幅达60%，占权益总额的比重增长了6.07%，盈余公积金和未分配利润增幅也分别达到43.78%和37.01%。公司的增资扩股可能有一部分来源于资本公积的转增，有一部分来源于配股募集。从总体上看，该公司的自有资本还是很雄厚的。

需要进一步补充说明的是，如果公司资产负债表的结构出现所有者权益为零的情况，从理论上说，可以初步判断公司处于高风险状态。因为所有者权益的多少说明了企业规模的大小及实力状况。企业如果没有自有资金，就意味着必须全部通过借款来筹措所需要的资金。在这种情况下，一旦市场萧条、银根紧缩，资金周转就会陷入困境，最终将会导致财务危机的发生。如果公司资产负债表的结构出现所有者权益为负值的情况，从理论上说，可以初步判断公司处于即将破产的状态。在此种情况下，企业发生的亏损已经将一部分资本"吃掉"了，企业已经资不抵债。所有者权益已形成负值，已不具备经营条件。所以，与这类企业发生业务往来必须慎之又慎，应现钱交易，否则难以收回货款。

（二）利润表结构及其要素的一般性分析

利润表的分析是财务报表分析的另一个重要的部分。通过利润表盈利结构分析，可以比较全面地了解企业的盈利状况、盈利水平、盈利的持续性和盈利的稳定性。

企业一般根据利润表可能具有的四种盈利结构进行利润构成的一般性分析，见表13-8。

表13-8 利润表的四种盈利结构

项目 \ 结构	1	2	3	4
营业利润	+	+	−	−
利润总额	+	−	+	−

在第1种情况中，营业利润和利润总额均呈现盈利状态，这是一种比较理想的状态。一般而言，如果企业的盈利结构经常处于这种状态，那么企业的财务状况和经营成果是稳定和持续的。

在第2种情况中，营业利润处于盈利状态，而利润总额呈现亏损状态。这说明企业亏损总额的发生主要源于非营业性支出与损失，比如投资损失或营业外支出过大，以至于公司的营业利润不足以抵补。不过，非营业性支出与损失一般不具有长期性和稳定性，所以它形成的亏损也不会持续。

在第3种情况中，营业利润处于亏损状态，而利润总额呈现盈利状态，表面上看企业在总体上仍然盈利，但已潜伏着一些风险。如果营业利润发生亏损，而仅仅依靠投资收益和营业外收入将很难维持，非营业性利润是非常不稳定的，一旦这类收益减少，企业就会立即面临生存的危机。

在第4种情况中，营业利润和利润总额均呈现亏损状态，说明企业的财务状况非常严峻，尽管有可能存在非营业性收益，但已经是微不足道的，从根本上不能弥补企业的总体亏损。在这种情况下，企业如果不能及时调整经营战略，很可能会资不抵债，最后必然陷入破产的境地。

以H股份有限公司2×23年和2×24年利润表为例，从理论上看，该公司各构成部分都是盈利的，属于比较好的状态。但如果从总量上再进一步分析，就会发现，其实利润表的各个构成部分对企业利润增长和未来的经营成果的贡献并非都是一样的，因此需要对具体项目进行分析，才能得出有价值的信息。

1.净利润项目的分析

净利润是指企业所有者最终取得的财务成果。H股份有限公司2×24年实现的净利润为6 059.9万元，比上年增加了608.08万元，增长率为11.15%。公司净利润增长的幅度大于利润总额的增长幅度，是由所得税费用比上年降低了46.38%所致。

2.利润总额项目的分析

利润总额可以揭示企业当期盈利的总规模，它不仅反映企业的营业利润，而且反映企业的对外投资收益，以及营业外收支情况等。比较2×24年和2×23年的营业利润和利润总额项目，可以看出，H股份有限公司的营业利润增加了770.13万元，增长率为15.18%；而利润总额只增加了140.53万元，增长率仅为2.2%。显然，营业利润与利润总额并没有同步增长，这说明可能在投资收益或营业外收支项目上出现了问题。经分析得知，2×24年H股份有限公司根本没有获取投资收益，同时营业外支出也增长了51.38%，致使利润总额的增长幅度远远低于营业利润的增长幅度。下一步应该对营业外支出的明细项目作进一步的详细分析。

值得说明的是，投资收益和营业外收入均属于企业的非营业性收益。它们的增加会直接影响企业利润总额的形成，并提高企业的价值，有利于企业的未来发展，然而它们毕竟不是企业持续经营活动的收益，所以在对财务报表分析时，如果将这部分收益从利润总额中剔除，将有利于分析评价企业利润来源的稳定性。

3.营业利润项目的分析

一般而言，企业的经营活动应该是企业利润总额的主要来源，营业利润在利润总额中所占的比重越大，说明该企业利润来源越稳定越持久；反之，则说明企业的经营风险加大。如前所述，H股份有限公司的营业利润2×24年比2×23年增长了15.18%，其营业利润的增长可能主要归功于营业收入的增长和利息收入的增长。

销售费用和管理费用的大幅增长可能也影响了营业利润的提高。H股份有限公司2×24年的销售费用和管理费用均比2×23年有较大幅度的增长，增长金额分别为367.95万元和697.63万元，增长率分别为192.6%和29.25%，至于销售费用和管理费用开支的明细项目，还需要作进一步分析。值得注意的是，在对期间费用进行分析时，一方面要注意其增减变化是否受到企业会计政策的影响；另一方面要警惕企业是否为了避税而片面地提高三项费用。

（三）现金流量表结构及其要素的一般性分析

对现金流量表的分析是进行企业财务报表分析和投资价值判断的重要一环。如前所述，现金流量表中的现金流量主要由经营活动现金流量、投资活动现金流量和筹资活动现金流量所构成。

根据现金流量表可能具有的八种现金流量结构进行初步分析，见表13-9。

表13-9　　　　　　　　　　　　　　八种现金流量结构

三种活动 ＼ 类型	1	2	3	4	5	6	7	8
经营活动	+	+	+	+	−	−	−	−
投资活动	+	+	−	−	+	+	−	−
筹资活动	+	−	+	−	+	−	+	−

在第1种情况中，各种活动现金净流量均为正值，最终为现金流量净增加，说明企业的经营状况、投资收益状况和融资状况均处于良好的状态，但此时应该积极寻求新的投资机会，否则会造成资金的浪费。

在第2种情况中，经营活动和投资活动现金净流量均为正值，表明这两项活动产生了现金流量净增加，虽然筹资活动可能进入了偿还期，但财务状况仍比较安全。

在第3种情况中，经营活动和筹资活动现金净流量均为正值，投资活动现金净流量为负值，表明企业可能正处于扩大再生产时期，可能通过各种筹资进行再投资，但应注意分析各项投资的回报率。

在第4种情况中，经营活动现金净流量为正值，而投资活动和筹资活动的现金净流量均为负值。这种情况表明，虽然企业的经营状况良好，但可能一方面继续投资，一方面偿还债务，此时企业应该密切关注经营状况的变化，防止因经营失策而导致财务状况的急剧恶化。

在第5种情况中，经营活动现金净流量为负值，而投资活动和筹资活动的现金净流量均为正值。在这种情况下，如果是处于成长期的企业，可能由于人力、物力、财力的利用率相对较低，或者投入大量的资金开拓市场，而使这一时期的经营活动现金流量出现了净减少；但如果是依靠筹资活动来维持经营活动需要的企业，尽管它可能收回投资，但此时企业的财务状况已不容乐观。

在第6种情况中，经营活动和筹资活动现金净流量均为负值，而投资活动的现金净流量为正值。这种情况表明，企业面临着偿债的压力，经营活动也不稳定，企业也可能因为市场饱和，销售量下降，大幅度地收回投资，此时企业可能处于衰退时期。

在第7种情况中，经营活动和投资活动现金净流量均为负值，而筹资活动的现金净流量为正值。这种情况表明，企业完全依靠筹资来维持经营活动和进行投资活动，资金成本增加，可能面临着较大的财务风险。

在第8种情况中，经营活动、投资活动和筹资活动现金净流量均为负值。此种情况表明，企业的财务状况已发出了危险的信号。

值得说明的是，无论出现上述哪种结果，都不能轻易地论断，需要与本企业所处的发展时期和发展战略相联系，才能得出相应的结论。以H股份有限公司现金流量表为例，可以对其进行初步的分析。H股份有限公司2×23年经营活动和投资活动现金净流量分别为-1 121.33万元和-11 024.44万元，筹资活动的现金净流量为1 998.26万元，这种情况说明H股份有限公司基本上是依靠借款来维持经营活动，虽然经营活动现金流出大于流入，但企业依然进行投资活动和购建固定资产或无形资产等，说明公司采用了以扩张为目标的经营战略；2×24年其经营活动现金净流量为2 348.23万元，投资活动和筹资活动现金净流量分别为-7 527.7万元和-94.05万元。这种情况说明，企业的经营状况转好，但可能一方面继续购建固定资产，一方面偿还债务或分配股利。此时，企业可能还是处于发展扩张时期，但企业的负担也随之加重。以上只是一种初步的推断，如果要对H股份有限公司的现金流量质量的好坏得出结论，尚需要对三项活动现金流量的具体来源和流向进行详细的比较分析。

1.经营活动现金流量的分析

阅读现金流量表，最关键的是看经营活动的现金净流量，因为它所带来的现金流量是企业价值提高的源泉，也是投资者财富增加的源头。也就是说，经营活动现金流量的大小反映了企业自身获得现金的能力。一般而言，企业经营活动产生的现金净流量为正数，并且经营活动的现金流量占全部现金流量的比重越大，说明企业的财务状况越趋向稳定，企业的营销状况就越好，成本控制水平也就越高。相反，经营活动产生的现金净流量长期为负数，或者现金流量变化无常，则说明该企业的财务状况或者偿债能力出现了问题，应当引起足够的重视。H股份有限公司一举在2×24年将经营活动现金净流量扭负为正，这主要是由于销售商品、提供劳务收到的现金比上年增加了34 372.97万元，说明公司的资金周转率有了较大的提高，营销状况也呈现出良好的状态，同时收到的税费返还也比上年增加了227.98万元。经营活动现金流出的各个项目虽然也比上年有一定幅度的增加（增长率为130.6%），但最终还是小于现金流入的增长幅度（增长率为152.5%）。

2.投资活动现金流量的分析

投资活动所产生的现金流量在很大程度上具有可控性。投资活动现金流量情况不仅反映了企业投资规模的扩张和收缩情况，也反映了投资活动中对内投资和对外投资的关系。通常，投资活动中对内投资的现金净流出量大幅度提高，往往意味着该企业面临着一个新的发展机遇，即将步入快速增长阶段。

H股份有限公司投资活动现金净流量连续两年为负数，但2×24年比2×23年的现金流量有所增加。2×23年投资活动现金净流量减少主要是由大量购置固定资产和进行权益性投资所引起的，现金流出高达1.64亿元，2×24年没有取得投资收益，但处置了少量的固定资产，取得现金49.5万元。公司2×24年没有继续进行权益性或债权性投资，但仍然继续购建固定资产或无形资产达7 577.2万元，从这一点上看，公司连续进行大幅度的对内投资，可能意味着公司正处于扩张时期。但企业也应该时时关注对外投资的报酬与风险，注意资金的安全性，及时回笼资金。

3.筹资活动现金流量的分析

筹资活动现金净流入量大幅度增加，说明公司以扩大投资和经营活动为目标，需要从外部大量筹集资金；如果筹资活动的现金净流出量大幅度增加，则说明公司规模正在收缩。

H股份有限公司筹资活动现金流入量2×24年略高于2×23年，主要是增加了其他与筹资活动有关的现金1 500万元，而筹资活动现金流出量2×24年也比2×23年多出3 592.31万元，其主要是用于偿还债务和分配股利，这说明公司认为经营较为正常，且有足够的能力偿还债务，并分配现金股利以回报广大投资者。

二、利用财务比率进行的各种能力分析

如前所述，进行财务报表的一般性分析只是一种逻辑上的推测，如果要全面、系统地评估企业的财务状况和经营成果，尚需要结合一些其他的分析方法，比如利用财务报表中相关指标计算各种比率，来反映相关指标之间的相互关系，从而可以综合地评价企业的偿债能力、营运能力和盈利能力。

（一）公司偿债能力的分析

透视公司的偿债能力，主要是通过资产负债表中的流动资产与流动负债之间的关系、速动资产与流动负债之间的关系、总负债与总资产之间的关系和总负债与所有者权益之间的关系来测算出公司的短期和长期偿债能力。

1.流动比率

流动比率是指企业流动资产与流动负债的比率。其计算公式为：

$$流动比率 = \frac{流动资产}{流动负债}$$

流动比率是衡量短期偿债能力的最常用的量度。通常而言，流动比率越高，说明资产的流动性越大，短期偿债能力越强。不过，过高的流动比率也许是存货超储积压，存在大量应收账款的结果。此外，较高的流动比率也可能反映企业拥有过分充裕的现金，不能将这部分多余的现金充分、有效地利用。

以H股份有限公司为例，计算该公司2×23年和2×24年的流动比率：

2×23年流动比率=678 104 237.75÷243 615 317.47=2.78

2×24年流动比率=731 967 808.20÷321 026 452.51=2.28

从计算的结果来看，H股份有限公司近两年的流动比率一直保持在2以上，比较合适，从表面上看短期偿债能力没有问题，但通过我们在前面的分析得知，该公司流动资产项目中增幅最大的是存货项目，而货币资金则出现较大的下降幅度，存货的变现能力相对较差，因此该公司的短期偿债能力还是值得怀疑的，应该对照该公司的速动比率和现金比率进行综合评析。

需要注意的是，在使用财务比率时，一方面必须注意财务报表的数据是否经过人为的"乔装打扮"。例如，有的企业赶在编制报表日前将借款还掉，下年初再设法借入，以掩饰其偿债能力。在这种情况下，企业的流动比率所揭示的信息就缺乏真实性。另一方面还应注意分析会计期末前后一段时间财务报表数据的变化情况，并比较该企业的流动比率在同行业的水平，或与其他企业进行横向和纵向的比较，以判断出趋势。比如，A公司的流动比率为2.00，B公司是1.80，如果只比较这一项，A胜过B。但如果再分析A、B两家公司过去比率的动向，A公司从5年前的2.50降到2.00，B公司从1.30起年年改善达到1.80。只从现在的数字看，A公司是好的，不过从发展来看，B公司要优胜数倍，B公司由于年

年努力经营，财务状况明显改善，从这种倾向来看，B 公司为优胜者。所以，报表分析的手法不只是计算比率，根据计算分析的数据进行相关判断也是很有必要的。

2. 速动比率

速动比率又称酸性试验比率，是指速动资产同流动负债的比率，它反映企业短期内可变现资产偿还短期内到期债务的能力。速动比率是对流动比率的补充。其计算公式如下：

$$速动比率 = \frac{速动资产}{流动负债}$$

速动资产包括现金、交易性金融资产和应收账款等项目，这些都属于能尽快换成现金的流动资产，通常以流动资产减去存货的数额作为速动资产的数额。速动比率在衡量拥有流动性较差的存货或存货数量较大的公司的资产流动性时尤为有用。

以 H 股份有限公司为例，计算该公司 2×23 年和 2×24 年的速动比率：

2×23 年速动比率 =（678 104 237.75-240 805 631.09）÷243 615 317.47=1.80

2×24 年速动比率 =（731 967 808.20-332 652 679.34）÷321 026 452.51=1.24

该公司 2×24 年的速动比率比 2×23 年有所下降，虽然也处于较为正常的水平上，但由于货币资金的减少，各种应收款项收现率又难以确定，因此，还是给公司带来了短期偿债的压力。

3. 现金比率

现金比率是指企业现金与流动负债的比率。其计算公式为：

$$现金比率 = \frac{现金}{流动负债}$$

以 H 股份有限公司为例，计算该公司 2×23 年和 2×24 年的现金比率：

2×23 年现金比率 =262 015 644.70÷243 615 317.47=1.08

2×24 年现金比率 =209 409 076.41÷321 026 452.51=0.65

该公司的现金比率在 2×24 年出现了下滑走势，说明 2×24 年较 2×23 年在短期偿债能力上确实有所下降，并且该公司的短期偿债能力在同期同行业中也处于中游，值得信息使用者关注。

4. 资产负债率

资产负债率，也叫负债比率、举债经营比率。它是指负债总额对全部资产总额之比，用来衡量企业利用债权人提供资金进行经营活动的能力，反映债权人发放贷款的安全程度。其计算公式为：

$$资产负债率 = \frac{负债总额}{资产总额} \times 100\%$$

资产负债率是衡量债权人权益安全性的尺度，它将总负债表达为总资产的一定比例，即等于总负债除以总资产。

资产负债率不是衡量短期资产流动性的尺度，而是衡量债权人长期信用风险的尺度。借款金额占总资产的比重越小，企业不能偿还到期债务的风险也就越小。从债权人的观点来看，资产负债率越低，他们的资金就越安全。大多数财务结构合理的公司一般将资产负债率维持在 50% 以下。不过，需要重申的是，财务分析人员应结合行业特点作出具体分析，如银行业的资产负债率一般较高，常常超过 90%。

以 H 股份有限公司为例，计算该公司 2×23 年和 2×24 年的资产负债率：

2×23年资产负债率=253 615 317.47÷923 470 600.72×100%=27.46%

2×24年资产负债率=346 026 452.51÷1 076 480 753.15×100%=32.14%

从以上的计算可见，该公司资产负债率年末较年初有所提高，一方面，说明该公司的长期偿债能力有所下降，另一方面，公司的负债比重只占总资产的三分之一左右，说明企业的负债并不高，企业在某些方面可能还没有很好地利用负债杠杆增加企业的收益。

5.产权比率

产权比率也叫负债对所有者权益的比率，这一比率是衡量企业长期偿债能力的指标之一。其计算公式为：

$$产权比率=\frac{负债总额}{所有者权益}×100\%$$

产权比率是用来表明由债权人提供的和由投资者提供的资金来源的相对关系，反映企业基本财务结构的稳定性。一般来说，所有者提供的资本大于借入资本为好，但也不能一概而论。该指标同时表明了债权人投入的资本受到所有者权益保障的程度，或者说是企业清算时对债权人利益的保障程度。

以H股份有限公司为例，计算该公司2×23年和2×24年的产权比率：

2×23年产权比率=253 615 317.47÷669 855 283.25×100%=37.86%

2×24年产权比率=346 026 452.51÷730 454 300.64×100%=47.37%

计算结果表明，该公司产权比率年末较年初上升了接近10个百分点，债权人投入的资金受到所有者权益保障的程度降低了近10个百分点，这对债权人来说并不是十分有利的。

（二）公司营运能力的分析

公司的营运能力，主要是通过资产负债表中的应收账款或存货与利润表中的营业收入或营业成本之间的关系测算出的资产的基本运转能力来反映的。

1.应收账款周转率

应收账款周转率是反映应收账款周转速度的比率，有两种表示方法：

（1）应收账款周转次数，其计算公式为：

$$应收账款周转次数=\frac{营业收入}{应收账款平均余额}$$

（2）应收账款周转天数，其计算公式为：

$$应收账款周转天数=\frac{360}{应收账款周转次数}$$

应收账款周转率是反映企业资产流动情况的一项指标。如果企业赊销条件严格，则应收账款周转次数会增加，周转天数会减少，还可以减少坏账损失，但也可能会丧失销售商品的机会，减少销售收入；反之，如果放宽企业赊销条件，则有利于扩大商品销售，增加销售收入，但应收账款周转速度会减慢，更多的营运资金会占用在应收账款上，还可能增加坏账损失。看来，衡量应收账款周转率的标准是企业的信用政策，分析人员可以将计算出的指标与该企业前期指标、与行业平均水平相比较，判断该指标的高低。

以H股份有限公司为例，假如2×22年、2×23年和2×24年应收账款余额分别为69 602 700元、128 404 662.15元和143 744 488.75元，根据利润表中提供的营业收入数据，计算该公司2×23年和2×24年的应收账款周转：

2×23年应收账款周转率=323 400 755.91÷〔（69 602 700+128 404 662.15）÷2〕=3.27（次）

2×24年应收账款周转率=538 163 454.86÷〔（128 404 662.15+143 744 488.75）÷2〕=3.95（次）

计算结果表明，H股份有限公司的应收账款周转率出现了上升，即由3.27次上升到了3.95次，相应的周转天数也缩短了，由110天（360÷3.27）下降到91天（360÷3.95），说明企业加强了应收账款的回收工作，并略见成效，但是公司还需要进一步地提高资金使用效率。

2.存货周转率

存货周转率是反映存货周转速度的比率，有两种表示方法：

（1）存货周转次数，反映年度内存货平均周转的次数，其计算公式为：

$$存货周转次数=\frac{营业成本}{存货平均余额}$$

（2）存货周转天数，其计算公式为：

$$存货周转天数=\frac{360}{存货周转次数}$$

存货周转率是反映企业存货流动情况的一项指标。存货周转次数越多，周转天数越少，说明存货周转越快，企业实现的利润会相应增加；反之，存货周转缓慢，企业实现的利润会相应减少。分析人员可以将计算出的指标与该企业的前期指标、行业平均水平相比较，判断该指标的高低。

以H股份有限公司为例，假设2×22年、2×23年和2×24年年末存货余额分别为148 138 500元、240 805 631.09元和332 652 679.34元，根据利润表中提供的营业成本数据，计算该公司2×23年和2×24年的存货周转率：

2×23年存货周转率=250 274 776.66÷〔（148 138 500+240 805 631.09）÷2〕=1.29（次）

2×24年存货周转率=447 824 402.52÷〔（240 805 631.09+332 652 679.34）÷2〕=1.56（次）

计算结果表明，H股份有限公司的存货周转率虽然有所提高，由1.29次上升到了1.56次，并且相应的周转天数也缩短了，由279天（360÷1.29）缩短到231天（360÷1.56），但总体来说，存货周转速度仍然较慢，在同期同行业中排名靠后。究其原因，可能是生产任务量过大，材料储备增加。由此，公司应该充分重视存货的管理工作，尽量减少存货的积压，提高存货的流动性和使用效率。

（三）公司获利能力的分析

分析公司的盈利能力，主要是通过利润表中的净利润与营业收入、实收资本以及所有者权益之间、普通股股利总额与普通股股数之间、普通股每股市价与每股盈利之间的关系来测算出公司获取利润的能力。

1.营业利润率

营业利润率是企业净利润与营业收入净额的比率，其计算公式为：

$$营业利润率=\frac{净利润}{营业收入}×100\%$$

营业利润率是反映企业获利能力的一项重要指标，这项指标越高，说明企业从营业收入中获取利润的能力越强。影响该指标的因素有很多，比如，商品质量、成本、价格、销售数量、期间费用、税金等，分析时应结合这些具体指标的综合情况加以评价。

以H股份有限公司为例，计算该公司2×23年、2×24年的营业利润率：

2×23年营业利润率=54 518 187.85÷323 400 755.91×100%=16.86%

2×24年营业利润率=60 599 017.39÷538 163 454.86×100%=11.26%

计算结果表明，该公司营业利润率2×24年比2×23年下降了5.6个百分点，说明公司从营业收入中获利的能力在下降。

2.资本收益率

资本收益率是企业净利润与实收资本的比率，其计算公式为：

$$资本收益率=\frac{净利润}{实收资本}×100\%$$

资本收益率越高，说明企业的资本获利能力越强，对股份有限公司而言，意味着股票升值。影响这项指标的因素包括净利润和企业负债经营的规模。在不明显增加财务风险的条件下，负债经营规模的大小会直接影响该指标的高低，因此分析时应考虑周全。

以H股份有限公司为例，计算该公司2×23年、2×24年的资本收益率：

2×23年资本收益率=54 518 187.85÷150 000 000.00×100%=36.35%

2×24年资本收益率=60 599 017.39÷240 000 000.00×100%=25.25%

计算结果表明，该公司2×24年的资本收益率比2×23年有所下降，减少了11.1个百分点，公司应从多种渠道查找原因，及时采取有效措施进行改进。

3.净资产收益率

净资产收益率反映的是所有者对企业投资部分的获利能力，也叫所有者权益报酬率。其计算公式为：

$$净资产收益率=\frac{净利润}{所有者权益平均余额}×100\%$$

净资产收益率越高，说明企业所有者权益获利能力越强。净资产收益率可能高于也可能低于总资产收益率，这取决于公司如何融资及营业收入及费用的数量。遭受净损失的公司为其股东带来负的净资产收益率。对所有者而言，该项指标事关重大。习惯上，股东期望规模较大、财力雄厚的公司的权益投资的平均年度收益率较高。年度净资产收益率达到较高的水平一般在那些有新产品或非常成功的产品的高速成长公司中比较常见。在我国，该指标既是上市公司对外必须披露的信息内容之一，也是决定上市公司能否配股等再融资的重要依据。

以H股份有限公司为例，计算该公司2×23年、2×24年的净资产收益率：

2×23年净资产收益率=54 518 187.85÷〔（637 839 600+669 855 283.25）÷2〕×100%=8.34%

2×24年净资产收益率=60 599 017.39÷〔（669 855 283.25+730 454 300.64）÷2〕×100%=8.66%

计算结果表明，H股份有限公司2×24年的净资产收益率比2×23年略有提高，说明公司所有者权益的获利能力基本维持原有的水平。

4.每股收益

每股收益是股份制企业净利润与普通股股数的比率，其计算公式为：

$$每股收益=\frac{净利润}{普通股股数}$$

公司的所有权是由所持有的股数占股本总数的比例决定的。若某人持有100股某公司的股票，那么，净利润对此人意味着什么？为了有助于公司股票持有者搞清楚净利润同股权之间的关系，公司需要计算每股收益。从本质上说，每股收益就是每股净利润，只不过这是一种表达方式。

每股收益越高，说明企业的每股获利能力越强。影响这项指标的因素包括企业的获利能力和企业的股利发放政策。每股收益可能是所有财务比率中使用最广泛的比率。每股收益的变动趋势是对未来收益的预期，也是影响公司股票市值的主要因素。

以 H 股份有限公司为例，计算该公司 2×23 年、2×24 年的每股收益。假如 H 股份有限公司 2×23 年流通在外的普通股为 150 000 000 股，2×24 年流通在外的普通股为 240 000 000 股。

其计算公式如下：

2×23 年每股收益=54 518 187.85÷150 000 000=0.36（元）

2×24 年每股收益=60 599 017.39÷240 000 000=0.25（元）

计算结果表明，该公司每股收益从 2×23 年的 0.36 元下降到了 2×24 年的 0.25 元，说明公司每股获利能力在减弱，这种下降可能影响到股票的价格，投资者应予以关注。

5. 市盈率

市盈率是普通股每股市价与每股净利润的比率，其计算公式为：

$$市盈率=\frac{普通股每股市价}{普通股每股净利润}$$

财务分析者用市盈率来表达公司股票市值与每股收益之间的关系。在公司经营亏损的情况下，市盈率无法计算。

从理论上说，该市盈率应表达为 *：1，但是实务上一般省略了"：1"，就用前一个数字表述市盈率。许多报纸的财经版都转刊上市公司公布的每天市盈率数字。市盈率反映了投资者对公司未来经营情况的预期。预期越好，市盈率就越高。一般来讲，公司合理的股价定位为每股收益的 12~15 倍，如果投资者预测公司的每股收益增速较快，那么，投资者可能付出的股价将是每股收益的 20 倍、30 倍甚至更高。10 倍或更低的市盈率反映了投资者对公司每股收益水平预期的下降，这样，股票的价值会被低估。同样，过高的市盈率预示着投资者认为公司的每股收益水平将上涨，同时也意味着股票价值被高估。

值得一提的是，如果每股收益下降到相当低的水平，股票价格并不随着每股收益水平的降低而跌到相当低的水平，也就是说，尽管公司投资者对公司盈利前景并不看好，每股收益相当低的公司也有可能市盈率较高，这种现象在我国的 ST 股票中较常见。

（四）公司财务综合能力的分析

利用各种能力的分析方法可以分析企业在偿债能力、资产管理水平、企业获利能力等方面的财务状况。但是，它们都不足以全面地评价企业的总体财务状况以及经营成果。为了弥补这一不足，必须有一种方法能够进行相互关联的分析，将有关的指标和报表结合起来，采用适当的标准进行综合性的分析评价，既能全面体现企业整体财务状况，又能指出指标与指标之间和指标与报表之间的内在联系，杜邦分析法就是其中的一种。杜邦分析法是由美国杜邦公司最先采用的，故称杜邦分析法。这些财务比率之间的关系可以表示如下：

净资产收益率=总资产净利润率×权益乘数

权益乘数=资产总额÷所有者权益=资产总额÷（资产总额-负债总额）

　　　　　=1÷（1-资产负债率）

总资产净利润率=营业利润率×总资产周转率

营业利润率=净利润÷营业收入

总资产周转率=营业收入÷总资产平均余额

以 H 股份有限公司为例，绘制 2×23 年和 2×24 年杜邦分析图，如图 13-2 和图 13-3 所示。

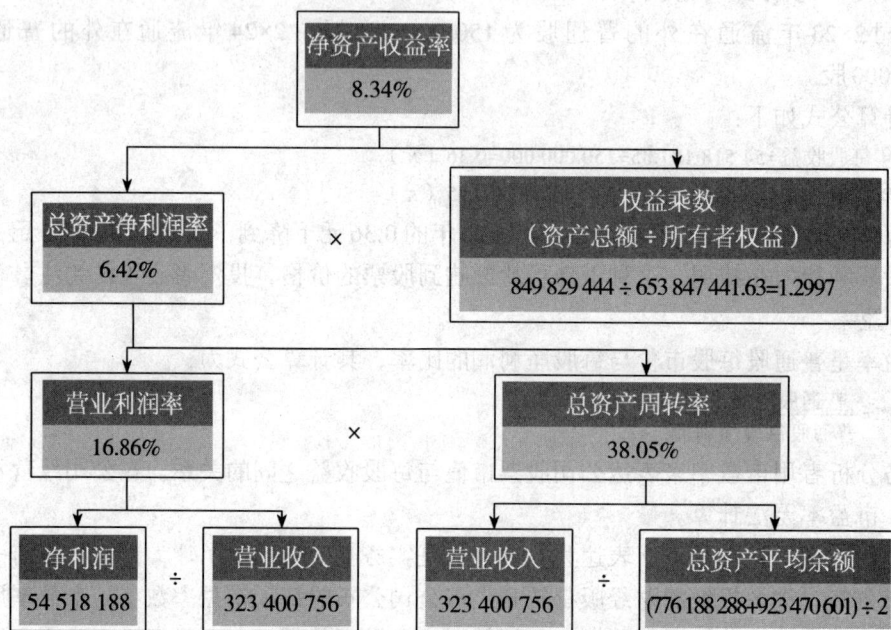

图13-2　H股份有限公司2×23年杜邦分析图

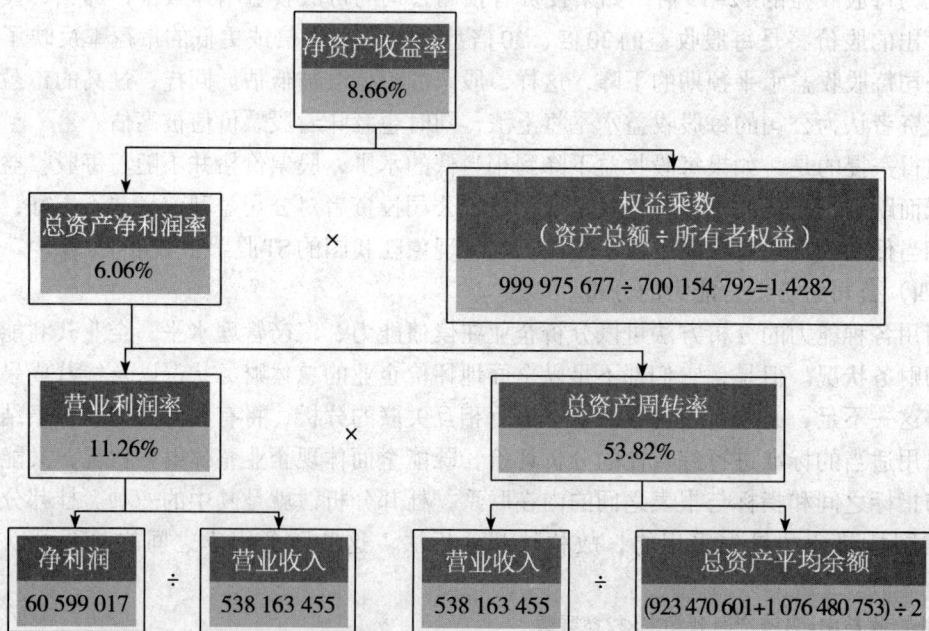

图13-3　H股份有限公司2×24年杜邦分析图

通过对指标的分解可以看出，H股份有限公司2×24年净资产收益率比2×23年有小幅增长，其变动主要是资本结构（权益乘数）变动和资产利用效果（总资产净利润率）变动两方面共同作用的结果，即总资产净利润率下降了0.36个百分点，而权益乘数增加了0.13。

权益乘数反映了所有者权益与资产的关系，主要受资产负债率的影响。该指标越大，表示企业负债程度越高，偿还债务能力越差，财务风险越高。这个指标同时反映了财务杠杆对利润水平的影响。H股份有限公司的权益乘数的上升，一方面表明该公司具有一定的融资能力。如果在公司收益较好的年份，它可以使股东获得的潜在报酬增加，但股东要承担因负债增加而引起的风险。另一方面说明公司的偿债能力面临着压力，H股份有限公司的经营者则应审时度势，全面考虑，在制定借入资本决策时，必须充分估计预期的利润和增加的风险，在二者之间权衡，从而作出正确的决策。

总资产净利润率变动的原因主要来自营业利润率和总资产周转率两个方面。因此，要进一步从销售成果和资产运营两方面来分析。

营业利润率反映了公司净利润与营业收入的关系，从这个意义上讲，提高营业利润率是提高企业盈利能力的关键所在。H股份有限公司2×24年营业利润率比2×23年下降了5.6个百分点，主要原因在于：一是营业收入增长的百分比（66.4%）远远大于净利润增长的百分比（11.15%）；二是2×24年营业成本、管理费用和销售费用比2×23年有较大幅度的增长，因此降低成本费用是提高销售利润率的重要因素。

H股份有限公司2×24年总资产周转率比2×23年有较大的提高，从38.05%增加到53.82%，总体来看，公司的资产使用比较合理，流动资产和非流动资产比率安排也较为恰当，说明该公司运用资产赚取利润的能力有所增强。

三、财务报表附注的分析

财务报表由于其固定的格式、项目和填列方法，使得表内信息并不能完整地反映一家公司的整体状况，而财务报表附注则能够弥补表内信息的局限性，它使一些不能在法定财务报表内揭示的重要的、有用的会计信息能够被充分地予以披露，使表内的信息更容易理解，更加相关，更突出重点。

根据现行会计准则的规定，财务报表附注一般包括：公司的一般情况、财务报表的编制基础；遵循《企业会计准则》的声明；重要会计政策和会计估计的说明；会计政策和会计估计变更以及差错更正的说明；报表重要项目的说明以及或有和承诺事项、资产负债表日后非调整事项、关联方关系及其交易等需要说明的事项。

财务报表附注信息的内容十分丰富，它是财务报表必不可少的组成部分，它能帮助广大的信息使用者透彻地理解财务报表的内容，了解公司的基本情况、意外事项和战略管理等，提升财务报表的信息质量。对于财务报表附注应该注重以下方面的分析：

（1）注意分析和掌握上市公司的历史和主营业务范围。在判断上市公司的发展前景时，我们有必要对上市公司的重大历史事件和主营业务范围以及公司所处行业的发展状况加以分析，以此判断公司未来发展的前景，为信息使用者决策提供依据。

（2）分析会计处理方法对利润的影响。由于会计准则不可能涉及会计核算的方方面面，并且现行会计准则也规定了允许公司根据实际情况选择不同的会计政策，即在同一笔业务和事项的会计处理上可能会存在着多种可供选择的处理方法。得出的结论是，在原始记录相同的情况下采取不同的会计政策和会计估计，必然会编出不同数据的财务报表，得出不同的净利润。因此，信息使用者要想真正了解各个数据的计算方法，就应该耐心地阅读财务报表附注，关注其中有关企业采用的主要会计政策并认真分析会计政策前后期的会计处理方法是否一致。观察会计估计尤其是资产减值准备计提的合理性，以识别和判断公司的经营业绩是否被人为地操纵，防范和化解投资风险。

（3）分析附注中披露的或有损失事项。公司因资产抵押、质押、工程保函、待决诉讼等所造成的或有损失项目绝对不可忽视。对于未决诉讼和仲裁事项，信息使用者需要考虑败诉对公司现金流量、生产经营的影响和胜诉时款项收回的可能性，还要特别关注担保金额较大的公司。

（4）分析附注中披露的重要期后事项。投资者对一些重要的期后事项如重大建设项目、自然灾害、重大的投资和融资活动、公司合并和分立、重大经济纠纷、重大购销合同、重大收付款业务、截止日活动的财务承诺等应予以特别的关注。这些重大期后事项，可能对当期的财务报表没有太大的影响，但有些项目会对公司未来的财务状况、经营成果产生消极的影响，甚至会给公司造成巨大的损失，因此信息使用者应注意防范风险。

（5）分析附注中披露的关联方交易事项。公司与关联方的交易会对公司的财务状况、经营成果产生相当大的影响，如不加以认真地分析研究，就不能正确地评价一家公司的竞争力和长远发展水平，因此，应对财务报表中披露的关联方交易情况进行分析。比如，必须搞清公司与关联方之间的债权债务关系的真实性，以及其在同类债权债务中所占的比重；在分析一家上市公司的获利能力时，应将来自关联公司的营业收入和利润予以排除，这样就可以判断出该公司的盈利能力在多大程度上依赖于关联公司，从而推断出该公司的业绩核算基础是否可靠，利润来源是否稳定。如果该公司的营业收入和利润主要来源于关联公司，那么投资者就应当特别注意关联公司的定价政策，观察公司与关联方之间进销货的交易条件、交易价格，以分析公司利润是否真实。

【思政课堂】　　　　　　　　　　会计职业道德

2023年1月，财政部发布了《会计人员职业道德规范》（以下简称《规范》），旨在推进新时代下会计职业道德体系建设、提高会计人员职业道德水平。

在当前社会背景下，会计职业道德的重要性愈加凸显。随着人民对美好生活需求的增长，社会对会计的法治与德治要求也随之提高。会计人员的职业道德直接关系到国家、社会和公众利益的维护。在经济活动日益复杂的情况下，单纯依靠法律手段限制违规行为已不足以确保会计工作的正当性，社会对会计诚信的要求更显迫切。会计职业的健康发展，需通过提高职业道德水平，促进经济社会的良性发展。

会计职业生存的动因表明，会计人员应担负起服务公众的责任，高质量的会计服务是其与社会公众之间的隐性契约。近年来，会计信息失真、财务欺诈等事件损害了会计职业的声誉，加剧了社会公众对会计服务质量的担忧。会计职业道德建设可通过唤醒会计人员的职业初心、强化使命担当，重建社会公众的信任。

2018年发布的《国际职业会计师道德守则》及中国注册会计师协会2020年修订的《中国注册会计师职业道德守则》均强调了职业道德的基本原则，包括诚信、客观公正等。我国《规范》则针对广大会计人员，更具普适性和引领性。会计职业道德建设不仅包括职业纪律和技能提升，还涉及个人的道德关系、道德意志和行为，旨在通过调整道德关系、鼓励良好行为解决道德问题，推进会计事业高质量发展。

《规范》的主体内容通过"三坚三守"体现了会计职业的基本信念、工作和能力提升要求，展现了职业特征与价值追求，以自律信念为基础，强调尽职履责和能力创新的重要性。目标上，《规范》强调树立良好职业形象、维护国家财经纪律和经济秩序、推动会计事业高质量发展，呼应了会计职业道德建设的动因和现实需求，指明了发展方向。

延伸阅读13-1

外部投资者：如何从财务分析过渡到经营分析？

资料来源：叶承辉，李嘉鑫. 会计职业道德建设的动因、内涵与实现路径［J］. 财务与会计，2023（18）：86-88.（经作者整理）

□ 复习思考题

1. 试说明财务报表之间的钩稽关系。

2. 财务报表分析方法有哪些？

3. 反映短期偿债能力的财务指标有哪些？请评述。

4. 反映长期偿债能力的财务指标有哪些？请评述。

5. 反映营运能力的财务指标有哪些？请评述。

6. 反映盈利能力的财务指标有哪些？请评述。

7. 如何进行财务报表的一般性分析？应该掌握哪些基本方法和技巧？

8. 杜邦分析方法包括哪些基本指标？它们的关系如何？

9. 在杜邦分析方法中，净资产收益率与哪些因素有密切的关系？为什么？

10. 如何进行财务报表附注的分析？

本章自测题